MIRRORING
MODERN WESTERN
ECONOMICS

现代西方经济学

镜鉴

王 健◎等 著

人民出版社

序

　　现代西方经济学是对资本主义市场经济的理论抽象和概括。社会主义市场经济和资本主义市场经济在社会制度方面有本质区别。然而，两者在经济运行方面又具有共性。从这一点来说，现代西方经济学对我国建立社会主义市场经济有一定的借鉴意义。我们面向世界，有分析地吸取现代西方经济学的有用成分，透析市场经济的一般规律，可以扬社会主义市场经济之长，避资本主义市场经济之短，完善我国社会主义市场经济体制。

　　多年来，现代西方经济学是国际经济组织制定国际经济活动规则的理论基础。例如，公平竞争原则是世界贸易组织制定各种协议要遵循的九大基本原则之一，世界贸易组织以现代西方经济学中的均衡价格论作为公平竞争原则的理论依据，要求世界贸易组织各成员应该以均衡价格参与国际竞争。

　　现代西方经济学是发达市场经济国家制定应对经济全球化经济政策的理论基础。例如，美国 20 世纪 90 年代一直面临国际贸易赤字扩大的问题，为了解决贸易赤字过大会导致国际收支失衡，美国政府根据开放经济理论制定强势美元政策。美元坚挺吸引了大量国际资本流入，国际资本净流入不仅弥补了美国国际贸易赤字，实现了国际收支平衡，而且推动了美国股市指数攀升，经济景气持续，进口增加，通货膨胀得到了抑制。

　　现代西方经济学的某些理论思维，有助于我们理解市场经济现象。例如，现代西方经济学分析 2008 年国际金融危机的成因：次级贷款危机是影响美国和全球金融市场的导火索，导致国际金融危机。次级贷款原本是间接融资市场的交易，主要风险在商业银行。证券化把风险转移到了直接融资市场。直接融资市场的金融衍生品、投资银行及对冲基金的杠杆操作又将风险送回了间接融资市场。因此，美国次贷危机是多重因素综合引发的"蝴蝶效应"：金融机构向信用评级低的借款人发放住房抵押贷款；投资银行无视次贷蕴含的巨大风险，将其资产化为高信用级别的次级债券；美联储连续加息大大加重了住房抵押贷款人的还款负担，使房贷违约率上升；房地产市场泡沫破灭，房价持续下跌，次贷市场的风险逐渐暴露，导致投资者对房地产市场的悲观预期，使市场流动性枯竭，冲击整个资金链。同时，房价也因次贷市场的波动而继续下降，形成恶性循环，导致次贷危机在美国爆发并向世界蔓延。

从 20 世纪 30 年代凯恩斯经济学产生以来，现代西方经济学流派众多，内容繁杂。在西方经济学界，新学派不断涌现，各学派的理论和政策主张存在广泛而深刻的分歧。这些学派从不同的视角描述了发达市场经济国家经济运动的过程和机理，其理论随经济社会的演进而不断变化。缤纷而又变幻多端的学派构成庞杂的理论谱系，这个理论谱系大体可分为两大思潮：一是自由经济思潮，主张市场有效，认为政府干预经济降低了效率；二是政府干预思潮，认为政府有效，市场是低效的或是无效的。还有一些学派介于政府干预思潮和自由经济思潮之间，或游离于这两种思潮之外。

《现代西方经济学镜鉴》这本书，从众多西方经济学流派中选择了 18 个学派，这些学派对西方国家政府制定经济政策有重大影响，能够反映现代西方经济学的演变和前沿，有助于我们理解发达市场经济国家经济理论和经济政策的变迁，审时度势地制定我们自己的经济政策。

西方有些学派的理论，如凯恩斯经济学、新制度经济学等对中国经济政策制定和国有企业改革产生过重大的影响。本书系统梳理这些学派的同时，介绍各学派在特定时期对市场经济国家的经济实践所产生的影响，评价其理论及政策主张，并分析了这些理论及政策在中国经济体制改革进程的应用及其得失。

本书由三部分组成：第一部分是政府干预思潮，包括凯恩斯主义、新古典综合派、后凯恩斯主义经济学、新凯恩斯主义经济学、第三条道路经济学、新凯恩斯开放宏观经济学和新新古典综合派；第二部分是自由经济思潮，包括芝加哥学派、现代货币主义、供给学派、新制度经济学、公共选择学派和新古典宏观经济学等；第三部分是其他学派，介于国家干预主义和新自由主义之间或游离于它们之外的一些学派，包括经济增长理论、发展经济学、德国市场经济理论、演化经济学、激进政治经济学等。

本书可以看作是西方经济学教科书的扩展和延伸。西方任何一个经济学派都有其对立面，了解该学派的对立面，特别是了解对立双方的论战和相互批评，会有助于更全面、更深入地认识对立双方理论和政策主张的是非功过。西方有的经济学教科书中没有他们的地位，这不是因为他们的经济理论完全不科学，相反，被排斥的恰恰是他们理论中比较科学的成分。例如，新制度经济学（请注意是 neoinstitutional economics，而不是也译作新制度经济学的 new institutional economics）正视资本主义世界存在的各种问题，他们批判资本主义现存制度，而不是为资本主义现存制度辩护；他们认为资本主义制度是一种对抗制度，而不是一种和谐制度。正是这些有科学因素的思想遭到西方正统经济学的排斥，被西方主流派打入冷官。西方经济学教科书中论述的西方经济学，主要是西方主流经济学。因此，即使熟读了西方经济学初级、中级和高级教科书，所了解的主要还是西方主流经济学。事实上，在西方国家的经济学界，除了主流派，还存在许多学派。这些学派有各自的经济理论思想和政策主张，要想比较正确地把握他们之间的分歧所在，要想比较客观地评论他们的是非功过，以便在借鉴西方经济时能全面思考问题，少犯片面性错误，就很有必要了解和研究西方各种经济学流派。例如，在治理通货膨胀问题上，如果只读过西方经济学教科书，一说到治理通货膨胀的政策，大概就只会想到紧缩性宏观经济政策。但是，当你不仅读过西方经济学教科书，而且读过《现代西方经济学镜鉴》这类教科书或著作，你的思路就会打开。因为你会发现，与后凯恩斯主流经济学即新古典综合派的政策主张不同，后凯恩斯主义经济学的主张是，治理通货膨胀的办法不是宏观的紧缩性政策，而是微观的反垄断政策和价格调节政策。又例如，在收入分配问题上，读过西方经济学教科书的，一说到收入分配，就会想到按生产要素分配，劳动者的工资收入在国民收入中的比重会随着资本增加而递减。然而，按照后凯恩斯主义经济学的逻辑，为保持较高的总需求水平和充分就业，政府应当进行收入再分配，扩大工资在国民收入中的份额，也就是收入分配要向非财产收入者倾斜。因而，在研读了西方经济学课程之后，有必要再研读现代西方经济学的流派课程。

　　全书深入浅出地阐述了现代西方经济学的代表性流派，有助于读者理解和掌握现代西方经济学发展脉络和理论前沿。批判、吸收和借鉴现代西方经济学，有助于我们在总结中国市场经济实践经验的基础上，创建、创新和完善中国特色的社会主义市场经济理论框架，制定与国际惯例接轨的、能应对经济全球化的挑战，利用经济全球化机遇的经济政策，促进国民经济持续稳定增长。

吴易风

2015 年 11 月 7 日于中国人民大学

现代西方
经济学镜鉴

目录

前　言 ·· 1

第一篇　政府干预思潮

第一章　凯恩斯经济学 ·· 3

第一节　凯恩斯经济学的兴起与发展 ··························· 4

第二节　凯恩斯经济学的主要理论 ······························ 7

第三节　凯恩斯经济学的政策主张 ····························· 12

第四节　影响和评价 ·· 15

第五节　借鉴和应用 ·· 20

第二章　新古典综合学派 ··· 27

第一节　新古典综合学派的兴起与发展 ······················ 28

第二节　新古典综合学派的主要理论 ·························· 35

第三节　新古典综合学派的经济政策主张 ··················· 47

第四节　影响和评价 ·· 49

第五节　借鉴和应用 ·· 51

第三章　新剑桥学派 ·· 56

　　第一节　新剑桥学派的兴起与发展 ······························· 57

　　第二节　新剑桥学派的主要理论 ································· 60

　　第三节　经济政策主张 ··· 65

　　第四节　影响和评价 ··· 68

　　第五节　借鉴和应用 ··· 69

第四章　新凯恩斯主义 ·· 73

　　第一节　新凯恩斯主义形成 ····································· 75

　　第二节　新凯恩斯主义的主要理论 ······························· 83

　　第三节　新凯恩斯主义的经济政策主张 ··························· 98

　　第四节　影响和评价 ··· 101

　　第五节　借鉴和应用 ··· 105

第五章　"第三条道路"经济学 ·· 110

　　第一节　"第三条道路"经济学的形成 ··························· 111

　　第二节　"第三条道路"经济学的主要理论 ······················· 113

　　第三节　"第三条道路"经济学的政策主张 ······················· 120

　　第四节　影响和评价 ··· 124

　　第五节　借鉴和应用 ··· 125

第六章　新凯恩斯开放宏观经济学 ···································· 128

　　第一节　新凯恩斯开放宏观经济学的形成 ······················· 130

　　第二节　新凯恩斯开放宏观经济学的主要理论 ··················· 131

　　第三节　新凯恩斯开放宏观经济学的政策主张 ··················· 134

　　第四节　影响和评价 ··· 136

　　第五节　借鉴和应用 ··· 137

第七章 新新古典综合派 ················· 139

第一节 新新古典综合派的产生 ············· 141

第二节 新新古典综合派的基本理论 ·········· 144

第三节 新新古典综合派理论的货币政策 ······· 147

第四节 影响和评价 ···················· 149

第五节 借鉴和应用 ···················· 152

第二篇 自由经济思潮

第八章 芝加哥经济学派 ················· 157

第一节 芝加哥经济学派的形成 ············· 159

第二节 芝加哥经济学派的主要理论 ·········· 163

第三节 芝加哥学派的政策主张 ············· 170

第四节 影响和评价 ···················· 173

第五节 借鉴和应用 ···················· 175

第九章 现代货币主义 ·················· 179

第一节 现代货币主义的形成 ·············· 180

第二节 现代货币主义的主要理论 ··········· 182

第三节 现代货币主义的政策主张 ··········· 192

第四节 影响和评价 ···················· 196

第五节 借鉴和应用 ···················· 199

第十章 供给学派 ····················· 202

第一节 供给学派的兴起与发展 ············· 203

第二节 供给学派的主要理论 ·············· 205

第三节 供给学派的政策主张 ·············· 213

第四节 影响和评价 ·· 216

第五节 借鉴和应用 ·· 219

第十一章 新古典宏观经济学 ······································· 233

第一节 新古典宏观经济学的产生和发展 ··············· 234

第二节 新古典宏观经济学的假设和主要理论 ········ 238

第三节 新古典宏观经济学的政策含义 ·················· 247

第四节 影响和评价 ·· 253

第五节 借鉴和应用 ·· 255

第十二章 公共选择学派 ·· 257

第一节 公共选择学派的形成 ··································· 258

第二节 公共选择学派的主要理论 ··························· 261

第三节 公共选择学派的政策主张 ··························· 277

第四节 影响和评价 ·· 283

第五节 借鉴和应用 ·· 285

第十三章 新制度经济学 ·· 290

第一节 新制度经济学概述 ··································· 292

第二节 新制度经济学的主要理论 ··························· 297

第三节 影响和评价 ·· 311

第四节 借鉴和应用 ·· 315

第三篇 增长经济学及其他学派

第十四章 增长经济学 ·· 321

第一节 增长经济学的形成 ··································· 323

第二节 经济增长的主要理论 ··································· 325

第三节　增长经济学的政策主张 ···································· 334

第四节　影响和评价 ··· 337

第五节　借鉴和应用 ··· 340

第十五章　发展经济学 ·· 343

第一节　发展经济学的形成 ··· 344

第二节　发展经济学的主要理论 ··································· 350

第三节　影响和评价 ··· 365

第四节　借鉴和应用 ··· 368

第十六章　德国社会市场经济理论 ···················· 374

第一节　德国社会市场经济理论的形成 ························· 376

第二节　德国社会市场经济理论的主要理论 ·················· 377

第三节　德国社会市场经济理论的政策主张 ·················· 387

第四节　影响和评价 ··· 399

第五节　借鉴和应用 ··· 400

第十七章　演化经济学 ·· 405

第一节　演化经济学的形成 ··· 406

第二节　演化经济学的主要理论 ··································· 408

第三节　演化经济学的政策含义 ··································· 416

第四节　影响和评价 ··· 418

第五节　借鉴和应用 ··· 420

第十八章　激进政治经济学 ·································· 422

第一节　激进政治经济学的形成 ··································· 423

第二节　激进政治经济学的主要理论 ····························· 426

第三节　激进政治经济学的政策含义 ····························· 435

第四节　影响和评价 ··· 438

第五节 借鉴和应用 ··· 439

参考文献 ··· 442

前　言

一、现代西方经济学的价值与意义

现代西方经济学是人类文明成果的结晶。毛泽东同志指出，感觉只解决现象问题，理论才解决本质问题。世界无数的经济学者们对市场经济的运行进行研究，用睿智的思维凝练市场经济运行的基本特征和普遍规律，形成深邃的现代西方经济学理论体系，成为阐明市场经济国家宏观经济和微观经济运行规律和本质的一般理论。

现代西方经济学是经世致用之学。康德说，没有任何东西比一种好的理论更实际。对于市场经济国家来说，现代西方经济学不仅用于分析现实经济运行，还用于指导政府制定经济政策，以解决市场经济运行中出现的失业、通货膨胀、经济波动等问题。

现代西方经济学随着市场经济的发展而不断地演进。波尔茨曼曾说，理论是思考的根本，也就是说，是实践的精髓。市场经济的实践是不断地发展变化的，体现市场经济实践精髓的现代西方经济学也随之演变和发展。市场经济在其发展的历史长河中不断地变化，发达市场经济国家曾经历了从自由竞争市场为主转向自由竞争市场与垄断市场并存、进而转向自由竞争市场与垄断市场及寡头市场共存，因而其理论的演进有时稳定，有时突飞猛进，然而，始终在发展，持续地指导着政府制定经济政策。

我们正在健全和完善中国特色社会主义市场经济，学习和借鉴现代西方经济学理论，有利于学百家之长，自主创新中国特色社会主义市场经济理论。马克思曾指出，理论在一个国家的实践程度，决定理论满足于这个国家的需要程度。除却所有制的差别，市场经济的规律在发达市场经济国家与中国特色社会主义国家起着相同的作用：市场经济中都存在利益多元化的市场主体，都以市场机制为主配置社会资源发展经济，需要国家调节经济提高市场效率；等等。因此，我们需要正确对待现代西方经济学理论，处理好政府和市场的关系，更加尊重市场规律，更好发挥政府作用。尤其在加入世界贸易组织后，中国经济直接融入了国际经济中，更需要我们吸取现代西方经济学的理论精华，透析市场经济的一般规律和特殊性，扬市场经济之长，避市场经济之短，在总结我国市场经济实践经验的基础上，创建中国特色的社会主义市场经济理论框架，以创新的中国特色社会主义市场经济理论为指导，制定与国际惯例接轨的、能应对经济全球化的挑战、利用经济全球化机遇的经济政策，促进国民经济持续稳定发展。

学习现代西方经济学，可以在"知其然，更知其所以然"的基础上，给人们提供分析经济的理论思路。恩格斯曾经说过，一个民族想要站在科学的最高峰，就一刻也不能没有理论思维。现代西方经济学的理论思维，可以帮助我们理解许多经济现象。如，现代西方经济学可以分析 2008 年国际金融危机的成因：次级贷款危机是影响美国及全球金融市场的导火索，导致国际金融危机。次级贷款原本是间接融资市场的交易，主要风险在商业银行，证券化把风险转移到了直接融资市场，但直接融资市场的金融衍生品、投资银行及对冲基金的杠杆操作又将风险送回了间接融资市场。因此，美国次贷危机是多重因素综合引发的"蝴蝶效应"[①]：金融机构向信用评级低的借款人发放了住房抵押贷款；投资银行无视次贷蕴含的巨大风险将其资产化为高信用

---

① 蝴蝶效应（The Butterfly Effect）是指在一个动力系统中，初始条件下微小的变化能引起整个系统的长期的巨大的连锁反应。这是一种混沌现象，即事物发展的结果，对初始条件具有极为敏感的依赖性。中国古代往往以"差之毫厘，谬以千里"来形容此类现象。蝴蝶效应通常用于天气、股票市场等在一定时段内难以预测的比较复杂的系统中。

级别的次级债券；美联储连续加息大大加重了住房抵押贷款人的还款负担，使房贷违约率上升；房地产市场泡沫破灭，房价持续下跌。次贷市场的风险逐渐暴露出来，导致投资者对房地产市场的悲观预期，使次债市场流动性枯竭，冲击整个资金链。同时，房价也会因次级市场的波动而继续下降，形成恶性循环，导致了次贷危机的爆发和蔓延。

二、现代西方经济学的分析基点和共同论题

现代市场经济理论不断发展变化，众多的经济理论观点纷繁、学派林立，新学派层出不穷，常常令初涉西方经济学的人感到不得要领。然而，如果能把握以下两方面，那么，厘清和理解现代西方经济理论的脉络并非难事。

1. 供给和需求是经济学分析的基点

在现代市场经济理论中，几乎所有的理论都运用供求来分析经济问题：微观经济学通过供求分析得到供求定律，消费者理论是分析社会需求，生产理论分析供给和对生产要素的需求，市场结构理论从供求两方面分析市场均衡，微观经济政策也着眼于供方的生产者和需求方的消费者。宏观经济学也是从供求来分析国民收入决定、建立 IS—LM 模型和总供求模型，从调节总供求视角制定经济政策。缤纷繁复的现代西方经济学流派也都从供求出发研究现实经济问题，建立不同的经济理论及其数量经济模型来解释现实问题，提出政策主张。

2. 众多的学派，共同的话题

虽然众多的经济学派之间的理论观点和政策主张存在着相当大的分歧，然而，这些学派关注和研究共同的经济学论题：

论题一：市场是出清的还是非出清的，即市场机制能否使得产品市场达到供求平衡。市场机制能够使得产品市场实现供求平衡，企业生产的所有产品都能够销售出去，市场就出清了；否则，产品市场不

能在市场机制自发作用下达到供求平衡，而是出现供给大于需求，企业生产的产品仅有部分能够出售，销售不出去的就成为库存，即通常所称的产能过剩，市场是非出清的。

论题二：价格是弹性的还是刚性的或粘性的。市场价格具有充分的弹性，那么，过剩的产品终究能够卖出去，市场是出清的，市场机制是有效的；市场价格完全没有弹性，即具有刚性，过剩的产品不能够卖出去，市场是非出清的，市场机制是无效的；市场价格缺乏弹性，具有粘性，那么，过剩的产品能够缓慢地卖出去，市场在短期内是非出清的，长期可能是出清的，市场机制是低效的。

论题三：劳动市场是充分就业的还是非充分就业的，即劳动市场机制能否使得劳动市场实现充分就业。劳动市场价格，即劳动者的工资具有充分的弹性，那么，失业终究都能就业，劳动市场是出清的，劳动市场机制是有效的；劳动市场价格缺乏弹性，即具有刚性或粘性，失业者都不能够充分就业，劳动市场是非出清的，劳动市场机制是无效的或低效的。

论题四：自由经济有效还是政府干预经济有效。自由经济主义思潮的各学派都认为，价格是有弹性的，市场是出清的，市场上所有的产品都能售出去，自发的市场机制是有效的，政府干预会扰乱甚至扭曲市场机制发挥作用；而政府干预思潮各学派都认为，价格是刚性或粘性的，市场是非出清的，市场上会出现过剩的产品，市场低效甚至无效地配置资源导致市场失灵，政府干预可以减少甚至消除市场失灵，政府干预经济是有效的。

论题五：经济体系中的市场均衡。自由经济思潮的代表性学派认为，市场自发机制是有效的，经济波动是短期的，经济中存在着长期均衡，经济能够在市场自发机制作用下，迅速地回到长期均衡点，经济围绕着长期均衡点进行短期波动。政府干预思潮的代表性学派认为，市场自发机制是无效的，经济波动既是短期的也是长期的，经济不能够在市场自发机制作用下，迅速地回到长期均衡点，或者经济需要相当长的时期才能回到长期均衡点，经济经常非均衡状态或出现多重均衡状态。

论题六：经济周期波动的根源。政府干预思潮的大多数学派认为，经济周期波动根源于需求冲击，而且经济波动是内生的，是货币、消费、投资、政府支出等经济体系内部的因素导致经济波动。自由经济干预思潮的大多数学派认为，经济波动的根源是供给的冲击，而且经济波动是外生的，来自经济体系外部的政治、战争、科技进步、新资源等因素引发经济波动。

众多的学派都关注近乎不变的、共同的论题，从不同的视角描述西方国家经济运动的过程和机理，形成纷繁复杂的理论谱系和不同的政策主张。

三、现代西方经济学理论谱系的分类

现代西方经济学的理论流派层出不穷，内容繁杂，各个学派之间的理论和政策主张都存在着广泛而深刻的分歧。这些学派从不同的视角描述了发达市场经济国家经济运动的过程和机理，其理论随经济社会的演进而不断变化，构成庞杂的理论谱系。

这个理论谱系大体可分为两大思潮：一是自由经济思潮，主张市场有效，政府干预经济降低了效率；二是政府干预思潮，主张政府是有效的，市场是低效的或是无效的。多年来，两大思潮轮流受到西方各国政府的青睐，兴衰交替。国内经济学界关于政府干预经济和自由经济主义之争的理论主要源于这两大思潮的理论。除了鲜明地属于这两大思潮的学派，还有些并非明确属于某个思潮的学派。

四、本书的结构

本书主要从西方经济学的宏观经济学众多经济学流派中选择了

18个学派，这些学派在西方经济学界、对政府制定经济政策有重大影响，能够反映现代西方经济学的演变和前沿，有助于我们理解发达市场经济国家经济理论和经济政策的变迁，审时度势地制定经济政策。其中有些学派的理论，如凯恩斯经济学、新制度经济学等还对中国经济政策制定和国有企业改革产生过重大的影响。本书系统梳理这些学派的同时，介绍各学派在特定时期对某些国家（或世界）的经济实践所产生的影响，评价其得失（或存在的问题，或可以吸取的精华），最终与中国的经济实践结合起来，在确立道路自信、理论自信和制度自信的同时进行自省，达到它山之石可以攻玉之目的。

本书由三部分组成：第一部分政府干预思潮，包括凯恩斯主义、新古典综合派、后凯恩斯主义经济学、新凯恩斯主义经济学、"第三条道路"经济学、新凯恩斯开放宏观经济学和新新古典综合派；第二部分自由经济思潮，包括芝加哥学派、现代货币主义、供给学派、新古典宏观经济学、公共选择学派和新制度经济学等；第三部分其他学派，包括增长经济学、发展经济学、德国社会市场经济理论、演化经济学、激进政治经济学等。

本书的主笔王健教授，是国家行政学院政府经济研究中心主任，国家行政学院经济学教研部博士生导师，撰写了第4、5、6、7、9—14、17章，并统纂全书。中国人民大学经济学院博士生惠锐参与第1—3章的写作；中国人民大学经济学院博士生王育森参与第5、8、14和18章的写作；国家行政学院经济学教研部博士生林立参与第15和16章的写作。

衷心地感谢我的导师吴易风教授，向出版社推荐我负责本书的编撰。特别要感谢人民出版社副社长任超编审、郑海燕编审对本书编写提出的宝贵建议，以及耐心细致的编辑工作。最后，感谢国家行政学院博士生王鹏对本书提出帮助性意见和整理工作。

王 健

2015年7月8日

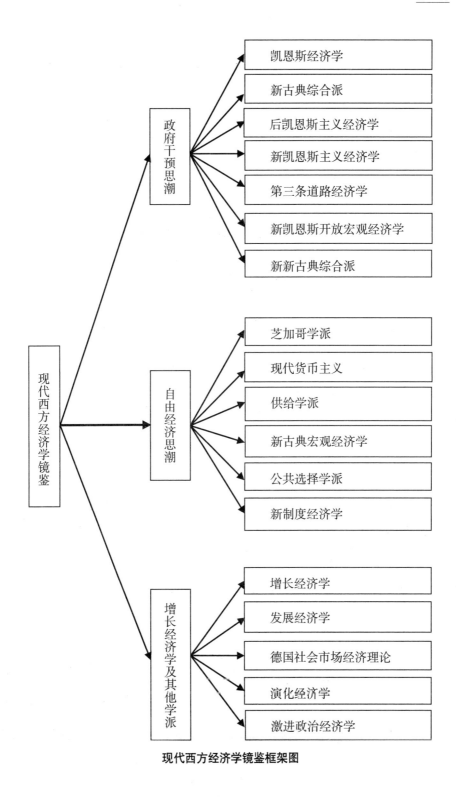

现代西方经济学镜鉴框架图

第 一 篇

政府干预思潮

第一章　凯恩斯经济学

凯恩斯经济学产生于 20 世纪 30 年代，也称"凯恩斯主义"，是建立在凯恩斯著作《就业、利息和货币通论》（1936）上的经济理论。凯恩斯认为在短期中总需求与总供给可能会不均衡，而经常存在着"总需求小于总供给"的现象，资本主义经济之所以会陷入长期的衰退与萧条，就是因为有效需求不足，所以，凯恩斯经济学主张在经济萧条时，国家采用扩张性的经济政策，通过增加需求来促进就业、保持经济增长。即扩大政府开支，实行赤字财政，刺激经济，维持繁荣。

期待迎来消费者的春天①

国务院总理李克强 2015 年 4 月 28 日主持召开国务院常务会议，议题之一是部署完善消费品进出口相关政策，丰富国内消费者购物选择。会议认为，扩大国内消费需求是稳增长、调结构的重要举措。围绕满足消费升级要求，通过完善税收调节等政策，营造公平竞争的进出口环境，增加群众购买意愿较强的消费品进口，促进有国际竞争力的产品出口，有利于扩内需、保就业、惠民生，对推动国内产业迈向中高端水平也有重要意义。

国务院常务会议再次"聚焦"消费政策，是有充分现实理由的：

首先，GDP 通常被认为是衡量　国经济发展的最好指标，消费、投资和净出口常常被喻为拉动经济增长的三驾马车，有关

———————————

① 毕晓哲：《期待迎来消费者的春天》，《中国青年报》2015 年 4 月 30 日。

数据显示我国在 2001 年到 2011 年中，推动经济增长的因素中处于绝对优势的是投资，净出口拉动率较小且起伏不定，而作为促进经济增长最大动力的消费拉动则处于相对劣势。这一现状与预期中的"最健康经济"有一定差距。

其次，大国的经济发展，消费应该占主导地位，达到 70% 左右。我国消费贡献率在 2010 年之前都不足 50%，在 2011 年才首度超过了投资成为拉动经济增长的最大动力，很显然，我国消费需求严重不足。

最后，在当前世界经济整体呈下行趋势的情况下，转变经济结构和模式已是当前的重要选择。我国仍需要一个较高又稳定的经济增长指数，需要从"刺激"和加大消费而来。

第一节 凯恩斯经济学的兴起与发展

一、凯恩斯经济学的主要代表人物和主要著作

约翰·梅纳德·凯恩斯（John Maynard Keynes）是英国著名经济学家，是现代最具影响力的经济学家之一，是现代西方经济学凯恩斯经济学的创始人，也是现代西方宏观经济学理论体系的奠基者。

凯恩斯终生信仰资本主义制度，并且相信通过正确的经济理论和各种经济政策，可以克服资本主义的各种弊端。他对资本主义制度的这种态度与其生活的时代背景以及他的成长经历密不可分。

凯恩斯 1983 年 6 月 5 日生于英格兰的剑桥，14 岁以奖学金入伊顿公学主修数学。大学就读于剑桥大学国王学院，1905 年毕业，获得剑桥文学硕士学位，之后在剑桥师从古典经济学大师马歇尔（Marshall）与庇古（A.C.Pigou）攻读经济学。在 1906 年的英国文官考试中，以第二名的成绩入选印度事务部。1908 年辞去印度事务部职务，回到剑桥教书至 1915 年。

从他出生到 1915 年的岁月里，大英帝国处于极盛时期。第一次世界大战是大英帝国经济发展的转折点：英国受战争的影响极大，其海外的大量市场被美、日等国夺取，国际贸易受到了极大的削弱，同时也从一个债权国转变为债务国。第一次世界大战后，帝国瓦解初露端倪，大战前累积的各种矛盾在大战结束后纷纷暴露出来，并且日益尖锐。

在第一次世界大战后，凯恩斯以英国财政部首席代表的身份出席巴黎和会，他认为恢复欧洲的经济是各国应该考虑的首要问题，坚决反对当时各战胜国对德国的战争赔款要求。可惜当时他的观点并不能被接受，凯恩斯不惜违背英国首相路易·乔治的意旨，愤然辞去财政部首席代表的职位。回国之后凯恩斯发表了《和约的经济后果》(1919) 这一著作，引起了极大的反响，一时间成为经济学界争论的焦点人物。凯恩斯从来不盲目崇拜个人，也不崇拜传统的教条，但他是典型的爱国主义者，一切从英国的利益出发，这就使凯恩斯的建议和学说存在着某种片面性。他的代表作还有《概率论》(1921)、《货币改革论》(1923) 等。

1930 年后，凯恩斯担任英国内阁经济顾问委员会主席，在此期间，资本主义世界经历了前所未有的世界性大危机。通过分析大萧条的现象及其根源，并寻找大萧条的应对之策，凯恩斯于 1936 年出版了具有里程碑意义的著作——《就业、利息和货币通论》(以下简称《通论》)，这本书为他赢得了世界性的声誉，奠定了他在经济学界的地位。

二、凯恩斯经济学的兴起

在凯恩斯的学生时代，以马歇尔、庇古等人为代表的传统经济学占据统治地位。传统经济学无论在理论方面或经济政策方面，都支配着西方统治阶级和经济学界。凯恩斯也是在马歇尔的经济学思想下熏陶成长起来的，当时他对货币理论十分感兴趣。第一次世界大战后，像其他同时期的经济学者一样，他也谴责通货膨胀的罪恶。随着各国的通货膨胀率逐渐降低，凯恩斯虽然也强调剧烈的通货紧缩会对经济社会产生危害，但他还没有远离当时的主流经济理论。在1920—1921年间，英国决定实行紧缩的经济政策来扭转战争期间的通货膨胀，这一政策部分达到了目的，物价较战时的最高水平下降了一半，但同时失业问题极为严重。凯恩斯主张以公共政策作为治疗对策，此时他已开始逐渐脱离传统的经济理论。

他在《通论》中研究分析了1929—1933年资本主义世界大萧条产生的根源和应对的政策建议。凯恩斯批评了马歇尔的新古典经济学中的就业理论，在某种意义上可以说他继承了重商主义的国家干预学说、马尔萨斯的有效需求不足理论、孟德维尔的高消费促进繁荣的学说和霍布森的过度储蓄导致失业和经济萧条学说。这部名震一时的划时代著作把西方经济学理论推上了一个新的台阶，标志着凯恩斯学说已发展成为不同于传统古典经济学理论的一个独立的理论体系，也标志着凯恩斯时代的到来。有经济学家称《通论》的出版为经济理论上的"凯恩斯革命"，并将其与斯密的《国富论》和马克思的《资本论》并列为经济学说史上的三部"圣经"。此后，凯恩斯的理论逐渐取代了传统的经济学理论，成为西方经济学的正统理论，各资本主义国家政府也纷纷采用凯恩斯的政府干预经济的政策主张，并将他的有效需求管理理论作为制定政策的指导思想。20世纪70年代之前，经过凯恩斯的追随者们对理论的不断补充与完善，凯恩斯经济学基本上被西方经济学界看成是现代宏观经济学的同义词。故而，从《通论》出版到60年代中期也被称为"凯恩斯时代"。但是值得指出的是，《通论》出版以来，西方经济学界对这部著作的经济理论以及政策主张的争论一直在持续，从来都没有停止过。

凯恩斯经济学在理论上缺乏微观基础，当20世纪70年代滞胀出现时，凯恩斯的经济理论无法解释经济停滞、失业和通货膨胀同时并存的现象而陷入了严重的危机之中。为了挽救凯恩斯主义，80年代所形成的新凯恩斯主义经济学力图提供微观基础，并重新表述凯恩斯主义的基本理论和政策主张。

第二节　凯恩斯经济学的主要理论

凯恩斯经济学的理论主要包括：有效需求理论、乘数理论、利息理论、货币工资与价格理论、经济周期理论等。凯恩斯经济学兴起之后，政府吸纳和采用了凯恩斯经济学的许多政策主张。

一、有效需求理论：三大心理偏好理论

"有效需求"一词，最早出现于马尔萨斯的《政治经济学原理》(1800) 一书，马尔萨斯认为，"资本主义社会存在着一般商品生产过剩的可能性，原因是有效需求不足"。但在凯恩斯看来，"有效需求不过是企业家从他决定提供的就业量那里所期望得到的包括他将支付给其他生产要素的投入在内的收入。总需求函数把各种设想的就业量和各种就业量下的产量所能期望得到的卖价联系在一起，而有效需求则为总需求函数上的一点"[①]。由此可知，有效需求即是指社会商品的总需求价格和总供给价格相等时的社会总需求量。总需求曲线只有在与总供给曲线相交的时候，交点所决定的就业量才是"有效"的，而总需求曲线上的其他点因为不构成真正的社会需求，故而其所决定的就业量不是有效的。

可从简单的模型出发来研究有效需求。在一个封闭的社会（即不考虑国外部门的情况），经济中有两个部门——居民户和厂商，该经济体中产出水平（也即收入，Y）取决于总的计划支出，计划支出包括两个部分：居民的消费支出（C）和厂商的投资支出（I）。即：

$$Y = C + I$$

根据经济学家传统的观点，可以得出储蓄（S）为总收入（Y）

---

① ［英］约翰·梅纳德·凯恩斯：《就业、利息和货币通论》（重译本），高鸿业译，商务印书馆 2011 年版，第 62 页。

和消费（C）之差，即：

$$S = Y - C$$

由上面两个方程，可以得到：

$$S = I$$

凯恩斯认为，消费需求和投资需求取决于三个心理因素，即"心理上的消费倾向""心理上对资本的未来收益的预期"和"心理上的流动偏好"。

首先，"心理上的消费倾向"主要是指边际消费倾向递减的规律。所谓的消费倾向是消费在收入中的占比。而边际消费倾向是指消费变化量与收入变化量的比例关系。一般来说，由于"谨慎、远虑、筹划、改善、独立、进取、骄傲和贪婪"等个人动机的存在，当收入增加时，用于消费的量也会增加，但是消费的增量却不如收入的增量那么大，并且会随着收入增量的增加，每一份增加的收入中用于消费的比例却在减小。因此，随着收入的增加，用于消费的部分在收入中的比例会不断下降，收入与消费之差会越来越大，从而导致社会对消费品的需求不足，即消费需求不足。

其次，"心理上对资本的未来收益的预期"是指资本边际效率递减的规律。资本边际效率即每增加一笔投资而获得的利润率。随着投资的增加，投资者预期的利润率会下降，从而投资的动力会逐渐降低，于是会引发投资需求的不足。

最后，"心理上的流动偏好"，指的是人们因为"交易动机""谨慎动机"和"投机动机"等原因而愿意持有一部分货币在手中的愿望，而利息是人们对放弃这种"流动偏好"的报酬，如果人们保留货币的愿望十分强烈，则投资者们需要支付更高的利息率。当利息率上升到大于货币用来投资而获得的利润率的时候，投资者就不愿意进行投资，于是也会造成投资需求的不足。

由以上分析可知，因为三大心理偏好的存在，社会中的有效消费需求和有效投资需求会低于社会的总的供给水平，总需求不是总等于总供给，于是凯恩斯就否定了萨伊定律①。由于有效需求不足的存在，社会中的就业量也会低于充分就业水平，也就意味着资本主义社会总会有一定的非自愿失业。

二、乘数理论：乘数是公众心理倾向的函数

在边际消费倾向概念的基础上，凯恩斯讨论了乘数理论。乘数理论也称投资乘数理论。乘数的概念首先出现在凯恩斯的学生卡恩的《国内投资与失业关系》论文中。根据卡恩文中的就业乘数，当净投资增加时，总就业的增加量将是初始就业增加量的一个倍数。凯恩斯接受了卡恩的就业乘数理论，提出了投资乘数，即投资支出的增加必然会导致国民收入的成倍增加。乘数公式可以写成：$K = 1/(1-\beta)$。在这里，β 表示边际消费倾向。由于边际消费倾向 β 一般是大于 0 而小于 1 的，故而乘数 K 是大于 1 的，随着 β 的增大，乘数 K 不断增大，这意味着人们的消费意愿越强，乘数越大。凯恩斯利用"乘数"来强调"有效需求"的作用，当经济衰退或者发生危机的时候，通过扩大支出（投资、消费以及政府购买）可以成倍地扩大有效需求，使得经济退出衰退与危机，从而为倡导国家干预提供理论依据。因为乘数是建立在消费倾向这一主观心理因素的基础上的，所以凯恩斯认为"乘数是公众心理倾向的函数"。

三、利息理论："流动性陷阱"

传统经济学认为，利息率可以使投资需求的货币与人们意愿的储蓄之间保持平衡，储蓄可以代表资金的供给，而投资可以作为资金的需求，而利息率恰好为资金供给与需求均衡点时资金的价格。在经济衰退或危机来临时，只要利息率能快速充分的调整，就可以通过它来影响投资需求，进而影响整个经济的过热或者衰退。在经济过热时利

---

① 萨伊定律的核心是：供给创造其自身的需求。

息率上升，在经济衰退时利息率下降。

凯恩斯批评了传统利息率理论的错误，他从有效需求原理出发，认为现代经济社会通过依靠利息率的自动调整来保持充分就业是不正确的。他指出，在经济发生严重衰退时，即使利息率已经下降到了很低的水平，人们对货币的投机性需求却有可能会变得无穷大，从而阻止利息率的进一步下降。同时利息率很低时，证券价格必然已经很高，证券价格高到再上涨的可能性很小的时候，人们就不再愿意买入证券，而宁愿持有货币。但是传统经济学家们却忽视了人们投机性的货币需求，而这种货币需求对于利息率却有很大的弹性，在利息率降到很低的时候，投机性货币需求的弹性变得无穷大，会阻止利息率的进一步下降。这种情况被人们称为"流动性陷阱"，也叫"凯恩斯陷阱"。

四、货币工资与价格理论："工资刚性"假说

传统经济学认为货币工资可以随着经济状况的变化而自行调节，即当经济不景气的时候，货币工资会降低，市场产品价格也会降低，而市场价格的降低会刺激需求，增加就业和产出。

凯恩斯完全不同意传统经济学的观点，他认为货币工资的下降不能增加就业量，在经济衰退时降低货币工资，会相应地降低社会的总需求，使市场进一步萎缩。在对传统经济学观点进行分析和论证之后，他提出了"工资刚性"假说。他认为在现实经济中，工资刚性是一个事实，维持稳定的货币工资是封闭经济制度中最应该采用的政策。在短期，由于工资刚性，要保持价格稳定则需要避免就业的波动。在长期，他认为应该让工资缓慢上升，同时保持价格的稳定。

对于"价格取决于供给和需求的状况"和"价格取决于货币数量"两个观点，凯恩斯有自己的想法，他说"一旦我们研究的问题是什么决定整个社会的产量和就业量，那么，我们就需要有一种货币经济的完整的理论"，"货币的重要性主要来自它是联系现在和将来的一个环节"。他认为货币数量的变化会引起工资单位和就业量的变化，

而后两者的变化会引起价格的变化。同时，他指出"价格随着就业量的增加而逐渐上升"。

五、经济周期理论：由资本边际效率决定

凯恩斯认为经济周期变动的主要原因是资本边际效率的波动。他指出资本边际效率"不仅取决于现有的资本品数量的多寡和生产它现在所需要的成本，而且也取决于对资本品将来收益的现行的预期"。凯恩斯认为经济衰退、危机产生的原因不是利息率的上升，而是资本边际效率的突然崩溃。

在经济繁荣阶段的后期，投资者对未来预期收益过度乐观，认为未来预期收益可以完全覆盖必要成本和利息率的上升。由于成本和利息率的不断上升，投资收益会完全低于预期，当乐观的预期破灭时，市场价格迅速下降，资本边际效率彻底崩溃，此时对未来的恐慌会导致利息率的进一步上升，于是经济步入恶性循环。由于资本边际效率的崩溃，经济萧条的状态很难被改变。虽然在萧条状态下利息率的下降会对经济复苏有所帮助，但是资本边际效率决定于社会大众的心理预期很难在短时间内恢复。凯恩斯认为资本边际效率崩溃也会对消费倾向产生负面影响。这是因为经济不景气，失业率大幅上升，人们收入水平整体下降，必然会影响到消费水平。

凯恩斯指出经济复苏之前需要一定固定的时间，即经济周期的时间因素。时间因素主要取决于两点："第一，既定时代的经济正常发展所决定的耐久性资产的寿命；第二，多余的存货的保管费"。具体来说，由于在繁荣期，高成本的投资产出的耐用品存货逐渐增加，收益逐渐降低。由于资本边际效率下降，经济进入萧条阶段，还未出售的产品变为存货，一方面需要等待目前市场已投入耐用品的使用寿命结束之后才能消化存货。另一方面，在存储过程中保管费用的大小也影响着存货吸收的时间。故而萧条需要持续一段时间，只有在存货吸收结束时，就业量才逐渐提高，经济开始复苏。

第三节　凯恩斯经济学的政策主张

凯恩斯认为一国的兴衰主要取决于有效需求，而有效需求不足的问题广泛存在，并且取决于三大心理因素，经济机制对此无能为力。因此，凯恩斯认为，国家有调节经济的责任，调节的重心在于管理有效需求，为此他反对传统的平衡预算观念，主张实现赤字财政，刺激消费、投资，扩大商品与资本输出等政策。

在凯恩斯的政策设计中，财政政策在调节需求方面应处于主导地位，货币政策则处于从属、辅助地位。其中，财政政策的主要内容是：在经济高涨时，政府应紧缩政府支出，同时增税，以降低总需求；在经济衰退时，政府应扩大政府支出，同时减税，以扩大总需求。货币政策一般起辅助作用，以配合财政政策。即在经济高涨时减少货币供给，提高利息率，抑制投资，降低总需求；在经济衰退时，增加货币供给，降低利息率，刺激投资，扩大总需求。

凯恩斯主张"需求管理"政策，主要体现在三个方面：

一、财政政策：生产性的赤字财政政策

凯恩斯主张赤字财政政策，通过增加政府支出来提高社会收入，在刺激经济增长的过程中，不惜出现财政预算赤字。政府要通过与经济形势相对应的财政政策来直接影响消费需求和投资需求，以保持总供需平衡。在经济高涨时，总需求大于总供给，应采用减少政府支出和增税的方法。减少政府支出可以直接降低社会总需求，增加税收可减少人们的可支配收入，从而降低个人消费需求，降低总的需求水平，给经济降温。在经济衰退时，总需求小于总供给，应采用扩大政府支出和减税，增加政府支出可以直接增加有效需求，降低税收可以增加人们的可支配收入，从而增加个人消费，提高总需求水平，克服萧条。在减税和扩大政府支出时，有可能会带来财政赤字。凯恩斯认为，在经济萧条时，政府不能依靠增加税收或减少财政支出来平衡预

算，这样不仅不能克服危机，反而会激化总需求与总供给之间的矛盾。凯恩斯提出在经济衰退时，政府可以增加公债。理由有：第一，公债的债权人是本国公民，债务人是本国政府。本国公民是纳税人，而政府是本国公民的代表，债权人与债务人本是一家人，就等于自己欠自己的债。第二，政府债务总和与国民收入总和保持一定关系。当经济繁荣时，债务总额会降低。在经济萧条时，债务总额会上升。发行公债的目的就是为了克服危机、解决失业，在经济平稳运行时，可中止发行公债。第三，公债风险很低，只要政府不垮台，公债的增加不会给债权人增加风险，政府也可以不急于把债务还清，因为政府一届届传下去，公民的债权也会一代代传下去。

凯恩斯除了强调政府公共支出外，还有一些不同于传统经济理论的观点。比如，他认为政府的一切支出都具有一定的"生产性"，即使浪费性的支出也比不支出好。他在《通论》中说："如果财政部把用过的旧瓶子装满钞票，然后选择适当的深度，把这些旧瓶子埋在废弃的煤矿中，再用垃圾将煤矿填满，然后把产钞区域之开采权租与私人，出租以后，即不再闻问，让私人企业再把这些钞票开采出来——如果这个计划能够实现的话，失业问题就解决了；而且影响所及，社会之真实所得与资本财富，大概比现在要大很多。"用政府填埋、企业开挖的方法解决失业问题，看上去有些不合常理，但是在其背后却有一个理论基础：有些投资领域因为风险高收益小，一般私营企业不愿意进入，政府此时挺身而出，"启动水泵"，把这辆"经济列车"从陷阱中拉出来，此时政府的刺激因素是如此的重要。如果投资不能直接起刺激作用，那么至少消费是经济活动中的一个坚实的底层。

凯恩斯阐述了消费和节俭的关系：在充分就业和非充分就业下，节俭的效果是不一样的。在非充分就业下，消费增加可以增加国民收入，可以增加资本积累，消费可以致富，节俭反而会导致贫穷。所以在经济萧条的时候，政府应该鼓励人们消费，甚至可以通过发放消费券的方式来刺激消费。

二、只起辅助作用的货币政策

在凯恩斯的货币政策中，有三种常用工具：一是公开市场业务，它是货币政策中最重要最常用的工具，在经济衰退时，中央银行在金融市场上买进有价证券时，市场货币供给增多，利率下降；在经济过热时，中央银行在金融市场上卖出有价证券时，市场货币供给减少，利率上升。二是贴现率机制，贴现是指商业银行向中央银行借款的一种方式。贴现率是指商业银行向中央银行借款时支付的利息率。在经济衰退时，中央银行降低贴现率，对商业银行来说会降低货币资金成本，市场利率下降；在经济过热时，中央银行提高贴现率，对商业银行来说会提高货币资金成本，市场利率上升。以此调节经济的扩张和收缩。三是法定准备金率。法定准备金率是指商业银行按照法律规定存放在中央银行的存款与其吸收存款的比率。它作为货币政策工具，法定准备金率也遵循逆风向行事原则，在经济衰退时，中央银行降低法定准备金率，对商业银行来说会增加可用货币资金，扩大放贷规模，市场利率降低，刺激社会投资，增加总需求；在经济高涨时，中央银行提高法定准备金率，对商业银行来说会减少可用货币资金，缩小放贷规模，市场利率上升，抑制社会投资，降低总需求，避免经济过度膨胀。

凯恩斯在《通论》中指出，在利息率很低的时候，如果货币的利率弹性趋于无限大，以至于公众在既定利率水平下愿意持有任何数量的货币，此时货币供给的变化都不会影响利率水平和国民收入，货币政策无效。

所以凯恩斯认识到仅仅依靠货币政策难以增加就业、克服危机。"我现在有点怀疑，仅仅用货币政策操纵利率到底会有多大成就。国家可以向远处看，从社会福利着眼，计算资本品之边际效率，故我希望国家多负起直接投资之责。"所以，他主张政府应以财政政策为主，货币政策为辅，两者互相配合，逆经济风向实施，以保证经济平稳运行。

三、对外经济政策：肯定重商主义贸易理论

凯恩斯认为对外经济政策对于解决资本主义国家共同面临的问题，有十分重要的意义。

传统经济学在国际贸易上认为在自由贸易的政策下进口与出口在长期中必然相等，即坚持萨伊定律，反对政府干预。凯恩斯对此完全同意传统经济学的观点。他肯定重商主义的贸易理论，认为贸易顺差有利于实现本国的就业目标。扩大对外的商品输出和资本输出，均可扩大国内的有效需求，为国内过剩产品和资本寻找出路，从而带来更多的就业机会。因此，在《通论》中他指出政府要实行"扩大出口、限制进口"的干预对外贸易的政策。当然，他也认识到这种政策会带来很大的不公正性。他说："要维持国内就业量，所以不能不限制进口，竭力向国外推销本国商品。这种办法即使成功，也不过把失业问题转嫁给邻国，使得邻国之情形恶化而已。"

综上所述，可以发现凯恩斯深刻认识到资本主义社会经常存在有效需求不足的问题。当经济处于危机中时，"看不见的手"并没有像传统经济理论宣称的那样来拯救资本主义经济。由于总需求和总供给并不总是相等，政府有必要通过实施一系列逆经济风向的财政政策、货币政策、对外经济政策来干预经济。

第四节　影响和评价

一、影响

凯恩斯经济学开创了研究宏观经济学的先河，深入分析了资本主义经济中存在严重的失业威胁和普遍生产过剩的经济危机的可能性及其原因，从根本上否定了传统经济学关于政府对经济应该自由放任的观点，力主通过国家干预来管理社会的有效需求，以更好地适应垄断

资本主义发展的需要，为资本主义制度下市场经济如何更好地发展提供了理论指导，通过系统的调节机制，有效地促进了西方各国经济的恢复和发展。

正是由于凯恩斯经济学利用"看得见的手"，将处在衰退和萧条中的各国从经济危机的泥坑中牵引出来，它改变了传统经济学在1929—1933年大萧条中无能为力的局面，从它出现的第一刻开始，就对西方经济学界产生了深远的影响。

凯恩斯经济学是凯恩斯通过对全面分析进入垄断阶段的资本主义经济在消费、投资、政府支出等各环节运行状况而得出的一个理论总结，它为处于风雨飘摇中的西方垄断资本主义国家制定宏观调控政策，提供了一个强有力的理论依据。由于凯恩斯经济学的政策主张具有高度的务实性、指导性和可操作性，这一理论很快就得到众多垄断资本主义国家的认可，在凯恩斯经济学的影响下，西方各国出台实施了一系列财政政策和货币政策。

不过，在凯恩斯《通论》发表之前，政府干预经济的思想就已被用于现实经济中。如1929年，英国自由党领袖劳合·乔治就曾提出利用政府财力兴办公共工程以增加就业的想法，1933年罗斯福当选美国总统之后，实行了一系列救济、复兴、改革的新政。凯恩斯对新政进行了理论总结，形成的凯恩斯主义政策主张成为各国政府实施宏观经济政策的理论指导。

"罗斯福新政"首先整顿了银行与金融系统，通过银行休业整顿，逐步恢复银行信用，美国放弃金本位制，使美元贬值以刺激出口。其次是调整工业生产，通过《国家工业复兴法》与蓝鹰行动来预防盲目竞争而引发生产过剩。按照《国家工业复兴法》规定，各工业企业制定本行业的公平经营规章，确定各企业的生产规模、价格水平、市场分配、工资标准和工作日时数等，以防出现盲目竞争引起的生产过剩，从而加强了政府对资本主义工业生产的控制与调节。再次是调整农业政策，政府付款补贴给减耕减产的农户，以稳定和提高农产品价格、提高农民购买力。新政还大力兴建公共工程，缓和社会危机和阶级矛盾，增加就业，刺激消费和生产；政府建立社会保障体系，退休工人可以得到养老金，失业者可以得到失业保险，子女年幼的母亲、残疾人可以得到补助；同时政府设立急救部门，发放救济金等。另外，政府在对外政策上也更加灵活。罗斯福新政对美国的经济社会各个方面都产生了深刻的影响，新政提高了政府干预国民经济的权力，政府支出在国民总收入中的占比日益提高。

在凯恩斯的理论中，特别强调了财政政策在调节经济方面，以及公共工程计划在恢复经济、提高就业方面的重要作用。仍以新政为例，在1933—1937年间，美国国会共拨款120亿美元用于公共工程建设，该笔款项可使政府每年安排200万—300万劳动者就业。随着就业量的增加，国民收入也不断提升，居民消费能力随即上升，进而又带动饮业、旅馆业、商业、制造业、金融、卫生、保险业等行业的复苏，最终带动了整个经济社会的全面回升。而各行各业的复苏，反过来又进一步为劳动市场开辟了更多的就业岗位。这样，一系列良性的连锁反应，带动了国内各领域的复兴，最终使得美国走出大萧条的阴影。

在美国，继罗斯福新政之后，杜鲁门政府于1946年使国会通过了《就业法》。之后，艾森豪威尔政府奉行"中间道路"，肯尼迪政府提出了"新边疆"口号，约翰逊政府提出"伟大社会"计划，各届政府在政策运用上都把政府对社会经济的干预提高到空前的规模。

在美国新政的带动下，处于慌乱中的加拿大、英国、法国等纷纷效法，逐渐摆脱了国内经济的颓势，遏制了危机的进一步蔓延。在第二次世界大战后的近二十年里，英国、法国、美国、联邦德国、日本、意大利等世界主要资本主义国家，都把凯恩斯主义奉为国策。

在凯恩斯国家干预思想的影响下，1944年5月，英国政府发布了《就业政策白皮书》，并从1945年起，将一些大的公共事业收归国有，并由政府给予补贴，提供各种优惠政策，国家和垄断财团紧密结合在一起。到1948年，英国宣布全面实现了社会保障，建成福利国家。这种通过扩大政府开支、高福利提高社会需求的凯恩斯主义政策在英国一直运用到80年代"撒切尔主义"的出台。1945年，加拿大、澳大利亚等国也相继发表公告，宣布以充分就业作为国家的政策目标之一。

在凯恩斯主义的理论指导下，西方资本主义各国在第二次世界大战后快速摆脱危机，恢复战后千疮百孔的经济社会，医治了战争给人民和社会带来的创伤，垄断资本主义的经济秩序得到了调整和巩固。第二次世界大战后的近二十年间，是资本主义世界经济高度发展的"黄金时期"，国家垄断资本主义在此时获得了迅猛发展。因此，在西方，许多有识之士认为是凯恩斯"拯救了资本主义"，并推崇其理论创见为"凯恩斯革命"，开辟了第二次世界大战后辉煌的"凯恩斯时代"，西方资本主义也推崇凯恩斯本人为"繁荣之父"。

到了20世纪70年代，由于西方各国经济进入滞胀时期，即通货膨胀与高失业并存的时期，面对滞胀，凯恩斯的经济理论显得无能为力。在石油危机的触发下，1974—1975年爆发了世界性的经济危机，由于之前各国奉行凯恩斯主义，货币竞相贬值，制造企业纷纷向海外迁移，世界市场需求进一步萎缩，全球范围的生产过剩加速到来。危机爆发后，多年受冷落的新自由主义学派抬头，在否定凯恩斯主义的声浪中占据了美英等国主流经济学地位。

进入20世纪90年代之后，各国经济经过一段时期的调整已逐步摆脱滞胀，各国政府都把发展经济、提高综合国力作为施政目标。亚、非、拉、东欧等国家开始全面发展经济，努力缩短与西方发达国家的差距。在这种情势下，凯恩斯主义又得以回潮，尤其是1997年东南亚金融风暴发生后，凯恩斯主义越来越多地出现在各国政府和经济学家的视野中。

二、评价

在凯恩斯《通论》出版之后，20世纪五六十年代，西方资本主义国家出现了长期繁荣景象，开辟了辉煌的"凯恩斯时代"。20世纪70年代，西方各国经济出现了严重的"滞胀"局面，滞胀对凯恩斯经济学提出了严重挑战。正如新古典综合学派的代表人物詹姆斯·托宾所指出的,"70年代滞胀之于凯恩斯经济学如同30年代萧条之于古典派正统观念一样"。

由于在理论、方法和政策这三个方面,凯恩斯都提出了不同于西方传统经济学的观点和主张,故而《通论》被经济学界视为具有"革命性"。

首先,在理论上,凯恩斯否定了萨伊关于"供给会自己创造需求"的论断,从而也自动抛弃"储蓄会自动地转化为投资"这种传统观点。凯恩斯认为,资本主义经济体系不会自动达到充分就业状态,从而他否定了传统西方经济学关于"充分就业为常态"的信条。凯恩斯认为,由于经济社会中有效需求不足,这必然将导致大规模失业、生产过剩的经济危机。同时,在资本主义社会存在有效需求不足问题的前提下,他提出"需求会自己创造供给",即经济的产出量和就业量的总水平决定于总的有效需求。按照凯恩斯的说法,"总需求函数把各种设想的就业量和各种就业量下的产量所能期望得到的卖价联系在一起,而有效需求则为总需求函数上的一点",所以,有效需求是商品总供给价格和总需求价格达于均衡状态时的总需求。

其次,在方法上,凯恩斯否定传统经济学关于"货币中性"的假说。传统经济学假设市场会自动出清,货币只是实物经济运行中的一层面纱,即货币是中性的。在"货币中性"的假设条件下,传统经济学把经济理论分为两个部分:经济学原理和货币学原理,形成经济分析过程中的"二分法"。凯恩斯在考察经济运行时,坚持认为实物经济和货币经济应密切结合于一体,即坚持货币非中性观,否定传统经济学的"二分法"。他说:"我认为,把经济学的内容区分为作为其价值论、分配论的一个部分和作为其价格论的另一个部分是错误的方法。我所建议的正确的二分法应该区分两个方面: 方面是单个行业或厂商的理论以及关于既定数量的资源在不同使用上的报酬和分配;另一方面为整个社会的产量和就业量。"凯恩斯将就业、收入理论和利息率、消费、储蓄与投资理论均纳入了他的宏观理论结构,开创了他独特的宏观经济分析方法。

最后，在政策上，凯恩斯反对"自由放任"，强调国家参与经济调节、干预经济运行。由于凯恩斯主张国家干预经济、鼓励出口的政策主张与重商主义有相同之处，故而，有经济学家称凯恩斯的经济理论和政策主张继承了重商主义的思想。在政策主张中，凯恩斯不同意"政府应保持财政预算平衡"的观点，他认为政府应根据经济运行的实际情况来管理政府预算。在经济萧条、失业率上升时应推行赤字财政，即通过降税、提高政府支出等方式来挽救经济，而不应该是传统经济学认为的增税、降低政府支出，这样只会让经济更糟。同时他认为传统经济学为了解决失业问题而降低实际工资或货币工资不会必然创造更多就业，反而会招致经济进一步恶化，他认为在短期应坚持"货币工资刚性"，在长期可以让货币工资微涨，以保持物价稳定。在具体政策制定和实施中，他认为应以财政政策为主、货币政策为辅，在特定的情况下，货币政策会出现无效的现象。

在第二次世界大战后的 20 年间，凯恩斯经济学一直居于西方经济学的正统地位。在 20 世纪 70 年代之后，新自由主义抬头，经过不断演变，凯恩斯主义在后来继承者们的重新解释、补充、发展中逐渐形成了新古典综合学派、新剑桥学派、新兴凯恩斯学派等，他们仍然坚持政府应该干预经济，认为货币非中性，市场不会自动保持出清等观点；与宣扬政府对经济应该自由放任，货币中性以及市场会自动保持出清状态的新自由主义学派抗争。

第五节　借鉴和应用

凯恩斯经济学在如何保持经济增长、稳定物价、促进就业水平等多方面对我国都有极大的理论意义和现实意义。凯恩斯经济学在 20 世纪 30 年代初的资本主义大萧条之后产生并迅速发展起来，为解决资本主义经济危机和失业等问题提出了一系列的财政政策和货币政策建议。在凯恩斯干预经济思想的影响下，西方各主要资本主义国家的经济得到了迅速的恢复和发展。虽然凯恩斯经济学是针对资本主义经济运行而发展起来的经济理论，但是抛开社会形态，其作为人类文明的先进成果，亦可为我国管理市场经济条件下的社会化大生产所借鉴。

一、借鉴凯恩斯主义发展中国特色社会主义市场经济理论

我国政府在建设中国特色社会主义市场经济过程中大量借鉴了凯恩斯政府干预经济的系列政策主张。

在政策方面，凯恩斯政府干预经济，主张实施逆经济风向的财政政策和货币政策，以及强调资本输出等对外贸易政策。具体来说，财政政策的主要内容是：在经济高涨时，政府应紧缩政府支出，同时增税，以降低总需求；在经济衰退时，政府应扩大政府支出，同时减税，以扩大总需求。货币政策的主要内容是：在经济高涨时减少货币供给、提高利息率、抑制投资，降低总需求；在经济衰退时，增加货币供给、降低利息率，刺激投资，扩大总需求。在凯恩斯的政策设计中，财政政策在调节需求方面应处于主导地位，货币政策则处于从属、辅助地位。

（一）有效需求理论

凯恩斯的有效需求理论认为有效需求包括两部分，即消费需求和投资需求。一旦社会出现有效需求不足，必须由国家干预经济——财政政策和货币政策，特别是财政政策如减少税收、增加公共支出和转移支付来刺激消费，提高有效需求，货币政策则应配合，支持财政政策，应增加货币供应量、降低利息率，刺激私人投资，以达到扩大总需求的目的。

（二）乘数理论

乘数理论认为随着人们消费倾向的提升，乘数不断增大。凯恩斯利用"乘数"来强调"有效需求"的作用，当经济衰退或者发生危机的时候，通过扩大支出（投资、消费以及政府购买）可以成倍地扩大

有效需求，从而促使经济退出衰退与危机，为倡导国家干预提供理论依据。

（三）货币工资与价格理论

凯恩斯的货币工资与价格理论认为，在现实经济中，工资刚性是一个事实，维持稳定的货币工资是封闭经济制度中最应该采用的政策。在短期，由于工资刚性，要保持价格稳定则需要避免就业的波动。在长期，他认为应该让工资缓慢上升，而保持价格的稳定。他认为货币数量的变化会引起工资单位和就业量的变化，而后两者的变化会引起价格的变化。

二、应用凯恩斯理论助力"稳增长、调结构"

借鉴凯恩斯理论与政策主张指导中国经济实践具有重要的现实意义。事实上，从我国社会主义市场经济建设一开始，经济学界对我国宏观经济调控理论进行了多维度多层次的思考。这些理论在考虑了中国宏观调控的特殊背景和一些具体情况等的基础上，总体上沿用了凯恩斯经济学的基本理论框架，包括宏观经济的考察指标、经济失衡时的财政政策、货币政策等。

（一）"政府干预理论"与中国经济平稳健康发展

中国自1978年至今，改革开放三十多年来，经济社会得到了迅速的发展，人们生活水平显著提高，国内生产总值于2010年超越日本，位居全球第二。但一系列问题也伴随着中国经济的腾飞而不断凸显出来，如总需求疲软、社会发展不均衡、生态环境恶化、贫富差距逐渐扩大等等。我国经济现在已进入新常态，经济下行的压力越来越大，政府不断出台稳增长措施，政府支出不断加大，基础建设继续托底。

凯恩斯的有效需求理论认为，在三大心理规律的影响下，经济社会的总需求通常小于总供给，即经济中有效需求不足，一旦社会出现有效需求不足，必须由国家干预经济。针对目前我国出现的问题，政府干预经济的思想和政策建议值得借鉴。

一是在财政政策方面，当经济处于下行中，应该实施相对宽松积极的财政政策，首先要加大政府支出，通过政府投资来带动私人投资，充分发挥投资的乘数效应，提升总产出和总的就业水平。增强转移支付的力度，保障低收入人群的收入水平，对有需要帮助的鳏寡孤独进行救助；其次，应该调整税收政策，对创新型企业进行税收减免以鼓励技术创新，降低个人所得税以刺激消费需求，同时可对高污染高消耗的企业和行业提高征税额度，调整经济结构，转变粗放型的增长方式。

二是在货币政策方面，在经济下行压力较大时，应实施宽松的货币政策，通过降低银行存款保证金、降低利息等方式，增加金融信贷，刺激社会的投资热情，提高有效需求。等经济恢复增长到有过热苗头时，再调整货币政策，实施紧缩的货币政策，通过提高银行存款保证金、提高利息等方式，收紧金融信贷，抑制社会的投资热情，降低有效需求。

三是在对外经济政策方面，国家可以为有实力走出去的企业提供帮助，积极拓展海外市场，谋求多边贸易，建立互赢机制。依托亚投行的组建，加快人民币国际化的进程，积极参与国际贸易规则的修改与制定。

（二）"有效需求理论"与化解中国产能过剩

近二十年来，投资推动中国经济高速增长，然而过度投资形成的过度供给导致产能过剩，造成众多行业产品供大于求，钢铁、电解铝、电石、铁合金、焦炭、汽车、水泥、电力、纺织、家电、房地产等传统产业产能过剩尤为突出。2012年年底，我国钢铁、水泥、电解铝、平板玻璃、船舶产能利用率分别仅为72%、73.7%、71.9%、73.1%和75%，明显低于国际通常水平[1]。其中，能耗和高排放行业的产能过剩更为突出，2012年我国钢产能7.17亿吨，国内消费只有5.6

---

① 《国务院关于化解产能严重过剩矛盾的指导意见》（国发〔2013〕41号），2013年10月6日。

亿吨，在建仍有几千万吨。水泥产能达到 22.1 亿吨，当年消费量仅为 15.4 亿吨，在建生产线超过 400 条，新增产能将超过 6 亿吨。不仅传统产业产能过剩，光伏、风电等新兴产业也竞相投资，出现了严重的产能过剩，光伏产能的利用率不到 60%，风机产能的利用率不到 70%[①]。

在市场经济条件下，供给适度大于需求是市场竞争机制发挥作用的前提，有利于调节供需，促进技术进步与管理创新。但是，在行业的生产能力严重超过有效需求时，产能严重过剩会导致诸多弊端：一是造成社会资源巨大浪费，降低资源配置效率，阻碍产业结构升级；二是行业投资效益急剧下降、利润大幅下滑，企业普遍经营困难，在产能严重过剩行业中企业亏损已是常态，若不是有大量的政府补贴，许多企业的经营已难以维持；三是加剧市场恶性竞争，造成行业亏损面扩大、能源资源瓶颈加剧、生态环境恶化等问题，直接危及产业健康发展；四是经营困难企业职工失业，银行不良资产增加，甚至影响到民生改善和社会稳定大局。

产能过剩，本质上是国民经济增长比例失调，在中国表现为投资与消费比例失调。GDP 由投资、消费和出口构成，就政府而言，选择短期内迅速增加投资，的确是提高 GDP 最简单、最快捷和最能见效的首选，因而地方政府追求 GDP 的竞争导致过度投资，形成低水平重复建设。各地政府往往在"稳增长"的旗号下，高调宣布大规模投资计划，数额动辄万亿乃至数万亿，而且地方经济的投资结构和经济的部门结构更加趋同而不是趋异，过度投资于相同或相似的产业，导致大量的资本沉淀于生产能力过剩的产业，产品市场供给大于需求，产能过剩。

根据凯恩斯有效需求的定义，有效需求即是指社会商品的总需求价格和总供给价格相等时的社会总需求量。产能过剩本质上也是生产

---

① 张平：《光伏产能利用率不到 60%　风机利用率不到 70%》，新华网，2013 年 3 月 6 日。

能力过剩导致供给大于需求，借鉴凯恩斯的扩大有效需求的思想和方法，对于化解我国的产能过剩问题有着重要的理论指导意义和现实意义。根据凯恩斯的理论，我们可以通过以下几个方面来化解产能过剩。

一是从外向型经济转为内向型经济，以扩大内需化解产能过剩。从外向型经济转为内向型经济，促进内需扩张，提升内需增速降低外需增速，改变内外需结构失衡现状，以扩内需促进内外需结构平衡。外需曾经在中国经济增长中发挥重要的作用，现在仍然对经济增长起着支撑性作用。然而，经济增长较大程度地依赖外需，容易导致中国经济增长受制于跨国公司、受制于发达市场经济国家的政策变动、受制于国际经济形势和国际经济格局的波动，企业赢利空间则狭窄，加剧产能过剩，是不可持续的经济增长的方式。扩大内需化解产能过剩，有助于早日摆脱依赖外需的经济增长方式，中国的对外贸易才能有主动权，对外贸易建立在真正互利互惠的平台上，成为真正的自主对外贸易。

二是从投资驱动增长向消费驱动增长转型，化解产能过剩。以扩大内需为基点，加快建立扩大消费需求长效机制，扩大国内市场规模，化解产能过剩。消费是所有社会产品价值实现的基础，提高居民收入增加消费是扩大内需最深厚的基础。消费是物质资料生产总过程的最终目的和动力，扩大消费充分体现了社会主义生产的目的。

三是建立自主创新民族经济体系，扩大内需化解产能过剩。以自主创新建立完整独立的民族经济体系，推动经济增长由投资驱动向消费驱动的转变，可以有效地化解产能过剩。自主创新构建中国独立的民族经济技术体系，不仅提高劳动生产率，降低资源消耗和保护环境，还创造出新的需求和市场，是突破现有内需结构失衡，以刺激消费扩大内需化解产能过剩的最重要动力，也是各发达市场经济国家物质文明快速进步的最根本的推动力。

四是协调虚拟经济和实体经济发展化解产能过剩。以虚拟经济和实体经济协调发展扩大内需化解产能过剩。近年来，中国出现经济增长速度下行的压力，社会各界的仁人志士都在讨论如何促进经济增长，极为流行的思路是：让更多的社会资金投入实体经济。这种囿于实体经济讨论实体经济的思路已陷入进退维谷的困境：在消费尚未成为经济增长主力的情况下，减缓实体经济投资，经济增速会进一步下滑，因此，必须增加对实体经济的投资；然而，在经济下行压力增大时，实体经济的投资效益随之下降，社会资金并不愿意进入实体经济，而且，当前经济中存在大量的过剩产能，如果强行增加实体经济投资，将导致更加严重的产能过剩，投资的效益会一步下降，社会资金更不愿意投资于实体经济。

第二章　新古典综合学派

新古典综合学派（Neo-classical synthesis）是一个折中主义的大综合体系，实际上是"综合"了新古典经济学和凯恩斯经济学，把新古典经济学当作研究个量问题的微观经济学，把凯恩斯主义作为考察总量问题的宏观经济学。在经济政策上，新古典综合学派延续和发展了凯恩斯主义的政策主张，主张综合运用财政政策和货币政策，调节总需求，以减少失业、消除危机。

新古典综合学派是现代凯恩斯主义的一个主要流派，也是现代西方经济学在世界流传最广、影响最大的一个经济学流派。它于第二次世界大战之后形成并发展起来。

一直到20世纪70年代随着资本主义经济滞胀的出现才开始被理论界质疑。

和房子一起慢慢变老？①

按照中国保监会日前出台的指导意见，2014年7月1日起，老年人住房反向抵押养老保险在北京、上海、广州、武汉开展试点。保险版的"以房养老"向我们走来了。

不需要费太多口舌就能讲明白，"以房养老"是社保体系里锦上添花的角色；在既有养老福利不变的前提下，通过盘活房子的存量，换来养老金的增量。试点"以房养老"，为的是鼓励老

---

① 齐平：《和房子一起慢慢变老？》，《经济日报》2014年7月4日。

年人提前消费、提高生活质量，并不是要将政府提供基本养老的责任推向市场。打个比方，"以房养老"与基本养老保险的关系，如饭后甜点和正餐。

但即使澄清了种种疑问，这个新生事物依然遭遇冷场。据上海民政部门调查，90%以上的老人表示还是要将房产留给子孙；即便是产品设计所力争的失独者和丁克族，愿意作出该项选择的也寥寥无几。

很多人认为"以房养老"之所以难以推行，源于中国人的传统观念，既有关于房子的，也有关于养老的。不过，鉴于中国人生活中出现商品房和社会养老都不过是近三十年的事情，这些"传统观念"其实是现代观念，只是在快速变动的现实面前来不及刷新。

第一节　新古典综合学派的兴起与发展

一、新古典综合学派的主要代表人物和主要著作

（一）阿尔文·哈维·汉森（Alvin Hansen）

汉森生于美国南达科他州维堡，哈佛大学经济学教授，是美国国内最早倡导凯恩斯经济学的学者，经常被称为"美国的凯恩斯"。汉森长期在哈佛任教，培养出萨缪尔森、托宾、奥肯等著名经济学家，因此被看作是新古典综合学派的奠基人。

汉森是较早使用"混合经济"来说明当代资本主义社会的经济学家，他认为，19世纪末之后的资本主义社会已不是单纯的私人资本主义经济，而是私人经济和社会公共经济并存的混合经济；从20世纪20年代以后，由于资本边际效率递减、人口增长放慢等多种原因，资本主义经济进入长期停滞，要打破这种停滞就需要政府干预经济。

他的《凯恩斯学说指南》成为解释凯恩斯主义的权威之作。同时

他也弥补了凯恩斯忽略收入对投资影响的不足，把凯恩斯的乘数原理同加速原理结合起来分析经济周期。1949 年，汉森在《货币理论和财政政策》一书中提出了著名的"汉森 45°线"模型，这个模型后来被公认为是对凯恩斯收入决定理论的一个重大发展。

（二）保罗·萨缪尔森（Paul Samuelson）

萨缪尔森是美国著名经济学家，波兰移民后裔。1935 年毕业于芝加哥大学，后获得哈佛大学的硕士和博士学位，之后一直在麻省理工学院教授经济学。他是凯恩斯的忠实信徒，自命为凯恩斯的嫡传弟子。1970 年，他因发展了动态和静态经济理论，提高了经济科学的分析水平而成为美国第一位获得诺贝尔经济学奖的经济学家。萨缪尔森一生从事经济学的研究，著有大量的论文和著作，其中 1948 年出版的《经济学》是他的代表作和成名作，此后大约每三年更新一次，截至 2012 年已更新至第十九版（第十四版开始与其弟子威廉·诺德豪斯[①] 合作），并被翻译为四十多种语言在全球销售，是全世界最畅销的教科书。

除了学生和经济学家之外，萨缪尔森观点的受益者，还包括美国的总统、世界性的领袖、国会议员以及美联储官员。1945 年，在第二次世界大战结束时，他来到美国战时生产局和战争动员重建办公室任职，并担任美国财政部经济顾问。1953 年，萨缪尔森来到美国预算局，为美国政府出谋划策。1959—1960 年，萨缪尔森被任命为美国总统事务委员会调查咨询小组的顾问。1960 年，美国总统肯尼迪（任期为 1961—1963 年）任命他为总统调查咨询顾问和美国国家计划局经济顾问。1961 年他再次出任美国财政部经济顾问。肯尼迪是在经历 7 个月的衰退、3 年半的萧条、7 年的经济增长速度降低、9 年

---

① 威廉·诺德豪斯，耶鲁大学斯特林经济学教授，曾任国会预算办公室（CBO）经济专家组成员，曾任耶鲁大学教务长和副校长，考尔斯经济学研究基金会理事，国家经济研究局（NBER）研究员，1977—1979 年是卡特总统经济顾问委员会的成员。主要研究领域为：环境、能源、技术变革和经济增长，利润和生产率的增长趋势，以及经济政策研究。

的农业收入下降之后就任总统的。他所发表的第一个国情咨文中就悲观地宣布："目前的经济状况是令人不安的。"不过肯尼迪采纳了萨缪尔森的建议，有效地扭转了局面。著名的"肯尼迪减税"政策增加了消费支出，扩大了总需求，并增加了经济的生产和就业。实际上当肯尼迪提出的减税最终在1964年实施时，它促成了一个经济高增长的时期。他提倡赤字预算，追逐加速经济增长，从而使美国克服了20世纪50年代的"艾森豪威尔停滞"，他也成为白宫中不可缺少的高参。1965年，又被任命为美国联邦储备银行经济咨询委员会顾问。

20世纪60年代，美国的经济增长较快。在肯尼迪和约翰逊出任美国总统的8年中，美国没有爆发经济危机，凯恩斯主义被称为"战后繁荣主义"。作为两任总统的首席经济顾问的萨缪尔森自然成了"美国凯恩斯主义"的代名词，美国的经济成就也被视为是"新古典综合学派"的功绩。

萨缪尔森的研究范围很广，横跨经济学、统计学和数学等多个领域。他把凯恩斯经济学和传统的微观经济学结合起来，形成"新古典综合学派"的理论体系；他还一直热衷把数学工具运用于静态均衡和动态过程的分析，以物理学和数学的研究推理方式用于经济学研究，为数理经济学的现代化作出了重要贡献。此外，他还巧妙地将乘数和加速数合而为一，揭示出了乘数理论与加速数原理的内在联系；在关于经济增长的论述、"社会福利函数"的论述和对"赫克雪尔—俄林"原理的补充等多方面，为经济学理论贡献了珍贵的思想财产。萨缪尔森的理论极大地传播和发展了传统西方经济学说，促进了经济理论的数学化发展，成为西方经济学界久负盛名的大家。

（三）詹姆斯·托宾（James Tobin）

托宾出生于美国伊利诺伊州，1981年获得诺贝尔经济学奖。他在经济研究的多个领域均有贡献，比如经济学方法、风险理论等内容差异较大的方向都有建树，在对家庭和企业行为的研究方面独树一帜，在宏观经济学纯理论和经济政策的分析应用方面作出了重大贡献，他还是资产组合选择的开创者。

在托宾的研究中，他阐述和扩展了凯恩斯关于消费和投资、货币工资、通货膨胀、货币需求以及财政政策和货币政策的宏观经济理论；发展了不确定条件下有价证券的选择理论，包括资产定价模型及其在宏观经济学中的应用；把货币和通货膨胀因素纳入经济增长理论；创立了"Q"理论。托宾还创立了"托宾分析"的方法，对计量经济学作出了重要的技术性贡献。托宾的主要著作有：与哈里斯等合著《美国企业准则》《国家经济政策》《经济学论文集：总体经济学》《十年后的新经济学》《计量经济学论文集：消费与计量经济学》。

（四）罗伯特·默顿·索洛（Robert Solow）

索洛生于美国纽约布鲁克林，以其新古典增长理论而著称，1961年荣获美国经济学会的约翰·贝茨·克拉克奖[①]，并于1987年被授予诺贝尔经济学奖。索洛分别于1942年、1949年和1951年从哈佛大学获得文学学士、文科硕士及哲学博士学位。1949年起，他在麻省理工学院任教。在1975—1980年他曾担任波士顿联邦储备银行理事会的理事和主席，在肯尼迪总统任职期间，索洛曾任白宫首席经济顾问。

索洛在经济增长理论和资本理论等方面都有杰出贡献。其最重要的论文有：《对经济增长理论的一个贡献》（1956）、《技术变化与总生产函数》（1957）、《增长理论：一个说明》（1969）、《线性规划与经济分析》（1958年与萨缪尔森等合作）、《资本理论与收益率》（1963）等，其中《对经济增长理论的一个贡献》已经成为经济增长理论方面的经典之作。

（五）佛朗哥·莫迪利安尼（Franco Modigliani）

莫迪利安尼是意大利籍美国人，著名的经济学家，他在财政和消费理论方面作出了突出贡献，1985年因第一个提出储蓄的生命周期模式而荣获诺贝尔经济学奖，他提出的消费和储蓄的生命周期假说在研究家庭和企业储蓄中得到了广泛的应用。主要著作有《国民收入和

---

① 由美国经济学会两年颁发一次，用于表彰对经济学作出贡献的40岁以下经济学家。

国际贸易》(1953)、《计划生产、存货和劳动力》(合作，1960)、《通货膨胀条件为稳定住宅建设而采取的新的抵押设计》(1975)、《莫迪利安尼文集》(第一卷《宏观经济论文集》、第二卷《储蓄的生命周期假说》、第三卷《财政理论及其他论文集》)(1980) 等。

(六) 阿瑟·奥肯 (Arthur M. Okun)

奥肯是美国著名经济学家，新泽西州泽西城人，1956 年获哥伦比亚大学经济学博士学位，后在耶鲁大学讲授经济学。1961 年受邀担任肯尼迪总统经济顾问委员会成员。1964 年，他又被聘为约翰逊总统经济顾问委员会成员，1968 年被任命为该委员会主席。

奥肯长期致力于宏观经济理论及经济预测的研究，以及从事于政策的制定及分析。他发现了经济波动中经济增长率与失业率有一定的替换关系，当经济增长率下降 1%，失业率大概上升 2%，此规律即被称为"奥肯定律"。奥肯的著作甚多，研究报告居多，在美国经济学界有相当的影响力，主要有《繁荣政治经济学》《平等与效率》和《不公平的市场：如何解决市场经济中的不平等》等。

(七) 詹姆斯·杜森贝里 (James Stemble Dusenberry)

杜森贝里是美国经济学家，曾先后获得文学学士、硕士和哲学博士学位。1946 年在麻省理工学院任教，从 1948 年开始在哈佛大学任教，并于 1972—1977 年期间任哈佛大学经济系主任。他认为消费支出并不像凯恩斯所说的依赖于绝对收入水平，而是依赖于相对收入水平，即"相对收入假说"。他的主要著作有《收入、储蓄和消费者行为理论》《经济周期与经济增长》《货币与信用：冲击与控制》等。

(八) 约翰·希克斯 (John Richard Hicks)

希克斯是英国经济学家，宏观经济学微观化的最早开拓者，一般均衡理论模式的创建者，1961—1962 年出任英国皇家经济学会会长，1964 年因其学术贡献而被授予勋爵称号，1972 年因其在一般均衡理论和福利经济学理论上的贡献，被授予当年的诺贝尔经济学奖。主要著作有：《价值与资本》(1939)、《经济周期》(1950)、《需求理论的修正》(1956)、《经济史理论》(1969)、《动态经济学方法》(1985)。

（九）肯尼斯・约瑟夫・阿罗（Kenneth J. Arrow）

阿罗是美国经济学家，哥伦比亚大学数学博士（1949），哈佛大学教授，1957 年约翰・贝茨・克拉克奖得主，并因在一般均衡理论方面的突出贡献与约翰・希克斯共同于 1972 年荣获诺贝尔经济学奖。

阿罗在微观经济学、社会选择等方面卓有成就，被认为是战后新古典经济学的开创者之一。除了在一般均衡领域的成就之外，阿罗还在风险决策、组织经济学、信息经济学、福利经济学和政治民主理论方面进行了创造性的工作。在社会选择理论方面，他最著名的贡献是"阿罗测不准定理"。在 1951 年出版的《社会选择与个人价值》一书中，他用数学推理得出这样的论断：如果由两个以上偏好不同的人来进行选择，而被选择的政策也是超过两个，那么就不可能作出大多数人都感到满意的决定。因此，在每个社会成员对一切可能的社会经济结构各有其特定的偏好"序列"的情况下，要找出一个在逻辑上不与个人偏好序列相矛盾的全社会的偏好序列是不可能的。他提出的"不可能性定理"是对福利经济学的革新，是新福利经济学的一个重要组成部分。

由于在美国经济学界的地位，他得到了政府的重用，于 1962 年担任总统经济顾问委员会成员，后来任肯尼迪总统的经济顾问，还担任过经济计量协会会长、美国经济学会会长和管理科学研究会会长。值得一提的还有，阿罗是新凯恩斯主义的代表人物萨缪尔森的连襟和萨默斯的叔叔（萨缪尔森和萨默斯见第四章）。

主要著作有：《社会选择与个人价值》（1963）、《存货与生产的数学理论研究》（1958）、《公共投资、报酬率与最适财政政策》（1970）、《风险承担理论论文集》（1970，与喀西（M.Kurz）合著）、《组织的极限》（1974）。

二、新古典综合学派的兴起

20 世纪 30 年代《通论》发表之后，凯恩斯对大萧条产生的原因进行了分析，提出了应对之策，其政策建议迅速被西方资本主义国家所采用。在凯恩斯经济理论的发展中，他的追随者们对其主要理论进行解释、修补和延伸。美国经济学家希克斯在1937年发表了《凯恩斯先生与古典学派经济家》，这篇论文用三个方程式和IS—LM模型高度概括了凯恩斯的理论。希克斯在此文中论述了凯恩斯的《通论》与新古典经济学经济思想之间的联系，他把凯恩斯主义综合为宏观的一般均衡理论，他认为凯恩斯的三个方程式不过是"向马歇尔的正统经济学跨回了一大步，以致他的理论很难与经过修订和限定范围内的马歇尔理论相区别"。

汉森也有相似的论述，他指出IS曲线可基于新古典经济学的可贷资金学说推导出来。希克斯和汉森基于新古典经济学的立场试图将新古典经济学和凯恩斯经济学进行对比和分析，建立了IS—LM模型，为新古典综合派的发展掀开了序幕。

20世纪40—50年代，萨缪尔森在希克斯一般均衡理论的基础上，更深入、广泛地进行凯恩斯理论和传统新古典经济学的衔接与融合工作，并以教科书的形式进行宣讲和传播，1955年萨缪尔森在他的《经济学》第三版中首次提出"新古典综合"这一概念。萨缪尔森认为以马歇尔为代表的新古典经济学把单个消费者、单个厂商和单个行业为分析单位，而凯恩斯的经济理论则对总需求、总供给、总收入、总消费、总投资等总量的概念进行研究。在《经济学》第十版及以前的版本中，萨缪尔森把二者加以"综合"将它们分别称为"微观经济学"（"个量分析"）和"宏观经济学"（"总量分析"）。自第二次世界大战后一直到20世纪60年代末，新古典综合学派在西方经济学界居于正统地位，成为绝大多数西方资本主义国家制定经济政策的理论依据。

托宾认为，新古典综合学派既融合了凯恩斯主义和新古典经济学的相关理论，又结合了两者在政策建议方面的内容。早期的凯恩斯主义者相比之下更重视财政政策，认为它对增加有效需求、减少失业、恢复经济十分有效。而主张自由放任的新古典学派，则更强调货币政策的重要作用。托宾指出，新古典综合学派，就是按照不同比例将财政政策和货币政策结合在一起，使之成为资本主义国家制定经济政策的依据。

20 世纪 70 年代，滞胀使新古典综合学派饱受批判，新古典综合学派不仅在理论方面解释不了经济滞胀的现象，同时也无法提出有效的应对之策。因为按照新古典综合学派的理论，失业和通货膨胀是此消彼长的关系，不应该同时出现。如果政府实施积极的财政政策和货币政策，刺激消费和投资来降低失业率，那么有效需求的增加将会抬升物价，从而导致通货膨胀；反之，要是政府实施紧缩的财政政策和货币政策，则可以控制通货膨胀，同时随着有效需求的降低失业率却会上升。理论上的无力和政策上的两难，极大地动摇了新古典综合学派的统治地位。

第二节　新古典综合学派的主要理论

新古典综合学派的主要经济理论由萨缪尔森、汉森、托宾、希克斯、哈罗德、多马、索洛、莫迪利安尼、杜森贝里等众多经济学家的经济思想所构成。

一、经济学说的大综合

在萨缪尔森的《经济学》一书中，他对经济学的定义以及研究对象、研究范围、研究方法等都进行了阐述。他认为，经济学是通过对改善资源配置所付出的代价及可能获得的收益的分析，来研究人和社会应该如何作出最终选择。也就是说，经济学研究的是在资源稀缺的前提条件下，人们如何以收益最大化（或成本最小化）为目的进行选择，它是 门研究资源配置的学问。从他的定义出发，萨缪尔森把不同社会制度的经济问题归结为四类：生产什么、生产多少、如何生产和为谁生产。他认为现代西方经济学是一门范围十分广泛的学科，所以他的《经济学》一书中不仅包括微观经济学（以马歇尔为代表的新古典经济学的理论为主）、宏观经济学（以凯恩斯经济学的总量研究为主）等核心的经济理论，还包括有财政学、会计学、经济统计、货币银行、公司财务、劳动经济学、经济计量学、经济学说史、比较经济制度、国际贸易与金融等方面，几乎包揽了西方经济学所有的学科方向。

萨缪尔森的经济理论体系是建立在数学分析的基础之上的。他认为，既然经济学研究的是资源稀缺条件下如何选择的问题，那么经济学研究可以简要地归纳为两个对偶的问题。其一，最值问题，即最小值和最大值的问题。指在限定条件下，在获得相同收益时，如何使成本最小，这是最小值的问题；在成本相同时，如何使社会或个人获得最大的福利和收益，这是最大值的问题；在最小或最大问题上，经济学和数学不过是同一个问题的两个方面，这就是萨缪尔森著名的"对应原理"。其二，均衡问题，即在非均衡的时候，如何使总供给和总需求达到均衡状态，以及达到均衡状态之后，如何维持均衡状态的问题，均衡问题也可以归结为研究不同变量之间相互作用的数学问题。

萨缪尔森认为以马歇尔为代表的新古典经济学把单个消费者、单个厂商和单个行业为分析单位，而凯恩斯的经济理论则对总需求、总供给、总收入、总消费、总投资等总量的概念进行研究。在《经济学》中，他把二者加以"综合"将它们称为"微观经济学"（"个量分析"）和"宏观经济学"（"总量分析"）。萨缪尔森断言，国家干预经济生活的政策可以弥补资本主义自发作用的不足，宏观经济学开出的药方能够包治资本主义的所有疾病。

二、国民收入决定论：拓展凯恩斯"有效需求理论"

汉森在对凯恩斯收入决定理论的基础上构建了"汉森45°线"模型——一个以 $C+I$ 与45°线交点为核心的宏观经济模型。他在1949年出版的《货币理论和财政政策》一书中提出，由于45°线上的任何一点与横坐标和纵坐标距离相同，因此可以用来表示随着消费和投资的变化导致收入变化的规律。

国民收入决定论是新古典综合学派的核心内容，该理论把凯恩斯的总量分析思想和新古典经济学的均衡理论融合在一起，建立了一个新的国民收入决定理论体系，并据此提出相关的干预经济的政策主张。

新古典综合学派的收入 Y，从总供给的角度看，为消费 C 与储蓄 S 之和；从需求的角度看，它等于消费 C 与投资 I 之和，当经济总量均衡时，即经济中的总收入等于总支出，即：

$$C+S=C+I$$

由上式可得，S＝I。即储蓄等于投资时，总需求与总供给将达到均衡。新古典综合学派继承了凯恩斯的思想，它认为，国民收入的决定主要取决于总需求的水平，由于消费依赖于收入，相对比较稳定，所以投资的变化直接影响着国民收入的水平。

新古典综合学派认为，经济中，总需求并非永远等于总供给，即经济并非永远处于均衡状态。当 C＋I＞C＋S 时，总需求大于总供给，社会总产出将上升，失业率降低，国民收入增加。当社会处于充分就业时，总需求继续增加则会引发通货膨胀；当 C＋I＜C＋S 时，总需求小于总供给，社会总产出将下降，失业率上升，国民收入减少。

为了避免经济中的波动，新古典综合学派引入政府干预的因素：税收 T 和政府购买 G。此时，总供求的均衡条件为：

$$C+S+T=C+I+G$$

当 C＋S＋T＜C＋I＋G 时，总需求大于总供给，政府可以采取降低政府购买、增加税收等财政政策，降低总需求，使得总供求均衡。当 C＋S＋T＞C＋I＋G 时，总需求小于总供给，政府应当采取提高政府购买、降低税收的财政政策，刺激需求，使得总供求达到均衡状态。

新古典综合学派的国民收入决定论是对凯恩斯"有效需求原理"的进一步拓展，该理论表明，只要政府通过运用适当的财政政策，就可以有效地管理社会总需求以应对经济衰退或者经济过度繁荣的问题，避免经济波动。

三、IS—LM 模型

IS—LM 模型也被称为希克斯—汉森模型，是希克斯和汉森为了解释说明凯恩斯经济学而建立的。其中 IS 曲线代表了产品市场的均衡，LM 代表了货币市场的均衡（见图 2–1）。而在凯恩斯的经济思想中，利率同时连接着产品市场和货币市场。由 IS 和 LM 两条曲线的交点可以同时确定两个市场都均衡时经济中的总产出和利率水平。通过对 IS 曲线与 LM 曲线的移动，来分析经济在不同的政策下会产生的经济效果，新古典综合学派的经济政策主张正是以 IS—LM 模型为依据的。

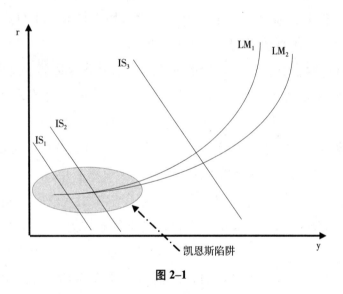

图 2–1

根据凯恩斯的理论，利率同时连接着产品市场和货币市场。凯恩斯的收入决定论主要针对产品市场，其货币利息理论描述的是货币市场。在产品市场中，总产出决定于消费和投资，而投资是利率的函数，当利率变化时，投资也会变动，从而影响总产出。在货币市场中，货币需求是总产出的函数，当总产出变化时，货币需求也会变化，从而会影响利率。由此可见，利率与总产出是互相影响、互相决定的，IS—LM 模型正是对这种关系的一种具体描述。

将凯恩斯收入决定理论的要点用产品市场和货币市场同时均衡的

数学模型来表示即可得 IS—LM 模型：

$s = s(y)$ 　　　　　　储蓄函数

$i = i(r)$ 　　　　　　投资函数

$s = i$ 　　　　　　产品市场均衡条件

$L = L_1(y) + L_2(r)$ 　　货币需求函数

$M/P = m$ 　　　　　货币供给函数

$m = L$ 　　　　　　货币市场均衡条件

根据前三个可以求得 IS 曲线，后三个可以求得 LM 曲线，通过 IS—LM 的联立求解，可以得到产品市场和货币市场同时均衡时的利率和收入。希克斯和汉森通过 IS—LM 模型为解释均衡收入的决定提供了一个可计算的方法。

在实际的经济运行中，外在的影响调节比较多，而且经常交织在一起，共同对经济起作用。当政府同时采用扩张性的财政政策和扩张性的货币政策时，IS 曲线和 LM 曲线同时右移，新的均衡点有着较高的收入水平，利率则变动较小。当政府采用紧缩性的财政政策和紧缩的货币政策的时候，IS 和 LM 曲线同时左移，会在利率较小变动的同时导致出现收入水平的下降。当政府采用扩张性的财政政策和紧缩性的货币政策时，IS 曲线右移，LM 曲线左移，新均衡点利率上升，但收入水平变化程度由两条曲线的斜率和移动距离共同决定。当政府采用紧缩性的财政政策和扩张性的货币政策时，IS 曲线左移，LM 曲线右移，结果出现了利息率的下降，收入水平同样无法确定。有一种特殊情况，当均衡点位于 LM 曲线左边接近水平的部分，扩张性的货币政策无效，此区域称为"凯恩斯陷阱"或"流动偏好陷阱"（见图 2-1）。但此时，扩张性的财政依然有效，IS 曲线右移则会提高收入水平，而利息率却几乎保持不变。凯恩斯认为 20 世纪 30 年代西方经济人萧条时期的经济正是处于这样一个情况之中。

四、总供求理论

在马歇尔的《经济学原理》中，依据边际效用递减的规律，他提出了边际需求价格递减的需求表，并据此绘出了需求曲线。与需求表和需求曲线相对应，他也提出了供给表和供给曲线的概念，并通过需求曲线与供给曲线的交点来确定均衡的产量和价格。在马歇尔的分析中，需求和供给所决定的是个别商品的产量与价格。在凯恩斯开辟的宏观经济学注重总消费、总投资、总收入、总体价格水平等总量分析，新古典综合学派在继承凯恩斯经济学思想的基础上，进一步发展了总需求和总供给理论，建立了总供求模型。

总需求是指经济中对产品（服务）的需求总量。在一个封闭的经济体里，总需求是由总消费需求、总投资需求、政府需求构成，分别对应于个人、企业和政府的总需求。总需求函数则参考马歇尔需求曲线的定义方式，被定义为总需求和价格水平之间的关系。一般来说随着价格水平的上升，工资不变时，人们的实际购买力会下降，所以总的消费需求会下降；同时，价格水平上升意味着交易所需货币数量增多，当经济中货币总量不变时，利率就会上升，总的投资需求会下降。总的来说，随着价格水平的上升，总需求会降低。基于 IS—LM 模型可以得到总需求的数学表达式。将 IS—LM 模型的基本方程 $y = c(y) + i(r) + g$ 和 $M/P = L_1(y) + L_2(r)$ 中的总产出 y 和价格水平 P 作为未知数，可以得到总需求曲线的具体表达式。一般来说，总需求曲线是一条向右下方倾斜的曲线。

总需求曲线反映了产品市场和货币市场都均衡时，价格水平与产出水平的关系，当外界经济条件变化以及政府采取干预的经济政策时，如果会影响到总需求扩张（如积极的财政政策或者宽松的货币政策），总需求曲线向右移动；如果影响到总需求紧缩，则总需求曲线向左移动。

在分析总供给时，首先需分析社会的生产函数。一般来说，生产函数指投入与产出的关系，在一定的技术水平下，组织劳动和资本进行生产。生产函数为 $y=f(N, K)$。其中 y 为总产出，N 为总就业量，K 为总资本存量。生产函数分为长期和短期两种。在长期中，投入生产的劳动量和资本都是可以充分调整的。所以长期的生产函数为 $y^*=f(N^*, K^*)$。其中 N^* 为长期各个阶段内的就业量，K^* 为各个阶段的资本存量，y^* 为经济在各时期的潜在产量。在短期中由于技术和资本存量不会有特别大的变化，所以一般认为资本存量是不变的，只有劳动量可能会有调整，所以短期的生产函数为 $y=f(N)$。其中表示不变的资本存量，短期内产出只取决于就业量 N。

新古典综合学派中的总供给曲线结合了新古典经济学和凯恩斯经济学二者的经济思想。新古典综合学派认为从长期来说，价格和工资可以充分调整，经济中的就业水平将处于充分就业的状态，产出水平将处于充分就业水平，此时总供给曲线是一条位于潜在产出的垂直线。在短期，由于货币工资和价格刚性，二者不能迅速地调整，并且在时间上也来不及调整，生产中投入的劳动力数量、生产要素数量以及生产的技术水平都不会变化，所以短期的总供给曲线是一条平直的线。在常规情况下，新古典综合学派认为总供给曲线是一条介于长期总供给曲线和短期总供给曲线之间的曲线，是向右上方倾斜的。在宽松的财政政策和货币政策下，总供给曲线将向右移动；在紧缩的财政政策和货币政策下，总供给曲线将向左移动。

在获得总需求曲线和总供给曲线之后，由其交点就可以得到经济均衡时的总产出和价格水平。

在经济体中，为了达到充分就业和价格稳定的经济目标，经济政策的调整以及政策结果的分析可以通过总需求和总供给曲线的异动来分析和描述。如当经济处于萧条状态中时，产出和价格分别为 y_1 和 P_1，为了刺激需求，通过实施积极的财政政策和宽松的货币政策，总需求曲线由 AD_1 异动到 AD_2，此时均衡产出为 y_2，价格水平为 P_2（见图 2-2）。也即在产出水平提高、就业率升高的同时，物价水平有所上涨。其他经济情况亦可通过总供给曲线和总需求曲线的变动来分析。

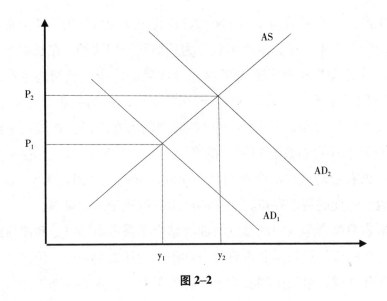

图 2-2

五、消费理论："生命周期假说"和"相对收入假说"

莫迪利安尼在凯恩斯消费函数的基础上，提出生命周期假说，研究消费者在整个人生中如何分配消费。莫迪利安尼有个基本的假定，即消费者储蓄主要是为了满足老年（没有劳动能力时期）的消费需要。他假定，消费者希望自己在一生中保持平稳的消费水平，综合考虑消费者的财产和一生的收入，以及对自己寿命的预估，莫迪利安尼建立了自己的消费函数来说明其生命周期假说。莫迪利安尼的消费理论提出了影响储蓄率的一些不确定因素，认为人口的年龄结构是决定个人消费的主要因素。

杜森贝里在研究消费时，提出了相对收入假说，他认为一个人的消费支出不取决于绝对收入水平，而是取决于相对收入水平。相对收入假说认为，消费者的消费会受自己过去的习惯以及周围人们的消费水准的影响（被称作"示范效应"）。杜森贝里说，人们在增加消费时很容易，减少消费却比较难，即"由俭入奢易，由奢入俭难"。根据这个说法，短期看，在社会收入减少时，由于消费习惯的影响，消费支出可能不变或轻微下降，从而不至于降低社会总需求，这被称为消费的"棘轮效应"。当消费者的收入水平提高时，他们一般会立即提高消费水平。长期来看，消费与收入的比率较稳定。可见，短期消费函数与长期消费函数不同。

六、失业理论及相关理论："菲利普斯曲线"和"奥肯定律"

新古典综合学派认为就业水平是由总产出决定的，而总产出是由有效需求决定的，所以失业是由于有效需求不足导致的。在新古典综合学派的理论中，与失业相关的有两个比较重要的方面，一个是失业与通货膨胀的关系，另外一个是失业与经济增长的关系。前者被总结为"菲利普斯曲线"，后者被称为"奥肯定律"。

1958年，英国经济学家菲利普斯发表了一篇讲述货币工资变动率与失业率直接关系的论文。该文中指出两者是此消彼长的关系，即当工资上升时，失业会减少；工资下降时，失业增加。该思想被新古典综合学派的经济学家吸纳，并用通货膨胀率替代了工资变动率，认为通货膨胀率与失业率也有此消彼长的关系。这就意味着当失业增加时，通货膨胀率会降低；失业减少时，通货膨胀率会提高。这与凯恩斯的思想也是统一的。凯恩斯在《通论》中认为失业是由于经济中的有效需求不足而导致的，而通货膨胀却是因为需求过剩导致的。按照这个思想，经济中不会同时存在有效需求不足和有效需求过剩，所以通货膨胀和失业也不会同时存在。在20世纪70年代经济出现滞胀时，新古典综合学派的理论显得苍白无力。

在传统经济学的理论中，认为价格和工资都是有弹性的，当总供给或者总需求发生改变时，可以通过价格和工资的灵活调整使得供需恢复均衡。但是凯恩斯认为货币工资是刚性的，新古典综合学派延续和发展了这个思想。新古典综合学派认为，在短期内，价格和工资都是粘性的，所以总供给曲线较平直，当总需求上升时，产出会随着上升，此时就业会增加，即产出与就业是正相关的。在短期内，价格和工资都有时间进行充分调整，所以是弹性的，总供给曲线是垂直的，当总需求上升时，产出不会随着上升，只会影响价格。经济学家奥肯在研究中发现了失业率与产出之间联系的数量关系，他指出，当经济社会中未达到充分就业的时候，产出每增加两个百分点，失业率约下降一个百分点；产出每下降两个百分点，失业率约上升一个百分点。这个数量关系被称为"奥肯定律"。由奥肯定律出发，我们可以得出当经济增长速度放缓时，失业率的上升程度。为了保持低失业率，则必须使实际的经济增长速度与潜在的经济增长速度相近。

七、通货膨胀理论

希克斯认为，通货膨胀的出现与劳动市场结构和工资结构发展的不均衡有关。在不同部门和不同增长程度的劳动市场之间存在着一个工资水平的"公平原则"，即每个工人会认为对于不同部门和不同劳动市场上的工资增长率应该大致保持一致。当发展较快、增长程度高的部门提高工资时，在"公平原则"下，其他部门的工资也会跟随提高，于是，社会整体工资水平上升，但总产出却不能同比例上升，结果引发通货膨胀。通货膨胀会造成实际工资下降，工人又会要求提高工资，最终会形成"工资—物价"螺旋式上升。

八、资产持有形式理论："Q"理论

托宾将资产类型分为货币、债券和股票（在传统分类中股票和债券等价），他认为货币理论的研究重点应该是人们会选择何种资产形式，以及各种资产之间的分配比例问题。一般来说，人们选择某种资产形式的主要因素是收益率，货币的收益率显然是利率，托宾提出"Q"理论来说明股票和债券的收益率。Q 被定义为企业股票和债券的市场价值与该企业的资产重置成本的比率。当 Q>1 时，说明新建企业成本较低，投资者可以增加对这项资产的投资；当 Q<1 时，说明新建企业成本较高，此时投资者不会增加投资。

以"Q"理论为基础，托宾很容易地提出了政策建议。根据"Q"理论，利率并不是货币政策影响产出的唯一因素，因为货币紧缩或者扩展对实体经济的影响是通过 Q 来衡量，Q 变化时，说明货币政策的调整改变了投资者的投资选择或者对投资者的投资预期有所影响。

所以我们不应该单纯去分析货币供给量和流通速度的变化，而是应该顶住"Q"值。

在资产配置方面，托宾强调人们在考虑获得最大利润的同时，也要注意考虑风险因素，在考虑风险的前提下，对资产结构进行优化和配置，使得资产组合在风险防范和收益最大之间达到平衡。根据投资者对风险的偏好程度，可以选择低风险低收益或者高风险高收益的资产组合。

九、经济增长理论："哈德罗—多马模型"和"索洛模型"

新古典综合学派的经济学家哈罗德和多马通过对经济增长理论的研究，建立了动态经济增长模型，人称"哈德罗—多马模型"。哈马模型的基本方程为 G = s/v。其中 G 为经济增长率，s 为边际储蓄率，v 为资本与产出之比。通过基本方程，哈德罗研究了保持经济增长率的问题，他指出当投资者满意的资本产出比与实际的资本产出比一致时，经济将以稳定的增速增长。

不过哈马模型也有两个问题，一个是"可能性问题"，一个是"稳定性问题"。前者说的是经济中是否存在一条均衡增长的路径，后者说的是如果经济增长偏离均衡路径，是否可以自动回到均衡增长中来。

索洛认为哈马模型中存在"刃锋问题"，即当储蓄率外生，资本产出比不变则增长率为固定值。索洛在哈马模型的基础上建立了"新古典增长模型"，该模型建立了资本、产出、储蓄率之间的关系。基于模型可以发现，储蓄率与一国的富裕程度有关系；人口稳定增加，可以使得产出持续增加，但是人口过多增加会影响经济增长。该模型中，索洛以资本和劳动为内生变量，且两者可以以某个比例相互替换。索洛的生产函数是 Y−f（K，L）。其中 K 为资本，L 为劳动。通过 K 和 L 的不同组合可以影响产出。索洛指出，在劳动以某个固定比例增长，且不考虑技术进步的因素，经济增长率将由资本的增长率来决定，经过推导可以得到索洛模型的基本方程：$\Delta k = sy - (n + \delta) k$。

其中 k 为有效劳动上的资本密度，n 为人口增长率，δ 为资本折旧率，y 为充分就业时的总产出，s 为边际储蓄率。此时，就建立了资本、产出、储蓄率之间的关系。由方程可以发现，储蓄率与一国的富裕程度有关系；人口稳定增加，可以使得产出持续增加，但是人口过多增加会影响经济增长。

十、乘数—加速数原理

乘数，也叫投资乘数，由凯恩斯提出来说明投资与产出之间的关系。凯恩斯指出投资支出的增加必然会导致国民收入的成倍增加，后者增加的程度依赖于边际消费倾向（边际储蓄倾向），边际消费倾越大，乘数越大。凯恩斯认为当经济衰退或者发生危机的时候，应该利用投资的乘数效应，主张政府通过扩大投资以提高有效需求，从而促使经济退出衰退与危机。加速数原理是用来说明因为收入或消费变化而引起的投资变化之间的关系，一般来说，当收入或者消费增加时，必然引起投资若干倍地增加，收入或消费降低时，投资也会若干倍地缩小。

乘数—加速数原理是指将投资乘数原理与加速数原理结合起来对经济有综合性影响。当投资增加时，由于乘数原理，收入增加量会数倍于投资增量；由于收入的增加，又会增加引致需求，使得投资增加。二者作用叠加在一起，引起经济的繁荣发展甚至导致经济过热。当投资减小时，由于乘数原理，收入减少量会数倍于投资减少量；由于收入的降低，又会使得投资进一步降低。汉森和萨缪尔森首先用乘数—加速数原理的综合作用来分析经济的增长与波动。

十一、经济周期理论：投资是摆脱危机的关键

汉森在经济周期理论方面做了大量的研究，他通过分析静态经济的循环流转来研究资源配置问题，汉森认为静态经济不存在危机，也不会有波动，主要是因为静态经济中没有储蓄和投资。但是在真实的、动态的经济中则不同，收入不会全部用于消费，还有一部分成为

储蓄。由于投资受人口增长、技术进步等因素影响，不一定能将储蓄全部转化为投资，所以收入将下降，经济会出现波动。汉森指出，当人口增长、技术进步迅速时，会造成投资需求旺盛，经济进入快速增长的通道，但是当人口稳定、技术没有突破时，投资需求将下降，投资的减少在乘数—加速数的影响下，使得有效需求大幅下降，进而导致经济萧条。汉森认为经济周期是经济增长过程中必然会发生的，是不可避免的。他主张政府应该在经济增长陷入困境时，通过加大公共工程建设力度来刺激投资，使得经济避免停滞不前。

希克斯在研究经济周期的时候，也利用到了乘数—加速数原理，他结合投资对收入的乘数原理和收入对投资的加速数原理，来分析经济的波动。他认为投资是分析经济周期问题中最关键的因素。通过对总收入、总投资等一系列变量的分析，希克斯建立了一套完整的方程来分析经济周期理论，并在方程的基础上提出避免经济危机的政策建议。

第三节 新古典综合学派的经济政策主张

新古典综合学派延续和发展了凯恩斯的政策主张，其核心内容是"管理有效需求"，即通过政府实施积极的财政政策、货币政策以及对外贸易政策，调节特定时间特定情况下的社会总需求，以保证充分就业，经济持续稳定增长。但新古典综合学派也指出，只是使用宏观方法不能实现多个经济目标。新古典综合学派的经济主张主要有以下三方面。

一、主张经济政策应该"逆经济风向行事"

当经济萧条时，应采取宽松的财政政策，如扩大政府支出、降低税收等，结合宽松的货币政策，如提高货币供给量、降低利率等，以刺激投资和消费，提高社会有效需求；当经济过热时，应采取紧缩的财政政策，如降低政府支出、提高税收等，结合紧缩的货币政策，如降低货币供给量、提高利率等，以抑制投资和消费，降低社会有效需求。20 世纪四五十年代，经济学家汉森提出了上述以"补偿性财政政策"和"补偿性货币政策"来熨平经济的波动，达到"反经济周期"的目的。

二、主张实行赤字预算、刺激经济高速增长

新古典综合学派的经济学家用实际国民生产总值和实际的产出增长率与潜在的国民生产总值和潜在的增长率比较，认为只要实际的产出和增速低于潜在的产出和增速时，即使在经济上升过程中，也可以采取赤字财政的方式，通过连续的刺激政策不断增大产出，以降低实际产出与潜在产出之间的缺口。

三、主张财政政策为主，货币政策为辅

一方面是因为经济在极为萧条的时候，在"凯恩斯陷阱"中，货币政策是无效的，财政政策是有效的。另一方面，财政政策的乘数效应更为明显，对经济的作用更突出。同时，新古典综合学派的经济学家主张"相机抉择"地采用财政政策和货币政策。他们指出，财政政策和货币政策特点不同，作用的范围和时滞有差异，功效也不尽一样。在实际应用中，是选择采取财政政策或者货币政策，还是两者同时使用，需要根据具体的经济形势和问题来抉择。在财政政策和货币政策的配合中，新古典综合学派有时候也主张以宽松的财政政策与紧缩的货币政策配合或者紧缩的财政政策与宽松的货币政策配合，通过一松一紧的政策配合使得经济在稳增长时不产生通货膨胀。

第四节　影响和评价

一、影响

新古典综合学派延续和发展了凯恩斯的经济思想和政策主张，他们更加强调赤字财政对降低失业率的积极作用，也强调货币供给通过利率的调节进而刺激投资的调节控制作用。在凯恩斯主义的基础上，新古典综合学派形成了完整的理论体系和相应的宏观政策主张，对当时的学术界和政府都产生了深刻的影响。

（一）艾森豪威尔时期的"补偿性的经济政策"

20世纪40年代，美国经济学家汉森从凯恩斯赤字财政政策主张出发，认为在周期内取得预算平衡即可，没必要坚持年度预算平衡，于是提出"补偿性财政政策"，即在经济萧条时推行赤字财政，通过降低税收、提高政府支出来弥补经济的有效需求不足，在经济繁荣时期，通过提高税收、减小政府开支抑制过热的经济需求，增加的财政收入可以来弥补经济不景气时的赤字，以防止经济大幅动波动，保持长期稳定的就业水平。补偿性的财政政策经常需要辅以补偿性的货币政策。后者是指在经济萧条时提高货币供给量、降低利率以刺激社会总需求；而在经济繁荣时降低货币供给量，提升利息以抑制社会总需求。

20世纪50年代，艾森豪威尔政府广泛采取补偿性的财政政策和货币政策，虽然在预防出现严重通货膨胀和财政赤字以及保持经济平稳等方面起到了重要的作用。但总的来看，艾森豪威尔时期美国经济增长缓慢，年均GDP增幅仅为2.1%，形成了"艾森豪威尔停滞"。

（二）肯尼迪时期的"充分就业的施政主张"

针对20世纪50年代形成的"艾森豪威尔停滞"，新古典综合学派的经济学家奥肯等人提出了充分就业为目标的施政主张。在1961年肯尼迪就任总统的国情咨文中指出，在艾森豪威尔时期经济经历了长时期的低速增长，其间还伴随着衰退与萧条，他认为美国的经济停滞是世界上最大的问题之一。经济学家们认真分析研究了艾森豪威尔时期的经济停滞，认为停滞的主要原因是补偿性的经济政策过于强调稳定，使得美国的实际产出和潜在产出之间有较大的差距。为了让经济跳出停滞不前的泥潭，应该调整国家的经济政策，使得经济达到充分就业的水平，充分利用一切闲置资源恢复经济增长。

新古典综合学派在此基础上提出"充分就业预算"即"财政机能论"的观点。其主要内容是：不同时期的社会总投资水平不同，为了达到充分就业要求政府需要追加的投资量也不同，政府财政的赤字或结余应根据经济情况的客观需求来设计。同时，将赤字区分为"积极的赤字"和"消极的赤字"两种不同的类型。在失业率高、生产下降时，税收收入减少，收不抵支，此时出现的赤字是消极的赤字。为达到充分就业，政府主动增加财政支出，由此而发生的赤字是积极的赤字，但积极的赤字与消极的赤字不同，前者终将会给政府带来更多收入。政府的主要任务之一就是审时度势、精确地设计预算收支，以实现充分就业的目标，反对仅以保证预算结余为目标的单纯财政观点。

肯尼迪总统对新古典综合学派的经济政策主张给予了极大的肯定，在充分就业的经济政策中，政府更加注重提高政府支出，实施积极的赤字财政，提高财政预算，使得经济保持在充分就业的稳定水平上。这些政策使得美国的经济得到了快速的恢复和增长。

二、评价

新古典综合学派融合了凯恩斯的宏观经济理论和传统经济学的微观经济理论。首先，新古典综合学派进一步解释和发展了凯恩斯的经济理论。凯恩斯的有效需求理论是基于三大心理规律，新古典综合学派在坚持此观点的基础上吸收了新西兰经济学家菲利浦斯提出的工资与失业率成反比的理论，进而发展出通货膨胀率与失业率的理论关系。在凯恩斯"有效需求决定理论"的基础上，希克斯和汉森等经济学家建立了IS—LM模型，用数学方程的表达式更清晰地阐述了凯恩斯"有效需求"相关的经济理论，对整个经济学界和政府制定经济政策都有重大影响。其次，新古典综合学派充分研究了经济增长理论，吸收了"哈马模型"和"索洛模型"等优秀的经济增长理论，通过对短期和长期的经济增长理论的研究，指出如何保持经济的高速增长、影响经济增长有哪些因素，以及诸因素对经济增长的影响路径。使得经济增长理论成为宏观经济学一个重要的研究课题。再次，新古典综合学派对国际经济学的相关理论也有了进一步的发展，将国际贸易和国际收支等内容吸收到经济学中，将二部门的经济不断扩展到三部门、四部门中。最后，新古典综合学派还对总需求分析中的消费理论有了新的发展，增加了生命周期理论和永久收入理论等消费理论。

在政策建议方面，新古典综合学派继承了凯恩斯的经济思想，先后提出了"逆经济风向""补偿性的经济政策""充分就业预算""财政机能论""相机抉择"的政策主张，以保证充分就业、经济持续稳定增长。西方主要资本主义国家在战后普遍采纳了新古典综合学派的政策主张，它们的经济得到了快速的恢复与增长。

第五节　借鉴和应用

新古典综合学派作为凯恩斯主义的主流经济学派，对战后西方各资本主义国家的经济恢复与发展有极其重要的作用。在我国改革开放与发展的历程中，也经历了经济的波动、通货膨胀与通货紧缩、内需不足等经济社会问题，抛开社会意识形态的不同，新古典综合学派的总供求模型、经济增长理论和通货膨胀理论等对我国的经济建设与发展都有极为重要的借鉴意义。

一、借鉴新古典综合学派打造中国特色社会主义经济学

（一）消费理论
消费理论在凯恩斯提出消费函数的经济思想之后，受到了经济学

界的广泛重视。莫迪利安尼的"生命周期假说"研究消费者在整个生命周期内如何分配消费。莫迪利安尼的消费理论提出了影响储蓄率的一些不确定因素，认为人口的年龄结构是决定个人消费的主要因素。杜森贝里的"相对收入假说"认为一个人的消费支出不取决于绝对收入水平，而是取决于相对收入水平。相对收入假说认为，消费者的消费会受自己过去的习惯以及周围人们的消费水准的影响（被称作"示范效应"）。

（二）治理通货膨胀的失业代价

新古典综合学派认为就业水平由总产出决定，而总产出是由有效需求决定，所以失业是由于有效需求不足导致的。新古典综合学派的菲利普斯曲线描述了失业率与通货膨胀之间数据上的此消彼长关系，奥肯定律讲述了失业率与产出之间的数学关系。两者都指出了就业水平和其他经济指标之间的联系，以及二者之间的关系，可以知道，通货膨胀率降低时，失业率会上升，进而引发总产出的降低，即治理通货膨胀的经济代价。

（三）储蓄富国

新古典综合学派的经济学家哈罗德和多马通过对经济增长理论的研究，建立了动态经济增长模型，人称"哈德罗—多马模型"，他们研究了保持经济增长率的问题，指出当投资者满意的资本产出比与实际的资本产出比一致时，经济将以稳定的增速增长。而经济学家索洛在哈马模型的基础上建立了"新古典增长模型"，该模型建立了资本、产出、储蓄率之间的关系。基于模型可以发现，储蓄率与一国的富裕程度有关系；人口稳定增加，可以使得产出持续增加，但是人口过多增加会影响经济增长。

二、应用

（一）应用"生命周期理论"扩大内需

受西方经济学的影响，中国学术界和政府已经普遍认可了新古典综合学派的收入决定理论以及 IS—LM 模型等经典理论，消费、投资、净出口作为拉动经济的"三驾马车"已广为人知。近年来,"扩大内需"的提法频频出现在各类学术论文、政府政策之中,它反映了我国整体消费率不高,消费不足已经影响到我国经济的快速健康发展。在"扩大内需"的系列研究中,人们发现中国的人口老龄化问题十分突出,不同年龄阶段的人其消费方式、消费倾向都有所不同,老龄化社会中的劳动力数量会减少,创新能力也会降低。现实中人口结构的这一变化已经在我国整体经济的发展中产生了深远的影响。

莫迪利安尼的"生命周期假说"研究了消费者在整个人生中如何分配消费。他假设消费者储蓄主要是为了满足老年时的消费需要,莫迪利安尼认为消费者希望自己在一生中保持平稳的消费水平。综合考虑消费者的财产和一生的收入,以及对自己寿命的预估,莫迪利安尼建立了自己的消费函数来说明其生命周期假说。本章在开篇时的《和房子一起慢慢变老?》一文中提及的"以房养老",就是基于莫迪利安尼的"生命周期假说"理论,鼓励老年人提前消费、提高生活质量,在人的一生中合理地、平滑地分配消费。

随着我国人口老龄化问题趋势的进一步加强,老龄化问题对我国的消费影响也会日益增大。由于我国传统文化和西方国家有较大差异,一国的传统文化习惯在短时期内很难改变,同时我国国内也广泛存在着城乡差别的问题,城镇居民与农村居民之间收入水平、消费习惯也大不相同,我们应该在借鉴"生命周期假说"的基础上,调整莫迪利安尼的数学模型,建立一个适合我国国情的消费模型来研究老龄化对我国消费的影响。同时,应该实施一系列的保障措施,比如积极开发类似于"以房养老"的产品、进一步完善农村养老保险制度等来降低人口老龄化的影响。

(二)应用"索洛模型"促进中国经济增长

改革开放以来,我国实现了持续二十多年的经济高速增长,目前中国经济总量已经达到全球第二,仅次于美国。在高速的经济增长中,中国的人均收入逐渐提高,已跨入中等偏上收入国家。但是粗放的增长方式、不完善的社会保障体系也给中国带来了一系列问题,目前中国人口红利缩小、环境问题突出、公共服务有待提高、贫富差距进一步扩大、发展动力减弱等都影响着中国的进一步发展，中国经济面临"中等收入陷阱"。如何实现经济转型、实现经济的持续快速健康增长是我国目前亟待解决的重要问题。

索洛在哈马模型的基础上，建立了新古典增长模型，深入研究了资本、产出、储蓄率之间的关系。由索洛模型可知储蓄率与一国的富裕程度有关系，储蓄率较高的国家在短时期内会有较快的经济增长，也会保持较高的资本存量和高产出水平，但并不能保持长期的高速增长。人口稳定增加，可以使得产出持续增加，但是人口过多增加会影响经济增长。基于索洛模型，可以进一步研究适合我国经济环境的增长模型和理论。研究表明，人力资本曾对我国的高速经济增长有重大贡献，技术进步是我国乃至世界经济持续增长的最主要源泉之一。

在我国经济进入新常态，经济下行压力逐渐增大的背景下，保增长促发展是我国经济面临的首要问题，我们应借鉴索洛的增长理论，从以下方面出发促进我国经济的健康发展。一是转变经济的增长方式。改变依靠增加生产要素投入来扩大生产规模的这种资源消耗大、生产成本高、经济效益低的粗放型发展方式，加大对科技和教育的投入力度，提高劳动者的教育水平和技术能力，以政策为主导优化劳动、资金、设备等生产要素的配置，提高生产要素的质量和效益，以实现集约型的经济增长方式。二是注重投资管理。美国的金融危机和欧洲的债务危机告诉我们，一定要对生产投资进行科学管理，特别是要加强对资本市场的监管，引导资本健康合理地投向实体经济，避免盲目的扩张。三是鼓励科技创新。科学技术是第一生产力，只有科技的不断进步，才能保持经济的繁荣发展。同时鼓励创新，创新是一个民族进步的灵魂，是一个国家兴旺发达的不竭动力。将新思想、新知识、新技术统筹发展起来，以提高全要素生产率来带动经济的快速高效增长。四是优化劳动力结构。随着国内老龄化趋势的发展，人口红利逐步缩小。国内劳动力供给降低、成本上升，应该加强对劳动人员的职业技能培训，以高素质的人才来满足经济高速增长的要求，充分释放人才红利。

（三）应用"乘数—加速数原理"制定中国宏观经济政策

新古典综合学派在经济周期理论的研究中，广泛运用了乘数—加速数原理。在乘数—加速数的作用下，经济进行"复苏—繁荣—衰退—萧条—再次复苏"周期性波动。

由于我国经济对投资的依赖度越来越大，经济增长主要靠投资主导，而非国内消费。故而我国经济发展过程中的周期性波动也可以借鉴新古典综合学派的乘数—加速数原理来分析。

基于乘数—加速数原理，政府应该分别分析边际消费倾向（乘数）、加速数等对稳定国民经济的作用，从而通过对不同的乘数与加速数的组合，当经济高涨时采取紧缩的财政政策和货币政策，在经济衰退时采取宽松的财政政策和货币政策，实施逆经济风向的财政政策以避免国民经济的大幅波动。

同时，在实施逆经济风向经济政策的同时，还辅以其他几方面的建设来进一步保障经济的平稳健康发展：首先，应该大力鼓励技术创新。通过不断地推进技术创新，提高我国资本边际生产率。政府可以建立鼓励创新的机制，如技术创新企业享有财政补贴或者税收优惠政策，同时健全和完善知识产权保护的法律法规来鼓励技术创新。二是稳定投资政策。由于投资在我国经济中占有比重较大，所以要尽量避免不连续的政策，使得投资出现大幅度的波动。政府在认真客观分析经济金融形势之后，再制定相应的政策，同时还要增强政策制定透明度和执行政策的力度，以增加政府的公信力。通过激励全民投资的信心和热情，为我国经济建设"保驾护航"。

第三章　新剑桥学派

新剑桥学派，又叫作"后凯恩斯主义""凯恩斯左派""英国凯恩斯主义"。它是现代凯恩斯主义在英国的一个重要分支。由于该学派的主要代表人物都在英国的剑桥大学任教，但其理论却与以马歇尔为代表的剑桥学派的新古典经济学完全相悖，所以叫作"新剑桥学派"。新剑桥学派在理解和继承凯恩斯主义的基础上，试图重新恢复李嘉图的传统，建立一个以客观价值理论为基础、以分配理论为中心的理论体系。新剑桥学派主张政府经济政策的根本立足点应在于解决社会收入不合理，反对片面以经济增长为主要目标的宏观经济政策。

富爸爸、穷爸爸和子代收入差距[①]

降低收入不均，缓解因收入分配不均带来的一系列社会矛盾是我国当前重要的发展命题。我国总体物质生活水平的提升取得了卓越的成效，但收入分配不均现象仍不容忽视。一方面，最富有的 10% 家庭占有我国 57% 的收入份额，衡量收入不均的基尼系数也一直居高不下；另一方面，部分低收入群体的贫困问题依然存在，按 2010 年贫困线标准，我国仍有 2688 万贫困人口，而按 2011 年提高后的贫困线标准，中国还有 1.28 亿的贫困人口。更为严峻的是，大量的文献证实收入地位存在代际之间的传递现

---

① 摘自李任玉、杜在超、何勤英、龚强：《富爸爸、穷爸爸和子代收入差距》，《经济学（季刊）》2015 年第 1 期。

象，子女收入水平与父母的收入水平存在正向关系。这种收入的代际传递将同时导致收入差距在代际发生传递。如果高、低收入家庭在收入分配中的优势和劣势地位通过代际收入的传递影响子女的收入地位，则预示下一代收入分配格局将会受到当前收入分配格局的影响。在对收入分配格局的动态调整中，收入差距代际传递的作用不容小觑。

如何帮助低收入群体摆脱低收入陷阱，减小收入差距的代际传递，不只关系到当前，更关系到我们的下一代。

第一节　新剑桥学派的兴起与发展

一、新剑桥学派的主要代表人物和主要著作

新剑桥学派的主要代表人物有琼·罗宾逊（John Robinson）、卡尔多（Nicholas Kaldor）、斯拉法（Piero Sraffa）、帕西内蒂（Luigi L. Pasinetti）等。他们都是英国剑桥大学的经济学教授。其中琼·罗宾逊和卡尔多是新剑桥学派的实际领袖。

（一）琼·罗宾逊

罗宾逊是英国著名女经济学家，新剑桥学派的领军人物，是唯一一位世界级的女经济学家，也是有史以来影响力最大的女性经济学家。她因1933年发表的《不完全竞争经济学》一书而闻名于西方经济学界。她和卡恩等人曾组织了一个"凯恩斯学术圈"，对于促进凯恩斯经济思想的形成曾起到了相当重要的作用。1936年，凯恩斯的《就业、利息和货币通论》发表后，当时已是著名经济学家的罗宾逊高度赞扬了这一著作，并写了许多重要的文章和著作来阐述凯恩斯理论，进而成为一位重要的凯恩斯主义者。从20世纪50年代起，她与经济理论界居统治地位的新古典综合学派进行论战，动摇了新古典综合学派分配论的根基。同时，也使她成为新剑桥学派最著名的代表

人物和实际领袖。她对马克思列宁主义经济理论也进行过比较深入的研究，甚至提出了"向马克思学习"的口号。由于她在当时提出了很多比较激进的政治观点和经济观点，所以在西方经济学界她也以"凯恩斯左派"代表人物著称。1973 年她与约翰·伊特韦尔合作发表了《现代经济学导论》，被认为是使用新剑桥学派理论观点阐述经济理论的一本入门书。

（二）斯拉法

斯拉法出生于意大利都灵，英籍意大利经济学家。他是意大利共产党创建者葛兰西的好朋友，又是凯恩斯的得意助手。斯拉法于 1924 年开始了他的学术生涯，最开始在佩鲁贾大学法学院任政治经济学教授，1926 年转到卡利亚里大学任教授。由于法西斯统治日益强化，他于 1927 年夏移居到英国，并接受了凯恩斯为他提供的剑桥大学讲师职位。斯拉法长期从事《李嘉图著作和通信集》的编辑和考订工作。1960 年，他的名著《用商品生产商品》一出版就在西方经济学界引起了极大的反响，并被认为是对李嘉图—马克思价值论的"重大发展"，该书也对新剑桥学派经济理论的发展起了决定性的作用。琼·罗宾逊认为，斯拉法的学说是新剑桥学派进一步探讨价值和收入问题的依据，她把斯拉法这本著作的出版称作经济理论上的一次"革命"。

（三）尼古拉斯·卡尔多

卡尔多是当代英国著名的经济学家，新剑桥学派的主要代表人物之一。卡尔多 1930 年毕业于伦敦经济学院，并留校任教，1947 年担任联合国欧洲经济委员会研究及计划小组组长，1949 年起在剑桥大学任教。他以提出与经济增长论相融合的收入分配论和建议以消费税代替个人所得税而著称。卡尔多的经济研究范围很广，包括但不限于资本理论、国民收入分配理论、经济周期、经济增长理论，国际贸易理论、厂商理论、福利经济学、货币政策和税收政策等等。他的主要著作有《经济稳定与增长论文集》《经济政策论文集》等。

（四）帕西内蒂

帕西内蒂是意大利著名经济学家，新凯恩斯代表人物之一。他在卡尔多理论的基础上，对收入分配问题作了进一步的理论分析，并丰富了新剑桥学派的经济增长理论。

二、新剑桥学派的兴起

由于凯恩斯曾执教于剑桥大学，在其去世之后，一大批剑桥大学执教的经济学家致力于凯恩斯经济思想的研究和发展，并努力将"凯恩斯革命"延续下去。故而剑桥大学被认为是凯恩斯主义的根据地。在剑桥大学继续追随凯恩斯思想的经济学家中，比较著名的有琼·罗宾逊、卡尔多、斯拉法以及帕西内蒂。

罗宾逊在 1956 年的代表作《资本积累论》中提出了"黄金时代"概念和经济增长模型。同年卡尔多在《经济研究评论》上发表了"可选择的分配理论"，该论文将经济增长理论和收入分配理论结合起来，重点考察了在经济增长过程中劳动力收入（工资为主）和财产收入（利润为主）在国民收入中相对份额的变化。卡尔多在分析这种份额变化的规律以及对消费和投资需求的影响之后，认为国民收入分配失调是社会问题的症结所在，强调应由国家采取各种调节措施以保证国民收入的分配更加公平，以实现收入的"均等化"。1962 年，罗宾逊在出版的《论经济增长的理论》论文集中，再一次宣扬如何借鉴凯恩斯的思想来解决资本积累和技术进步等存在的问题。帕西内蒂扩充和发展了卡尔多的经济增长模型，他认为，在稳定状态的经济增长中资本收益率与劳动增长率成正比，与利润获得者的储蓄倾向成反比。罗宾逊、卡尔多和帕西内蒂的三个经济增长模型虽然有所不同，但都是从凯恩斯的投资—储蓄关系出发，并得出了利润占国民收入的比重随经济的增长而增长、随资本家消费倾向的上升而上升的结论。

为了弥补凯恩斯经济理论在微观方面的不足，斯拉法在《用商品生产商品》一书中以李嘉图的价值理论为基础，提出了自己的价值理论体系。他指出，商品的价格或价值最终是由劳动来决定的。价格只取决于商品的生产条件，与需求无关。

新剑桥学派是在 20 世纪 50 年代西方经济学关于资本的争论中形成并发展起来的。由于对凯恩斯《通论》思想的理解不同，罗宾逊在 1953 年发表论文"生产函数和资本理论"，批评了新古典综合学派在生产函数方面的相关理论。她指责新古典综合学派认为资本是可以独立计量的、抽象的东西，存在概念上的混淆，即混淆了生产资料意义上的"资本"和对金融有支配权意义上的"资本"。作为批评的答复，1956 年美国新古典综合学派的代表人物索洛发表了"经济增长理论"一文，提出新古典的经济增长模型。相关学者关于资本的这场争论持续了 22 年，1960 年斯拉法《用商品生产商品》一书的出版使得争论达到了巅峰。直到 1975 年，布利斯"资本理论与收入分配"一文的发表之后才给这场争论画上休止符。

这场争论中，罗宾逊、卡尔多、斯拉法以及伦敦大学的哈罗德和波兰学者卡莱茨基等人的经济理论和思想逐渐形成，他们在辩论中虽然对新古典综合学派的相关理论有所影响，但没有影响新古典综合学派作为主流凯恩斯经济学的地位。在辩论中，新剑桥学派逐渐形成了独树一帜的理论思想。但由于新剑桥学派在批评新古典综合学派的过程中，并没能提出一套可以取代新古典综合学派的模型，使得学派后来的发展举步维艰。

外部经济环境和学术环境的改变对新剑桥学派的发展产生了非常不利的影响，随着新剑桥学派中几位主要学者的离去，英国剑桥大学经济系也逐渐被新古典经济学派所占领，从事新剑桥学派经济思想研究的学者也彻底沦为非主流派。

第二节　新剑桥学派的主要理论

新剑桥学派的主要经济理论由罗宾逊、卡尔多、斯拉法、帕西内蒂等经济学家的经济思想所构成。

一、价值理论：财富由劳动创造，价值论是分配论基础

新剑桥学派的领军人物罗宾逊认为，财富是由劳动创造的，所以商品的价值应该用"有时间的劳动量"来衡量。她认为生产率的提高主要是因为劳动生产率的提高。她不同意新古典经济学派中"边际生产力理论"的观点，新古典经济学中劳动、资本和其他生产要素都可以按投入比例和自身的边际生产率来获得报酬，她认为这只是在市场充分竞争环境下才有可能实现，现实环境中是不可能存在的，边际生产率是一种形而上的概念。当然她认为现实中的生产十分复杂，不是像新古典经济学中假设的只有一种或者两种投入。

斯拉法的《用商品生产商品》一书是新剑桥学派的价值论基础，也被认为是新剑桥学派的微观基础。新剑桥学派认为，分配论是价值论的引申，而价值论又是分配论的基础，两者结合十分紧密。价值论讨论不清楚就没法讨论分配论，价值的概念应该有一个客观的基础和尺度，而不能是一个主观的东西。斯拉法自己设定了一种"标准商品"来充当李嘉图价值论中"不变的价值尺度"。他的"标准商品"可以理解为是劳动对生产资料平均构成条件下所生产的一种商品，其他所有商品都可以与标准商品相比较而得知其价值。在技术没有变革时，即使收入分配变化，用标准商品来表示的相对价格是不变的。在斯拉法看来，在特定技术条件下，只要实际工资固定了，那么商品生产的利润率和商品价格也就被决定了。如果实际工资是用标准商品表示的，那么经济体中实际工资和利润率之间是一种确定的线性关系。斯拉法指出，不管在何种调节下生产，商品的价格与边际成本、边际效用、边际产出等都没关系，商品的相对价格仅与生产方式、分配方式以及一些生产要素的使用寿命有关。关于工资，斯拉法认为是工资的大小是由工人的生活水平和工人的谈判能力等因素决定的。当生产条件确定时，生产商品所需的劳动和生产资料的比例关系就确定了，此时产量也固定了，剩余产品也就确定了。剩余产品去掉工资之后剩余的部分就是利润，所以利润也是确定的，利润率当然也就确定了。

斯拉法指出如果全部国民收入都用于支付工资，则经济中没有利润，此时如果降低工资，利润就会出现。在不同的生产部门之间，劳动和生产资料比例不同，所以利润率不同，商品价格也就不相等。因此，全社会应该存在一个统一的工资水平和利润率水平。斯拉法在分析中得出的工资和利润率此消彼长的关系，以及工资与利润率的大小取决于外在条件的理论，成为新剑桥学派建立收入分配理论的重要基础。由此，罗宾逊将《用商品生产商品》看作是经济理论上的"革命"。

二、分配理论：收入分配失调是资本主义制度问题所在

新剑桥学派十分强调收入分配理论。首先，他们不同意新古典经济学的边际生产力分配论，斯拉法在1926年发表的《竞争条件下的收益率》指出，边际生产力指的是每增加一单位的劳动或资本，产出增加的价值，产品价值的货币表现即为产品的价格。但实际计算产品的价格时，首先需要知道投入的劳动、资本和其他生产要素的价格，而如果不知道工人的工资、资本的利率以及其他生产要素的利润率，则无法知道其价格，所以边际生产率的分配理论就是通过工资率、利率和利润率来决定工资率、利率和利润率的一种循环论证，没有任何实际意义。

在收入分配的理论方面，新剑桥学派基于凯恩斯的有效需求理论，同意投资是资本主义经济活动中最为积极活跃的因素，认为传统经济学中关于"储蓄支配投资"的观点是不合理的，储蓄与投资的关系应该是反过来的"投资支配储蓄"的关系。他们认为投资量的多少不仅决定了生产水平和就业水平，而且还决定着工资和利润的分配问题。新剑桥学派考察资本主义经济运行规律之后，认为资本主义经济的增长对利润收入集团更为有利，由于工资在国民收入中所占比例将会越来越小，所以随着经济的增长，整个社会将更为富裕，但是工资收入集团的分配所占比例却一直在下降，与利润收入集团相比，相对来说则更"贫穷"了，即"富裕中的贫穷"，而不像边际生产力分配

理论宣称的分配是客观和公平的。所以新剑桥学派认为收入分配失调才是资本主义制度的问题所在，如果想要消除资本主义社会的种种弊端，就应重点研究并改进收入分配制度。

卡尔多基于 IS—LM 模型，分析了投资率与储蓄率之间的依存关系，形成了"凯恩斯主义宏观分配理论"。在 1939 年的《经济学的福利主张与个人之间的效用比较》中提出"卡尔多补偿测试"来判断一个社会的福利是否有所提高。他的"补偿原理"认为，当市场价格调整之后，如果有部分人的状况有所改善，而全社会整体的状况不恶化，那么这种状态应该为人们所偏好。"补偿原理"在一定意义上弥补了"帕累托标准"的不足。

经济学家卡莱斯基在马克思再生产理论模型基础上发展研究了自己的国民收入分配理论。卡莱斯基在收入分配理论中得出了以下结论：一是资本家通过提高他们的利润中用于投资的比例，来获得更多的利润。即使资本家把利润收入全部消费掉，他们的利润水平也会保持不变，所以有"工人们花费他们所得到的，资本家得到他们所花费的"这句名言。即资本家对自己利润的分配决定着总的国民收入分配，故而如果想改善分配状况，则首先需要改变资本家的利润份额。其次，国民收入中，资本家消费剩余的部分利润将作为储蓄，如果这些储蓄不能成功转化为投资，则总产品中就有一部分无法销售。只有在储蓄和投资相等时，所有产品才得以顺利销售。最后，形成国民收入的产品价格是在不完全竞争或者垄断的竞争市场上决定的，生产者在考虑市场上消费者以及其他竞争者之后，有较大的定价权。

三、经济增长理论：重视长期经济增长

罗宾逊在经济增长理论方面十分注重长期经济理论的研究，她将经济增长与收入分配结合起来研究。罗宾逊十分重视历史的时间因素，她认为"过去"已经发生了所以不可改变；"现在"是一个十分短暂的概念，无须考虑资本和技术等的变化；"将来"还没发生所以有一定的不确定性。罗宾逊在历史的时间序列下，考察了利润和工资

份额的变动规律。她认为工资份额越来越小，工人将工资全部用于消费，利润率则取决于资本家的储蓄率和资本的积累率，资本家的储蓄率越高，则利润率越低，资本积累率越高，则利润率越高。罗宾逊认为经济增长是不稳定的。她在分析中提出了经济社会保持长期充分就业和稳定增长的"黄金时代"假想，但是"黄金时代"在缺少政府干预时无法实现，所以主张经济中需要政府干预。

卡尔多的增长均衡理论受到哈罗德增长理论的影响，并以凯恩斯和卡莱斯基的相关理论为基础，他研究分析了资本主义国家的实际增长过程。在他的研究中，假设经济在长期中是充分就业的，他认为短期就业水平低于充分就业率只是一个暂时的现象。卡尔多认为投资是活跃的，是起主导作用的，而储蓄是被动的，只是与投资相配合，储蓄通过收入分配中份额的变化来适应投资需求的，由于资本家更富有，一般来说其储蓄率高于工人阶级，所以当投资大于储蓄时，资本家分配得到的利润越来越多，储蓄也就越来越多，一直到储蓄水平追上投资水平为止。卡尔多在分析长期经济增长时也采用了"乘数—加速数"理论，他认为乘数理论决定了收入分配，而加速数原理使得资本存货不断增加。卡尔多与罗宾逊的经济增长理论被人们称为"后凯恩斯的增长理论"，以区别于索洛的"新古典增长理论"。

经济学家卡莱斯基对社会主义经济的增长理论进行了深入的剖析，提出了著名的"卡莱斯基模型"。该模型认为经济增长率决定于投资率、边际资本效率、折旧率以及生产设备改进系数等。基于该模型可以发现，投资率越高，折旧率越低，生产设备改进系数越大，经济增长率越高。

四、不完全竞争理论

罗宾逊对不完全竞争理论有系统的分析和研究。她的《不完全竞争经济学》批判了对建立在完全竞争基础上的传统的垄断理论，深入分析了不完全竞争中的价格歧视现象。她指出价格歧视的存在前提是有不同的价格需求弹性且相互割裂市场，通过价格歧视可以使企业获得最大的利润。罗宾逊也研究了垄断理论，她利用边际成本和边际收益的概念，分析了卖方垄断和买方垄断现象。她指出在产品市场的卖方垄断者必然是其所使用的生产要素的买方垄断者，价格歧视的理论也可以应用于对买方垄断定价的分析。

第三节　经济政策主张

一、收入分配政策：政府干预的必要性

新剑桥学派认为，资本主义社会在收入分配方面有制度性的根本缺陷。即随着经济的不断发展，资本家的利润在国民收入中的比重必将越来越大，但是工人工资所占比重却不断缩小，于是资本主义社会会出现"富裕中的贫困"，并将引发一系列社会矛盾。因此，新剑桥学派反对片面以经济增长为宏观经济政策的主要目标，主张政府经济政策应该重点关注分配领域，以解决社会收入分配不合理的问题。

新剑桥学派反复强调政府在分配领域进行干预的必要性与紧迫性，反对新古典综合学派关于调节总有效需求和实行工资—物价管制的观点，也反对货币学派关于听任市场机制充分发挥作用的思想。罗宾逊认为，货币量与产出量之间有直接的、牢固的关系，而物价与货币量之间却只有间接的、微弱的联系。因此，信贷管制能影响实际经济活动。罗宾逊指出使用外汇贬值的方法对于解决国际贸易逆差问题在实际上是无效的，因为汇率降低后，对出口品在国外价格的降低是缓慢地起作用的，但是，进口品在国内价格的上升对工资提高的要求却起火上加油的作用。罗宾逊相信如果经济中收入分配公平合理，则能保持消费需求的稳定，进而维持产出的稳定。她认为，由于当前各集团的收入份额是由其集团谈判能力决定的，所以她反对以管制货币工资为主要内容的收入政策，因为这种收入政策很难取得良好的结

果。同时，她指出，如果强制性的收入政策成功的话，那么经济中每个人都将保持其固有的地位和工资水平，并且永远不会改变。相当于社会的收入分配不公平被政府用收入政策强行固化了。罗宾逊尤其提倡没收性的遗产税（只留给孤寡一定的终身财产所有权，并以等额配比促进这项税收的征收）。她的目的是控制食利者阶层收入增长，减少私有财产的集中，由政府持有和处置相应的财产，而她认为政府应该将这些财产都运用到公共目标的实现当中。她还提倡政府购买公司股份，以减少私人部门财产集中，增加国家持有财产数量。

概括起来，罗宾逊的政策主张核心思想即是消灭私人食利者阶层，而以国家作为最后的食利者来予以替代。这些主张并没有从根本上认识和改变资本主义生产关系的实质，完全没有触及资本主义雇佣劳动制度本身，仍然是对"国家资本主义"社会的宣扬。

新剑桥学派关于调节收入分配的政策主张还有：一是运用合理的税收制度进行收入分配的调节，如累进制所得税；二是设计合理科学的财政政策，促进经济增长同时降低财政赤字；三是对低收入家庭和无收入家庭进行补贴；四是大力发展民生相关的生产和服务，以及生态环境保护等，降低军事费用支出；五是强化失业人员再就业的培训，提高其业务和技术水平，促进他们更快地上岗；六是在对外贸易方面积极发展出口，对进口进行一定的限制，以出口拉动内需，为国内创造就业。

二、供给决定需求：宏观经济政策的供给效应

值得一提的是新剑桥学派从凯恩斯学派的需求决定供给观点转向了供给决定需求的基本观点，这是一个根本性转变。因此，新剑桥学派十分强调宏观经济政策的供给效应，即宏观经济政策对劳动供给和资本形成产生的影响，他们认为这对政府政策实际影响的评估是非常有意义的。供给效应主要包括税收的供给效应、货币政策的供给效应、政府转移支付的供给效应和规章制度的供给效应。

首先，政府税收的供给效应为"减税增加总供给，增税减少总供给"。新剑桥学派主张，短期中，减税一方面会给人们带来收入效应，另一方面会提高企业投资热情，从需求和供给两个角度都会产生积极的影响，因而总体影响一定是整体国民收入的增加，同时还保持了价格水平的稳定。长期中，国民收入将保持稳定的增长。相反地，增税会带来总供给的减少。

其次，货币政策的供给效应指的是，宽松的货币政策导致通胀，而通胀对消费者和厂商都产生不利的影响，从而降低总供给。新剑桥学派认为货币政策导致的通胀使得价格变化对市场信息的传递出现偏差，引起资源错配，进而使得经济效率低下。对于纳税人来说，通胀会增加他们的税负（纳税人要按照更高的税率进行纳税），必然降低其生产和消费的积极性，减少社会储蓄和投资，导致总供给减少。

再次，政府转移支付会使国民收入下降。政府转移支付是指国家对于失业、养老、其他救济等方面的无偿支出，以实现社会不同成员之间收入再分配。凯恩斯学派主张政府转移支付具有自动稳定经济的功能，在经济下行、失业增加时，转移支付增加，促进经济向好发展，在经济上行、失业减少时，则转移支付减少，税收增加。新剑桥学派反对这一主张，他们认为政府转移支付只会减少社会资源的供给，降低经济效率，从而使得社会产出和国民收入都减少。

最后，规章制度的供给效应也是减少了总供给。新剑桥学派指出，规章制度的产生和执行过程都在消耗大量的经济资源，政府在执行和监督执行相关规章时需要大量开支；厂商为了遵守规定，在学习和执行过程中也需要支付一定费用，并可能对厂商选择有利技术和生产方式产生限制，所以，规章制度导致企业投资效率低下，导致政府资源浪费，从而总供给必然减少。

第四节　影响和评价

一、影响

由于新剑桥学派出现和兴起的时候，处于英国经济停滞不前的慢性萧条阶段，当时处于指导地位的马歇尔的新古典经济理论所推崇的经济对策，使得英国经济雪上加霜。这段独特的历史教训，使得新剑桥学派特别注重现实经济过程的复杂性，他们尖锐地分析各经济理论的优缺点，重视政府干预经济的重要作用，特别强调经济中的收入分配问题对资本主义经济制度的重要影响。

作为"凯恩斯左派"，新剑桥学派在研究经济问题时更加注重对人与人之间关系的剖析，这点与主流经济学极其不同，主流经济学一般忽略经济中的人与人之间的关系，而通过人与物关系的研究来掩盖问题本质。新剑桥学派摒弃了以边际生产力为基础的收入分配理论。他们认为，一方面，边际生产率分配理论中存在着循环论证；另一方面，边际生产力的分配理论是由物质技术关系引申而来的，忽略了其间人与人之间利益冲突的本质，是完全脱离历史和现实的。

新剑桥学派继承了凯恩斯的宏观总量分析，同时继承了李嘉图的价值理论，辅之以社会关系的分析，从阶级关系的视角分析收入分配问题对资本主义制度的影响，并在动态的经济中揭示了工人和资本家在收入分配中的利益对立本质，这在当时对西方经济学的研究内容和学术视角都有重要的影响。

虽然新剑桥学派的经济政策主张对资本主义制度具有改良的性质，但由于他们的理论与政策主张过于激进，一直没能被执政者所采纳。

二、评价

新剑桥学派在经济理论方面，在凯恩斯宏观经济学理论的基础上，发展研究了价值理论和分配理论。他们认为价值理论研究应该以

"客观性"为基础，而不能像边际效用价值论那样有"主观性"依据。新剑桥学派强调分配理论应以价值理论为基础，来研究收入分配中相对份额的决定原因及其变动方式。斯拉法在《用商品生产商品》中分析了商品生产和价格决定模式，研究了工资和利润之间分配关系，这些对建立新剑桥学派的理论体系都具有重要意义，《用商品生产商品》也被罗宾逊认为是一次"革命"。新剑桥学派建立了自己的价值理论，并以其作为收入分配公平化建议的理论依据，鲜明地体现了它左派凯恩斯主义的激进的一面。它对旧正统派新古典经济学和新古典综合学派的批判，对当代资本主义制度弊病的揭露，无疑是有积极意义的。

新剑桥学派认为，随着资本主义经济的增长，工人工资收入虽然量上有所增加，但是在国民收入中的份额却在下降。同时，由于工人们受教育的机会和掌握技术知识都受到了一定限制，使得他们可能失去一些就业机会，从而他们的家庭经济地位会进一步下降。所以，当经济增长时，虽然社会的财富增加了，但绝对贫困却增长了。新剑桥学派认定了资本主义主弊病的根源，从而希望通过收入分配领域的调节措施来改变资本主义现状，具有一定的积极意义。此外，新剑桥学派对于资本主义经济增长中存在的问题及其后果的分析也是有一定可取之处的。

但是，新剑桥学派在诊断现行资本主义社会病症的过程中，事实上只看到一些表面现象，并没能触及其根本原因。所以它从收入分配入手，提出的解救资本主义制度的政策建议，对缓解资本主义的社会矛盾有一定的缓冲作用，但是并不能从根本上改变资本主义生产关系。

第五节　借鉴和应用

新剑桥学派关于经济增长以及收入分配的理论和思想，对于我国经济的均衡发展、缩小贫富差距等方面，都有很强的理论指导意义。

一、借鉴收入分配理论废止农业税

新剑桥学派考察资本主义经济运行规律之后，认为随着资本主义经济的增长会出现"富裕中的贫穷"，所以新剑桥学派认为收入分配失调才是资本主义制度的问题所在，如果想要消除资本主义社会的种种弊端，就应重点研究并改进收入分配制度。在经济政策方面，新剑桥学派反复强调政府在分配领域进行干预的必要性与紧迫性。

我国政府从 2006 年 1 月 1 日起废止《农业税条例》。这意味着，在我国沿袭两千年之久的这项传统税收的终结。作为政府解决"三农"问题的重要举措，停止征收农业税不仅减轻了农民的负担，增加了农民的公民权利，体现了现代税收中的"公平"原则，同时还符合"工业反哺农业"的趋势。

二、应用新剑桥学派理论助力共同富裕

目前我国收入分配差距逐渐扩大，由贫富差距而引发的经济问题和社会问题不断凸显出来，如何提高劳动报酬在国民收入分配中的比例，缩小贫富差距是我国亟待解决的重大问题之一。新剑桥学派反对片面地追求经济增长，竭力主张通过对收入分配的调整来调节资本主义经济，强调政府在干预收入分配问题中的重要作用和意义。在收入分配领域，他们通过在税收、转移支付等方面提出一系列的政策主张，来使得人们能共同享受经济增长的成果。

结合新剑桥学派的理论和政策主张与我国的具体经济情况，可采取以下措施：

（一）完善工资制度

近年来，我国人口老龄化问题比较突出，人口红利逐渐消失。劳动力供给有减少的趋势。随着科技进步，我国经济逐渐转向集约型的发展方式，对劳动力技术要求不断提高，资本有机构成提高，对普通劳动力的需求减少但对高端人才的需求提高了。我国的工会等保障劳动者利益的机构建设并不健全，普通劳动者工资相对较低。虽然改革

开放以来，我国经济有了极大的发展，但我国的工资制度却没有根据经济的发展及时调整。于是我国劳动者的工资增长速度远不能与经济增长速度相比，劳动者并没能很好地分享经济发展的美好成果，普通劳动者工资在国民收入中所占比重不断降低。同时劳动者工资与企业家收入的差距却不断扩大，贫富差距现象突出。对此，我国需要迅速完善工资制度，如增加人民大众的财产性收入、提高最低工资标准、进一步发挥工会的功能，使劳动者的实际可支配收入得到增加，工薪劳动者可以更好地分享经济发展成果，缩小普通劳动者与企业家的收入差距，更好地调动劳动者的积极性，以进一步促进经济的健康快速发展。

（二）完善税收制度

首先要完善个人所得税制度。我国当前税收制度还不够完善，并不能很好地发挥其收入再分配的作用。例如我国现有的个人所得税制度相对还比较简单，它主要以工资性收入为征收对象，广大以工资收入为主的工薪阶层全部被覆盖到，而高收入者的一些隐性收入却游离在纳税范围之外，虽然这些隐性收入数额可能巨大。再如，我国的税收并未考虑家庭经济状况的差异，使得税收不能很好地起到调节居民收入、实现收入公平分配的作用。所以，我们应该从实际出发，完善对个人所得税制度。第一要提高个人所得税的起征点，降低工薪劳动者的税收负担，增加高收入人群的征税额，并且要对各种个人收入设置税源；第二要考虑家庭的经济因素，以家庭为纳税单位，制定税收政策时统筹兼顾考虑个人和家庭两个因素。其次要开征遗产税。就像在本章开篇时节选的《富爸爸、穷爸爸和子代收入差距》一文中指出的，"子女收入水平与父母的收入水平存在正向关系。这种收入的代际传递将同时导致收入差距在代际间发生传递。如果高、低收入家庭在收入分配中的优势和劣势地位通过代际收入的传递影响子女的收入地位，则预示下一代收入分配格局将会受到当前收入分配格局的影响。在对收入分配格局的动态调整中，收入差距代际传递的作用不容小觑"。目前世界上大多数国家均已开征遗产税，实践表明遗产税对增加政府财政收入、调节收入分配、减小贫富差距有十分积极的作用。

（三）积极推进"第三次分配"

在经济发展初次分配中一般需要考虑效率因素。收入差距是分配注重效率的必然结果。政府应该建立长效的社会保障机制，再次分配中注重公平，使得人们的收入差距处于一个相对合理的水平，使社会各群体的利益协调发展。同时通过发展社会慈善事业、建立民间慈善组织等途径，积极推进"第三次收入分配"。

（四）限制垄断

资源型垄断部门由于占有特殊资源，并且在市场上一般具有自主的定价权，容易获得超额利润。同时，由于垄断企业的职工一般收入较高，福利较好，这些也是导致群体间收入差距扩大的现实原因，因此通过限制垄断，降低垄断行业的准入门槛，对垄断行业的产品定价和工资进行限制，以降低由于垄断而对收入分配造成不良影响。

第四章　新凯恩斯主义

新凯恩斯主义学派（New Keynesian School），又称新凯恩斯主义，诞生于 20 世纪 80 年代，成长于 90 年代，成熟于世纪之交。

新凯恩斯主义的发展可以分为两个阶段。第一阶段是 20 世纪 80 年代初到 90 年代中叶，新凯恩斯主义在这个阶段的当务之急是应对自由经济主义思潮的挑战，创建新的宏观经济学理论，重振凯恩斯主义雄风。由于创立之初其对开放经济的研究较少，为适应经济社会发展和政府制定政策的需要，它着力围绕国内经济问题构建理论模型，创立了新的宏观经济学的基本理论框架，跻身主流经济学，成功重登官方经济学宝座。第二个阶段是 20 世纪 90 年代中叶到现在，以 1995 年奥布斯特费尔德（M.Obstfeld）和罗戈夫（K.Rogoff）创建新开放经济宏观经济学为标志。它顺应经济全球化潮流，从开放经济视角研究宏观经济，研究重点从国内宏观经济学转向开放经济宏观经济学。许多信奉新凯恩斯主义的经济学家致力于开放经济领域研究，引发了西方经济学界研究开放经济宏观经济学的新热潮①。

"过度扶贫"让法国左右为难②

2012 年，巴黎的冬天，比往年来得更早一些，但这个国际

---

①　王健、吴振球：《新凯恩斯主义开放经济理论新进展》，《财经理论与实践》2004 年 6 月。

②　赵永升、史晓帆、董铭：《"过度扶贫"让法国左右为难》，《环球时报》2012 年 11 月 8 日。

大都市 4 万多无固定居所者并不担心会在街头挨饿受冻。在 "私有财产神圣不可侵犯" 的法国，却存在一些 "季节性怪现象"：政府限定房租，还强征 "空置房" 给无房户，相关法规要求房东 "在长达 5 个半月的冬天里" 不得驱逐欠房租的房客。对 "博爱" 和 "平等" 的追求，让法国政府和民间在保护弱势群体方面举措多多，在即将到来的圣诞节，政府要给穷人发 "过节费"，社区也准备给困难家庭的孩子 40 欧元的礼券和喜剧票。这些年，法国在忽视弱势群体上有沉痛教训，但 "过度保护" 又引发争议。2012 年 11 月 6 日《巴黎人报》披露说，每年有数十亿欧元的 "帮扶资金" 被诈取。法国人开始反思，如何更好地给穷人提供福利，这不仅仅是道义问题，更涉及宏观的经济制度、解决高失业率等问题。

忽视弱势群体吃过 "大亏"

虽为最富裕国家之一，法国仍拥有 860 万贫困人口（占总人口 14%），300 万失业大军。法国还有 15 万 "无固定居所者"，其中有 4 万在巴黎。从福利国家理念和维护社会稳定需要出发，法国历届政府都不敢忽视对弱势群体的保护。在这方面，法国历史上有过沉痛教训。1968 年 5 月，经济发展放缓让包括学生在内的社会弱势群体感到缺少基本保障，学生运动和工人示威一度让法国社会陷入瘫痪。萨科齐总统任内，也先后在 2005 年 10 月和 2009 年 7 月发生过失业移民和年轻人引起的骚乱。2012 年 5 月法国大选奥朗德领导的社会党能获胜，也要归功于大批低收入阶层以及过半年轻人的投票。

巨额福利被诈取令法国人反思

法国保护弱势群体的做法给低收入者和失业者带来一些好处，但近来也招来 "保护过度" 的批评。一些法国人担心，"过度保护" 会被人 "钻空子"，比如白住房东的房子。还有人私下抱怨，贫穷移民家庭的孩子靠吃父母的救济，找工作挑三拣四，每逢过年就烧车发泄对政府不满。有失业者依赖救济金，不想找工作，"因为工资可能比补助金高不了多少"。

在法国，也有人绞尽脑汁瞒天过海，骗取"低租金福利房"和各种社会救济。据 2012 年 11 月 6 日《巴黎人报》报道，法国国家科学研究中心和滥用权利与服务监察所共同推出的《诈取社会福利内幕》揭露说，法国存在严重诈取社会福利的现象，每年约有 7 亿欧元全民疾病补充保险、3.78 亿欧元健康补充保险以及巨额"积极团结收入"落入"未达领取资格者"腰包，令政府财政蒙受重大损失。"积极团结收入"的融资渠道主要来自房产和金融税收。因此，一项民意调查显示，有 60% 的受访者不甘心"出"这些钱，而且，这些福利又被人诈取，无疑会加剧他们不满。

同样，高福利加重了政府赤字。因为"政治正确"，法国人一般不会在公开场合发表针对少数族裔和长期失业者的情绪，但网上存在对特定群体的言语攻击。奥朗德政府正面临这样的挑战，有人开始抱怨，他提出的税务改革方案"剥削"了富人，让一些法国富人打起"避税移民"的算盘，但同时穷人仿佛也没有得到真正实惠，失业率依然高涨，社会活力持续低下。有人反思，对处在经济衰退边缘的法国来说，过去的救助方式不见得适用于当下的社会环境，如何更好地给穷人提供福利，这不仅仅是道义问题，更涉及经济制度。看来，如何保护弱势群体，真成了让法国政府左右为难的社会问题。

第一节　新凯恩斯主义形成

一、新凯恩斯主义的代表人物

新凯恩斯学派可谓众星闪耀，在政学商三界影响力巨大。主要成员有哈佛大学的格里高利·曼昆（N.Gregory Mankiw）和劳伦斯·萨默斯（Lawrence Henry Summers），麻省理工学院的奥利维尔·布兰查德（Olivier Blanchard）和朱利奥·罗泰姆伯格（Julio Rotemberg），哥伦比亚大学的埃德蒙德·菲尔普斯（Edmund S. Phelps），加州大学伯克利分校的乔治·阿克洛夫（George A. Akerlof）和珍妮特·耶伦（Janet L. Yellen），斯坦福大学的约瑟夫·斯蒂格利茨（Joseph Eugene Stiglitz），纽约大学的马克·格特勒（Mark Lionel Gertler），以及普林斯顿大学的本·伯南克（Ben Shalom Bernanke）等人。

他们彼此之间有很深的交集，而且其中多人都曾担任过美联储等主要经济决策机构的负责人，如耶伦和伯南克先后担任美联储主席（耶伦于 1997 年至 1999 年任主席，伯南克于 2005 年至 2006 年任主席）。

斯蒂格利茨于1995年至1997年任美国总统经济顾问委员会主席。总统经济顾问委员会（Council of Economic Advisers，简称 CEA），是直接对总统经济政策出台产生影响的智囊机构，在美国经济政策的制定中向来发挥着举足轻重的作用。

（一）格里高利·曼昆

曼昆 29 岁成为哈佛大学历史上最年轻的终身教授之一，曾任总统经济顾问委员会主席。曼昆的《经济学原理》是世界上最为畅销的经济学入门教科书（首版出版于 1998 年）。曼昆的《宏观经济学》（1992 年），被保罗·克鲁格曼高度评价为国际上最有影响力的中级教科书之一。他和戴维·罗默主编的两卷论文集《新凯恩斯主义经济学》（1991）是具有代表性的新凯恩斯主义论文集。在凯恩斯主义受到货币主义、供应学派、理性预期学派极大挑战时，他通过自己在微观经济领域的研究，努力为凯恩斯主义提供一个新的更坚实的微观基础。在这一过程中，他大量吸收倾向主义、供给学派和理性预期学派的精华，并发展自己的学说。他的成名作"菜单成本"理论已成为新凯恩斯主义经济学的一个组成部分，曼昆提出这一理论的论文《小菜单成本与大经济周期：一个垄断的宏观经济模型》也已成为经典。

（二）劳伦斯·萨默斯

萨默斯 28 岁成为哈佛大学历史上最年轻的教授。他的工作集中于分析经济数据来解答明确的问题。譬如：储蓄能否对税后利率作出反应？从股票得来的收益能否预测得到？是否大部分人只在过渡性失业时获得失业优惠？他因研究宏观经济的成就而获得 1993 年的约翰·贝茨·克拉克奖。他曾于 1991 年至 1993 年担任世界银行首席经济学家，1995 年至 1999 年担任美国副财长，并于 1999 年至 2001 年（克林顿政府时期）出任第 71 任美国财政部长。2001 年至 2006 年，成为哈佛大学的第 27 任校长。2008 年，他曾为高盛、摩根大通、花旗银行、雷曼兄弟、美林银行等华尔街金融机构发表多次演讲，并收取共约 2700 万美元作为酬劳。2008 年 11 月 24 日，美国总统奥巴马提名萨默斯出任美国国家经济委员会（National Economic Council, NEC）主席，成为总统经济政策助理，负责金融海啸后美国经济的复苏政策，是奥巴马政府经济刺激计划的主要设计者。

值得一提的是，他出身学术世家，父母都是经济学者和宾夕法尼亚大学的教授。他的叔叔保罗·萨缪尔森是凯恩斯学派的代表人物，舅舅肯尼斯·约瑟夫·阿罗是新古典主义的代表人物，两人都是诺贝尔经济学奖获得者。

（三）奥利维尔·布兰查德

布兰查德，麻省理工学院教授，2007 年成为国际权威经济杂志——《美国经济杂志：宏观经济学》（*American Economic Journal of Macroeconomics*）的创始编辑。自 2008 年 9 月至今一直担任 IMF 的首席经济学家，并兼任研究部主任。他最著名的著作是中级宏观经济学教科书《宏观经济学》。

（四）埃德蒙德·菲尔普斯

菲尔普斯因关于通货膨胀和失业预期关系的理论贡献而成为 2006 年诺贝尔经济学奖得主。在耶鲁大学读书时，师从凯恩斯主义代表人物詹姆斯·托宾。

菲尔普斯在 20 世纪 60 年代对当时盛行的通货膨胀与失业两者具

有负相关性的理论提出了挑战。菲尔普斯指出，通货膨胀不仅与失业有关，也与企业和雇员对价格和工资增长的预期有关，从而提出了"菲尔普斯曲线"。他还与哥伦比亚大学的同事们一起研究并建立了工资与价格定价的非协同模型，运用不完全信息等理论来研究自然失业率、隐含工资合同、滞后效应与失业等重要问题。他的研究对经济学理论和宏观经济政策都产生了重要影响。

（五）乔治·阿克洛夫

阿克洛夫自 1980 年起一直在美国加利福尼亚州大学伯克利分校任经济学首席教授。他的妻子是他在伯克利的同事，经济学家珍妮特·耶伦，是美联储第一个女主席。

2001 年，瑞典皇家科学院将当年诺贝尔经济学奖授予阿克洛夫、迈克尔·斯彭斯、约瑟夫·斯蒂格利茨等三位经济学家以表彰他们在市场信息不对称研究中所作出的卓越贡献。瑞典皇家科学院在颁奖公告中提到，20 多年来，市场不对称信息理论在经济学领域已成为一个关键并富有生命力的理论，"信息不完全"已成了研究者不可或缺的研究工具。而阿克洛夫于 1970 年发表的具有原创性贡献的论文《柠檬市场——质量不确定性和市场机制》（简称《柠檬市场》）为信息经济学的发展奠定了坚实的理论基础。

（六）珍妮特·耶伦

耶伦曾在加州大学伯克利分校任教，并两次荣获杰出教学奖，现为其名誉教授。1994 年，由克林顿提名任职美联储委员，自此步入政坛。1997 年至 1999 年任职美国总统经济顾问委员会主席，2004 年成为旧金山联邦储备银行行长，于 2009 年开始轮任联邦公开市场委员会委员。2010 年 4 月，由奥巴马提名耶伦出任美国联邦储备委员会副主席，是美联储历史上第二位"女副总"。2013 年 10 月，由奥巴马提名耶伦出任美联储主席。2014 年 2 月，耶伦接任，成为美联储历史上首任女主席，也成为从 20 世纪 80 年代以来保罗·沃尔克之后的首位民主党主席。

（七）约瑟夫·斯蒂格利茨

斯蒂格利茨 24 岁在麻省理工学院博士毕业，1970 年任耶鲁大学教授。1979 年，他获得了约翰·贝茨·克拉克奖。1988 年，当选美国国家科学院院士。1993 年，开始成为克林顿总统经济顾问团的主要成员，1995 年 6 月起任克林顿总统经济顾问团主席。1997 年到 2000 年任世界银行副总裁、首席经济学家。2001 年，获得诺贝尔经济学奖，瑞典皇家科学院在颁奖典礼上特别说明在当年的三位获奖者中，斯蒂格利茨对"不对称信息经济学理论"的贡献最大。2011—2014 年任国际经济协会主席。现任美国布鲁金斯学会高级研究员、哥伦比亚大学教授、英国曼彻斯特大学布鲁克斯世界贫困研究所（BWPI）主席。

斯蒂格利茨提倡突出政府在宏观调控中的作用，认为获得持续增长和长期效率的最佳方法是找到政府与市场之间的适当平衡，使得世界经济回到一个更加公平、更加稳定的增长进程中，让人人都受益。他将新凯恩斯主义理论融入其广为流传的《经济学》教科书中，他所撰写的《经济学》在 1993 年首次出版后，一版再版，被全球公认为最经典的经济学教材之一，成为继萨缪尔森《经济学》之后西方又一本具有里程碑意义的经济学入门教科书，经济学家称其为西方经济学史上继穆勒、马歇尔和萨缪尔森版本之后第四本具有里程碑意义的教科书。

（八）本·伯南克

伯南克于 2006 年至 2014 年担任两任美联储主席。伯南克 1983—1985 年担任斯坦福大学研究生院经济学副教授，1985 年转到普林斯顿大学担任经济和政治事务教授，1996—2002 年出任普林斯顿大学经济系主任。

在担任普林斯顿大学教授和经济学系主任期间，以货币政策和宏观经济史为研究方向的伯南克曾编著《宏观经济学原理》和《微观经济学原理》等教材。在这些论著中，伯南克主张设定一个明确的通胀目标，即要在一定时期内使通胀率保持在某个特定水平，以引导市场对通货膨胀的预期，同时有助于美联储提高其价格稳定目标的可信度。2001 年，他和格特勒在《美国经济评论》（AER）上发表文章《中央银行应当回应资产质量变动吗?》。文中提出，美联储自 20 世纪 80 年代以来针对通货膨胀和物价稳定的做法应该继续，而更积极的管理"资产价格泡沫"的方法则会无效或适得其反。这些学术成就不仅奠定了他世界一流宏观经济学家的地位，而且让他赢得了政商两界的认可和政府高层的赏识。

在伯南克担任美联储主席期间，美联储实施了三次量化宽松（也称定量宽松）政策。量化宽松主要是指中央银行在实行零利率或近似零利率政策后，通过购买国债等中长期债券，增加基础货币供给，向市场注入大量流动性货币的干预方式，人们通俗地称其为"印钞票"。第一轮为 2008 年 11 月至 2010 年 3 月，共计 1.725 万亿美元。第二轮为 2010 年 11 月至 2012 年 6 月，共计 0.6 万亿美元。第三轮为 2012 年 9 月至 2014 年 10 月，共计 1.6 万亿美元。直至 2014 年 10 月 29 日，新任主席耶伦宣布结束购债，标志着第三轮量化宽松货币政策全面结束。2014 年离职后他加盟布鲁金斯学会，参与经济研究项目，重点关注经济复苏政策。

二、新凯恩斯主义的形成背景

（一）凯恩斯主义的衰弱与新凯恩斯主义的兴起

新凯恩斯主义诞生于一个学派林立的时代，一个经济学家们想要寻求共识却又无法达成共识的时代。凯恩斯主义失去主流经济学地位后，经济自由主义和政府干预主义两大思潮的争辩又趋白热化，两大思潮内部涌现出许多新的学派，导致这一阶段学界呈现出繁杂而又变幻多端的经济学理论谱系。

凯恩斯主义的衰弱曾使经济自由主义风行一时，主张经济自由主义的主要学派就有货币主义、供给学派、新古典宏观经济学，新古典宏观经济学又可以分为货币经济周期学派和实际经济周期学派。

当凯恩斯主义备受冷落、经济自由主义思潮席卷西方宏观经济学各领域时，一批被西方经济学者们称为"新凯恩斯主义者"的中青年学者掀起了一场反经济自由主义潮流。他们坚持凯恩斯主义的基本信条，在经济研究中引入大量最新的分析方法，对各种有用的经济理论观点（包括论敌的观点）兼收并蓄，提出许多新颖的观点，通过推动凯恩斯主义的研究，取得大批研究成果。在他们的不懈努力下，新凯恩斯主义开始崭露头角。

新凯恩斯主义不是对凯恩斯主义的简单沿袭，而是在对它进行批评、继承的基础上发展起来的。凯恩斯主义理论的没落源于以下两个主要原因：一是凯恩斯主义理论模型在统计检验上的失败，二是主张经济自由主义的新古典宏观经济学从理论上动摇了凯恩斯主义的基础。

首先，凯恩斯主义的 IS—LM 模型与菲利浦斯曲线结合，很容易说明通货膨胀与失业的替代关系，即通货膨胀率增长能降低失业率；反之，通货膨胀率降低导致失业率提高。然而，利用 20 世纪 70 年代美国的统计数据所做的回归检验证明，通货膨胀率与失业是正相关的，两者之间不存在此消彼长的关系。70 年代的美国经济现实是高通货膨胀和高失业并存，这给凯恩斯主义以沉重的打击。

其次，新古典宏观经济学指出凯恩斯主义理论缺乏微观经济学基础，违反了微观经济学关于"经济人是理性的"假定。在凯恩斯主义模型中，经济人所做的是适应性预期而非理性预期，而且理论模型中个人行为不能协调一致。

新凯恩斯主义者认真对待各学派对凯恩斯主义的批评，对凯恩斯主义理论进行了深刻的反省，同时吸纳和融合各学派精华，有批判地继承、发展了凯恩斯主义。

正如格林沃德和斯蒂格利茨所指出的，一方面，新凯恩斯主义和凯恩斯主义在以下三个命题上是一致的：一是劳动市场上经常存在着超额劳动供给，二是经济中存在着显著的周期性波动，三是经济政策在绝大多数年份是重要的；另一方面，在具体的经济分析方法和经济理论观点上，新凯恩斯主义和凯恩斯主义之间存在着重要差别。新凯恩斯主义引入凯恩斯主义所忽视的"厂商利润最大化"和"家庭效用最大化"两个假设，同时吸纳理性预期学派强调的理性预期假设，给凯恩斯主义宏观经济学奠定微观经济基础。新凯恩斯主义通过构建模型证明了以下两个观点：一是在经济中出现需求或供给冲击后，工资和价格的粘性使市场不能出清，经济会处于非均衡状态；二是即便有理性预期的存在，国家的经济政策也能通过影响就业和产量对经济产生积极作用。

（二）新凯恩斯主义产生的客观条件

新凯恩斯主义产生的客观条件有两个，一是凯恩斯主义的理论缺陷，二是新古典宏观经济学在解释现实问题时效微力乏。

凯恩斯主义的宏观经济理论缺陷是缺乏微观基础。凯恩斯主义用"需求不足"和"名义工资刚性"解释失业的存在和持续，却不能很好地说明名义工资刚性的成因。正如新凯恩斯主义者在批评凯恩斯主义时所指出的："凯恩斯主义的一个微妙之处是当它在考虑失业时，几乎不讨论劳动市场。"同时，凯恩斯主义也没有阐明价格刚性的成因。

同样，新古典综合学派在"综合"时，也"忽视"了微观经济基础。虽然萨缪尔森等人把"古典"微观理论与凯恩斯主义宏观理论结合在一起，但是新古典综合学派只是对宏观经济学和微观经济学做了机械的组合，没能构成有机联系。

有一些年轻的凯恩斯主义者如莫迪利安尼、乔根森和托宾等人虽然从微观经济学视角分析了消费函数、投资需求函数和货币需求函数，但他们所做的分析都是局部均衡分析，只论及单个供求函数不能解决宏观经济学的微观基础问题。

新古典宏观经济学明确地将微观经济理论作为宏观经济理论分析的基础，从微观经济和宏观经济的结合中得出宏观经济学结论，发展了一种有微观基础的宏观经济理论。新古典宏观经济学的引人之处在于它达到了微观经济学和宏观经济学的一致性和相容性。正是在这一点上，它动摇了凯恩斯主义的统治地位，开拓了西方学者研究宏观经济问题的新思路。

但是新古典宏观经济学也有"命门"，它过于追求理论结构和分析方法的完美性，忽略经验检验。"市场出清"的微观分析完全脱离了资本主义现实，政策无效性的宏观结论也缺乏说服力。西方发达资本主义国家的现实是产品市场和劳动市场经常存在着超额供给，所谓"市场出清"只是一种短暂的和偶然的现象。同时，随着经济的发展，政府规模日益扩大、对社会经济生活的介入也日益深入。由于新古典宏观经济学脱离实际，把"市场出清"当作常态，主张"取消国家干预经济"政策，经济理论在实践上缺乏经验支持，又不能为政府所接受，所以其影响只能局限于学术。

一方面，凯恩斯主义的不足和新古典宏观经济学在理论上的进展给新凯恩斯主义者以有益的启迪；另一方面，新古典宏观经济学在现实面前的苍白无力又诱导新凯恩斯主义者们运用独特的方法和思路对劳动市场、产品市场和信贷市场进行分析，以期寻找出宏观经济波动和失业的原因。新凯恩斯主义者以"工资粘性"和"价格粘性"代替凯恩斯主义"工资刚性"和"价格刚性"的概念。以"工资粘性""价格粘性"和"非市场出清"的假设取代新古典宏观经济学的工资、"价格弹性"和"市场出清"的假设，并将其与宏观层面上的产量和就业量等问题结合起来，建立起有微观基础的新凯恩斯主义经济学。

简单来说，新凯恩斯主义是凯恩斯主义受新古典宏观经济学打击之后吸取经验教训而形成的，之后它在与新古典宏观经济学的斗争中又不断发展、重塑和复兴了凯恩斯主义。

第二节　新凯恩斯主义的主要理论

新凯恩斯主义的理论主要包括菜单成本论、市场协调失灵论、交错调整价格论、劳动市场理论和信贷配给理论等。

一、菜单成本论

菜单成本论，又称为有成本的价格调整理论。该理论认为，变动价格要耗费实际成本或考虑调整价格的机会成本。这类成本虽然很小，但会导致名义价格出现粘性，引起宏观经济周期性波动。

菜单成本论阐明，在非竞争市场中，小的菜单成本能引起大幅度的经济波动。菜单成本是指厂商每次调整价格要花费的成本，这些成本包括研究和确定新价格、重新编印价目表、通知销售点更换价格标签等所费的成本。因为改变产品价格如同餐馆变更菜单价目表，所以新凯恩斯主义者将这类成本称为菜单成本。

该理论通过建立一个单位产品和价格、总需求有相互独立关系的线性模型，论证了菜单成本对价格调整的影响。在总需求增加时，厂商提价会增加收益，厂商有调整价格的激励。在总需求减少时，如果厂商调整价格以后的收益小于菜单成本，那么，厂商不会降价，价格有粘性。由于厂商在总需求扩张时有较大的调整价格的刺激，在总需求收缩时厂商只有较小的调整价格的刺激，总需求的扩张和收缩对价格的影响是非对称的，所以价格有粘性。

菜单成本和经济周期论认为，小菜单成本引起价格粘性，进而引起经济周期性波动，菜单成本阻滞了厂商调整价格，厂商不是通过变动价格来适应总需求的变化，而是通过产品数量的变化来吸纳总需求的改变。当总需求收缩时，厂商可能会作出两种应对：一是厂商调整价格，经济中产量的减少相当于菜单成本所对应的产量；二是厂商不改变价格，经济中产量的减少大于菜单成本所对应的产量。所以说，虽然菜单成本很小，但是产量会随着总需求的变化而剧烈地波动，二阶小量的菜单成本引起产量的一阶变化，经济出现周期性波动。

二、市场协调失灵论

市场协调失灵论用市场对策模型来分析交易和需求的外部性所引起的协调失灵，并在此基础上说明经济周期性。

市场对策模型描述了现代市场经济中经济人理性行为所形成的经济运动过程，揭示了非出清市场中的对称纳什均衡有多重性、经济中的两个重要特征是溢出和策略补偿。溢出说明了经济中的外部性。正溢出是当一个行为者以外的其他行为者的策略增加时，会给该行为者带来好处；负溢出的定义正好与之相反。策略补偿的定义是，除了某一行为者以外的所有行为者的策略增加时，会提高该行为者的收益。

交易的外部性是指市场随机成交的概率依赖于市场中交易者的数量。当寻找交易者的概率是潜在交易者人数的递增函数时，市场对策出现策略补偿。经济中生产和交易的人数增加时，其更多的生产机会被视为有利可图，个人的期望报酬随之提高，所以经济中出现策略补偿。此时，由于个人无力协调市场交易，导致市场出现多重均衡，需求或供给的冲击会使经济从某种均衡态向另一种均衡态运动，经济出现波动。

需求的外部性源于各部门之间的相互联系。假设多部门经济进行分散的专业化生产，不同部门生产不同的产品，每个经济人不消费自己的产品。经济人的理性行为是追求利润最大化，各部门有相似的生产函数和需求函数，这些函数构成的方程组能求解经济的均衡态。生产者的销售率随着潜在交易者人数的增加而提高。起始时，整个经济处于纳什均衡。如果经济中除了一个部门外，所有其他部门都增加了产量，那么，收入总水平增加，未增加产量的部门的需求也增大，这个部门的生产就会扩张，部门之间出现策略补偿。当部门之间有策略补偿时，经济显示正溢出。在一定范围内，经济的正溢出有利于消费者，能增进消费者的效用。厂商对需求的外部性有各种可选择的反应，经济中出现多重均衡。当某个部门因需求增加而扩张生产时，由于经济中存在需求策略补偿，会引起其他部门需求增加，生产随之扩张，总产出和就业都会增加。所以，特殊部门的冲击与需求溢出和策略补偿相结合，就会使经济出现周期波动。

三、交错调整价格论[1]

通过价格调整模型，交错调整价格论说明寡头或垄断竞争厂商在不完全信息条件下采用交错方式调整价格是近似理性化的调整价格行为。这种行为能增进社会的福利，但会引起价格总水平的惯性，加大经济周期性波动。

交错调整价格与附加信息。厂商通常以同步和交错两种方式调整价格。一是同步调整价格。即所有的厂商都在同一时期，譬如说偶数期内，调整价格。二是交错调整价格。每个厂商都想观察到其他厂商的价格决策后再调整价格，但没有一个厂商能坚持到其他厂商的价格都变动后再调整价格。企业调整价格的时间有先有后，形成一个调整价格的时间序列。在最简单的情况中，市场中有一半厂商在偶数期调整价格，而另一半厂商在奇数期调整价格。

交错调整价格可以获得附加信息。如果价格是同步调整的，厂商在某个时期观察到的总需求反映了以前时期的信息。如果价格调整是交错的，厂商在某个时期不仅可以观察到以前时期的总需求信息，还可以观察到正在变化的总需求信息。这是同步调整中所没有的信息，是交错调整价格所获得的附加信息。交错调整价格的厂商还能得到同行业或相邻行业的企业正在调整价格的信息，这有助于企业取得更多的价格调整的信息。厂商根据自身的价格、产品销售量和观察到的价格总水平就能推断出总需求。

在不完全竞争市场中，厂商为了利润最大化常常采取交错调整价格，这与不完全市场中经济运行机制和信息传递机制有关。在不完全市场中，任何单个企业都有部分市场力，但拥有市场力过小，无力协调其他企业的经济行为，所以市场经常处于协调失灵状态。在协调失灵市场中，信息传递受阻，扭曲的信息和正确的信息混杂在一起，企

---

① Laurence Ball and Stephen G. Cecchetti, "Imperfect Information and Staggered Price Setting", *American Economic Review*, 78, December 1988, pp. 999-1018.

业不能通过价格等信号获得完备信息，只具备有限信息。然而，企业要在尽可能完备的信息基础上才能实现利润最大化目标，这就要多收集信息，收集信息的成本又随信息量递增。因此，厂商必须选择一种以最小代价获取最大信息量的方式定价，这种方式就是交错调整价格。

选择交错调整价格有利有弊，好处是厂商可以从市场中获得较多的附加信息，但弊端也有两个。第一是价格水平惯性。当一些厂商产品价格变化而另一些厂商价格不变时，价格水平变化缓慢，增加了价格水平的惯性。第二是当某些产品价格调整而另一些产品价格不变时，会引起相对价格比的意外变动。消费者根据市场上不同产品的相对价格变化调整消费偏好（如果牛肉价格上涨而猪肉价格不变，那么消费者对猪肉的需求会增加而对牛肉的需求会减少），各种产品价格比变动引起的需求效应相互作用和影响会加大总需求的波动。当交错调整价格的代价过高时，厂商从附加信息中的所得不能弥补交错调整价格的成本，他们会转而采用同步方式调整价格。

交错调整价格能使社会福利增加。交错调整给厂商提供了附加信息，它叠加于企业所拥有的有限的信息上，使企业信息近于完全信息，厂商行为近似理性化。近似理性的价格决策不但让厂商从市场得益，而且增进了社会福利。

交错调整价格引起物价水平惯性，加大了总需求的波动。相应地，交错调整价格论的政策建议是通过减少交错调整来克服价格总水平的惯性（如通过长期贸易合同减少价格惯性），但有可能导致社会福利的减少。

综上所述，交错调整价格论在近似理性的基础上说明了价格总水平有惯性，导致价格有粘性，最终加剧了总需求的周期波动，随意需要国家加强干预才能平滑经济的波动。交错调整价格论坚持了凯恩斯主义的"政府干预"信条，成为新凯恩斯主义宏观经济学中一个重要的基础模型。

四、劳动市场理论

新凯恩斯主义在劳动市场理论方面颇多创新，其代表性理论是失业滞后论、效率工资论、隐含合同论和交错调整工资论等。这些理论思路独特，观点新颖，在微观经济基础上说明了劳动市场失灵和经济滞胀现象，丰富并发展了西方微观经济学中的劳动市场理论。

（一）失业滞后论

失业滞后论是一个迥异于传统理论的新就业论。传统经济学认为长期就业均衡是充分就业的均衡，与短期实际就业率无关；而失业滞后论以局内人—局外人模型说明就业均衡与实际就业率的滞后量相关，长期失业者对就业率几乎没有影响。

1. 局内—局外人模型

局内人是指目前在职的雇员，或暂时被解雇但与在职雇员同属于某一利益集团（如企业或行业工会）的人。局外人是指长期失业的工人，或短期工作的临时工。他们不受工会等组织的保护，与局内人分属于不同的利益集团。局内人受到各种劳动转换成本的保护，这些成本包括但不限于：培训熟练在职工人的费用；局内人在长期的工作中形成的默契配合所产生的较高的生产效率；局内人会加强团结去伤害企业中的局外人，导致劳动生产力下降。

由于转换成本的存在，厂商在用局外人代替局内人时要付出高昂的代价。因此，尽管局外人愿意接受比局内人低的工资，然而由于转换成本较大和减少工资的所得不足以弥补转换成本，导致厂商不愿意雇用低工资的局外人而愿意继续雇用局内人。这样局内人在劳动市场上具有实际的优先权，从而使局内人在劳动市场上获得市场力，而且局内人的市场力还因局内人的团结而加强。

在局内人市场力非常强、局外人不能影响工资水平时，局内人能够单方面地与厂商进行工资谈判，提高在职工人的工资。在需求减少时，在职工人不愿意削减工资，那么需求减少会引起对劳动需求的下降，失业率增加；在需求增加时，局内人都被雇用后仍有对劳动的需求，愿意接受较低工资的局外人才有机会被雇用，失业率下降。

需求的冲击引起实际就业的变化，需求冲击过去后，就业率并不回到长期均衡状态，仍停留在现有的实际就业状态，这种状态直到新的需求冲击出现时才改变。简言之，就业率随着需求的变化而改变，经济中不存在任何使经济回到长期均衡就业的机制，长期均衡就业只是传统经济学的理论想象，而不是经济现实。

短期和长期失业对工资调整有不同的影响。短期失业者能对工资调整施加压力，使局内人不能将工资提得过高。而长期失业者对在职工人的影响很小，几乎不能影响工资水平。长期失业工人因为专业技能不适应新工作岗位的要求，求职十分困难，长期寻求工作不得，使他们逐渐将生活水平调整到与失业保险救济金相适应的水平，再就业难的沮丧情绪增长，这进一步削弱了他们对工资调整的影响，导致失业的持续和失业率居高难下。

失业滞后论阐明了市场机制不会自发地让实际就业率回到长期均衡就业水平。由于长期失业者对工资调整的影响力较小，局内人的市场力增强，他们可以迫使厂商增加工资、少雇用局外人，所以劳动市场会出现高工资和高失业率并存的现象。通过扩张货币供给增加需求后，由于长期失业工人再就业困难，就业率增加有限，通货膨胀和失业并没有替代关系，所以经济中出现滞胀现象。

2. 效率工资论

效率工资论在微观经济学基础上说明了劳动市场失灵，颇受西方学者好评，被誉为劳动理论发展中的"80年代新热潮"。

效率工资研究了效率工资和失业的相关性，说明工资粘性和就业的关系。假设市场中的每个厂商的行为都相同，其生产函数是厂商雇员数量、工人劳动效率和工资的函数。厂商在利润最大化水平上确定雇用工人的工资，当工资对效率的弹性为1时，称它为效率工资。此时工资增加1%，劳动效率也提高1%，在这个工资水平上，产品的劳动成本最低。当效率工资超过工人的最低期望工资时，总需求减少的冲击将引致劳动需求减少，厂商实际雇用工人的数量低于最优雇用工人的数量，就业率下降，劳动市场的均衡有非自愿失业的特征。

效率工资论认为，厂商采用效率工资是因为它有激励工人生产积极性、提高劳动生产率的作用。劳动生产率极大地依赖厂商支付给工人的工资，如果工资削减损害了生产率，引起产品劳动成本的提高，那么，为了保持效率，厂商宁愿支付给工人较高的工资，而不愿意降低工资，工人的工资高于或等于效率工资。高工资使劳动市场不能出清，从而出现失业。

效率工资的微观基础。效率工资论在微观经济学基础上，从四个不同的角度阐述效率工资的微观基础。

第一，怠工模型。在实际生产过程中，完全地监督工人是不可能的，工人总是有怠工的机会，一旦怠工行为被雇主发现，工人就会受罚。如果厂商对怠工者的惩罚是解雇，那么，解雇就是工人怠工的成本。工人在受到解雇的威胁下，产生一个不怠工的刺激。当所有的厂商都支付同样的工资，而且经济处于充分就业时，怠工无成本。这对磨洋工者是有利的，解雇作为怠工的成本太低，工人被解雇后很快可以重新找到工作。为了消除怠工，加重对怠工者的惩罚，厂商会提高工资，这样，怠工者感到磨洋工被发现后的损失太大，从而积极地工作。高工资产生一个不愿意怠工的激励。当经济中所有的厂商都采用这种高工资的办法去阻遏工人怠工、提高劳动生产率时，工资水平就会上升，就业率下降，失业的威胁成为工人的纪律机制。这时，为怠工而失去工作的代价很大：既失去了高工资，又陷入难以重新就业的困境。在高失业率环境中，被解雇工人即使愿意接受较低的工资，也难以获得新工作。

第二，劳动转换模型。厂商曾为熟练工人支付过一定数量的培训费，这些工人"跳槽"是厂商人力资本的贬值。效率工资超过市场出清水平，不仅能诱导工人忠于厂商，不愿意辞职和跳槽，而且能吸引其他厂商的熟练工人来此就职。工资高于市场出清水平，劳动市场必然存在着过剩的劳动力，出现非自愿失业。劳动转换成本还阻碍着厂商雇用新工人。实行效率工资时，厂商要付给新工人和熟练工人同样多的工资，但新工人的工资高于他的劳动边际收益，两者之差是劳动力的边际训练费。劳动的边际训练费是对厂商利润的扣除，所以，厂商不愿意雇用新工人，劳动市场上的新工人就业困难，从而导致失业率上升。

第三，反向选择模型。设生产过程中每个工人能力有差别，工人的能力与他的期望工资正相关，较高的工资能够吸引能力较强的工人，因而，厂商依据求职者提出的工资高低衡量其能力。厂商认为，求职者提出低工资的申请是无能的表现，厂商将高工资付给能力强的人，而摒弃那些要求低工资的求职者。这种选择雇员的方法与一般厂商以低工资雇用工人的做法相反，因此被称为反向选择。厂商要设计自我选择机制，引导新雇员显示他的真实能力，在了解雇员实际能力的基础上作出解雇还是继续留用的决策，保证高工资高效率。所有厂商都作反向选择的结果是，在职工人的工资远高于市场出清水平，劳动市场供给大于需求，失业增加。

第四，社会模型。以上三个模型都是从个人行为最大化考察劳动市场问题，社会模型认为劳动市场失灵可能源于社会习惯而非个人行为。社会学经验分析的结论是，每个工人的努力程度依赖于他所在组织的工作规范。因此，厂商能通过提高工人群体的工作规范来提高劳动效率。厂商可以制定一个略高于工人最低需求水平的工资，在这个工资以上是奖励工资。为了提高工人的生产积极性，通常将与最低工资相对应的产品产量标准定得比较低，使大多数工人能超过这个标准，以获得奖励工资。社会模型以此来解释为什么计件工资的定额一般都比较低。易为绝大多数工人超过，工人大多可得到奖励工资，发挥了工资刺激工人生产积极性的作用。

效率工资较好地解释了名义工资粘性和经济周期。实行效率工资时，工资有粘性，工资水平不会随着需求的变化而迅速地调整。工资粘性导致价格也出现粘性。价格调整后，利润的增量也是利润的二阶小量，与最优地调整价格的厂商的利润之差很小。当货币供给减少引起总需求下降时，支付效率工资的厂商会保持名义工资和价格不变，在工资和价格近似不变时，厂商必须通过调整产出来适应需求的变化，因此，总产出和就业水平都会随之改变，经济出现周期性。

3. 新凯恩斯主义隐含合同论

隐含合同论弥补了凯恩斯劳动市场理论缺乏微观基础之不足，拓展了西方微观经济学的劳动市场理论。最初的研究是从公开信息出发研究隐含合同，而近年来多从非对称信息来分析隐含合同。

（1）公开信息隐含合同论，又称完全信息条件下的隐含合同论。该理论认为，工资和就业不能像凯恩斯那样简单地视为劳务和货币的交换，也不能如人力资本论那样当作劳务和货币交换的时序点的变动，从长期来看，工人向厂商提供劳务、厂商支付工人工资，实际上是一个保险合同交易，这个保险合同保护工人免受随机的、公开观察到的劳动边际产品收益的影响。

隐含合同论模型假设厂商内部由以下三个部门组成：生产部门购买劳务，每个工人生产劳动边际收益产品；保险部门将一个净保险保护贷给工人或作为一个净保险预付而成为欠工人的款项；会计部门付给工人的工资等于工人的边际收益产品加上净保险保护。经济景气与较高的劳动边际收益产品相联系，净保险保护是负的，工资低于劳动边际收益产品。相反的状态是工资高于边际收益产品，工人有正的净保险。

在隐含合同模型中，工人工资不再由劳动边际收益决定，这会引起失业。如果投入生产过程的劳动为常数，每个工人的消费与工资率成正比，由于工人得到净保险保护，稳定了各种生产状态下的工资购买力，消费与劳动的边际收益产品的相关性减弱，实际工资出现粘性。当总需求下降时，工资粘性导致工资易升难降，不能迅速调整，因而，厂商对劳动的派生需求减少，出现失业。

在完全信息条件下，最优隐含合同使就业和失业工人的边际效用相同。此时，厂商为了利润最大化不向工人说明真实或修改最优合同的欺骗行为很快会被工人识破，合同会重新达到最优。为了满足就业和失业工人边际效用相同的条件，工人和厂商之间的最优合同可能有两种：一是在需求减少时，每个工人少干点活，大家分摊工作；二是解雇一部分工人。由于技术的原因，厂商觉得后一种方式较为有利可图。当工人不工作时，厂商给工人的净保险保护是厂商的损失，厂商通常将其转移到企业外部去，由社会救济负担这笔保险费用。这时，工人们愿意短期失业的条件是为了变得有资格从政府部门得到救济金。如果工人的工资低于救济金，工人都不愿意就业，因此，所有在职工人的工资必须高于救济金。然而，在职工人的工资高于失业者的救济金，会引起短期失业工人妒忌和羡慕在职的同事，这种情况被称为"非自愿"失业。

由于政府不能精确地确定工人的实际收入，政府支付救济金不是必然有效的，可能引起收入分配不公。在这种情况下，工人不去接受其他厂商提供的工作，是因为隐含合同中可能包括了不跳槽的内容，工人在失业期间拒绝其他厂商的雇用是为了使他们自己建立起一个可靠者的声誉，以后厂商会与他们签订更优惠的工资合同。

（2）非对称信息隐含合同。非对称信息合同论认为，厂商和工人只能获得有限信息，信息是不完全的、非对称的。在这种情况下，厂商能够修正合同，与工人签订非最优合同，以获得最大化利润。即使工人比厂商有更多的信息，厂商仍然可以从经济中存在的多种合同中，选择能够最小化单位产品成本的非最优合同。在非最优合同存在时，经济中出现非自愿失业。当经济中出现扰动时，需求冲击会引起经济波动和对劳动引致需求的改变，出现与经济周期相伴的失业周期。

非对称信息隐含合同可以较好地解释工资粘性。工资粘性可以看作一个信息失灵过程。在工资谈判中，通常确定了几年的货币工资水平。在隐含合同建立后，信息在合同期内不断积累，但这些信息不能影响实际工资。隐含合同的存在忽略了公众有效信息对工资的调整作用，所以工资有粘性。解释信息失灵过程能持续的说法有两种：一是信息成本论，完全准确地确定信息对工资的影响需要耗费较高的成本，这对厂商和工人来说都显得代价太高。根据几个简单的经济参数确定隐含合同对双方而言成本都比较低。所以，不随着公众信息而变化的隐含合同能存在，工资有粘性。二是隐含合同可视为债券，具有承受风险的性质。作为证券的隐含合同使厂商和工人共担风险，分散了双方所面临的风险。工人不能在经济景气时得到高收入，也不会在经济萧条时得到极低的收入，工人收入比较稳定，工资有粘性。

4. 交错调整工资论

新凯恩斯主义交错调整工资论对工资粘性和失业等问题做了探索性研究，解释了通货膨胀与失业并存的现象。

交错调整工资导致工资总水平出现惯性。交错调整工资是指所有的厂商与工人不是在同一时期内而是在不同时期内交替地签订劳动合同。工资调整的决策是交替地作出的，形成一个交错调整工资的序列。合同一旦签订后，总需求的变动对未到期的工资合同没有影响，只影响那些到期合同的工资调整，所以工资总水平有惯性。工资总水平的惯性影响着总产量和就业，使工资的稳定性和总产量稳定性之间有替代关系。

总工资稳定性和总产量稳定性的替代。当政府发行的货币量与总工资增长相适应时，货币政策能使工资总水平保持较高的稳定性，其代价是通货膨胀率较高。当工资水平稳定时，货币供给的变动会引起需求较大的波动，相应地，总产量和就业率会出现较大的波动。总工资水平越稳定，总产量和就业波动就越大。反之，工资总水平越不稳定，那么，总产量和就业就越稳定。

交错工资合同有助于稳定工资总水平，工资出现较大的粘性。当政府的货币政策与工资的相关程度很低时，交错调整的工资合同使名义工资随着价格水平的改变而作出相应的调整，工资会维持在较高的水平上，保持工人的实际工资近似不变。合同机制维持工资稳定的作用越大，工资粘性也越大。当工资有较大粘性时，劳动市场不能出清，经济中存在较高的失业率。

综上所述，当政府力图稳定工资或理性预期要求工资稳定时，必然要求货币政策与总工资的增加相对应，结果出现通货膨胀。由于增加的货币发行量与工资水平相关程度高，需求波动剧烈，总产量并不随着需求的增加而增长，失业率难以下降，所以，高通货膨胀率与高失业率并存。

五、信贷配给理论

新凯恩斯主义的信贷配给论，坚持了凯恩斯主义非市场出清的假设，阐明了信贷市场的无效性，论证了政府干预能够修正信贷市场失灵。

信贷配给是指，当信贷市场需求大于供给时，银行不是通过提高利率满足市场对信贷的需求，而是以配给的方式，在低于市场利率的利率水平上鼓励一部分企业贷款，限制另一部分企业贷款，在信贷市场上，有一部分企业以高利率申请贷款也得不到银行贷款。

银行运用信贷配给机制，有助于实现利润最大化。在现实经济中，银行面对着一个不完善的金融市场体系，其中的信贷市场是一个不完全竞争、不完全信息的市场。在信贷市场中，银行和企业对贷款风险持截然相反的态度：银行希望贷款风险越小、还贷概率越高越好，对贷款是风险厌恶的；企业仅希望多借款，不太关心贷款风险，较少考虑利率高低和还款概率，它对贷款是风险偏好的。因此，银行仅仅依靠利率无法调整企业行为实现利润最大化，它需要运用信贷配给机制，才能实现银行利润最大化。

在不完善的金融市场上，银行与企业的信息是非对称的：企业在拖欠贷款方面的信息比银行多。银行向企业发放贷款时，每个企业比较清楚地知道本企业贷款的期望收益和还款概率，各个企业贷款的期望收益和还款概率都不相同，但是，银行却难以从众多的贷款申请者中间分辨出哪些企业有较高的还款概率，哪些企业有较高的拖欠概率。银行只能通过利率或贷款抵押的反向选择效应确定企业还款概率，推测贷款风险，在此基础上，对企业实行信贷配给，实现利润最大化。

利率的正向选择效应和反向选择效应。利率的正向选择效应是指，银行的收益随着利率的提高而增加。利率的反向选择效应是指，银行收益随着贷款利率的上升而递减。利率出现反向选择效应的原因是：随着利率的提高，还款概率高、资信度高、愿意从事较安全投资的企业考虑到融资成本上升而不愿意多贷款，这些企业会随着利率的上升而逐渐退出信贷市场；而乐于从事风险投资、还款概率低、资信度低的企业会继续申请贷款。因此，利率上升后，企业贷款的还款概率会下降，银行贷款的风险会增加，收益会减少。

当利率的正向选择效应超过反向选择效应时，银行收益随着利率的提高而增加；当利率的反向选择效应超过正向选择效应时，银行收益随着利率的提高而下降。

银行能通过改变利率来分辨企业贷款的风险度。假设：有两组企业，一组是低风险组，一组是高风险组；有两个临界利率，临界低利率和临界高利率。企业贷款有以下几种情况：一是当银行利率低于临界低利率时，高风险组和低风险组企业都借款，银行难以区别哪些企业属于高风险组，哪些企业属于低风险组，此时，利率的正向选择效应大于反向选择效应；二是当银行利率高于临界高利率时，两组企业都不借款，金融市场崩溃；三是银行利率处在高于临界低利率和低于临界高利率之间的区域内，低风险组企业退出信贷市场，高风险组企业继续向银行申请贷款，利率的反向选择效应大于正向选择效应。银行可以据此判断，退出信贷市场的企业是厌恶风险的，留在信贷市场的企业是偏好风险的。

银行可以将利率的反向选择效应作为检测机制，帮助银行辨识贷款的风险度。显然，越偏好高风险投资的企业，越愿意以高利率获得贷款，高风险投资项目失败的可能性大，还款概率比较低，银行贷款风险大、收益也低。反之，偏好低风险投资的企业，只愿意以低利率贷款，投资项目的风险小，还款概率高，银行贷款比较安全、收益比较高。因此，银行从较低的临界利率开始，不断地提高临界利率，申请贷款的企业就会逐渐减少，银行根据利率提高过程中企业退出的顺序，就可以判断企业贷款项目的风险性。在退出序列中，排序越往后的企业，投资风险性越大，还贷的可能性越小。所以，银行只要设置不同的临界利率，就可以分辨出不同企业的贷款风险度和企业还款的概率。

银行还依据利率的正、反向选择效应确定银行的最优利率。在利率很低时，高风险企业和低风险企业都申请贷款，由于利率低，企业还贷概率高，利率的正向选择效应起主要作用，银行的收益随着利率的上升而增加。当利率不断增加时，利率的正选择效应逐渐减小，反向选择效应变大，银行贷款的还款概率下降、风险增大，银行利润率随着利率提高下降，但是，银行的总利润仍然在增加，银行可以继续提高利率。当利率提高到某个临界水平后，利率反向选择效应超过正向选择效应，企业拖欠贷款的概率增大，贷款的风险剧增，银行利润锐减。因此，银行在提高利率的过程中，在利率的正向选择效应等于反向选择效应时的利率是最优利率，在这个利率水平上，银行利润达到最大化。

利率不仅有选择效应，还有激励效应，它能刺激企业偏好较有风险的项目。企业与银行的利益不同，企业仅考虑企业不会破产时的投资收益，银行仅在企业破产影响银行收益的范围内考虑企业的投资决策。因此，利率的提高引起借款者与贷款者采取相反的策略：对企业来说，原先偏好低风险的企业，在银行利率上升后，为了维持较高的利润水平，会从低收益低风险项目转向高风险高收益的项目。高利率改变了企业对于风险的态度，企业偏好风险投资项目；对银行来说，企业从事风险项目增加了拖欠贷款和破产的可能性，银行为了利润最大化和贷款安全起见，更注重信贷配给。

银行利率还有动态选择效应，影响银行多期贷款的总收益和企业的投资风险。假设银行在两个时期内对企业贷款。如果银行第一期贷款的利率高于第二期追加贷款的利率，企业将会以风险方式投资。第一期利率越高，利率的反向选择效应越大，企业越偏好风险投资，而且企业还期望在第二期得到更多的贷款。反之，如果第一期利率比第二期利率低，企业将会以较安全方式投资，第二期所需的追加贷款少。第一期利率过高对银行有双重不利影响：一是刺激企业投资于风险项目增加了贷款拖欠的概率；二是企业会迫使银行增加追加贷款，企业投资于风险项目后，项目失败的可能性变大，倘若企业在得到第一期贷款后，投资项目失败，银行不给企业追加投资、让企业摆脱困境，银行的第一笔贷款就可能血本无归。因此，银行只得追加更多的贷款，以追加贷款挽救初始贷款。第一期的利率越高，还款概率越低，贷款风险越大，银行被迫追加的贷款越多，银行贷款的收益也越低。所以，对银行来说，比较明智的办法是在第一期以低利率贷款并采用信贷配给的方式发放贷款，不仅能减少欠款概率，而且能够改善银行资产质量，增加银行利润。

在完全竞争的信贷市场上，信息公开、透明、完备，银行根据信贷市场贷款供求均衡时的利率、即市场出清时的利率发放贷款，此时信贷配给机制不起作用。然而，完全竞争的信贷市场仅是经济学家们的理论抽象，完全竞争的信贷市场不仅在发展中国家不存在，在发达市场经济国家也不存在，因此，银行"惜贷"，即信贷配给是所有市场经济国家的常态。相应地，按信贷市场出清时的利率发放贷款仅是经济学家的理想，而且，市场出清时的利率既没有选择效应，也没有检测和激励作用，不能防范贷款风险、提高贷款效益。

信贷配给论指出，由于信贷市场中利率机制和配给机制同时起作用，信贷市场会出现多重均衡，信贷市场失灵。

第三节　新凯恩斯主义的经济政策主张

新凯恩斯主义和凯恩斯主义都承认存在市场失灵，认为政府的经济政策有积极作用。新凯恩斯主义对凯恩斯主义政府干预经济的政策做了重新表述。凯恩斯主义认为宏观经济政策可以有效地防止、抑制失业和通货膨胀，而新凯恩斯主义倾向于更灵活、更易为人们接受的提法：没有紧缩性宏观经济政策，通货膨胀会进一步上升；没有扩张性宏观经济政策，失业会更严重。新凯恩斯主义的政策主张包括价格政策、工资政策和信贷政策等。

一、价格政策

新凯恩斯主义者在论述价格粘性成因的基础上，提出了一些价格政策建议，这些政策建议的主旨是抑制价格粘性，使价格富有弹性，以修复失灵的市场机制，稳定总产量。新凯恩斯主义在交错调整价格和菜单成本论中提出了大体相似的政策建议。

交错调整价格论指出，经济中盛行交错方式调整价格会导致物价总水平有粘性，而当经济中流行同步调整价格时，物价水平有弹性，总产出和就业稳定。因此，政府需要制定能诱导同步调整价格的政策，减少经济中交错调整价格行为，克服物价总水平的惯性，抑制通货膨胀。

菜单成本论者认为，小菜单成本会引起经济的大幅度波动，社会福利会有较大的损失。因此，为稳定经济、增进社会福利，国家应制定抑制价格粘性的政策，恢复价格的弹性，以纠正市场失灵，稳定总产量。

交错调整价格和菜单成本论提出通过政府经济政策修复价格弹性、纠正市场失灵的建议是比较合理的。当价格有粘性时，价格不会随着需求的减少而迅速地下降，市场出现过剩产品，市场不能出清。市场不能出清导致产品大量积压，最终迫使厂商削减产量，以适应需求的变动。厂商不改变价格而变动产量，导致总产出大幅度波动，社会资源不能得到充分利用，社会处于无效率状态。只有当价格有弹性时，市场才能出清。在价格有弹性时，价格会随着需求的减少而下降，价格下降刺激了需求的增加，吸纳了需求的冲击。在价格下降到一定水平时，市场上供求相等，市场出清，社会总产出趋于稳定，社会资源得到充分利用，市场机制才能更有效地发挥作用。

二、就业政策

新凯恩斯主义的交错调整工资论和失业滞后论等劳动市场理论，在微观经济学基础上阐释了工资粘性和失业问题，并提出一些工资和就业政策。

交错调整工资论说明，经济中存在长期重叠和时间错开的合同制度，造成工资总水平有粘性。在总需求下降时，工资不能随着总需求的变化而迅速地调整导致失业增加。政府应当干预劳动合同，货币政策应使得工资较有弹性，以增加就业。

失业滞后论指出，由于局内人在劳动市场上的市场力大于局外人，局外人在劳动市场上处于劣势，他们愿意接受比局内人低得多的工资仍然得不到就业机会。政府的就业政策应更多地考虑长期失业者的利益，为他们多提供就业机会，才能提高就业率。

新凯恩斯主义的就业政策着眼于增加工资弹性，减少失业。政府就业政策向长期失业者倾斜，对缓解发达市场经济国家中的失业现象有积极意义。长期失业者大多是非自愿失业者，让非自愿失业者就业，有助于实现政府的充分就业目标。政府干预劳动合同和运用货币政策，增加工资总水平的弹性有利于就业。当工资水平随着劳动的引致需求的变动而变化时，就业率的变化比较小，劳动市场上过剩的劳动供给也较少，就业水平比较稳定。

三、货币政策和信贷政策

(一) 货币政策是有效的

新凯恩斯主义认为，货币政策能够稳定总产出和就业率，提高社会资源配置效率。在市场失灵时，价格和工资对总需求变化的反应过于迟钝，经济处于无效的状态，只有政府干预才能改变经济中的无效状态。在政府的货币政策已为众所周知的情况下，货币政策仍然能够稳定就业和产出，至少能够在稳定物价方面发挥积极的作用。

（二）信贷政策应以福利最大化为主旨

新凯恩斯主义的信贷配给论认为，银行为了自身利益最大化，不愿意将贷款发放给那些愿意以高利率申请贷款的厂商，这些厂商往往投资于风险比较大的项目，还款概率低。然而，从社会角度看，这些项目是有效的。

当市场利率比较高时，厌恶风险的厂商不愿意申请贷款，退出信贷市场；而愿意申请贷款的厂商又得不到贷款。这样，那些社会效益高、风险大的项目因得不到贷款而无法投产，社会福利受到损失。

所以，信贷配给论的政策建议是：政府从社会福利最大化出发，应该干预信贷市场，利用贷款补贴或提供贷款担保等方法降低市场实际利率，使得有社会效益的较高风险项目能够得到贷款。

第四节　影响和评价

一、新凯恩斯主义对理论界和官方政策的影响

（一）对西方经济学理论影响巨大

新凯恩斯主义生逢其时，迅速发展成为西方两大新主流学派之一（另一个学派是新古典宏观经济学）。当原凯恩斯主义备受冷落，经济自由主义思潮席卷西方宏观经济学各领域时，一批被美国著名经济史学家帕金（M.Parkin）称为"新凯恩斯主义者"[①]的中青年学者敢于反经济自由主义潮流，坚持原凯恩斯主义的基本信条。

随后新凯恩斯主义的影响日益扩大，成为经世致用之学，很快就登上了官方经济学的宝座，它不但是美国总统克林顿经济学的理论基础，而且影响欧洲主要国家的经济政策。而且主要代表人物在接下来

[①]　Parkin Micheal (1984), "The Keynesian Theory of Aggregate Supply", *Macroeconomics*, Englewood Cliffs, NJ, Prentice-Hall, pp. 365-375.

的小布什政府、奥巴马政府乃至 IMF 等世界组织中都担任重要职位，特别是蝉联美联储主席，对全球货币政策有极大影响。

（二）新凯恩斯主义成为克林顿政府制定经济政策的指导思想

20 世纪 90 年代美国经济的繁荣，从理论而言，可以归于克林顿经济学。尽管有人认为，克林顿政府是否拥有全面的经济计划还有待论证，然而新凯恩斯主义是克林顿经济学的理论基础，并给克林顿政府提出了正确的政策建议，是毋庸置疑的。克林顿政府经济学不但将新凯恩斯主义经济学作为其理论基础，而且在保留了 80 年代共和党的亲市场倾向上还将对人类环境的关心、注重收入分配等民主党的传统价值观结合在一起。从经济角度来看，这种结合具有很大价值。

在 20 世纪 90 年代，特别是克林顿政府执政期间，美国经济繁荣鼎盛，经济以史无前例的速度在增长。美国人经历了前所未有的好光景：工作机会被大量创造、技术突飞猛进、通货膨胀降低、贫困减少。在 20 世纪七八十年代经济萧条之后，美国生产力急剧增长，其水平甚至超过了第二次世界大战后经济繁荣时期的水平。经济全球化也帮助了美国经济，经济全球化以明显有利于美国的方式在发展，北美自由贸易协定与国际贸易谈判的乌拉圭回合谈判，给美国经济带来无穷利益，仅在短短六年的时间里，向新兴市场注入的资金以惊人的速度翻了六番，美国从国际市场取得了高额的资本回报率和价格低廉的进口产品。美国经济模式成为全世界的典范。

二、评价：兼收并蓄、创新发展

新凯恩斯主义不是对凯恩斯主义的简单沿袭，而是对它进行批评、继承和发展。凯恩斯主义理论的没落源于以下两个主要原因：一是凯恩斯主义理论模型在统计检验上的失败。凯恩斯主义的 IS—LM 模型与菲利普斯曲线结合，很容易说明通货膨胀与失业的替代关系，即高通货膨胀能降低失业率；反之，就相反。然而，利用 20 世纪 70 年代的数据所作的统计检验证明，通货膨胀与失业是正相关的，两者不存在替代关系。经济现实是高通货膨胀和高失业并存，这给凯恩斯主义以沉重的打击。二是主张经济自由主义的新古典宏观经济学从理论上动摇了凯恩斯主义，指出凯恩斯主义理论缺乏微观经济学基础，违反了微观经济学关于经济人是理性的假定；在凯恩斯主义模型中，经济人所作的是适应性预期而非理性预期，而且，理论模型中个人行为不能协调一致，等等。

新凯恩斯主义者认真对待各学派对凯恩斯主义的批评，对凯恩斯主义的理论进行了深刻的反省，同时吸纳并融合各学派的精华和有用的概念、论点，有批判地继承、发展了凯恩斯主义。正像格林沃德和斯蒂格利茨所指出的，新凯恩斯主义和凯恩斯主义在以下三个命题上是一致的：劳动市场上经常存在着超额劳动供给；经济中存在着显著的周期性波动；经济政策在绝大多数年份是重要的[①]。简言之，新凯恩斯主义继承了凯恩斯主义的基本信条。然而，在具体的经济分析方法和经济理论观点上，新凯恩斯主义和凯恩斯主义之间存在着重要差别。新凯恩斯主义在分析中引入了凯恩斯主义所忽视的厂商利润最大化和家庭效用最大化的假设，吸纳了理性预期学派所强调的理性预期假设，试图给凯恩斯主义宏观经济学奠定微观经济基础。新凯恩斯主义经济学阐明，在经济中出现需求或供给冲击后，工资和价格的粘性使市场不能出清，经济会处于非均衡态；即使有理性预期的存在，国家的经济政策也有积极作用，能影响就业和产量。

新凯恩斯主义产生的客观条件是，凯恩斯主义的理论缺陷和新古典宏观经济学在解释现实问题时效微力乏。凯恩斯主义理论的缺陷是宏观经济理论缺乏的微观基础。凯恩斯主义用需求不足和名义工资刚性解释失业的存在和持续，然而，没有很好地说明名义工资刚性的成因。正如新凯恩斯主义者在批评凯恩斯主义时所指出的："凯恩斯主义的一个微妙之处是当它在考虑失业时，几乎不讨论劳动市场。"[②] 凯

① Bruce Greenwald and Joseph Stiglitz, "New and Old Keynesian", *Journal of Economics Perspective*, Volume 7, Number, 1-Winter 1993, pp.23-44.

② Bruce Greenwald and Joseph Stiglitz, "New and Old Keynesian", *Journal of Economics Perspective*, Volume 7, Number, 1-Winter 1993, pp.23-44.

恩斯主义既没有很好地阐释名义工资刚性的原因，也没有阐明价格刚性的成因。新古典综合学派在"综合"时，"忽视"了微观经济基础。虽然萨缪尔森等人把"古典"微观理论与凯恩斯主义宏观理论结合在一起，但是，宏观经济和微观经济在新古典综合学派手中只是机械的组合，没有构成有机的联系。而后的凯恩斯主义者如莫迪利安尼、乔根森和托宾等人虽然从微观经济的视角分析了消费函数、投资需求和货币需求。但他们所作的分析都是局部均衡分析，只论及单个供求函数，而未解决宏观经济学的微观基础问题。新古典宏观经济学明确地将微观经济理论作为宏观经济理论分析的基础，从微观经济和宏观经济的结合中得出宏观经济学结论，发展了一种有微观基础的宏观经济理论。新古典宏经济学的引人之处在于，它保持了微观经济学和宏观经济的一致性和相容性。正是在这一点上，它动摇了原凯恩斯主义的统治地位，开拓了西方学者研究宏观经济问题的新思路。但是，新古典宏观经济学过于追求理论结构和分析方法的完美性，忽略经验检验。它的市场出清的微观分析完全脱离了资本主义现实。政策无效性的宏观结论也缺乏说服力。西方发达资本主义国家的现实是产品市场和劳动市场经常存在着超额供给，所谓市场出清只是一种短暂的和偶然的现象。政府规模日益扩大，对社会经济生活的介入日益深入。由于古典宏观经济学脱离实际，把市场出清当作常态，主张取消国家干预经济政策，理论在实践上缺乏经验支持，又不能为政府所接受，所以其影响主要是在学术方面。

凯恩斯主义的不足和新古典宏观经济学在理论上的进展给新凯恩斯主义者以有益的启迪。而古典宏观经济学在现实面前的苍白无力又诱导新凯恩斯主义者们运用独特的方法和思路对劳动市场、产品市场和信贷市场进行分析，以期寻找出宏观经济波动和失业的原因。新凯恩斯主义者以工资粘性和价格粘性代替凯恩斯主义工资刚性和价格刚性的概念。以工资粘性、价格粘性和非市场出清的假设取代新古典宏观经济学的工资、价格弹性和市场出清的假设，并将其与宏观层次上的产量和就业量等问题相结合，建立起有微观基础的新凯恩斯主义宏观经济学。

第五节　借鉴和应用

一、借鉴新凯斯主义政策

中国在发展社会主义市场经济中，可以借鉴新凯恩斯主义的经济政策，改善宏观调控政策，促进经济持续稳定增长。

（一）价格政策

新凯恩斯主义者在论述价格粘性成因的基础上，提出了一些价格政策建议，这些政策建议的主旨是抑制价格粘性，使价格富有弹性，以修复失灵的市场机制，稳定总产量。

交错调整价格论指出，经济中盛行交错方式调整价格会导致物价总水平有粘性，而当经济中流行同步调整价格时，物价水平有弹性，总产出和就业稳定。因此，政府需要制定能诱导同步调整价格的政策，减少经济中交错调整价格行为，克服物价总水平的惯性，抑制通货膨胀。

菜单成本论者认为，小菜单成本会引起经济的大幅度波动，社会福利会有较大的损失。因此，为稳定经济、增进社会福利，国家应制定抑制价格粘性的政策，恢复价格的弹性，以纠正市场失灵，稳定总产量。

交错调整价格和菜单成本论提出通过政府经济政策修复价格弹性、纠正市场失灵的建议是比较合理的。当价格有粘性时，价格不会随着需求的减少而迅速地下降，市场出现过剩产品，市场不能出清。市场不能出清导致产品大量积压，最终迫使厂商削减产量，以适应需求的变动。厂商不改变价格而变动产量，导致总产出大幅度波动，社会资源不能得到充分利用，社会处于无效率状态。只有当价格有弹性时，市场才能出清。在价格有弹性时，价格会随着需求的减少而下降，价格下降刺激了需求的增加，吸纳了需求的冲击。在价格下降到一定水平时，市场上供求相等，市场出清，社会总产出趋于稳定，社会资源得到充分利用，市场机制有效地发挥作用。

（二）就业政策

新凯恩斯主义的交错调整工资论和失业滞后论等劳动市场理论，在微观经济学基础上阐释了工资粘性和失业问题，并提出一些工资和就业政策。

交错调整工资论说明，经济中存在长期重叠和时间错开的合同制度，造成工资总水平有粘性。在总需求下降时，工资不能随着总需求的变化而迅速地调整导致失业增加。政府应当干预劳动合同，货币政策应使得工资较有弹性，以增加就业。失业滞后论指出，由于局内人在劳动市场上的市场力大于局外人，局外人在劳动市场上处于劣势，他们愿意接受比局内人低得多的工资仍然得不到就业机会。政府的就业政策应更多地考虑长期失业者的利益，为他们多提供就业机会，才能提高就业率。

新凯恩斯主义的就业政策着眼于增加工资弹性，减少失业。政府就业政策向长期失业者倾斜，对缓解发达市场经济国家中的失业现象有积极意义。长期失业者大多是非自愿失业者，让非自愿失业者就业，有助于实现政府的充分就业目标。政府干预劳动合同和运用货币政策，增加工资总水平的弹性有利于就业。当工资水平能随着劳动的引致需求的变动而变化时，就业率的变化比较小，劳动市场上过剩的劳动供给也较少，就业水平比较稳定。

（三）货币政策和信贷政策

1.货币政策

新凯恩斯主义认为，货币政策能够稳定总产出和就业率，提高社会资源配置效率。在市场失灵时，价格和工资对总需求变化的反应过于迟钝，经济处于无效的状态，只有政府干预才能改变经济中的无效状态。在政府的货币政策已为众所周知的情况下，货币政策仍然能够稳定就业和产出，至少能够在稳定物价方面发挥积极的作用。

2. 信贷政策

新凯恩斯主义的信贷配给论认为，银行为了自身利益最大化，不愿意将贷款发放给那些愿意以高利率申请贷款的厂商，这些厂商往往投资于风险比较大的项目，还款概率低。然而，从社会角度看，这些项目是有效的。当市场利率比较高时，厌恶风险的厂商不愿意申请贷款，退出信贷市场；而愿意申请贷款的厂商又得不到贷款。这样，那些社会效益高、风险大的项目因得不到贷款而无法投产，社会福利受到损失。所以，信贷配给论的政策建议是：政府从社会福利最大化出发，应该干预信贷市场，利用贷款补贴或提供贷款担保等方法降低市场实际利率，使得有社会效益的风险项目能够得到贷款。

二、新凯恩斯主义理论在中国的应用

（一）应用新凯恩斯主义货币政策助力央行稳定币值和促进经济增长

新凯恩斯主义给政府干预经济奠定了坚实的理论基础。尽管经济滞胀导致自由经济思潮的学派曾经占据主流经济学地位，然而，发达市场国家的中央政府多年来仍然实行着"没有凯恩斯主义的凯恩斯主义货币政策"。

自 20 世纪 90 年代被引进中国后，新凯恩斯主义就潜移默化地影响着中国宏观经济政策的制定。我国 90 年代初提出建立社会主义市场经济体制后，中央政府根据国际经济格局和国内经济形势的变化，有针对性地对宏观经济运行进行审时度势的宏观调控，尤其是加强财政政策和货币政策协调，促进中国经济持续健康成长为世界经济第二大国。

（二）应用交错调整价格论指导中国企业定价

交错调整价格论在中国企业定价策略中有普遍的应用，特别是国内出现通货膨胀或行业内产品价格普涨时，企业往往采用交错调整价格论的方法交替地进行价格调整。

企业通常以同步和交错两种方式调整价格。一是同步调整价格，即所有的企业都在同一时期内调整价格。二是交错调整价格，每个企业都想观察到其他企业的价格决策后再调整价格，企业调整价格的时间有先有后，形成一个调整价格的时间序列。如国内食品价格上涨时，几乎所有的餐饮企业都愿意随之涨价，然而，每个餐饮企业都不会以食品价格上涨幅度同步地涨价，而是采取试探性、微小幅度的价格策略，同时密切观察其他的餐饮企业是否涨价及涨价幅度：如果其他餐饮企业涨得多，试探性小幅度涨价的企业会继续上调价格；如果其他餐饮企业价格不变，试探性小幅度涨价的企业会恢复原价，否则，企业的市场份额会下降，利润会减少。超市亦采用交错调整价格论的方法变更商品价格，实现利润最大化。国内企业交错调整价格可以获得附加信息，不仅可以观察到以前时期的总需求变化的信息，还可以观察到正在变化的行业产品需求信息，通过不断地观察其他企业的价格和销售量等信息来积累信息。在积累信息的过程中，将已知信息与现实经济进行比较鉴别，从中辨识出正确的信息，使企业拥有的信息连续地逼近完全信息。在这个信息趋于完备信息的过程中，企业不断地修正自己的定价决策，以实现利润最大化。企业会在连续的动态调价中找到自己最优价位，导致物价总水平对总需求反应迟钝，物价总水平出现粘性，通货膨胀有惯性。

（三）隐含合同论和交错调节工资论指导劳动市场调节

自从20世纪90年代起，隐含合同论就在中国劳动市场得到体现。在深化国有企业改革中，国有企业职工的"铁饭碗"被打破了，效益低下的企业开始减少冗员，企业职工面临着失业，职工思想波动很大，国企改革遇到内部阻力。智慧的国有企业改革者们创造出了"下岗""待业""转岗""下岗再就业"等新名词，以国有企业的信誉向面临失业的职工提供了非正式协议的隐含合同承诺在企业经济效益转好时下岗（实际已经离职处于失业状态）的职工可以优先就业，从而大大地弱化了国有企业人事制度改革阻力和风险，顺利地推进了国有企业改革。

自21世纪以来，随着中国经济的迅速发展，职工收入增加，社会保障体系进一步完善，劳动力成本逐年提高，各行各业的企业和事业单位提升职工的工资时，通常都采用交错调整工资的办法，参考着其他企业增加工资的幅度，试探性地、小幅度地、逐步提高工资。只有政府公务员采用同步调整工资办法。因而，经济中存在长期重叠和时间交错的合同制度，造成工资总水平有粘性。

中国经济进入新常态后，隐含合同论应用更加广泛。在经济新常态中，民工荒和大学生就业难并存出现，民营企业，特别是经济发达地区的民营企业，经常遇到招工难，尤其是招熟练技术工难，为了留住技术工人，企业与工人往往形成隐含合同，这些工人工资不再由劳动边际收益决定，还以优惠条件激励工人不跳槽，稳定了市场变化状态下的工人的工资购买力，实际工资出现粘性，劳动力成本上升。

（四）用信贷配给论解决中小企业融资难问题

中国银行业的实际符合信贷配给论原理。由于中国银行业是个不完全竞争、不完全信息的市场，银行为了防范风险、实现利润最大化，往往不按市场利率发放贷款，而是实行信贷配给。在不完全信息市场上，企业比银行更多地了解贷款投资项目的风险、还款的可能性，银行为了其资产的安全，控制贷款范围，鼓励效益好和资信度高的企业多贷款，对那些效益差、资信度低的企业，特别是中小企业，即使它们愿意支付高利率，银行也不给予贷款，以配给的方式满足市场对贷款的需求，导致中小企业贷款难的现象极为普遍。

根据新凯恩斯主义的信贷配给论，可以选择的政策为：政府从社会福利最大化出发，应该干预信贷市场，利用贷款补贴或提供贷款担保等方法降低市场实际利率，使得有社会效益的风险项目能够得到贷款。具体来讲，我们不能指望大银行给中小企业贷款，需要建立国家补贴的、政策性的中小企业贷款银行，缓解中小企业贷款难的问题。

第五章 "第三条道路"经济学[①]

20 世纪 90 年代起,欧美国家政治学领域兴起了"第三条道路"(Third Way),它指的是超越社会民主主义和新自由主义的政治学。随后,"第三条道路"开始在欧美国家政界得到推崇。英国前首相托尼·布莱尔、德国前总理格哈特·施罗德以及美国前总统比尔·克林顿等人的基本执政理念均坚持了"第三条道路"的核心理念。

兴起于 20 世纪 80 年代的新凯恩斯主义,在 90 年代有了突飞猛进的发展,构成"第三条道路"经济学基础的新凯恩斯主义是经过拓展的新凯恩斯主义,它既不同于传统政府干预学派,又不同于自由经济主义。它继承了凯恩斯主义的基本信条,又不拘泥于这些基本信条,而是在兼收并蓄各派观点的基础上进一步发展了新凯恩斯主义,在此基础上发展起来的宏观经济政策"新共识"成为西方主要发达国家制定政策的依据,新凯恩斯主义也再次荣登官方经济学宝座。

克林顿当选过去 25 年中最受赞赏美国总统[②]

中新网 2014 年 6 月 16 日电　据美国《华尔街日报》16 日报道,最新调查结果显示,美国前总统比尔·克林顿成为 25 年来最受赞赏的美国总统。

《华尔街日报》与美国国家广播公司新闻(NBC News)和

---

① 王健、尹德洪:《新凯恩斯主义新拓展与"第三条道路"经济学》,《福建论坛》(人文社会科学版) 2005 年第 1 期。

② 中国新闻网,"克林顿当选过去 25 年中最受赞赏美国总统",2014 年 6 月 16 日。

安纳博格公共政策中心（Annenberg Public Policy Center）合作进行的这项调查显示，当被问及过去 25 年最赞赏哪位美国总统时，大约 42% 的受访者给出的答案是克林顿。这一比例较问卷中其他任何一位总统获得的支持率都要高一倍多。

调查问及的其他三位总统获得的"支持率"大体一致：18% 的受访者表示最赞赏奥巴马；17% 的受访者说最赞赏小布什；还有 16% 的受访者则选择了小布什的父亲老布什。

据介绍，本次调查于 2014 年 6 月 2 日至 8 日之间进行，受访者为 1238 位成年人。

克林顿获得赞赏的真正奥秘源自其长期坚持倡导的"第三条道路"经济学。

第一节 "第三条道路"经济学的形成

一、"第三条道路"经济学的兴起

"第三条道路"最早由庇古十一世于 20 世纪初提出，他希望找到走在资本主义和社会主义中间的"第三条道路"。1938 年，英国保守党代表麦克米伦在其著作《中间路线》中对此概念进行了进一步的阐释。

1994 年，安东尼·吉登斯（Anthony Giddens）在《超越左和右》一书中，通过融合社会主义和社会民主主义，构建了一种既包含左也包含右的新思想体系，成为后来流行的"第三条道路"思潮的理论基础。这一理念后来逐步被英国工党实践。同期，德国前总理格哈德·施罗德则提出了"新中派政策"的旗号，加入了风行于欧美政治舞台的"第三条道路"的大合唱。英国和德国成立英德委员会，专门负责宣传和实施"布莱尔主义"和"新中派政策"。因此，施罗德因之被世人称为"德国的布莱尔"、德国"第三条道路"的总设计师。

在布莱尔和施罗德的影响下，西欧其他一些重要党派也提出了类似的"第三条道路"主张。法国的若斯潘（共产主义与绝对自由主义之间的民主社会主义）、意大利的普罗迪、瑞典的佩尔森和丹麦的拉斯姆森都成为"第三条道路"的热心支持者和鼓吹者。

1998 年，欧洲 11 个由社民党人执政的国家共同签署了名为《欧洲新道路》的文件，其内容充分体现了"第三条道路"的基本思想。"第三条道路"思潮成为西欧各种思潮的主流。

20 世纪 90 年代以后，"全球一体化"对各国影响越来越大，传统的政府干预学说和自由经济主义各学派在面对自己的死穴——"政府低效"和"市场失灵"的顽疾时，都纷纷束手无策。在此背景下，新凯恩斯主义学者积极进取、大胆跳出旧有理论巢穴，根据现实需要吸取对立学派观点，进一步丰富和发展了新凯恩斯主义，提出宏观经济政策"新共识"，重振凯恩斯主义昔日雄风，成为官方指导经济思想。

二、代表人物及其著作

"第三条道路"经济学的代表人物包括：安东尼·吉登斯、布莱尔（Tony Blair）等人。

安东尼·吉登斯，英国著名社会学家，曾任伦敦经济学院院长，英国前首相布莱尔和美国前总统克林顿的顾问，其思想对布莱尔影响很大，被称为布莱尔的"精神导师"。他的代表作包括：《现代性的后果》(1990)、《亲密关系的变革》(1992)、《超越左与右》(1994)、《第三条道路：社会民主主义的复兴》(1998)、《气候变化的政治》(2009)等。

布莱尔，英国前首相，在英国工党执政期间广泛实践"第三条道路"的基本思想，他的代表作有《第三条道路：新世纪的新政治》(1998)、《第三条道路是最好的道路》(1998)。安东尼·吉登斯与布莱尔提倡的"第三条道路"政策在世界范围内产生了深远影响。

第二节 "第三条道路"经济学的主要理论

"第三条道路"经济学兼收并蓄各派的观点（本节前四点），在继承凯恩斯主义的基本信条的基础上进一步发展了新凯恩斯主义（本节后四点）。

一、吸纳"自然失业假设"

自然失业率假设源自于自然率假设，它是与新凯恩斯主义对立学派的基本假设，最初由弗里德曼和菲尔普斯各自独立地提出来的，当时被认为是对凯恩斯主义理论的大胆突破，成为自由经济思潮中新古典宏观经济学的三大基本假设之一。新凯恩斯主义者接受自然失业率的假设，体现了新凯恩斯主义的兼容性。拓展后的新凯恩斯主义，吸纳了自然失业假设，表明新凯恩斯主义正在超越凯恩斯主义理论和传统的政府干预主义。

自然率假设最初用来说明产出的长期增长趋势。产出在长期中表现出稳定的增长率，这个增长率被称为自然率，它决定于技术革新、劳动供给的增长、投资率和制度安排等实际因素，与总需求无关。短期内，由于经济人预期价格的误差，总需求的变化能够影响产出，使之偏离自然率水平。长期内，经济人对通货膨胀有正确的预期，劳动市场又回到长期就业水平，产出回到自然率水平。与自然率相对应的是自然失业率。自然失业率是劳动市场达到均衡，实现充分就业时的失业率。自然率假设阐明，在长期中，通货膨胀和实际产出之间不存在替代关系。自然失业率假设说明，在长期中，通货膨胀与失业没有替代关系。

经济活动的水平围绕着自然失业率波动，当失业率在自然失业率以下（或以上）时，就会引起高的（或低的）通货膨胀率。自然失业率是一种和劳动市场的运转方式密切相关的供给现象。国内通货膨胀率高于预期的通货膨胀率，其根源是由于失业率低于自然失业率。然而，从长期来看，通货膨胀和失业没有相互替代性，如果消除了加速的通货膨胀，那么经济就会在自然失业率的水平上运转。在长期中，通货膨胀只是一种货币现象，通货膨胀的幅度和利率有关。在中央银行制定货币政策和抑制通货膨胀时，可以控制货币的供给，主要是货币需求的不稳定性影响货币供求关系变化。

二、重视"供给分析"

自由经济主义的供给学派，在 20 世纪 80 年代恢复了萨伊定律，即供给创造需求定律。该学派认为，从整个经济来看，购买力永远等于生产力，社会生产多少产品，就会有多少购买力来购买；生产者在生产过程中会给自己的产品创造需求，不会由于总需求不足而出现生产过剩；在需求萎缩时，政府刺激经济的政策不仅不能解决问题，反而会积累矛盾，造成经济恶性循环；而生产者创造新产品能够引发新的需求，在增加新产品供给的同时减少商品过剩。

新凯恩斯主义接纳对立学派的观点，从侧重需求分析转向既强调需求分析又关注供给分析，是其立论和分析方法的新进展。承认萨伊定律，体现了新凯恩斯主义理论也开始重视供给分析。

萨伊定律的本质是供给决定需求，有效需求不会对长期经济活动水平起决定性作用，而调节供给能够对经济活动起决定性的作用（经济活动本身和自然失业率相对应）。如果失业率降到自然失业率水平以下，利率的变化可以调整需求冲击，以降低通货膨胀。当预算赤字随经济周期变动时，财政政策被动地起作用。至少对经常项目而言，预算能够而且应该熨平经济周期波动。

新凯恩斯主义阐明财政政策的作用，坚持了凯恩斯主义的需求管理的思想及其经济政策主张。同时，新凯恩斯主义有两点与凯恩斯主义不同：一是新凯恩斯主义否定有效需求对经济的长期影响，而凯恩斯主义认为增加有效需求能够长期地稳定经济。二是新凯恩斯主义认为，财政政策是被动地起作用；而凯恩斯主义认为，财政政策能显著地增加有效需求，与货币政策相比，财政政策对经济的影响更大，主动的财政政策有效地促进了经济发展。

三、承认"市场经济的稳定性"

凯恩斯主义的三个基本信条是：市场是非出清的；经济中存在着周期性波动；政府干预经济的政策，尤其是财政政策是重要的。20世纪80年代兴起的早期新凯恩斯主义依然坚持这三个基本信条。

现在，成为"第三条道路"经济学基础的新凯恩斯主义认为市场经济是基本稳定的，就从根本上修改了凯恩斯主义的基本信条。因为：非出清的市场使得经济供给与需求不平衡，出现过剩的供给或过度的需求，从而引发经济周期性波动，政府经济政策，特别是财政政策能够熨平经济波动；而能够出清的市场会自动地调节供给和需求，引导经济趋于稳定，经济能够自动地趋于稳定，自然不需要政府干预经济，随政府意愿而制定的财政政策会干扰经济稳定性。

"第三条道路"经济学认为，宏观经济政策中的财政政策，尤其是政府任意决定的财政政策，会干扰市场经济的稳定性。在全球化和各国经济开放的背景下，各类市场中的经济人，尤其是资本市场和金融市场上的经济人，能够对经济政策的可持续性作出充分信息的判断，获得较为完备的政策变化的信息。

四、更加注重"结果平等"

"第三条道路"经济学更加关注不平等的结果，而非不平等的机会。它认为可以通过累进税体系和再分配性的社会保障体系、通过教育和培训提升就业能力的政策、改变市场提供报酬等方法来解决不平等的问题。但目前除了国家规定的最低工资外，还没法调节由市场决定的报酬。

吉登斯认为，在劳动市场上，"胜者通赢"，会产生更人的不平等问题。吉登斯还指出，"激励机制对于鼓励那些有才能的人去进取是很有必要的，尽管机会的不平等被认为会阻碍许多人充分发挥他们的潜力，然而，机会均等更容易产生不平等的结果"。受到良好教育者理应得到高的回报，可是由于许多不利因素的存在，受到良好教育者的报酬并非如人们预期的那么高。由于受到良好教育者有更多的机会，从而受到良好教育的供给数量会增加，相对于未受到良好教育者而言，受到良好教育者的报酬相对下降。

早期新凯恩斯主义对于平等问题的分析不多，仅是在分析劳动市场和就业问题时，提到过就业机会不平等的问题。如失业滞后论阐明：短期和长期失业对工资调整有不同的影响。短期失业者能对在职工人的工资调整施加压力，使得在职工人工资不能提得过高。而长期失业者对在职工人的影响很小，几乎不能影响工资水平。长期失业工人因为专业技能不适应新工作岗位的要求，求职十分困难，长期寻求工作不得，使他们逐渐将生活水平调整到与失业保险救济金相适应的水平，再就业难的沮丧情绪增长，就业机会进一步减少。

成为"第三条道路"经济学基础的新凯恩斯主义在发展过程中，逐渐吸收了福利经济学和公共选择理论等各种经济学派关于社会平等中的结果平等论和机会平等论等观点，逐渐形成了重视结果平等的论点。

五、坚持货币政策的有效性和独立性

低通货膨胀的货币政策有益于经济稳健发展的观点，是新凯恩斯主义在吸收对立学派分析方法的基础上，坚持凯恩斯主义货币政策有效性的观点所作出的新论断。

与新凯恩斯主义对立的新古典宏观经济学从多侧面否定了货币政策作用。第一，新古典宏观经济学中的货币周期论认为，货币冲击与不完全信息会在短期中引起经济的周期波动；在长期中，由于经济人能够逐渐获得完全信息，货币冲击的影响消失，经济恢复到自然率的增长路径。因此，任何稳定经济的货币政策都是无效的。第二，新古典宏观经济学中的实际周期论认为，即使在短期内，货币也是中性的，货币政策在短期内也不能影响产出，因而，货币政策在短期内也是无效的。第三，新古典宏观经济学还以政策的时间不一致性分析从两方面否定了货币政策的作用：一是意外的、不可信的货币政策具有时间不一致性，会对经济产生不利的影响，因而，货币政策是无效的；二是可信的货币政策具有时间一致性，由于经济人能够获得完全信息，完全可预料的政策对产出没有实际影响。

新凯恩斯主义吸收了对立学派关于时间一致性的分析方法，分析了缺乏信誉的政策对经济的消极影响和可信的货币政策对经济的积极作用，着重指出，可信的货币政策虽然不能完全改变产出，但是可以改变价格水平，高通货膨胀损害经济发展，而低通货膨胀有利于经济发展，因而货币政策仍然是必不可少的，从而坚持了货币政策有效性的主张。

新凯恩斯主义指出，货币政策能有效地实现低通货膨胀率的目标，低的、稳定的通货膨胀率有益于经济的健康增长。但货币政策不应被政治家所操纵，而应由"独立的"中央银行来制定货币政策，"独立的"中央银行应该由专家（不论是银行家、经济学家，还是其他专家）掌管和运作。政治家喜欢用货币政策，以长期的损失（高通货膨胀）为代价，来谋取短期的利益（低失业率）。一个"独立的"中央银行在金融市场上有较好的信誉，相对于政治家来说，中央银行对保持低通货膨胀率有更强的使命感。缺乏信誉的政策，会导致政策的时间不一致性。这样的政策既不是最优的，也不是可行的政策，唯一可信的政策就是使政治家不能自由干预未来经济的发展。即使总需求政策在短期内是重要的，然而，一个没有政治家干预的政策却是更优越的。由于政策时间的不一致性以及信誉问题，货币政策必须交由一个可信的、独立的中央银行去掌控，而且中央银行必须坚持单一政策目标，即明确地以价格的稳定性作为唯一的政策目标。

六、坚持"市场失灵"需要政府干预

新凯恩斯主义继承了传统福利经济学有关"市场失灵"的理论，认为外部性、公共物品和垄断会引起市场失灵，政府干预经济的政策可以纠正市场失灵。新凯恩斯主义和其对立的自由经济主义都承认市场失灵论，两者不同之处是：新凯恩斯主义认为，纠正市场失灵需要政府干预；而自由经济主义认为，纠正市场失灵并不一定需要政府干预，市场失灵可以通过市场机制进行调节。

最典型的就是新制度主义经济学中的科斯定理，科斯定理认为，只要财权明晰，在交易成本为零的情况下，市场机制可以自动地纠正由外部性引起的市场失灵。按照新古典经济学的理论，市场体系还包括"市场失灵"。由于外部性、公共物品和准公共物品（这些物品具有非竞争性和非排他性）以及垄断的存在，仅靠市场并不能够实现效率最大化。这些领域需要政府政策的干预，政府可以通过适当的税收、补贴及规制，可以自己提供公共物品，或由私人部门提供公共物品，政府给这些私人部门提供经费，政府应用竞争政策以减少或限制市场垄断。

七、吸纳"内生经济增长理论"

新凯恩斯主义的经济增长理论是对20世纪80年代中后期出现的新经济增长理论的综合。新经济增长理论不满意新古典经济增长理论将技术当作经济体系之外的外生变量的观点，认为技术进步是经济体系中内生的，从而突破了传统经济增长理论，逐渐成为西方经济增长理论的主流。成为"第三条道路经济学"经济学基础的新凯恩斯主义经济增长理论，主要是吸纳了新经济增长理论中罗默和卢卡斯的理论。

罗默的知识溢出理论认为，知识是追逐利润的厂商进行投资决策的产物，知识不同于普通商品之处是知识有溢出效应，任何厂商投资所产生的知识都能提高全社会生产率；正是由于知识溢出存在，资本的边际生产率才不会因为既定生产要素（劳动）的增加而无限地降低。所以，知识溢出是经济增长的必要条件，内生的技术进步是经济增长的主要成因。知识溢出造成厂商的私人收益率低于社会收益率，政府不干预经济，厂商用于生产知识的投资少，从而使分散经济的竞争市场均衡增长率低于社会最优增长率。因此，政府可以向生产知识

的厂商提供补贴，或在对知识生产厂商提供补贴的同时对其他生产厂
商多征税，从而鼓励私人厂商生产知识，提高经济增长率和社会福
利。卢卡斯的经济增长理论强调人力资本的溢出效应。人力资本溢出
效应可以解释为向他人学习或相互学习。一个拥有较高人力资本的人
对他周围的人会产生许多有利的影响，提高周围人的生产率，但是他
并不因此而得到收益。在人力资本外部溢出作用下，物质生产部门会
出现规模收益递增，经济实现增长。由于物质生产出现收益递增，物
质资本与人力资本的比率将持续地提高，劳动者的工资，包括简单劳
动者的工资也是递增的。由于存在人力资本的外部溢出性，经济体系
规模收益递增，所以，在没有政府干预的情况下，均衡的经济增长率
低于最优经济增长率，人力资本的投资会过少。因而，需要政府干预
以实现经济最优增长。

人均收入的长期增长依赖于投资的决策和内生的技术进步，而不
像传统增长理论所认为的那样，依赖外生的技术进步。在内生的技术
进步中，人力资本特别重要，由于公共部门是教育的主要提供者，而
教育能提升人力资本，因此，公共部门被认为在经济增长中起着重要
的作用。内生经济增长理论假定有综合规模报酬递增收益，一些非私
人占有的生产要素也在其中起作用。如知识和信息，它们能提高潜在
的生产能力，然而，知识和信息一般不是私人所有的。像知识和信息
这样的公共物品，在技术意义上有非排他性和非竞争性，如果由私人
提供，会出现供给不足。公共部门必须在提供公共物品和鼓励提供公
共物品方面发挥作用。事实上，内生经济增长理论也指出了政府在纠
正市场失灵方面的作用，特别是在"公共物品"的提供和补贴方面，
如政府通过研发、教育和培训能够有效地解决公共物品供给不足。

八、全球化的综合影响

新凯恩斯主义认为，全球化对政策变化的影响是综合的，作为
"第三条道路"经济学基础的新凯恩斯主义的经济政策主张，既超越
老社会民主主义偏好的凯恩斯主义需求政策和产业政策，又超越自由

经济主义所强调的市场自由化和从强化规制到简化规制的政策。新凯恩斯主义的宏观经济政策的目标是：保持低通货膨胀，限制政府借款，促进经济增长和提高就业水平。

在经济全球化时代，与20世纪50年代和60年代资本主义"黄金时代"的GDP增长率相比较，国际贸易增长率高于GDP的增长率，跨国公司对外投资不断增加，而且很受各国欢迎。经济全球化已经极大地弱化了产业政策（而不是竞争政策）和宏观经济政策的作用，产业和金融资本的流动性进一步削弱了产业政策和宏观经济政策的效应。然而，国家仍然在发挥作用，尽管已出现政府偏离单一民族国家的趋势，有时它呈现出向下的分散化趋势（如在一个国家中，中央政府向地方政府放权），有时又呈现出向上集中的趋势（如欧盟）。

但是，政府仍然发挥着重要作用。政府的角色正在发生转变，不论这种转变是降低利润税、对投资进行补贴，还是培育熟练的高技术劳动力，政府具体角色的转变都是旨在为跨国公司营造一个良好的投资环境。关于经济全球化，布莱尔和施罗德有相似的看法："在一个全球化和科学变化更加迅猛的世界里，我们要建立这样一种环境，在这种环境里，现存的事业能够不断繁荣和适应环境，新的事业能够不断建立和发展。"霍姆巴切强调指出，"全球化不但要求我们实现制度和政治进程现代化，而且要求在就业、价值、人口统计以及社会方式等更多方面有所变化。"

第三节 "第三条道路"经济学的政策主张

一、宏观经济政策的"新共识"

宏观经济政策的"新共识"是：第一，货币政策是最重要的，它可以有效控制通货膨胀率和实现经济均衡。货币政策主要通过调整利率抑制需求型通货膨胀；通过对利率调整使得经济调整到零产出缺口，实现总需求等于总供给的经济均衡。第二，财政政策是次要的，主要是平衡政府预算。

"新共识"的要点可以由总需求方程、菲利普斯曲线方程和取代了LM曲线的货币政策方程构成的模型表示。这三个方程分别对应着三个未知数：产出、利率和通货膨胀。

二、市场经济需要国家干预

"第三条道路"经济学的倡导者认为，市场是无法解决经济发展的秩序问题的。从政府和市场的关系而言，在强调政府干预和政府帮助应对风险的前提条件下，我们不能够简单地忽视市场在经济运行中的基础作用，而是应该充分认识到政府在保证经济稳定运行中的关键作用。政府是市场经济良好运行的保障，其功能是保证市场经济的良好运行，而不是去干预经济本身。政府的目的是保证市场经济的稳定运行。在需要进行调控的时候，必然需要政府进行积极的调控，相反，在需要市场发挥作用的地方，必然需要积极发挥政府的作用。市场机制的良好运行是实现社会目标，保证社会公平正义的基础性调节机制，而政府是保证这一机制良好运行的基础。因此，市场机制是引导微观机制良好运行的基础，但政府干预是保证市场秩序平稳和社会宏观稳定的基础。

首先，市场的秩序不会是简单的靠市场主体之间的相互约束就可以自发地形成、出现和完善的，其市场秩序的良好运行必然需要依靠政府通过颁布相应的法律和法规对市场主体的行为进行约束，保证市场秩序的有序运行。

其次，在政治经济全球化的时代，市场运行不仅面临来自经济本身的风险，同样面临来自世界各国的政治风险，因此，单纯依靠企业本身是难以化解全球化背景下这些巨大的风险的。国家参与市场经济秩序的构建和维护具有重要的作用，也是保证市场秩序良好和稳定运行的关键所在。

最后，从国家利益的角度出发，在全球化的背景下，一国的经济面临来自外部世界的不确定性导致本国经济运行风险更大，为了防范和应对可能的国际冲击对国内经济造成的毁灭性打击，整个国家和社会不能消极地回避这种外部冲击导致的不确定性，需要政府构建起一定的风险防范网络，利用政府强制性的风险管理能力，及时应对各种可能出现的风险。进一步保证国内的风险得到化简，国家的风险得到进一步的规范，进而应对这种不确定性。

三、国家干预应该"掌舵"，而非"划船"

在全球化的背景下，政府的干预方式同样发生着显著的变化，政府不能简单地依靠管制实现对市场经济的纠正和调控。"第三条道路"经济学强调，政府在社会经济生活中的角色不是传统市场经济定义下的"管制"，而是"治理"，强调政府在经济中的作用不可或缺，更强调政府作用的可治理性和服务性。

在依靠知识创新驱动经济的大背景下，传统的依靠管制调控经济的方式是不能实现对国民经济的调控的。政府应当更多依靠创新等方式，实现对经济运行的调控。政府需要为创新活动提供良好的外部环境，保证为企业提供优质的公共服务。

简而言之，政府不能直接参与经济活动、不能通过行政命令的方式干预市场主体的决策行为，政府需要依靠新的措施，借助市场的方式，为市场经济主体提供良好的公共服务，保证市场力量为公共利益服务。政府的调控行为本质是利用现代化的市场体系为全社会提供良好的公共服务。

从政府改革角度而言，首先，政府应该保证追求效率的最优化。政府应当基于资源分配的基本原则——"最小的成本实现最大的利益"，依靠现代化的管理体系实现政府机构运行效率的最优化。其次，政府应该更加注重围绕居民的生活需要和生活感受调整其治理思路和服务标准，使得其施政纲领能够更加贴近居民的基本生活需求。最后，政府改革需要更加注重民主，一是政府应该更加重视非政府组织和社会组织的行动能力;二是通过现代化的途径引导居民参与政府决策;三是通过多种渠道促进政府和民众的对话和交流的渠道。

四、发展新型混合经济形式

"第三条道路"经济学倡导全社会淡化所有制形式本身,不论是"公有制"还是"私有制",均不能保证社会有效运行和公平正义。促进社会经济目标和个人价值的有效联系才是保证社会公平正义的基础,进而强调建立一种包含公共部门和私人部门联合参与的混合所有制。这一所有制的建立,有利于促进公共部门和私人部门之间更好地进行沟通和对话,有利于社会成员之间的相互联系和相互竞争、制衡。这种协作机制既有利于保证市场机制的运行,也有利于保证社会利益得到考虑。这种混合所有制形式是一种可以保证市场机制良好运行,同时保证政府对经济的调控和治理有效的调节机制。政府可以有效地和市场主体进行良性互动,保证政府更好地对市场起到补充、调节和润滑的作用,进而建立"有活力的社会市场经济"。

五、加强社会供给能力

传统的政府管理强调通过调动社会的总需求进而促进全社会的经济增长和保证全社会的就业。相反,支持"第三条道路"的经济学家更加强调社会供给能力,其强调社会供给能力对于整个社会供给能力的重要性,其更加强调通过降低企业的经营成本,通过刺激供给方经营动力的方式以达到调控经济和保证就业水平的宏观调控思路。例如:通过调整利率、税收等途径促进企业投资和就业,通过适当地放松企业的管制条件,提升市场的开放性和社会供给能力的方式,进而起到提高全社会的商品、资本和劳务的社会供给能力和供给弹性,进而保证市场经济运行的灵活性。

第四节　影响和评价

一、影响

"第三条道路"经济学的基本思想在欧美主要国家得到了广泛的实践，美国前总统克林顿、英国前首相托尼·布莱尔和德国前总理格哈特·施罗德均成功践行了"第三条道路"经济学的基本理念，并且取得良好效果。

二、评价

"第三条道路"经济学是新凯恩斯主义在 20 世纪 90 年代的新发展，它既吸纳了对立学派的有效观点，又发展了新凯恩斯主义的基本信条，被欧美主要发达国家政府接受，成为制定政策的新依据，重振凯恩斯主义雄风，荣登官方经济学宝座。

"第三条道路"经济学有以下三个鲜明特征：

第一，具有鲜明的前瞻性。"第三条道路"经济学的理论主张紧紧围绕全球化的大背景展开构建。这一特征决定了其在未来的社会发展和潮流中具有一定的开拓性和生命力。

第二，具有变革和创新精神。"第三条道路"经济学强调道路的非左非右性，避免了传统非左即右的政策主张，突出了一种包容和融合的创新精神。

第三，具有实用性。一方面是"第三条道路"经济学理论吸收了各种理论的长处，构建了一个包容万象、相对综合的理论体系；另一方面是摒弃传统的意识形态的复杂性，侧重社会变革理论体系的构建，从社会实践出发，保证理论的综合性和政策的灵活性，突出政策的有效性。

第五节　借鉴和应用

一、借鉴"第三条道路"经济学走中国特色发展道路

经过三十多年的发展，中国依靠强有力的中央政府，坚持改革开展战略不动摇，建立中国特色社会主义经济体系，创造了中国"经济增长奇迹"。

尽管中国经济发展的指导思想不同于"第三条道路"经济学，但是中国经济政策制定者们深谙"第三条道路"的实用主义精神和兼容并蓄法则，走出了一条中国特色的独特发展道路。因此，从某种意义上讲，中国特色社会主义市场经济道路就是对"第三条道路"经济学的一种借鉴和发展。

不同的是，中国经济发展之路更加强调中央政府的顶层设计和利益协调作用以及地方政府在地方经济发展中的直接引导作用，全方位地推动了中国市场经济体系的构建和经济快速发展。

近年来对中国经济的发展之路进行总结和探索，其中最为重要的一条就是各级政府在经济的运行和经济转型中发挥了重要的纽带作用。特别是通过发挥地方政府的主观能动性，使得中国经济融入了全球化的世界经济体系之中，促成中国的"比较优势"得到了进一步的发挥。

二、应用"第三条道路"经济学发挥各级政府潜力

"第三条道路"经济学的基本理念在中国得到了富有创新型的贯彻和实施。

（一）中央政府的"科教兴国"战略

"第三条道路"经济学的内生增长理论认为知识外溢对经济增长有关键作用，我国政府向来高度重视教育在经济发展中所起的重要作用。"科教兴国"是党中央、国务院按照邓小平理论和党的基本路

线，科学分析和总结世界近代以来特别是当代经济、社会、科技发展趋势和经验，并充分估计未来科学技术特别是高技术发展对综合国力、社会经济结构、人民生活和现代化进程的巨大影响，根据我国国情，为实现社会主义现代化建设"三步走"的宏伟目标而提出的发展战略。"科教兴国"思想的理论基础是邓小平同志关于科学技术是第一生产力的思想。1977 年，邓小平在科学和教育工作座谈会上提出："我们国家要赶上世界先进水平，从何着手呢？我想，要从科学和教育着手"①，"不抓科学、教育，四个现代化就没有希望，就成为一句空话"②，明确把科教发展作为发展经济、建设现代化强国的先导，摆在我国发展战略的首位。从 20 世纪 70 年代后期到 90 年代初期，邓小平同志坚持"实现四个现代化，科学技术是关键，基础是教育"的核心思想，为"科教兴国"发展战略的形成奠定了坚实的理论和实践基础。1996 年，八届全国人大四次会议正式提出了国民经济和社会发展"九五"计划和 2010 年远景目标，"科教兴国"成为我们的基本国策。从 1998 年至 2004 年，国家累计安排国债资金约 240 亿元，支持教育事业加快发展。国债资金投入改善了各层级教育机构的办学条件，保障了中央落实"科教兴国"战略、加快高等教育发展重大决策等具体措施的实施。

（二）地方政府的"招商引资"模式

"第三条道路"经济学认为，政府干预是保证市场秩序平稳和社会宏观稳定的基础。中国地方政府在经济的发展中发挥着非常显著的作用，大力发展招商引资成为推动改革开放以来中国经济实现快速增长的重要因素。

"苏州模式"是指一种典型的政府主导型的经济发展模式③。政府在经济中扮演着双重角色，一方面是政府作为市场经济体系的秩序的维护者和监督者，政府需要为市场经济的良性运行提供健全的监督和

---

① 《邓小平文选》第二卷，人民出版社 1994 年版，第 48 页。
② 《邓小平文选》第二卷，人民出版社 1994 年版，第 68 页。
③ 赵晓：《苏州模式与温州模式的"中国经验"》，《经济前沿》2005 年 5 月。

保障机制；另一方面是政府积极参与市场的发展规划，引导市场的发展，例如：政府通过积极的规划科技园区和高新技术开放区的方式，引导企业和社会资金的投资，通过为政府倡导的产业提供具有指向性的条件促进政府主导和倡导企业、行业的快速发展，进而实现地方经济的快速发展和地方经济增长的循环。

第六章　新凯恩斯开放宏观经济学

近年来，新凯恩斯主义宏观经济学的研究日臻成熟，拓展了宏观经济学研究领域，开创了开放经济领域的宏观经济学，建立起有微观基础的开放经济的动态优化模型，标志着宏观经济学的研究进入了一个新的阶段。在工资、价格有粘性或弹性和市场垄断竞争的开放经济条件假定下，新凯恩斯开放宏观经济模型分析经济冲击在国家之间的传导及其对宏观经济的影响，研究企业不同定价规则对汇率传导和货币政策的影响，央行应当如何制定货币政策规则和政府之间如何进行国际政策协调等问题，在此基础上提出新的见解和政策主张。

新凯恩斯开放宏观经济学又被称为"国际宏观经济学"，将"名义价格刚性"和"不完全竞争"两个概念引入到开放经济的动态一般均衡模型中，为开放条件下的一般动态均衡理论提供了微观基础。该理论优势有两点：第一，该理论在对现实的国际经济现象作出理论分析和解释时比传统的无微观基础的国际经济学更具说服力；第二，该模型中采用的福利分析标准——"总效用分析标准"比传统的"以邻为壑"福利标准更为合理。

新凯恩斯主义开放宏观经济学适应了经济全球化的需要，也标志着凯恩斯主义对宏观经济学的研究重点已从封闭、静态经济拓展到开放、动态经济。这些研究成果，对我国在开放经济条件下协调宏观经济政策、制定符合经济全球化需要的货币政策和汇率政策，以促进国内经济和对外经济协调发展，有极强的启发和借鉴作用。

乌克兰危机与俄富豪"节俭"度日

2014 年 12 月 27 日消息，由于乌克兰货币格里夫纳放弃盯住美元、汇率崩溃，市场担心乌克兰可能出现违约，俄罗斯卢布连续下跌至新低水平。卢布对欧元汇率创出历史新低，对美元创出 5 年新低。截至北京时间周四下午 17 点 25 分，美元兑卢布汇率为 36.19，即将突破 2009 年 36.72 的历史记录①。

俄罗斯名模艾丽莎·柯瑞洛娃（Alisa Krylova）取消了最新款奔驰车的订单，选择在国内过新年而不是去阿尔卑斯山滑雪，同时改为聘用俄罗斯本国员工，不再聘用外国员工。

32 岁的柯瑞洛娃曾是"俄罗斯夫人"和"环球夫人"大赛的获胜者，在俄罗斯属于超富阶层，但即便她还有她的许多有钱朋友还是感受到了俄罗斯经济危机带来的冲击。

这些人被迫进入了"某种蛰伏期"，他们避开各种名人派对，削减支出，以弥补卢布贬值以及股市下跌造成的财富缩水。

虽然在花销上被迫有所节制，但这些超级富豪尚未选择离开俄罗斯，也没有因此反对总统普京。普京在乌克兰危机期间煽起了民众的爱国热情，同时呼吁本国商界人士将其资产转移回国内，以宣示在这场与西方国家自冷战以来最严重僵局中支持俄罗斯的立场。

2014 年 12 月卢布贬值、商店尚未涨价时，俄罗斯民众蜂拥抢购电视机、冰箱以及荞麦，坐在莫斯科公寓豪华沙发上的柯瑞洛娃对此非常不屑②。

乌克兰危机带来的连锁效应验证了新开放凯恩斯宏观经济学所强调的世界经济之间的紧密联系。在开放经济条件下，新凯恩斯开放宏观经济学主要关注点是，一国政府如何根据外部经济条件的变化和微观主体经济行为的变化，制定能让国内经济稳定发

---

① 新浪财经：《俄罗斯卢布大幅贬值　因乌克兰危机创出新低》，http://finance.sina.com.cn。

② 凤凰国际：《卢布贬值危机续：俄富豪"节俭"度日》，http://finance.ifeng.com。

展的对外经济政策和国内宏观经济政策。

第一节　新凯恩斯开放宏观经济学的形成

一、新凯恩斯开放宏观经济学的兴起

第二次世界大战以后，开放经济宏观经济学最初的主要成果是为以凯恩斯总量模型为基础的蒙代尔—弗莱明模型和多恩布什模型。早期的开放经济模型虽然解释和说明了一些主要宏观经济变量之间的关系，但存在一个重要的缺陷——缺乏微观基础，缺乏微观基础的宏观经济分析会产生偏差。

20 世纪 90 年代以后，随着包含微观基础的宏观经济学的崛起，包含微观基础的开放宏观经济学模型同样得到迅速发展，罗默、迪克森等人都做了一些初创性的探索。直到 1995 年，奥布斯菲尔德和罗格夫开创性地构建了包含新凯恩斯主义基本假设的开放宏观经济模型，至此新凯恩斯开放宏观经济学得以确立。

二、代表人物和著作

肯尼斯·罗格夫（Kenneth Rogoff），哈佛大学经济学教授，国际货币基金组织前首席经济学家（2001—2003），新凯恩斯开放宏观经济学的开拓者之一，主要代表作包括：与奥布斯菲尔德合作的《汇率动态回顾》（1995）、《这次与众不同》（2003）、《这次不一样？800 年金融荒唐史》（2010）、《国际宏观经济学基础》（1996）、《自我调节的货币规则的全球含义》（2002）等。令人震惊的是，他还是个跨界的天才。他在 14 岁时获得美国国际象棋"大师"称号，并很快成为"高级大师"，这是美国象棋界最高荣誉。25 岁时，他成为国际象棋国际最高段棋手"国际特级大师"，并在同年退出棋坛，重返校园。

莫瑞斯·奥布斯菲尔德（Maurice Obstfeld），加州大学伯克利分校经济学教授，美国科学院院士，曾任日本央行货币政策和经济研究所顾问，并于 2014 年 6 月被美国总统奥巴马任命为白宫顾问委员会委员。他是新凯恩斯开放宏观学的主要开拓者之一，代表性作品包括：与罗格夫合作的《汇率动态回顾》（1995）、《国际经济学：理论与政策》（2008）等。

罗格夫和奥布斯菲尔德在 1995 年的论文《汇率动态回顾》开创了整个新凯恩斯开放宏观经济学，第一次将新凯恩斯主义关于垄断竞争、名义价格刚性等微观决策机制的理论引入到开放宏观经济学中，为在开放经济条件下探讨微观变量之间的相互关系提供了可能性。

迈克尔·德弗鲁克斯（Michael B. Devereux），英属哥伦比亚大学经济学教授，多次成为国际货币基金组织、香港金融研究中心、德国央行、亚特兰大联储银行等金融机构的访问学者。他在罗格夫和奥布斯菲尔德的基础上对新凯恩斯开放宏观经济模型进行了大量的扩展性研究，代表作包括：《市场定价动态汇率模型》（2000）、《金融全球化和货币政策》（2008）、《亚洲金融的动态融合：事实和分析》（2013）等。

卡洛琳·贝蒂（Caroline Beteta），南加州大学经济系教授，多次访学明尼阿波利斯联邦储备银行等金融机构，代表作包括：《市场定价动态汇率模型》（2000）、《美国的实际汇率与价格波动》（2006）等。

第二节　新凯恩斯开放宏观经济学的主要理论

一、汇率理论

凯恩斯主义新开放宏观经济学家认为：从长期而言，物品的价格具有完全的弹性，价格水平会随着各种供给和需求以及货币供给水平的变化及时地调整，因此，长期而言，当经济受到货币政策冲击时，实际货币余额和商品产量不会受到影响。货币呈现新古典主义的中性。

相反，从短期而言，价格具有刚性，当受到货币政策冲击，由于价格水平保持不变，货币供给增加，名义利率下降，因此汇率贬值，即：当一国的货币供给量增加，由于短期的价格水平不变，名义利率下降，根据利率平价条件，本国汇率则会出现贬值。于是，外国产品相对于国内产品变得更加昂贵，对国内产品的需求在短期内上升，进而导致国内产出和收入增加。本国居民可以将增加的收入用于消费，但是为了平滑跨期消费，其只会消费其中的一部分，而将另一部分用于储蓄。所以，尽管长期经常项目账户平衡，但短期内本国储蓄增长使经常账户盈余。由于财富长期增加，本国居民会更加偏好闲暇，使得产量又出现一定程度的下滑。

总之，根据新凯恩斯开放宏观经济学的基本观点，货币冲击具有实际效果，可以影响消费、产出、汇率、实际变量。扩张性的货币政策可以带来国内和国外福利水平同等的上升。

根据上述分析，本国永久性的货币扩张产生的效应有：第一，消费和产出增加，但是幅度小于货币供应量的增幅。第二，本国货币贬值，但是贬值幅度小于货币供应量的增加程度，这是由于黏性价格下汇率变动是由货币冲击和消费增加同时决定的，货币扩张产生的消费增加效应对汇率贬值产生了一定的抵消作用。第三，本国贸易条件在短期内出现恶化，而长期则会改善。这是因为，短期内国内商品价格不变，汇率贬值会恶化贸易收支，而从长期看，永久性货币扩张会导致财富效应从而改善本国贸易条件。第四，降低国际实际利率水平。

二、新凯恩斯开放宏观菲利普斯曲线

在全球化的背景下，随着各国的开放程度和对外依存度的提高，无论是家庭的消费决策、劳动力供给决策，还是厂商的生产决策，均受到国际市场的影响，均需要越来越多地考虑国际市场的因素：诸如国外的经济形势、货币的选择、汇率的变动、原材料的国内外选择，产品的定位选择等。国际环境对国内经济的影响已经不能简单地抽象为简单的一个变量对国内的直观的单纯的冲击的影响，其需要构建更加符合经济传导机制的动态调节机制。

因此，经济学家在新凯恩斯菲利普斯曲线的基础上，将其扩展到开放条件下的，包含通胀、产出等宏观经济变量组成的动态调节的新凯恩斯开放宏观菲利普斯曲线：其构成如下[①]：

$$\pi_{H,t} = \beta E_t \pi_{H,t+1} + k_a x_t$$

其中，$\pi_{H,t}$ 为本国通货膨胀率，x_t 为国内产出缺口，k_a 是劳动供给弹性与贸易条件的函数，也是开放程度和国内外商品可替代性的函数，E_t 代表 t 时期的预期。这同封闭经济下的新凯恩斯菲利普斯曲线形式类似，开放因素的影响只体现在菲利普斯曲线的斜率上，即通货膨胀如何对产出缺口的变化作出反应。现实通货膨胀表现为很强的惯性，即当期通货膨胀水平与前一期通货膨胀水平呈现为很强的正相关关系。因而，许多研究者对前瞻性新凯恩斯菲利普斯曲线进行修改，在模型中加入通货膨胀的滞后项以更好地解释通货膨胀的动态过程。

三、全球化与通胀膨胀

近年来全球化速度加快，但是全球的通货膨胀水平却一直维持在较低水平，呈下降趋势。针对这一现象，经济学家从全球化的角度探讨了通货膨胀趋势和通货膨胀的动态决定机制。

（一）贸易条件

在全球化的背景下，一国的进口状况，尤其是原材料进口对国内经济的影响显得日益突出。一国的生产价格指数、消费者价格指数和一国的进出口状况之间的相关性日益显著。同等条件下，一国的进口产品价格上升，意味着该国可以进口的产品减少，该国的贸易条件恶化，导致其国内的物价水平上升和真实汇率贬值。因此，在开放经济条件下，国外物价水平通过改变贸易条件可以影响某国的国内消费

---

① 苏桦芳、陈凡：《中国的通货膨胀惯性与通货膨胀不确定性——基于有限理性NKPC 模型的分析》，《金融评论》2012 年第 2 期。

价格。

（二）全球产出缺口

在开放经济的条件下，一国所面临的外部环境变化对于国内的通胀具有决定性作用。经济学家将这个论断称为"全球产出缺口假说"。

当全球经济向好时，全球产出缺口为正，意味该经济体的外需拉动较强，国内产出缺口增大，带动国内的产出水平增加且物价水平上升，即全球产出缺口具有导致国内的通胀水平上扬的效应。

全球产出缺口对一个开放经济体的经济运行状况起着重要的作用。对一个高度外向型国家而言，它的产量与全球产出缺口之间具有显著的正相关性和同步性。

第三节　新凯恩斯开放宏观经济学的政策主张

一、汇率调整与最优的货币政策

一国的汇率政策和货币政策的调整存在两种效应。一种是支出水平效应，即货币政策的调整会通过影响相对价格和相对的货币供给量来影响一国总需求。另一种效应是支出转移效应，即通过影响本国商品价格和国外商品的价格，进而影响国内商品的相对总需求。

汇率的传导效应为零，意味着国内的货币政策的调整既不会影响国内的进口商品的价格，也不会产生支出转移效应。因此，在汇率传递效应为零的情况下，采用固定汇率制度是最优的。相反，在汇率传导机制完全畅通的情况下，采用浮动汇率制度对一个国家是最优的。

在汇率的传导机制是完全弹性的情况下，开放经济下的货币政策调整同封闭经济下的货币政策调整是没有差异的。

在现实中，一国的汇率调节和汇率价格传导机制并不是完全有弹性的，因此，货币政策不仅应该关心国内的物价水平的波动，而且需要考虑汇率的波动。

与此同时，一国政策的调整不仅需要考虑汇率的传递程度，而且需要考虑一国的经济开放程度、劳动供给弹性和外国生产价格波动幅度等因素。

二、新凯恩斯主义国际货币政策协调共识

在开放经济条件下，一个国家的货币政策对其他国家可以有政策溢出。一国的中央银行不但应该考虑怎样对国内和国际冲击作出反应，而且应该考虑世界上其他国家的政策制定者将对这些相同的冲击作出怎样的反应。如果一个国家的货币政策制定者，通过汇率政策能够产生"以邻为壑"支出转换效应，那么这个国家的货币政策行为，从本国的立场看是有利的，但是对其他国家有负的溢出效应[①]。

新凯恩斯主义者认为，当存在国际政策协调获利时，国际政策协调不需要国家间制定清晰的协议。第一，由于每个国家将重复地面对政策协调的获利，他们可以判断非协调政策降低未来福利的可能性，因而，各国都将支持和维持现在的政策协调。第二，中央银行将考虑可预知的未来进行政策规则决策。相信理性的、承诺考虑未来行为的中央银行，将选择协调政策和改进福利的政策规则，那么，各国政策制定者不需要明晰的协定，就能协调地制定近似全球最优的政策。

关于国际货币政策协调问题，新凯恩斯开放经济宏观经济学的众多学者已经达成以下三点共识。第一，在对称的冲击（或全球冲击，如石油价格冲击）和完全的非对称冲击条件下，协调财政政策和货币政策有潜在的获利。第二，根据经验和定量的估计结果，政策协调获利不大，每年 GDP 中大约有 0.5% 的获利。第三，国家之间经济联系程度相对低，政策协调获利相对较小。当国家之间的经济联系程度提高时，国家间的溢出可能会增加，导致政策协调有更大的获利。

---

① 王健、吴振球：《新凯恩斯主义开放经济理论新进展》，《财经理论与实践》2004年第 6 期。

第四节　影响和评价

一、影响

新开放宏观经济学开创了一个全新的分析开放宏观运行的分析框架，突破了传统的蒙代尔—弗莱明—多恩布什的静态分析框架下的分析机制，构建了一个动态一般均衡的分析框架，为研究和探讨各种开放宏观经济现象和开放条件下的国内宏观经济现象提供了一个一致的解释和分析框架[①]。在这一框架下，可以分析和探讨经常账户变动、汇率冲击、财政和货币政策冲击等变动对经济的影响等。

新凯恩斯开放宏观经济学将很多看似相互割裂的宏观经济问题通过一个一致的分析框架有机地联系在一起，使得经济学家们能够更加清晰地认识各个宏观经济现象之间的内在逻辑，尤其是从宏观层面到微观层面的相互联系，以有微观基础的宏观经济理论模型分析开放经济中的问题及成因，并提出解决开放经济问题的对策。

二、评价

新凯恩斯开放宏观经济学在四个方面取得了重大的进展和理论拓展。一是在传统的总量开放宏观经济理论的基础上引入了具有微观基础和微观决策机制的宏观经济理论。二是在传统的完全竞争的均衡经济模型中，引入了具有不完全竞争和不完全信息的宏观经济模式。三是其分析模型具有动态特征，构建了具有动态均衡的一般均衡模型。四是在动态一般均衡的框架下，讨论了各种随机冲击对各种经济变量的影响，尤其是诸如国际经济变量的变化对国内的资本流动、汇率、物价等多方面的动态冲击，以及经济个体的微观反映。

从政策含义而言，通过建立更加完整全面的具有微观基础的宏观

[①]　王胜、邹恒甫：《"新开放经济宏观经济学"发展综述》，《金融研究》2006 年第 1 期。

经济模型，能够更加清晰地认识微观个体是如何理性地应对各种冲击，为政府实施更加有效和合理的经济政策提供了充分的理论依据。与此同时，由于新凯恩斯开放宏观模型涉及的参数和个人信息之间的参数多样性，导致各种冲击之间的关系由于系数的不确定性变得异常敏感，这进一步增加了根据模型的预期进行宏观调控的难度。未来需要更加翔实的数据和翔实的统计分析才能使模型更加完整有效地解释现实经济现象，进而有效地推动经济机制的完善。

第五节　借鉴和应用

一、借鉴新凯恩斯开放宏观经济学制定有效汇率政策

（一）新凯恩斯开放宏观菲利普斯曲线

新凯恩斯开放宏观菲利普斯曲线为我国的宏观经济实践和应用提供了一个非常实用的分析工具和分析方法。根据众多学者对中国历史数据的研究和分析，新凯恩斯的菲利普斯曲线对我国的通货膨胀和汇率等波动的动态过程具有一定的解释力。随着我国对外依存度和对外开放程度的不断加大，探讨开放经济条件下的菲利普斯曲线对完善宏观经济运行的认识具有十分重要的意义。尤其是国际大宗商品价格波动和国内物价水平波动之间是否具有显著的传导机制等方面的探讨。

（二）汇率政策

根据经典的开放宏观经济学的分析框架，一国的实际汇率水平取决于一国的生产率，尤其是贸易部门和非贸易部门的生产率变动的相互关系，以及贸易品和非贸易品部分的构成。

经过多年的实践，我国逐步构建了以市场供求为基础，参考一揽子货币进行调节和有管理的浮动汇率制度。人民币汇率调节从传统的紧盯美元的调节模式转变为参考一揽子货币的调节模式。根据我国的经济发展状况，适时选择合适的参考权重，及时调节我国的汇率水

平，以保证我国的宏观经济平稳运行和国内物价水平的稳定。

二、应用新凯恩斯开放宏观经济学提高货币政策透明度

随着我国对外开放水平不断提升，中国人民银行的货币政策目标和框架也发生了进一步的调整，同时增加了货币政策调节的透明度。

2001 年第一季度以来，央行及时发布我国的货币政策调整和实施的状况，提升货币政策调控的时效性，有利于进一步提高市场潜在效率和执行力度，提高居民对货币政策的可预期性，使得经济主体能够及时预测国家货币政策，从而提升企业应对货币政策调控风险的能力。

从实践角度而言，为了应对对外开放，尤其是巨额的外汇占款对国内的冲击，我国中央银行开创性地建立了央票，通过央票起到回笼资金，减少国内货币供给的目的。

在汇率方面，我国 2005 年启动了新一轮的汇率制度改革，进一步完善了我国有管理的浮动汇率制度改革，提升了汇率调节的空间，逐步构建以市场供求为基础的汇率市场调节机制，也进一步增强了国内企业结构调整的适应能力。同时增加了参考篮子的范围，增加了货币参考的灵活性，能够更加务实地根据我国的对外贸易和对外投资状况进行宏观调控。

2010 年，央行进一步扩大了人民币汇率的浮动范围和动态调控。实行有管理的浮动汇率制度是我国在新的历史发展时期和经济发展条件下，根据经济发展和对外开放的综合要求，对我国外汇管理制度进行进一步完善①。

---

① 胡晓炼：《实行有管理的浮动汇率制度是我国的既定政策》，财新网，http：//economy.caixin.com/2010-07-28/100164610.html。

第七章 新新古典综合派

新新古典综合派（New Neoclassical Synthesis，简称 NNS），又称"新凯恩斯综合（New Keynesian Synthesis）"[①]"新经济学共识"。正如剑桥之争催生了新古典综合一样，新新古典综合派是宏观经济学众多流派激烈争论的产物。20 世纪 80 年代后西方新凯恩斯主义的兴起，不仅复苏了凯恩斯主义经济学的一些基本命题，而且也把宏观经济学阵营内主流经济学的激烈论战推向了一个新的高潮。在这场论战中，一些学者们尝试寻求宏观经济学的共识，更合理地解释现实经济现象，他们致力于寻求对立学派的相通之处，融合各学派的不同观点。这些学者们努力将新凯恩斯主义、新古典宏观经济学、实际经济周期理论等理论以及货币主义的一些理论综合在一个统一的框架内来解释经济问题，形成了"新新古典综合"理论，他们根据这个理论提出政策建议。

新新古典综合派的领军人物主要来自如美国、法国、德国等发达国家的学术界，在经济问题上更多侧重货币政策的分析，其影响也从学术研究逐步拓展到政策制定，其政策建议也被货币政策当局的管理者所广泛采纳。例如，在次贷危机之前，美联储所主张的"盯住通货膨胀"（targeting inflation）货币政策，其基本思路和框架就来自新新古典综合派。

---

① Romer，David（1993）："The New Keynesian Synthesis"，*Journal of Economic Perspectives*，Vol.7，No.1，pp.5-22.

发端于美国的次贷危机触发了全球经济新一轮严重的经济危机，这场危机使西方的主流经济学面临着严重的挑战，给新新古典综合派跻身主流经济学带来了新机遇。

全球货币政策普遍唱"宽"何时休[①]

为刺激经济增长，世界各国货币政策纷纷"玩"宽松，继澳大利亚央行 2013 年 5 月 7 日降息后，8 日韩国央行、波兰央行相继宣布下调基准利率。美国已经推出四轮量化宽松货币政策，至今仍无明确的退出预期。5 月 2 日，欧洲央行决定将欧元区主导利率调降 25 个基点至 0.5% 的历史新低。欧洲央行称，扩张性货币政策是正确选择，欧洲央行仍可以采取进一步行动。日本计划在两年内，通过大规模购买日本国债的方式把注入经济的货币总量增加一倍，所购买国债的剩余期限也由之前的 3 年扩展至最长 40 年。5 月 3 日，印度储备银行 3 日宣布回购利率下调了 25 个基点；泰国政府也施压央行降息，以降低外资大举流入推高泰铢汇率的风险。

从全球经济走势和格局来看，发达经济体和新兴经济体央行正步入 2008 年金融危机以来的第三轮联合大宽松。

第一轮联合大宽松始于 2008—2009 年，旨在应对美国次贷危机导致的全球金融危机，最终成功刺激全球经济从 2009 年中期走出衰退，但也导致 2010—2011 年全球大宗商品价格大幅上涨和新兴市场通胀水平攀升，新兴经济体被迫多次收紧货币政策，经济增速随之放慢。

第二轮联合大宽松大约从 2011 年 9 月开始，贯穿于整个 2012 年。为应对欧债危机局势恶化导致的全球金融市场动荡和经济复苏乏力，发达经济体进一步放松货币政策，新兴经济体也

---

① 罗兰：《热钱涌入国内套利：货币政策面临高压》，《人民日报·海外版》2013 年 5 月 13 日。

再次打开宽松闸门，最终推动全球经济在 2014 年年底企稳。

　　第三轮联合大宽松有了更多"防御性"色彩。2013 年全球经济和金融市场形势与 2012 年下半年相比有所改善，但为何如此多的国家急于降息，重要原因之一是日本新的宽松货币措施引发了各国对于货币竞争性贬值的担忧，担心本币汇率被动升值影响出口。

　　面对世界各国政府"跌跌不休"的宽松货币政策，全球"击鼓传花"竞宽松，中国货币政策应该如何应对呢？

第一节　新新古典综合派的产生

一、新新古典综合派的代表人物及论著

新新古典综合派的代表人物和主要著作主要有：

迈克尔·伍德福德（Michael Woodford），耶鲁大学法学博士（1980）和麻省理工学院经济学博士（1983），现在是哥伦比亚大学政治经济学专业的教授。他是美国国家经济研究局的副研究员，是经济政策研究中心的研究院士，计量经济学学会的成员，美国文理科学院的院士。他也是纽约联邦储备银行的顾问，麦克阿瑟研究员，卡舍赫姆研究员，新西兰储备银行的专业研究员。《国际中央银行杂志》的创办人和总编之一。伍德福德主要的研究领域是跨期一般均衡理论、货币理论和商业循环理论，特别是宏观经济理论的微观经济基础，经济动态中期望值的作用，选择性货币政策的福利分析，货币政策规则的分析和货币政策与财政政策内部关系的分析。代表性论文有《宏观经济学的融合：新综合的要素（Convergence in Macroeconomics：Elements of the New Synthesis）》（2009），被认为对新新古典综合派的一个阶段性总结和最新展望。主要著作有：《利益与价格：货币政策理论的基础》、《宏观经济学手册》（与约翰·B.泰勒合编）。

二、新新古典综合派的兴起

（一）新新古典综合派的产生背景

20 世纪 70 年代，随着滞胀经济的出现，居于主流地位的新古典综合派的学术地位和政策影响力受到严峻的挑战，货币主义学派、新古典宏观经济学派和供应学派的理论和政策都试图发挥其影响力。各个学派由于其自身的局限性，都不能完全占据学术主流地位，更不用说成为官方经济学。

在这种背景下，新凯恩斯主义脱颖而出。与其他学派相比，新凯恩斯主义的理论与政策主张更贴近西方国家的现实，较好地解释了 20 世纪 70 年代经济滞胀的成因。当时，不论是新古典宏观经济学还是实际经济周期理论在否定政策无效的同时，也使政策当局和货币当局失去了制定政策的理论依据，满足不了西方政治现实需要。西方发达国家政府依然把市场作为资源配置的最好方式，同时又不得不保留政府干预经济政策。新凯恩斯主义在理论上没有消弭宏观经济学界的争论，反而掀起了宏观经济学界理论争论的新高潮。

新新古典综合派通过挖掘两大主流学派——新凯恩斯主义和新古典宏观经济学的相同之处和不足之处，力图在两者之间走出一条中间路线。

第一，虽然两大学派的前提假设和结论存在重大差异，但是它们的相同之处构成了新新古典综合派的基础。两大主流学派的相同之处主要表现有：一、两者都强调宏观经济模型需要新古典经济学的微观基础；二、两者都接纳了委托人—代理人模型；三、从方法论角度来讲，新古典宏观经济学和新凯恩斯主义都不同程度地接受了理性预期假说，从微观角度（诸如家庭消费、厂商投资等）出发来推导宏观经济，并且采用计量经济学方法进行实证分析，把均衡作为最终的分析框架；四、跨期替代效应是宏观经济学的核心，两大学派都不同程度地将其纳入宏观经济模型。

第二，新新古典综合派力图构建新的理论体系，以弥补两大学派的不足。两大主流学派的不足之处分别为：

其一，新古典宏观经济学和实际经济周期理论的缺陷。一是该学派都建立一般均衡周期模型，完全竞争决定了市场出清价格和数量，而这要求所有的工资和价格具有充分弹性，缺乏经验支持，无法解释经济波动。二是否认货币政策的作用，缺少经验和实践的支持，事实上，货币政策的确在调节宏观经济中能发挥重大作用。三是新古典宏观经济学强调学术的严谨性，为了保持理论模型的逻辑性，得出财政政策和货币政策均无效的结论，显然是与政府干预经济的现实背道而驰的。

其二，新凯恩斯主义的缺陷。这个学派从不完全竞争、信息不完全、菜单成本等命题出发得出了货币政策有效的结论。然而，新凯恩斯主义隐含地认为市场在短期内难以出清，长期是出清的，这就是说如果没有政策的配合和干预，市场出清可能会更缓慢和痛苦。换言之，政策的有效性是受到制约的，并非所有的政府干预政策都是有效的。

新新古典综合派的理论核心是：总需求与潜在产出保持一致。新新古典综合派努力弥合宏观经济学领域的争论，尤其是要结束价格弹性（新古典宏观经济学和实际经济周期）和粘性价格（新凯恩斯主义）之间的争论，对此采取了折中的策略，提出价格在长期内是有弹性的，短期内价格是粘性或刚性的，价格调整是有成本的。经济本身既受到需求方面因素的影响，也受制于供给方面生产函数的影响。

（二）新新古典综合派的兴起

马文·古德弗兰德（Marvin Goodfriend）和金（Robert G.King）1997 年在美国经济研究局（NBER）宏观经济学年刊上发表《新新古典综合及货币政策的作用》一文，正式提出了新新古典综合派的问题，英文名称为"new neoclassical synthesis"以区别于萨缪尔森对古典经济学和凯恩斯主义所作的新古典综合派；其后，弗雷德雷克·杜夫特（Frederic Dufourt）于 1999 年发表了《新综合的商业周期的动态特征》一文；古德弗兰德 2002 年再次发表了《新新古典综合中的货币政策的作用：初级读本》一文；2000 年金发表了《新 IS—
LM 模型：预言、逻辑和局限》一文；2003 年鲁杰·林尼曼（Ludger
Linnemann）和安德瑞斯·史必特（Andreas Schabert）发表了《新新
古典综合的财政政策》一文；2004 年瑞勒弗·芬德尔（Ralf Fendel）
发表了《稳定政策的新方向》一文；2009 年第 1 期的《美国经济学
学刊：宏观经济学》上，迈克尔·伍德福德发表了《宏观经济学的融
合：新综合的要素》一文，对新新古典综合派的背景、特点进行了全
面的剖析，并对这种新新古典综合派的未来进行了展望。

随着这些文章的陆续发表，新新古典综合派开始在宏观经济学领
域崭露头角，其研究范围在向货币政策深入的同时，也把财政政策纳
入到其分析框架中。

第二节　新新古典综合派的基本理论

新新古典综合派把新古典宏观经济学、新凯恩斯主义和实际经济
周期理论纳入到统一的框架内，力求创造出一个能在宏观经济学界取
得共识的新理论体系。新凯恩斯主义经济学家布兰查德形象地把新新
古典综合派比喻成一个三角形模型，三角形顶端的是以新古典宏观经
济学家普雷斯科特等所倡导的实际经济周期理论（详见第十一章新古
典宏观经济学的实际经济周期理论），三角形的左下端是新凯恩斯主
义经济学家泰勒的刚性交错价格模型，而三角形的右下端是新凯恩斯
主义经济学家阿克洛夫和耶伦的不完全竞争理论。

概括起来，新新古典综合派的核心要素是跨期优化、理性预期，
即以实际经济周期理论的模型为核心模型，接受新凯恩斯主义的垄断
竞争假说，避免价格弹性和价格刚性的争论。

一、新新古典综合派理论的基本命题

1. 假设一国家中的家庭可以无限期存在，并具有同质性，代表性

家庭在考虑收入预期和实际利率的前提下实现整个生命周期内的消费最大化。

2. 企业生产消费品，家庭向企业提供劳动，换取消费品，代表性家庭的劳动供应受其消费的影响。

3. 在垄断竞争市场中，就业和收入由家庭的劳动供给、企业的利润最大化决策由劳动生产率决定。厂商生产差异化的消费品，具有市场垄断力，其定价决策是在边际成本基础上加成以实现利润最大化。而厂商为众多的家庭所拥有，家庭不仅获得工资收入也获得利润收入。

4. 劳动市场和信贷市场是完全竞争的市场，产品市场则属于垄断竞争市场。

5. 实际利率由信贷市场和总供求决定。家庭可以在信贷市场获得信贷或房贷。厂商和家庭视产品价格、劳动工资以及信贷市场利率为给定因素，在此基础上作出决策。

6. 在选择利润最大化时，在决定相对价格时会产生决策成本，管理层需要对定价决策进行监管，由于管理层的时间有限，定价决策成为诸多管理问题中的一个竞争性因素。因此，管理层根据其对定价问题的重视程度来赋予定价决策时间，依据交错调整价格方式对产品价格进行调整。

二、新新古典综合派的特征

新新古典综合的特征主要有二：第一，把跨期优化和理性预期引入到动态的宏观模型中（新古典和实际经济周期）。第二，把跨期优化和理性预期引入到新凯恩斯主义的不完全竞争假设和有成本的价格调整模型假设中。这意味着货币政策在短期内并非中性的，可以通过实际利率的变化对总需求施加很强的影响。跨期替代的一般均衡克服解决了过去各流派所强调的短期与长期的问题，而在计量经济学、经验研究上趋向一致，构建了有微观基础的宏观经济学模型。

三、新新古典综合派的宏观经济模型

新新古典综合派的宏观经济模型为：

$$x_t = -\theta \left[i_t - E_t \pi_{t+1} \right] + g_t \tag{7-1}$$

$$\pi_t = \lambda x_t + \beta E_t \pi_{t+1} + \mu_t \tag{7-2}$$

$$i_t = (1-\rho)[\alpha + \beta \pi_t + \gamma x] + \rho i_{t-1} + \varepsilon_t \tag{7-3}$$

x 表示 t 时期的产出缺口，π 表示通胀，i 为名义利率，$E_t\pi_{t+1}$ 是预期通货膨胀率，θ 是实际利率的参数，g 为扰动项；λ 是产出缺口的参数，β 是预期通胀率的参数，α 是稳态下的名义利率，ρ 反映利率的参数，γ 与稳态产出相关的参数。（7-1）式表示总需求曲线，（7-2）式表示菲利普斯曲线，（7-3）式表示 LM 曲线。

与传统的 IS—LM 模型相比，一是新模型把 LM 曲线替换为具有利率货币规则的 LM 曲线，即为（7-3）式。这是对传统 IS—LM 的改进，利率不仅决定于上期利率，也与当期对通货膨胀的预期和产出缺口有关，由（7-1）式可知，当期产出缺口与下期的通货膨胀具有正相关关系。二是在新的 IS 曲线中，产出既依赖期望产出，也依赖利率。三是在新的菲利普斯曲线中，增加了对通货膨胀的未来预期，而不是仅仅对当前通胀的预期。新菲利普斯曲线在微观基础上说明通胀与产出的关系。政策制定者应该根据现实产出与潜在产出之间的偏离，制定宏观经济政策，调节宏观经济，使得现实产出尽可能地接近潜在产出。

新新古典综合模型把"加成"作为定价决策的核心。根据模型，只有当产品需求条件或成本极大地或持续性地偏离灵活价格利润最大化加成时，厂商才决定考虑改变产品名义价格。例如，相对于其浮动价格利润最大化加成，如果更高的名义工资或生产率增长较低，那么厂商将提高名义价格。另一方面，相对于利润最大化的价格，如果更低的名义工资或更高的生产率增长会提高实际的加成，厂商就会考虑降低产品名义价格。

新新古典综合派描绘出了劳动力供给和厂商加成系数之间的倒数

关系。凯恩斯主义认为就业取决于总需求，总需求扩大，名义工资增加，就业量增加。由于价格水平几乎保持不变，更高的名义工资提高了实际工资。古典经济学认为劳动供应与总需求无关。实际经济周期理论提出，家庭在一定预算约束下，劳动力的供应和消费以及实际工资存在着数量关系，即家庭行为的欧拉方程。在消费给定情况下，劳动力供给和实际工资之间存在倒数关系。厂商加成系数增加，劳动供给减少，产品价格提高，产量没有增加，造成社会福利损失；厂商加成系数降低，劳动供给增加，但厂商的利润最大化原则会受到影响。因此无论是厂商的加成系数还是家庭的劳动供给之间都存在一个稳态的常数。在稳态时，家庭的闲暇行为造成了类似货币主义所指出的自然失业率状态，而厂商稳态的加成系数也就是使经济保持在潜在产出上。从这个意义上说，厂商的价格是可变的，厂商调整价格的目的在于使总需求和生产率对就业的影响达到中性化。因此从新新古典综合派的角度来讲，总需求的波动影响到实际工资的变动，并进而影响到就业和产出的波动。

货币政策在短期内是有效的。价格高于边际成本，在短期内，总产出受到总需求的影响并决定于总需求，否则厂商在给定价格水平面临需求扩张时，就缺乏增加生产的激励。这也就是说在厂商不能对价格作出调整时，导致厂商的定价不能达到利润最大化。

第三节　新新古典综合派理论的货币政策

一、货币政策目标：控制通货膨胀

新新古典综合派的货币政策目标是控制通货膨胀。这个学派阐明了货币政策为什么优先考虑通胀预期。当央行的政策不能控制日益上升的通胀，厂商会按照高通货膨胀率调整价格，增强对通货膨胀的恐惧心理。阻止通胀恐惧传递到实际通胀的唯一方式，是采取足够紧的货币政策。从紧的政策会造成总需求不足，从而削弱劳动市场，抑制工资相对于通胀的增加，创造通缩的力量。短期内存在着实际产出与潜在产出偏离的可能性，这为货币政策留出了余地，货币政策既可以影响总需求，可以稳定就业和通货膨胀。

新新古典综合派明确指出，稳定的通货膨胀率也使就业保持稳定。物价稳定，厂商能够灵活地持续地调整价格，实现利润最大化；控制通货膨胀的货币政策创造厂商实现利润最大化的经济环境，使实际产出与潜在产出保持一致，进而稳定就业。

新新古典综合派认为，即使长期内并不存在通胀和实际经济活动的交替，然而，由于经济中暂时的名义刚性，货币政策在短期内是有实际影响的。货币政策可以减少由于价格摩擦所带来的成本，有利于经济稳定。

二、货币政策新共识

新新古典综合派的货币政策新共识为：可以通过利率政策遏制通货膨胀。经济中存在着一个与自然率相对应的均衡利率，在这个利率水平上，总供给和总需求可以在潜在 GDP 水平上达到平衡，也即最优状态（不存在产出缺口）。菲利普斯曲线长期是垂直的，与潜在产出保持一致，也即与非加速通货膨胀率保持一致，通货膨胀和失业之间并不存在长期的交替关系。生产率的高低决定了经济在全面就业（自然失业率）上的均衡利率。潜在产出决定于生产函数，扮演着中心的作用。劳动力的增加和技术进步率都对长期经济增长有影响。中央银行政策所确定的利率为外生利率。货币政策中的利率政策，长期是中性的，对实际变量没有影响，只影响到名义变量（通胀）。总需求的变化可以促使实际产出偏离潜在产出，如以财政政策使得短期利率偏离均衡利率，货币政策应将货币供应调整到交易需要的水平上，货币是内生的。此时，货币政策目标是保持价格稳定，防止出现通货膨胀，可以防止因价格波动对经济产生的扰动作用。

在新新古典综合派的模型中，货币政策不仅通过利率调整发挥作用，而且也通过"中央银行如何对未来利率调整的信念而改变，因为家庭和厂商都具有前瞻性预期"。货币政策是根据经济状态调整利率，目标是社会福利最大化。为此，中央银行应力图使产出和通胀与目标水平的偏离的平方和达到最小，即社会福利最大化不仅要求产出缺口达到最小，而且通胀水平达到最低。相应地，货币政策的作用，就是消除短期到中期通货膨胀的信号以及对通货膨胀的期望，从而促进经济向正常的自然的方向发展。从长期看，经济发展是独立于货币政策的。换言之，就短期而言，货币政策是非中性的；就长期而言，货币政策是中性的。

第四节　影响和评价

一、新新古典综合派理论对西方经济学的影响

新新古典综合派理论对西方经济学理论有所突破，主要为：提出宏观经济的社会福利问题、菲利普斯曲线的微观表达法、重构总需求函数等。

（一）宏观经济社会福利问题

新新古典综合派通过通货膨胀定标的方式重新提出了社会福利的问题。这个学派的模型具有微观基础的跨时最优化家庭和厂商的选择，自然再次引申出西方经济理论中所强调的福利问题。以往的宏观经济理论对福利很少提及，而该理论分析了社会福利，这是宏观经济学领域的新尝试。在微观经济理论和宏观经济理论的统一方面有了可喜的新进展。

（二）菲利普斯曲线的微观表达法

新新古典综合派修正了菲利普斯曲线，为菲利普斯曲线提供了微观表达法。它保留了传统曲线的两个基本因素，一个是通货膨胀，另一个是经济实际情况的衡量。该理论认为在厂商的利润最大化选择上

有一个平均加成系数，厂商实际加成系数对平均加成系数的偏离造成对利润最大化的偏离，加成系数低，表明劳动边际成本乃至平均成本高，厂商调整价格，会产生通货膨胀。而加成系数高，则表明边际产品高于实际工资，会产生劳动供应减少。

长期内并不存在失业和通胀之间的交替，长期的菲利普斯曲线是垂直的，意味着不管通货膨胀有多高，经济会滞留在自然失业率状态。自然失业率由劳动市场和产品市场的结构决定。如失业的人是否容易找到工作，技术进步是否创造了新的产业和就业岗位，并正在削减和减少其他就业岗位。这些经济结构特征是不受货币政策约束的，央行试图使失业率低于自然率的努力注定是无效的，如此的措施只能导致更高的通胀，长期内降低经济产出和家庭福利。

产出稳定和通胀稳定是可以相互促进的。对总需求的逆向冲击，如消费信心下降，使得家庭削减支出，进而导致实际产出相对于潜在产出下降，经济增长速度下降，导致未来通胀下降。此时，央行将采取扩张性政策防止通胀下降，扩张性政策导致需求增加，促使产出回归到潜在产出水平，通胀回到价格稳定水平。稳定产出就等于稳定价格，反之，稳定价格就是稳定产出。

（三）重构总需求曲线

在解释总需求函数时，新新古典综合派强调了行为的前瞻性，货币被视作具有内生性，与实际经济活动密切相关，提出当前收入与期望的未来收入和实际利率之间的关系。在货币政策上更多地采用了泰勒货币规则，突出了货币政策选择上的规则性和约束性，构造了名义利率与两个缺口（一个缺口是产出缺口，另一个缺口是通货膨胀缺口）之间的关系，货币政策当局关注实际通货膨胀与目标通货膨胀之间的缺口。

二、对新新古典综合派的评价

新新古典综合是宏观经济学众多流派激烈争论的产物。这个学派努力将新凯恩斯主义、新古典宏观经济学、实际经济周期理论等理论以及货币主义的一些因素综合在一个统一的框架内来解释经济问题，力求创造出一个能取得经济学界共识的新理论体系。

新新古典综合派的核心要素是跨期优化、理性预期，也即以实际经济周期理论的模型为核心模型，接受新凯恩斯主义的垄断竞争假说，避免价格弹性和价格刚性的争论。

新新古典综合派吸纳了货币主义所提出的自然失业率假说：长期的菲利普斯曲线在自然失业率水平是垂直的，但短期内却是倾斜的。这样为政策发挥作用提供了空间：货币政策的核心是获得或保持低通胀的信誉，低通胀降低预期利率，刺激私人投资，促进经济持续增长。

新新古典综合派认为保持低通胀即价格稳定具有明确的含义：超出一定水平的通胀对经济效率乃至长期的经济增长均有不利的影响：高通胀给家庭和厂商提供了错误的价格信息，扭曲了消费和投资决策，导致社会资源配置低效率；央行向公众承诺将保持较低的通货膨胀率，价格水平的稳定，厂商才能灵活地对产品价格进行调整，通过灵活地调整价格，实现利润最大化。价格稳定可以使经济保持在潜在产出水平上，消除了凯恩斯主义者所关注的价格粘性所造成的货币摩擦，以及总需求波动所带来的就业的波动。低通胀还改善了经济社会的福利。

新新古典综合派阐明了货币政策为什么优先考虑通胀预期。当央行的政策不能控制日益上升的通胀，厂商会按照高通货膨胀率调整价格，增强对通货膨胀的恐惧心理。阻止通胀恐惧传递到实际通胀的唯一方式，是采取足够紧的货币政策。从紧的政策会造成总需求不足，从而削弱劳动市场，抑制工资相对于通胀的增加，创造通缩的力量。短期内存在着实际产出与潜在产出偏离的可能性，这为货币政策留出了余地，货币政策既可以影响总需求，还可以稳定就业和通货膨胀。

新新古典综合派明确指出，稳定的通货膨胀率也使就业保持稳定。物价稳定，厂商能够灵活地持续地调整价格，实现利润最大化；控制通货膨胀的货币政策创造厂商实现利润最大化的经济环境，使实际产出与潜在产出保持一致，进而稳定就业。

新新古典综合派的货币政策新共识认为，可以通过利率政策进行遏制通货膨胀。经济中存在着一个与自然率相对应的均衡利率，在这个利率水平上，总供给和总需求可以在潜在 GDP 水平上达到平衡。货币政策中的利率政策，长期是中性的，对实际变量没有影响，只影响到通胀等名义变量。总需求的变化可以促使实际产出偏离潜在产出，此时，货币政策目标是保持价格稳定，防止出现通货膨胀以及价格波动对经济产生的干扰，稳定经济。

第五节　借鉴和应用

一、新新古典综合派对中国的借鉴意义

新新古典综合派关于政府货币当局应该执行中性的货币政策的主张对中国制定货币政策有借鉴意义。新新古典综合派兼顾总需求和总供应的因素，承认存在着潜在产出趋势的波动，将对潜在产出由静态转为动态。中性货币政策就是使利率水平能够适应潜在产出的趋势变化、尽力缩小实际产出和潜在产出之间差距的政策。实施中性的货币政策，既不会造成通货膨胀，也不至于产生通货紧缩。

通过货币政策调整引导企业实现货币政策目标。利率等货币政策的调整使货币量能与潜在产出保持一致。厂商的最优决策就是随着时间推移把成本加成系数保持在大致与利润最大化的成本加成系数水平上。在利率、生产率冲击等外部因素作用下，生产厂商的加成系数会发生改变。利率提高，家庭减少当前消费，增加劳动供应，就业和产出提高，但对厂商而言，边际成本降低，加成系数增加，没有提高产品价格的冲动，不会造成通货膨胀。利率降低，家庭增加当前消费，减少当前劳动供应，造成实际边际成本增加，厂商加成系数下降，不能满足利润最大化条件，造成垄断厂商有提高产品价格的激励。只有

当前和未来的加成系数与利润最大化时的加成系数保持一致时，才不会发生通货膨胀。

中央银行货币政策的可信度是重要的。货币政策可以通过名义利率的调整进而影响实际利率，而通货膨胀是影响名义利率转化为实际利率的一个主要因素。一旦通货膨胀不可控时，中央银行控制实际利率的能力就会大打折扣。实际利率的升高提高了以未来消费来表示当前消费的机会成本，最优的家庭行为是减少当前消费，从而压低当前的总需求。总需求的下降与当期的实际工资下降是一致的，厂商的产品价格下降；反之，则相反。因此，新新古典综合派认为利率政策的可信度是最为根本的问题。

二、新新古典综合学派在中国的应用

2008 年国际金融危机后，面对世界经济下滑和发达市场经济国家宽松的货币政策，中国央行迅速实施了宽松的货币政策刺激经济，同时，人民币持续小幅度升值，导致人民币与国际游资"棘轮效应"：人民币升值导致豪赌人民币升值的国际游资涌入，进而外汇储备和外汇占款增加，国内货币供给增加，外汇储备增加和通货膨胀压力持续增大。同时，人民币利率提高，增强了人民币升值与国际游资的"棘轮效应"，加剧了通货膨胀和外汇储备增加。与此同时，应对美国量化宽松的货币政策，欧洲、日本和其他国家政府的应对策略是：以其之道还治其身，进而导致全球出现"击鼓传花"式的宽松货币政策。

2013 年以来，随着国际经济复苏，中国经济增长速度放缓，同时出现产能过剩和投资增速下行、货币供应量大幅度增加和外汇储备居高不下等问题，中国央行（中国人民银行）潜移默化地应用了新新古典综合派的货币中性理论，借鉴欧洲、日本等国应对美国量化宽松的策略，中国人民银行从过度宽松的货币政策转向中性的货币政策，让人民币汇率在双向浮动中贬值，逐渐地降低央行基准利率和银行存款准备金率，刺激经济增长，强化货币政策的自主性。

第 二 篇

自由经济思潮

第八章　芝加哥经济学派^①

芝加哥经济学派兴起于 20 世纪 70 年代，是指以长期在芝加哥大学任教的学者，遵循以经济自由主义思想和达尔文主义为基本宗旨而构建的，以崇尚自由主义市场经济、坚信市场经济的自我调节功能的，坚持市场机制在经济生活中的基础性作用的学者们组成的一个西方经济学流派。芝加哥经济学派是第二次世界大战后最大和最有影响的新自由主义学派，甚至有经济学家认为，在狭义上，芝加哥学派等同于新自由主义经济学。

芝加哥学派具有两个重要的理论特征，即坚持经济自由主义原则和实证分析方法。具体来说即：一是长期坚持以新古典经济学的分析框架作为其基本的分析框架，坚持企业的生产效率是市场结构和市场绩效的决定性作用。二是倾向于采用基于结果导向型的部分均衡分析的分析方法。

芝加哥经济学派的学者还将相关的经济学推理逻辑和方法广泛地应用于社会科学的其他领域。因此，其常被称为"经济学帝国主义"。诸如，芝加哥经济学派将经济分析应用于政府产业规制的分析，创立了规制经济学，将经济分析理论应用于分析家庭的教育年限的决定、家庭的生育状况的决定等多种传统的社会学现象。再如，布坎南所开创的公共选择学派在广义上也属于芝加哥经济学

---

① 芝加哥学派最早指 20 世纪初至 30 年代，围绕芝加哥大学社会学系形成的社会学学派。国内外也有很多学者把二者混用，用芝加哥学派代指芝加哥经济学派。

派，因为其相对独立、篇幅较大而又很重要，所以在本书中单列为第十二章。

第二次世界大战后，芝加哥经济学派对其核心的分析方法进行了进一步的拓展。从宏观层面而言，卢卡斯建立了居于理性预期和微观基础的宏观经济学的分析框架；从微观层面而言，贝克尔建立了围绕分析家庭的结婚、生育子女等为基础的家庭经济学。

芝加哥经济学派长期倡导的微观分析以及基于微观基础建立的宏观分析，以及围绕理性预期构建的货币政策等政策主张对于宏观调控政策具有重大的影响，而且很好地阐释了各种微观的社会现象，推动了各种社会政策的改进。

剩男在农村，"小芳"去哪了？

国家卫生计生委 2015 年 5 月 13 日召开新闻发布会，公布《中国家庭发展报告 2015》。报告显示，未婚男性多集中在农村地区，且分布在各个年龄组；而未婚女性更多集中在城镇地区。《报告》指出，在我国城乡差别较大、人口流动的背景下，加上人们在择偶过程中的婚姻梯度选择，婚姻匹配的矛盾将不可避免地发生转移。

树上的鸟儿成双对，绿水青山带笑颜。脍炙人口的曲调背后，是人们对婚姻幸福生活的期待。在那个视金钱如粪土的时代里，即使居住在寒窑里，爱情依然是苦也甜的。而如今则不同了，婚姻的价值观发生了变化，婚姻和金钱的价值画上了等号。剩男多在农村，剩女多在城镇。①

---

① 郭元鹏：《剩男在农村，"小芳"去哪了？》，南海网，2015 年 5 月 15 日，http：//www.hinews.cn。

第一节　芝加哥经济学派的形成

一、芝加哥经济学派的兴起

芝加哥经济学派始于 20 世纪 20 年代，1950 年之后，芝加哥大学开始成为新自由主义的根据地。

（一）早期芝加哥经济学派

早期的芝加哥经济学派历时超过半个世纪——从芝加哥大学成立的 1892 年至 20 世纪 40 年代末。芝加哥经济学派的鼻祖是弗兰克·奈特、雅各布·维纳和亨利·西蒙斯。早期的芝加哥经济学派均是新古典价格理论的信奉者。

20 世纪 40—50 年代，奈特共同体的组建成为芝加哥大学的焦点。这个团体以奈特为中心，由当时的弗里德曼、斯蒂格勒、艾伦·沃利斯等年轻人和明茨、迪莱克特和西蒙斯等年长人士共同组成。

（二）现代芝加哥经济学派

在 20 世纪 50—60 年代，以弗里德曼、斯蒂格勒等人为代表的芝加哥经济学派掀起了所谓的"新自由派"的运动。他们将新古典的经济学分析方法广泛、深入地应用于货币理论、人力资本理论、产权理论、公共选择理论等多种经济理论。在芝加哥大学任教和学习的弗里德曼、贝克尔、科斯、诺斯、布坎南、塔洛克等经济学家均在这些分析方法的基础上作出自己的理论拓展。

第二次世界大战之后，芝加哥经济学的研究范围扩展到了传统的教义范围以外。贝克尔的家庭经济理论（微观经济学）和卢卡斯的理性预期理论（宏观经济学）是这方面的两个典范。

贝克尔和卢卡斯对芝加哥传统教义的新发展仍然是对芝加哥经济学派核心理论的一种继承。具体而言，传统经济理论总是假设制度和行为是"给定"的，假定制度和行为是生活中不可知的方面，是非理性经济行为的结果。然而，贝克尔和拉卡斯这些人的新理论抛弃了

"给定"的假设，将基本经济理论运用到解释制度和行为中去，这实际上是对基本经济理论的继承和一致的发展。

二、代表人物和代表著作

（一）早期芝加哥经济学派的代表人物

弗兰克·海尼曼·奈特（Frank Hyneman Knight），芝加哥经济学派创始人，20世纪最有影响的经济学家之一，也是西方最伟大的思想家之一，他对于经济学发展和经济分析方法的创新作出了多方面的杰出贡献。作为一名教师，他培养出了像弗里德曼、斯蒂格勒和布坎南这样著名的经济学家。奈特也是美国经济学界最具权威性的人物之一，1950年他被推选为美国经济学会会长，1957年获弗朗西斯·沃尔克奖章（Francis Volcker Medal），这是美国经济学会的最高奖。

奈特的研究集中于新古典价格理论的基础概念，他试图阐明和改善新古典价格理论的逻辑结构。主要著作：《风险、不确定性和利润》（1951）、《经济组织》（1933）、《经济秩序与宗教》（1945）。尤为难得的是，奈特对经济学家的作用有清醒的认识，他经常告诫公众，经济学家的知识是有限的，其预测的失误是不可避免的。

维纳则将价格理论广泛地应用于其他经济学领域，例如将标准价格理论推广应用于国际贸易以及与货币理论有关的问题。

西蒙斯则最早提出了关于货币政策的基本规则。货币政策的最优"规则"应该是保持全社会的价格综合指数的稳定。这一观点正是后来的关于"货币供给以一个稳定的速度增长，如年均3%或者4%"的政策建议的直接来源。

（二）现代芝加哥经济学派的代表人物

米尔顿·弗里德曼（Milton Friedman），美国当代最重要的经济学家之一，也是现代货币经济学（详见第九章）的代表人物，以研究宏观经济学、微观经济学、经济史、统计学及主张自由放任的资本主义而闻名，1976年因为在消费分析、货币供应理论及历史、稳定政策复杂性等范畴的贡献而获得诺贝尔经济学奖。在经济学理论上有三大贡献：现代货币数量论、消费函数理论、"自然率假说"理论。

他的政治哲学强调自由市场经济的优点，并反对政府的干预，并且对 20 世纪 80 年代开始美国的里根以及许多其他国家的经济政策都有极大影响。弗里德曼影响巨大，是开创新时代的电视经济学家，在 1980 年曾主持电视节目《选择的自由》，其后与妻子罗丝·弗里德曼把节目内容合写成书，同时他亦在《新闻周刊》撰写专栏。其主要著作包括：《消费函数理论》（1957）、《美国货币史：1867—1960》（1971）、《价格理论》（1976）。

乔治·斯蒂格勒（George Joseph Stigler），美国经济学家，经济学史家，曾任美国经济学史学会会长，1982 年诺贝尔经济学奖得主。他是芝加哥大学博士，曾任职于爱达荷大学、明尼苏达大学、布朗大学、哥伦比亚大学、芝加哥大学。他长期从事有着鲜明经验主义导向的研究工作，涉及的范围非常广泛，其中尤以在市场活动研究和产业结构分析中所作的贡献最为重要，他的成就确立了他在市场及产业结构应用研究中的领导地位。他的研究工作之一是调查经济立法如何影响市场，对经济立法效力的研究促使管制立法的产生，并为经济学研究开创了一个全新的领域。他被公认为是"信息经济学"和"管制经济学"的创始人，同时也是经济学和法学交叉研究的带头人之一。主要著作有：《工业价格的行为》（合作，1970）、《现代人和他的公司》（1971）、《公民和国家》（1975）、《现代人和他的公司》（1971）、《公民和国家》（1975）、《作为传道士的经济学家，及其他论文》（1982）。

加里·S. 贝克尔（Garys Becker），芝加哥大学教授，知名经济学家和社会学家，最著名的经济学帝国主义者。1951 年在普林斯大学获经济学学士学位，1955 年获芝加哥大学经济学博士学位。他的博士论文《歧视经济学》在当时是一篇富有首创性的重要经济学论著。但由于他的论题（对歧视的经济分析）和研究方法（试图计量"非货币"因素对市场运行的影响）在当时过于超前，以至于过了两年芝加哥大学出版社才发表了他的博士论文。

他著述颇丰，主要论著有：《歧视经济学》（1957 年初版，1971）、

《生育率的经济分析》(1960)、《人力资本》(1964)、《人类行为的经济分析》(1976)、《家庭论》(1981)。在这些论著中,《生育率的经济分析》是当代西方人口经济学的创始之作;《人力资本》是西方人力资本理论的经典,是席卷60年代经济学界的"经济思想上的人力投资革命"的起点;《家庭论》1981年在哈佛大学出版社出版时被该社称为是贝克尔有关家庭问题的一本划时代的著作,是微观人口经济学的代表作。因而,这三部著作被西方经济学者称为"经典性"论著,具有深远的影响。此外,西方经济学者把贝克尔的时间经济学和新的消费论称为"贝克尔革命"。贝克尔还在其名著《人类行为的经济分析》一文中给慈善从经济学角度下了如下定义:如果将时间与产品转移给没有利益关系的人和组织,那么这种行为就被称为"慈善"或者"博爱"。

罗伯特·卢卡斯(Robert Lucas),美国经济学家,芝加哥大学教授。他是理性预期学派的开创者,也因此成为1995年诺贝尔经济学奖得主。他倡导和发展了理性预期与宏观经济学研究的运用理论,深化了人们对经济政策的理解,并对经济周期理论提出了独到的见解。他的代表著作有很多,包括:《论经济发展的机制》(1988)、《理性预期与经济计量实践》(1981)、《经济周期理论研究》(1981)、《经济周期模式》(1987)、《经济动态学中的递归法》(1989)、《1929—1958年美国制造业中劳动力与资本的相互替代》(1964)、《最优投资政策与灵活加速器》(1967)、《调整费用与供应理论》(1967)、《实际工资、就业与通货膨胀》(1969)、《投资与不确定性》(合作,1974)、《经济计理政策评估:一项评论》(1975)、《论商业企业的规模分布》(1981)、《纯粹货币经济中的均衡》(1980)、《托宾与货币主义:评论文章》(1981)、《优化投资与理性预期》(1981)、《资本缺乏经济中的最优财政与货币政策》(1983)、《金融理论中的货币》(1984)、《流动性与利息率》(1990)、《论效率与分配》(1992)、《有效就业保障简化模式中的效率与均等》(1995)等。

第二节　芝加哥经济学派的主要理论

芝加哥经济学派坚持自由市场和价格机制在经济运行中的决定性作用，并坚信在通常情况下，两者是社会组织生产和经济活动的最有效、最必需的方法。

芝加哥经济学派有着共同的信念，即价格机制是成功解决经济问题的关键因素，他们坚信新古典价格理论的分析能力和预测能力，并使用"价格"这个概念理解和解释范围广泛的经济社会现象。奈特不断强调，新古典主义的价格理论作为任何架构的一个不可缺少的组成部分，是正确认识经济问题的基本路径。

第二次世界大战之后，新古典主义的价格理论逐渐成为芝加哥大学经济学家的主流方法。芝加哥经济学派的经济学帝国主义（对其他学科的渗透，如对家庭的研究）是新古典价格理论具体应用的表现。

一、货币理论：货币是中性的

弗里德曼将货币需求看作现金余额需求，人们需要现金余额是因为他们能够为持有者提供效用。这些决定货币需求的因素包括：

（1）总财富。所有形式存在的总财富，包括人力资本，能够以持久收入作为最佳度量尺度。随着居民财富或持久收入的提高，其愿意以现金形式持有的货币数量同样也会提高。

（2）持有现金的成本。决定货币需求的第二个主要因素是持有现金的成本，随着持有成本的上升，居民将持有较少的现金货币。而持有现金货币的成本同利率、预期通胀率和价格水平密切相关。

（3）偏好。决定货币需求的第三个主要因素是居民持有和使用现金的偏好或基本态度。弗里德曼认为，居民持有货币的偏好在一定的空间和时间跨度上会保持相对固定。

综上可知，弗里德曼认为货币需求数量与居民持久收入水平和价格水平的变化呈正相关关系，而与预期通货膨胀率呈负相关关系，对利率关系则不明确。

弗里德曼认为货币需求在短期内是相对稳定的。中央银行控制着一国的货币供给。一国货币供给的增加必将会促使居民所持有的现金余额，超过其所希望持有的数量，居民必将消耗掉这些过多的交易资产。然而，居民花掉他们的现金余额的行为必将导致整个社会对产品和服务需求的增加，进而带来全社会总体的总产出、总的价格水平的提升。长期而言，经济在其自然就业率和产出率水平运行，因此，货币供给增长只会引起价格上升。随着物价水平的上升，居民希望持有额外的货币来购买商品，因此，居民的货币需求也会增加。最终，货币供给与需求重新恢复平衡。但从全社会而言，其只是导致了一个更高价格水平的均衡。

在《美国货币史：1867—1960》中，弗里德曼和施瓦茨认为失当的货币政策是美国 20 世纪 30 年代大萧条的主要原因。在大萧条期间，美国的货币当局采取了高度紧缩的货币政策，这导致美国的货币数量下降了 1/3，而且其认为这种下降并不是经济内生性产生的，即缺乏愿意提供贷款的金融机构，而是由于联邦储备系统强制基础货币数量的急剧下降，没有为货币市场提供足够的流动性。弗里德曼认为 20 世纪 30 年代的大萧条是美国货币政策失当的有力证明。他认为，是货币政策不充分导致了当时的经济大萧条[1]。

弗里德曼同时认为，自然失业率是指当实际通货膨胀率水平与预期通货膨胀率相等时，整个社会产生的失业率。因此，当货币当局的货币供给量能够产生一个高于通胀预期的实际通货膨胀率时，整个社会的失业率才能够降到自然失业率水平之下。但是，如果人们对货币当局的通胀调节预期发生变化之后，整个社会将会重新回到自然失业率的水平。

除弗里德曼之外，另一位芝加哥经济学派的代表人物卢卡斯同样

---

① 付佳、李云福：《奥地利学派与芝加哥经济学派关于大危机理论分歧及其原因分析》，《现代经济信息》2013 年第 6 期。

坚持货币数量论的古典主义的基本观点：货币数量不会对实体经济变量产生影响，其只会使得整个社会的价格水平产生变化。因此，货币中性是芝加哥经济学派的基本共识。

二、理性预期：政策是无效的

卢卡斯强调市场主体会反省他们过去的错误，能够充分利用和加工处理其获得的所有信息，并且能够避免各种规则之外干扰的情况，预测未来的价格水平。因为人们能够准确预知扩张性财政政策与货币政策将会推动价格上涨，所以当政府采取上述措施时，居民会形成新的价格预期。资源市场和金融市场则会迅速作出相应的调整，工人们会要求得到更高的名义工资，原材料价格也会提高，贷出货币的人会提高其名义利率。整个社会经济人对价格上涨的预期产生连锁和及时的调整，最终这些调整使得政府和中央银行的扩张性财政政策与货币政策无效。

三、人力资本理论

（一）贝克尔的人力资本理论

贝克尔认为：一个人如何作出是否上大学的决策，是一个人力资本投资与预期收益的决策。如果一个高中毕业生不去上大学而直接参加工作，可以获得收入。如果一个高中毕业生去上大学，其成本包括：直接成本（学费和书本费）和间接成本（在受教育期间所放弃的收入）。当其毕业时，她或他将会获得比仅有高中学历的人更多收入。一个人决定是否进行人力资本投资时，其必然需要考虑投资人力资本所获得的收益，即，上述两种收入流之间的差。如果前者超过后者，一个人应该进行人力资本投资。上述例子所揭示的基本原理适用于所有的人力资本投资决策，例如：一个工人迁移到新的工作地点的决策，一个企业为其工人提供在职培训的决策，其决策者都要衡量未来的收益与当前的成本。

贝克尔同样区分一般培训和专门培训的差异。一般培训不仅仅是提高工人们在他们当前工作中的生产力，而且提高他们将来可能从事其他就业时的边际生产力。专门培训则只能够提高其当前所在公司的生产效率。因此，针对不同类型的培训，企业和工人均应该选择不同的应对和决策策略。

人力资本理论同样有助于解释一系列的社会现象：（1）收入通常随着年龄的增长而以一个递减的比率增长，并且增长率与技能水平具有显著正相关关系；（2）拥有较高技能水平人其失业的概率往往相对较低；（3）年轻人更倾向于接受教育和在职培训；（4）拥有较高能力的人更倾向于获得更多的教育和培训。人力资本理论为经济学家思考发展、收入分配、劳动力时间分配等一系列的经济和社会发展问题提供基本的分析基础和分析视角。

（二）舒尔茨的人力资本理论

舒尔茨在美国经济学学会上发表了题为《人力资本投资》的演讲。其对人力资本观点做了系统的阐述。舒尔茨分析了传统经济理论不能解释许多国家经济的迅速增长，他认为人力资本投资可以很好地解释这些现象。他认为人的素质的改善是促进这一国民经济增长的主要原因，并将人力资本的范围分为各级正规教育、在职培训、医疗保健、迁移投资、科研投资。人力资本投资的基本形式——教育。教育有助于提高一国的劳动者素质，而且其随着时间的增加，具有资本累积效应。随着未成年人平均受教育年限的提高，其进入成年会获得更多的收益。因此，他认为教育是一种投资品，对于低收入国家而言，教育的提高对于提升和推动整个国家的经济水平的快速发展具有显著的作用。他建议各个发展中国家应该加大公共教育支出，着重提升整个社会的人力资本水平。

四、农业经济学

舒尔茨强调提高农业的收益水平，激发农民的积极性才是改变农业生产状况、改变农村状况的关键，他认为教育投资对于提高农业生产效率和农业现代化水平具有至关重要的作用。舒尔茨认为人力资本在农业发展中具有重要的基础性作用；鼓励提高和投资公共教育是提高农民收入前景和福利水平的最重要的途径[①]。

他认为农村公共教育在人力资本投资中至关重要，通过发展农村公共教育，提高农民的人力资本水平可以大大降低推广农业技术的成本，提升农业生产效率，也更有利于推动农业现代农业。舒尔茨强调人的素质——教育、健康、经验和新知识新技术，才是提高生产力的因素。人接受的学校教育、个人的健康状况、现代化的生产经验是比土地更为重要的生产力因素。

五、时间配置理论

贝克尔强调，同其他物质一样，时间也是稀缺的且具有价值。人们用于消费一件产品的时间就不可能用于其他用途。因此，人们在作行为决策时不仅仅会考虑产品的"完全成本"和"完全价格"。一方面，人们购买一件商品付出的价格不仅仅包括购买商品的市场价格而且包括消费该商品所付出的时间成本。诸如：随着人们生产效率提高、收入的增加，人们在生产时间和消费时间之间的相对机会成本会发生变化，人们的消费方式也会发生变化，他们会从时间密集型产品转向产品密集型商品。随着收入的增加，人们更倾向于通过高科技短时间去实现传统需要长时间自然过程才能完成的事情。例如，人们外出吃饭的消费增加而在家做饭次数的减少。另一方面，随着家庭生产效率的提高，一对夫妇在劳动市场获得收入的提高，家庭中生产效率较低的一方可能更倾向于做全职家庭主妇（夫）。这类家庭也更倾向于生育较少的子女。

六、家庭经济学

家庭经济学是指用经济学的基本理论米研究分析两个人结婚组成一个家庭的行为。

---

① 樊继生：《舒尔茨与穷人经济学》，《管理与财富》2006 年第 10 期。

贝克尔认为家庭的福利最大化不仅仅包括物质方面的利益最大化，而且包括其他非物质层面的效应。当人们结婚、决定养育小孩时，家庭成员之间会分配工作，制订计划分配遗产，甚至决定离婚时，他们都是基于所涉及的成本和收益作出决定的。在现代社会中，时间变得尤为昂贵，包括抚育小孩所花费的时间。而且，孩子需要更多的教育和培训以获得所需要的技能，而这会进一步增加抚育小孩的费用。因此，现代社会出生率下降以及已婚夫妇自主选择更小的家庭，就不足为奇。

婚姻中一个重要的问题是劳动分工。在一个家庭内部，家庭成员根据其比较优势分配各自的职责。拥有最高劳动收入的人来从事市场工作，而家庭生产效率较高的则从事家庭活动。

贝克尔认为，生育小孩对家庭来说是一项投资，也是一项消费。其完全依赖于家庭的收入状况和社会福利状况。一个家庭生育子女的成本不仅包括抚养小孩生活所需要的衣、食、住、行、教育、医疗等各种支出，而且包括抚养子女付出时间的机会成本。对于年龄较小的孩子来说，需要付出的时间精力更加多。因此家庭抚养子女需要付出的机会成本更多。因此，相比于农村，城市抚养子女的直接成本和机会成本均较高，因此城市家庭抚养子女的数目相对较少。此外，家庭从生育孩子中获得的效用不仅仅取决于孩子的数量，而且取决于孩子的质量。随着父母收入尤其是目前收入的提高，家庭更倾向于培育数量少但质量高的孩子。

在婚姻市场的匹配中，婚姻双方同样需要借助相关的信息去搜寻对方的信息，这种搜寻对方信息的过程同样需要付出时间和成本，为此，一个经济人需要在两者的收益和成本之间权衡，选择自己利益最大化的边界点。其实很多人在婚姻之前并不可能获得全部的信息，因此，当其婚姻中获得的信息增多时，对方信息的增多有可能使双方选择离婚。而且随着获取信息的逐渐增多，尤其是各种不幸消息的获得更加促使双方离婚。对于女性而言，随着女性收入水平的提高，其离婚的可能也会增加。显然，贝克尔在这一领域的研究是具有开拓性、开创性、启发性的，并且影响深远。

七、消费函数

弗里德曼在《消费函数理论》（1957）一书中指出，凯恩斯的消费函数过于简单。弗里德曼认为，一个家庭的消费是由持久收入而不是现期收入决定的。其将持久收入定义为：在一个若干的时期内，人们预期得到的平均收入。长期而言，人们通常位于一个相对稳定的生活水平，因此，暂时性和突发性的收入变化会导致收入水平的变动。居民的消费水平并不会因为政府的短期支出和投资行为的变化而作出调整。居民只会根据自己长期的收入水平的变化作出调整。这意味着当期的收入变动带来的消费变化小于凯恩斯主义经济学家认为的当期收入变动所带来的消费变动，一方面意味着实际的财政政策乘数较小，另一方面是凯恩斯主义夸大了经济的内在不稳定性。

八、信息经济学

乔治·斯蒂格勒最早提出信息是一种经济物品，获取信息的边际成本和边际收益决定了消费者获取信息的多少。尽管随着获得的信息越来越多，总收益会上升，但额外信息的边际收益会下降。相反，随着消费者获得越来越多的信息，获取额外信息的边际成本通常会上升。例如：交通和其他搜寻费用、获取信息所付出的机会成本以及由于推迟购买所牺牲的效用。理性的消费者最终会在获取信息的边际收益和边际成本相等时，停止搜寻新的信息。斯蒂格勒认为，在那一点上消费者获得最优数量的信息。因此，同一品牌的新车存在一组价格分布而不是单一的零售价格。消除这种价格变动所需的额外信息导致边际成本高于边际收益。

九、产业组织理论

芝加哥经济学派认为，市场只要不存在政府的准入限制，市场中各种不完全竞争和垄断行为只是一种暂时的非均衡现象。即使在高度集中的市场中，厂商之间的共谋和卡特尔协调可以获得短期的超额利润，但是长期而言，这种不均衡行为因为外来厂商的进入必然会消失。因此，芝加哥经济学派不关心市场的市场结构和厂商之间的竞争行为，他们更关心现行市场结构是否提升了整个经济的效率。

芝加哥经济学派反对政府对市场组织结构进行直接的干预和规制，但其强调对企业的市场行为进行直接的干预，以保证整个社会的效率最优化和消费福利的最大化。正如耶鲁大学法学教授罗伯特·博克教授所言：反托拉斯的目的是促进整个社会利用资源效率的提升，进而提高整个社会生产活动的效率，更大程度地满足消费者的生产和消费需求，最终实现整个社会的福利和效用最优化。

第三节　芝加哥学派的政策主张

一、货币政策

20 世纪 60 年代美国的滞胀使经济出现下滑，尼克松政府为了实现治理通货膨胀的竞选诺言，采用了货币主义的政策主张，控制政府开支，紧缩信用。美联储为了信用紧缩而采用了全部货币政策工具。同时，还采取了紧缩的财政政策，但这些政策并没有阻止经济的进一步下滑。

20 世纪 70 年代，为了治理经济衰退和失业，尼克松政府放弃了货币主义的政策，放松了货币指标的控制，结果出现了严重的通货膨胀。之后，美联储采取了积极的控制货币供给量的措施，使得美国的通货膨胀率得到有效的控制，为美国 20 世纪 90 年代以来的繁荣奠定了坚实的货币政策基础。这证明了芝加哥经济学派的货币政策在当时实际的试验中失败，美联储应该放弃使用相机抉择的货币政策而坚持每年根据长期、潜在的经济增长速度来增加货币供给。

二、行政干预最少的有限政府

芝加哥经济学派特别关心和强调发展中国家应成为鼓励"企业家个性"发展的国家。他们假定，具备企业家才能的人数在发展中国家和发达国家是相似的，强调发展中国家需要提供一种促进发展的社会环境。他们主张政府通过提供那些私人企业不容易获得的信息和数据来促进私人投资，认为可以通过教育、自由选择等措施来开放原来封闭的社会，这些措施可以鼓励人们流动，从而发现更多的经济机会。要形成这样的环境，要求将行政干预减少到最低程度，政府只需要提供一个鼓励履行契约的法律体系。

芝加哥经济学派也认识到市场机制作为经济增长工具的一些缺陷。第一个缺陷是市场机制所产生的收入分配模式可能是不公平的，第二个缺陷是市场机制可能对储蓄和投资无法提供足够的激励。

对此，芝加哥经济学派的观点认为，可取的做法是通过高利率来刺激储蓄，以及通过税收减免、补贴、低息贷款等方式来刺激投资。政府主导的投资是不可取的，因为这会培育一个既得利益集团，它对未来发展是有害的，会抑制技术变革。

三、规则确定的财政金融政策

芝加哥经济学派认为主张实施确定规则的财政金融政策，反对相机抉择的财政金融政策。他们认为，如果政府相机抉择的决策行为是符合经济规律的调节行为，那么具有理性预期行为主体的"经济人"是能够及时预期到政府的财政金融政策改变的行为的，因此，政府是很难有效实施政策并且对经济主体的行为产生有效的干预，进而对实体经济产生影响。如果政府实行不规则的调节政策，暂时可能对经济产生影响，但是同时也加大了经济主体对预期的不稳定性，进而加大了经济主体行为的不可预知性，甚至有可能加大整个经济的波动。

综上，芝加哥经济学派主张政府放弃对市场经济的逆向干预，强调市场机制在调节经济运行中的基础性作用，通过市场机制的调节保证经济的稳定。

四、自由竞争的产业政策

芝加哥经济学派坚持：市场结构和市场效率之间并不存在必然的因果联系，不能简单地将市场的无效率归结为寡头和垄断的市场结构。因此，芝加哥经济学派不主张对市场结构进行直接的干预，认为政府不必过度地对企业的兼并重组等行为进行严格的控制。

芝加哥经济学派认为市场结构是市场机制竞争的结果，主张古典主义的价格理论在产业活动中的基础性作用，是市场集中均衡运行的结果，政府不应该通过强制政策干预经济主体的选择行为，减少政府对市场不必要的干预，而是在保证市场秩序的条件下，鼓励市场主体自由地参与竞争，通过市场竞争力量保证市场主体的良性竞争。例如：企业大规模的生产和提高生产效率获得的高额利润，不能归结为企业的垄断行为，其实企业自身参与市场竞争，适应市场竞争的结果。政府不应该简单地根据市场份额等对企业进行直接的干预。

五、自由贸易政策

芝加哥经济学派坚持自由贸易观点，认为自由贸易将带来经济增长，从而促进发展中国家消除贸易障碍。事实则是，在发展中国家，国际贸易刺激了那些大量使用非熟练劳动力初级产品的生产，这些产品的需求是缺乏弹性的，结果是这些产业中发生的技术进步会把廉价生产的好处转移给进口国，发展中国家从中受益并不多。因此，发展中国家在贸易条件恶化的情况下，应该选择什么样的贸易政策，成为经济学界争论的一个问题。

第四节　影响和评价

一、影响

芝加哥经济学派坚持古典—新古典的动态竞争和标准价格理论传统，他们继承了弗兰克·奈特以来芝加哥大学传统的经济自由主义思想和社会达尔文主义的思想。其认为市场竞争过程就是市场力量自由发挥作用的过程，是一个优胜劣汰的"生存检验"过程。特别是反垄断分析的芝加哥传统是由阿伦·迪克西特开创的用标准价格理论解释搭售、专利许可，掠夺性竞争及零售价格维持现象。芝加哥经济学派对自由市场中竞争的力量持乐观态度，认为要消除经济生活中的竞争几乎是不可能的。用斯蒂格勒的话来说，竞争是一粒坚韧的种子，而非温室的花朵。

二、评价

芝加哥经济学派相信自由市场作为一种调配自由的手段是有效的，对政府干预经济事务持怀疑态度，强调货币数量是产生通货膨胀的一个关键因素。第二次世界大战以后，芝加哥经济学派的兴起打破了凯恩斯主义经济学一统天下的局面，其信奉的新自由主义理论对经济学理论和经济政策都产生了重大的影响。从理论上来看，芝加哥经济学派的影响主要体现在以下几个方面：

第一，对市场行为进行了精确的分析，从而捍卫了新自由主义经济学；芝加哥经济学派比其他任何学派都强调市场的自由放任，反对决策机制的集中，因此，他们高举自由主义的大旗，并义无反顾地反对政府干预。该学派认为，市场提供了一种比其他方法更为便宜、更为自由的组织经济活动和解决经济问题的路径，按照市场规律办事，效率更高、成本最低、政府需要做的事情最少，大家受到的约束也是最少的。芝加哥经济学派反对政府干预，认为政府应该摆正自己的位

置，其作用在于为市场作用的发挥创造良好的条件、为市场服务，扩大市场机制作用的范围，

第二，拓展了经济学的研究领域，从而推进了经济学的帝国主义趋势，他们不仅研究人类的市场行为，还把犯罪、婚姻、家庭、歧视等非市场行为都包括在他们的考察范围内；他们企图用经济学的基本命题和所谓"经济人"原则嵌入社会学以及政治科学，从而为经济学打开一片新的领地。从这一意义上说，芝加哥经济学派把市场经济和社会的意识形态基础很好地结合在一起，他们在拓展经济学疆域的同时，强调了健全法制体系的必要性，指出这是市场经济正常运行的前提条件。芝加哥经济学派的成员强调人们试图最大化他们福利的新古典主义原理，即，在进行决策的时候，他们从事最优化的行为。偏好趋于稳定而且与价格无关。人们总会尽可能作出理性选择，即使这种选择并不总是产生预期的结果。

第三，从微观经济学的原则出发，解释了宏观层次的社会和行为问题，芝加哥经济学派把古典的价格理论广泛应用于其他社会科学领域。其利用收益和成本分析来解释各种社会经济现象。按照芝加哥经济学派的观点，社会生活的每一个领域都适用于成本和收益的最优化分析。尽管社会行为在社会立法和道德体系内运行，并深刻受到两者的影响，但是社会法律和道德本身也是按照利润最大化的原则运行。在他们的分析框架下，最大化不仅仅意味着利润或者其他经济指标的最大化。以对政府的分析为例：政府在本质上与其他经济机构是一样的，其行为同样遵循利润最大化的原则，因此，同样适用经济方法分析，除政府行为之外，芝加哥经济学派将其分析扩展到了家庭行为、犯罪行为、婚姻行为等社会行为的一切方面。

第四，芝加哥经济学派通过"复活"费雪的货币思想而使其成为当时也有用的理论。20世纪70年代和80年代早期的快速通货膨胀将这个国家的注意力从凯恩斯主义所关注的主要问题——失业——转移到费雪和弗里德曼所关注的问题——通货膨胀上来，芝加哥经济学派认为通货膨胀和失业之间的长期替代关系只是个错觉，他们坚持古

典主义"二分法"的观点，即经济效率、价格稳定和自然的充分就业率是可以同时实现的。

第五，芝加哥经济学派过度强调了市场经济机制的作用，而忽略了市场机制的不完善性以及人的行为的复杂性和非理性，其行为并不能完全由市场机制自发调节和自发完善。此外，芝加哥经济学派忽略市场经济的广泛外部性，而过分地夸大了政府在经济生活中的消极外部性。

第五节　借鉴和应用

芝加哥经济学派的相关政策主张对于我国当代宏观经济政策的制定和实施发挥着重要的指导作用，它对中国宏观经济政策的实践主要体现在：宏观调控政策、教育制度改革、产业组织政策的改革、货币政策等多方面制度的改革和完善。

一、借鉴

（一）借鉴理性预期理论及时调整政策

理性预期在我国近年来的经济实践尤其是金融危机以来的政策实践中发挥了重要的指导作用。卢卡斯将理性预期理论引入宏观经济分析，其帮助政策制定者更好地认识和分析经济运行过程。预期作为经济运行中的人们的微观行为，事实上与宏观经济运行之间具有不可分割的联系，是影响国民经济运行的一个重要因素。因此，经济研究者和宏观决策者必须充分关注微观个体的预期行为。长期以来，由于我国长期实行计划经济，经济研究者和政府决策者对此并没有给予足够的关注。近年来，随着我国市场经济运行的不断深入，经济学者和政策决策者开始注重微观个体的预期。我国的政府决策者在制定、评估及校正政策时更加能够适应外部政策环境和微观个体的行为预期，进而使得经济政策的效果更加有效。

（二）借鉴芝加哥经济学派理论推进教育改革

贝克尔认为，如果第三世界国家不重视穷人的教育训练和医疗保障，不仅经济发展无法维持下去，还有可能导致社会结构的崩溃。我国政府一直认为，作为最大的第三世界国家，中国要提高经济实力，必须依靠基础教育。

贝克尔以"亚洲四小龙"和南美的巴西作为正反两个例子加以说明："亚洲四小龙"——中国香港、中国台湾、韩国、新加坡在发展初期都采取了大量地消除文盲，并明显提升社会低阶层教育水平的政策，从而保证了经济的发展；而巴西却是另外一种情况，25岁以上的巴西人，有2/3以上的接受正规学校教育的时间还不到4年，另外1/4人根本没有接触学校教育。由于教育不足，导致了收入分配的悬殊、犯罪现象的加剧等，要想解决这些问题，贝克尔认为发展教育、提高国民素质是唯一的途径。

关于教育政策的问题，贝克尔认为，在教育及人力资本上大量投资，对经济增长来说是不可或缺的。由于教育支出大都必须靠政府支付，因此，讨论的也是政府的教育政策问题。贝克尔认为，政府应该采用助学贷款的方式进行教育资助，而且在偿还贷款时，高收入者必须负担比较高的利率，低收入者可以负担比较低的利率，这样能够保证贫困家庭的学生得到真正的资助，并且认为助学贷款的发放应该由银行负责。

贝克尔的经验分析表明，中学教育的回报率受能力的影响较大，因此，对中学毕业生来说，能力的培养是至关重要的。从这一考虑出发，贝克尔为高中辍学者设计了一套就业训练计划以提高其能力，从而改善其未来的经济状况。即高中没有念完的人都能选定某种技能，接受两到三年的职业训练，在具有发展潜力的职业项目里获得实际经验，从而使得其在日后激烈的竞争中免收冲击。贝克尔认为，在这一方面，西德的做法值得参考。该国几乎3/4的年轻人都可以从400多种职业项目里挑选其中的一种来接受课程训练，并获得实际的在职经验。在OECD国家中德国的年轻人失业最低，贝克尔认为，作为人力资本的一种形式，职业训练计划可以为中学毕业者培养一技之长，从而使其在未来的就业市场上更有竞争力。

良性竞争是改善学校教育的最佳途径。贝克尔认为，应该让学生自由选择学校，如果学生选择到公立学校就读，学费由政府支出，而选择到私立学校上学，政府可以提供一份代缴学费的证明。自由选校计划一定能够刺激学校之间的良性竞争，使学生享受到最好的教育机会。

二、应用

（一）应用理性预期理论引导国民预期促进经济体制改革

我国三十多年来的经济体制改革，比如：价格体制改革、政府制定调价政策、住房制度改革、政府制定提租方案、售房价格等改革在制定和执行过程中均逐步意识到消费者的行为变化等。例如：20世纪80年代末和90年代初期，全社会出现抢购、挤兑风潮都是消费者心理预期发生作用的明证。预期对国民经济的影响不仅仅是消费者预期与经济现象之间的客观联系，同时也表明了政府政策对于消费者预期进行适当引导的必要性。

因此，由于各类经济主体掌握的信息存在很大的差异，其形成的预期会有所不同，整个社会行为的不稳定性就会较为明显，所以政府必须在发布相关政策和相关信息时，不仅要注重信息内容的本身，更要注重信息的发布和信息的传播强度与传播途径，保证政策的发布、政策的传导和政策对消费者行为的影响符合政策预期，进而保证经济政策实施的有效性和政策实施的可控性，从而保证政府制定和实施政策的可行性、合理性、科学性。

（二）应用芝加哥经济学派理论推进教育改革

我国教育制度改革和现代教育体系的构建和完善始于1977年。1977年我国正式恢复了高考制度，正是在新的高考体系的构建下，激励了整整一代人，推动了整个社会的创新能力，1985年我国正式颁布了《中共中央关于教育体制改革的决定》，这一决定进一步推动

了我国教育事业的快速发展，突出了教育对经济社会发展的巨大作用。该决定开始强调学校招生的自主性和教学的现代化改革。1992年我国明确了教育为第三产业的定位，2003年我国颁布了《民办教育促进法》，进一步推动了教育产业化的发展思路，鼓励各种社会资源进入教育行业，尽管教育产业化发展逐步出现各种高收费、乱收费的乱性。但是其有效地推动了更多的人走入大学，提升了整个社会的教育水平，在短时期内推动了整个社会教育素质的提升，为我国国民经济的快速发展提供了足够的劳动力。针对我国国民经济长期发展的需要，2010年我国制定了《国家中长期教育改革和发展规划纲要(2010—2020年)》。该纲要提出要进一步完善我国的高中义务教育，进一步发展职业教育体系，为我国国民创新体系构建和完善提供了强有力的支撑，为我国未来依靠自主创新推动经济长期增长提供了人力资源保障。

第九章　现代货币主义

现代货币主义（Monetarism），又称货币主义，是 20 世纪 60 年代在美国出现的主张自由经济主义的学派，它是与主张政府干预的凯恩斯主义相对立的学派。60 年代末，随着西方国家滞胀现象的加剧和凯恩斯主义的没落，现代货币主义被美国和英国政府视为摆脱通货膨胀困境的良药，一时间广为传播，成为 20 世纪中后期各种新自由主义学派中影响比较大的学派。

现代货币主义发源于美国芝加哥大学，其多数代表人物均是芝加哥经济学派的重要成员，其继承了芝加哥经济学派的两个传统：一是重视货币理论的研究，强调货币对经济的影响；二是坚持自由经济主义，反对政府直接干预经济。所以，就货币理论而言，这个学派又被称为芝加哥经济学派。

美联储宣布正式停止量化宽松货币政策[①]

2014 年 10 月 30 日，美联储宣布将从 11 月起正式停止延续 6 年之久的量化宽松货币政策。10 月 31 日，日本央行宣布进一步放宽货币政策，将基础货币年供应量从 70 万亿增加至 80 万亿日元，年债券购买规模每年增加 30 万亿日元，央行货币政策委员会更表示，日本量化宽松货币政策将可能长期持续；欧盟 11 月 4 日发表秋季经济报告，将 2014、2015 两年 GDP 增长预期，

[①]　《美联储宣布正式停止量化宽松货币政策（QE）》，中国经济网，2014 年 11 月 18 日。

分别从原先的 1.2% 和 1.7%，下调至 0.8% 和 1.1%，2015 年欧洲央行再度推出量化宽松货币政策。

2008 年美国次贷危机后，美联储推出多轮的量化宽松货币政策，每一次的政策目标均有所侧重。第一轮重在重建金融机构信用，稳定信贷市场；第二轮重在增加基础货币投放，解决政府财政危机；第三轮意在压低长期融资利率，支持抵押贷款市场；第四轮则强调货币政策与失业率挂钩，刺激经济增长。不断上演的量化宽松货币政策直接导致了中央银行资产负债表规模的扩张，美联储的资产负债表从 2007 年的 1 万亿美元增加到 2012 年的 3 万亿美元。继美国之后，欧洲央行和日本相继采取了宽松的货币政策。美国的量化宽松货币政策一方面起到了缓解危机、改善就业、促进实体经济复苏、降低家庭部门负债率、重振信心的作用；另一方面，量化宽松政策最直接的影响是通过向社会投放货币而导致美元贬值，过多释放的流动性加大了国际游资的数量。对于其他国家而言，可能直接影响债务水平、国际贸易和大宗商品价格，对持有大量美元作为外汇储备的国家则面临资产的实际购买力缩水。美国的低利率还会使热钱涌入利率相对较高的新兴市场经济体。美联储的定量宽松政策引发各国汇率"自杀式"地竞争性贬值，加深全球范围的通货膨胀。

美联储停止定量宽松政策后，美元开始升值，世界金价在波动中下行。对此，中国政府该如何应对呢？

第一节　现代货币主义的形成

一、现代货币主义的主要代表人物和主要著作

现代货币主义的创始人是美国芝加哥大学的经济学教授密尔顿·弗里德曼（Milton Friedman）。除弗里德曼外，现代货币主义

学派代表人物有美国的经济学家卡尔·布朗纳（Carl Bruner），英国经济学家艾伦·沃尔特斯（Alan Walters）、戴维·莱德勒（Davil Laidler）、迈克尔·帕金（Michael Parkin）、奥地利维也纳技术大学的赫尔姆特·费里希（Helmut Frisch）等。

弗里德曼是美国著名的新自由经济主义者和货币理论家，他于1933年获芝加哥大学硕士学位，1946年获哥伦比亚大学博士学位，曾任明尼苏达大学和芝加哥大学教授，斯坦福大学胡佛研究所高级研究员，国家经济研究局（NBER）研究员。他于1976年因消费分析和货币理论及货币史研究方面的成就获诺贝尔经济学奖。他的著作很多，主要有：《实证经济学论文集》（1953）、《消费函数理论》（1957）、《密尔顿·弗里德曼的货币理论结构批评》（1974）、《价格和选择》（1976）、《美国和英国的货币趋势》（1982）等。

二、现代货币主义的产生

20世纪50年代，当凯恩斯主义在西方经济学界占统治地位时，弗里德曼就提出有别于传统货币论的"现代货币数量论"及单一货币政策规则，迥异于凯恩斯主义的重财政政策轻货币政策的理论与政策主张。

第二次世界大战后，西方经济学界几乎是凯恩斯主义一统天下，凯恩斯主义的经济政策为各国政府广泛采用，并在实践中收到了较好的效果，出现了经济增长较快、失业率较低、较温和的通货膨胀的经济繁荣景象。

弗里德曼认为，凯恩斯理论使西方国家长期只注意压低利率以刺激投资，忽视了由此产生的通货膨胀。因为，扩张性的财政货币政策下的低利率，会导致货币数量增加，货币数量的增加会导致物价上涨。他　方面抨击凯恩斯主义的财政政策，另一方面重新强调货币政策的重要性，在货币数量论基础上，提出实现无通货膨胀的稳定经济增长和高就业的政策主张。然而，他的主张在当时并未受到重视。

20世纪60年代末70年代初，美国和西方主要资本主义国家都发生了经济衰退，失业人数大增，通货膨胀也日益加剧。凯恩斯主义的经济政策在滞胀面前效微力乏，凯恩斯经济学迅速从官方经济学的宝座上跌落下来。此时，现代货币主义才受到经济学界和政府部门的重视。随着西方国家滞胀现象日趋严重，现代货币主义在美国和欧洲各国流行起来。

1976年，弗里德曼获诺贝尔经济学奖，该学派的影响日盛。当时，西方七国中有五国公开实行现代货币主义的政策，确定货币供给增长的目标。英国撒切尔政府实行现代货币主义的政策，通过控制货币供给量抑制了通货膨胀；美国里根政府的"经济复兴计划"中也采纳了现代货币主义的稳定货币增长的政策；瑞士、日本和西德都因为实行现代货币主义的政策而成功地降低了通货膨胀率。

第二节 现代货币主义的主要理论

现代货币主义在新自由主义基础上对发达市场经济国家的社会经济进行了研究，提出了市场经济理论、消费与国民收入理论、货币理论、通货膨胀理论、浮动汇率理论和货币政策。其中最著名的是货币理论和浮动汇率理论及货币政策。

一、市场经济理论

弗里德曼认为，市场经济的理想模式是经济中的个人为追求自身利益而行事；在双方自愿同意的基础上，一个人可以代理另一个人行事，市场主要依靠价格机制进行协调。他的市场经济理论包括以下内容：

（一）自愿和互利的交换

在市场经济中，交换是自愿和互利的。交易中的每个参加者都能认为他得到的东西比他放弃的东西更有价值时，交易才能进行。

在市场经济中，参加者的观念必须有差别，才能产生交易。弗里德曼举例说，A 先生有 X 产品，B 先生有 Y 产品。双方都认为 X 产品优于 Y 产品，那么 X 产品与 Y 产品的交易永远也不会发生。只有当 A 先生认为 Y 产品价值高于 X 产品，B 先生认为 X 产品的价值高于 Y 产品，交易才会发生，两者都从交易中获得了好处。交易的本质是，交易双方不同的价值观念协调一致，或是取得一致意见。

（二）价格的协调作用

市场的作用是，在自愿和互利交易的基础上，价格能够协调千百万人的经济活动。在经济活动中，价格主要有以下三方面的作用：

1. 价格传递信息

价格的自由变动，可以反映市场上各种产品的供求状况，并将各种产品的供求变化信息传递给生产者和消费者。现代经济中有良好组织的市场和专业化信息传递设施，价格传递更快捷方便。

个人阻止价格自由地变动，会妨碍信息的精确传递。政府是对自由市场制度的重要干扰源，征税、冻结价格或工资、货币政策和财政政策都会影响价格的自由变动，使价格传递机制失灵。

2. 价格的激励效应

传递信息的价格会刺激生产者按需求变动的信息行动，刺激消费者按供给变动的信息行动，从而协调社会总供求。价格还激励追求利润最大化的生产者采用最节约成本的生产方法，将资源配置于能够带来最大收益的行业，效率成为市场经济的核心。

3. 价格的收入分配效应

对于一个通过市场获得收入的人来说，收入取决于出售货物或劳务的所得与成本之差，货物和劳务的所得和成本的高低都由市场价格决定。所以，价格有分配收入的作用。

价格的三种作用是相互关联的：价格传递扭曲的信息，价格的激励作用和收入分配作用也随着扭曲；价格如果没有收入分配效应，价格传递的信息就不能激励人们从事经济活动；如果没有收入效应和激励效应，价格的传递效应就毫无意义。以经济效率为中心的市场调节，是以价格的不可分割的三种作用为基础的。

二、消费与国民收入理论

（一）永久性收入假说

弗里德曼认为，人们在消费上的现金支出不能很好地作为衡量其消费指标，因为在某一时点上，用于消费的费用不一定与他们所得的现金相等。实际上存在两种收入和两种消费。

弗里德曼指出，收入分为两类：一是记录的收入或测得的收入，指某一时点上的现金所得；二是永久收入，指与消费者行为相一致的收入，它无法直接观察，必须从单位消费者的行为中推导出来。将影响消费者收入的时间达到一定标准（譬如说3年）的因素看作是永久性的，将影响消费者收入的时间低于这个标准的因素看作是暂时的。与收入分为测得（暂时）的收入与永久的收入相对应，消费也可分为测得的消费和永久的消费。如果影响收入的暂时性的因素不能转换为永久性因素，影响单位消费者的收入中的暂时性因素不会影响这个消费者的消费水平。

对社会来说，永久性收入可以看作是当前及过去测得收入的加权平均数。在完全确定的情况下，即消费者知道所能获得的收入、消费品价格和利率的条件下，消费者行为只取决于利率和效用因子。在不确定的情况下，人们保持财富的动机不仅是获得收入，还要应付未预见到的低收入和高消费水平等意外情况。在应付意外紧急情况时，构成财富的人力资本和非人力资本具有不同的作用，一旦需要借钱时，用有形的物质资产担保比用人力资本做担保要可靠得多。非人力资本占永久性收入的比率越高，消费者对追加的储备需求就越少。

因此，一般消费函数的定义为：消费是利率、效用、永久收入和财富的函数。在一般消费函数的基础上，弗里德曼建立了永久收入假说。这个假说由三部分组成：

（1）永久消费占永久收入的比率（K）。对每个单位消费者而言，永久性消费是永久收入的一部分，永久消费占永久收入的比重是利率、非人力财富与永久性收入之比和效用因子的函数。在永久性收入既定的情况下，非人力财富越多，消费也越多。（2）测得的收入等于永久性收入加上随机收入。（3）测得的消费等于永久性消费与随机性消费之和。如果随机性收入和随机性消费相互独立，这两个变量也和影响永久性消费与永久收入的因素无关。在影响消费与收入的暂时性因素的均值为零时，根据永久性假说理论可以建立起反映测得的消费和收入之间的相互关系的回归方程。

（二）消费行为与收入结构

弗里德曼认为，永久收入假说表明，当前收入是当前消费支出的主要决定因素的观点有方向性错误，在收入消费领域中，关键是发现决定 K 的主要因素，并估计这些因素的影响。为此，必须收集数据资料，包括各类单位消费者的平均消费和平均收入。

（三）经济发展与经济波动

发展经济学家认为，经济发展取决于投资，投资来源于储蓄，储蓄直接或间接地取决于实际国民收入水平和收入分配的不平等，广泛的收入不平等可能导致发展中国家出现高储蓄率，也可能导致这些国家出现低储蓄率。

弗里德曼认为，永久性收入假说阐明储蓄与实际国民收入既没有直接联系，也没有间接联系，因而，发展经济学家们提出的关于不平等、储蓄和发展之间关系的观点是错误的。

弗里德曼指出，按照永久性收入假说，储蓄独立于国民收入，收入不平等主要源于永久性收入状态的差异，收入不平等对储蓄率没有影响。就短期而言，收入不平等对储蓄有一定的影响。短期内，收入不平等意味着收入预期的不确定性，因而人们增加储蓄，以预防意外的风险。而发展中国家通常存在着广泛的永久性收入的不平等，对储蓄没有多人影响，是投资而不是储蓄推动这些国家的经济发展。

弗里德曼不同意凯恩斯的经济波动的观点。凯恩斯认为，主要是不稳定的投资与相对稳定的消费和当期收入关系相互作用导致经济波动。弗里德曼则认为，当前的消费将按照长期收入状况某些指标进行调整，在当前收入与长期收入相一致的情况下，当前消费中的较大部分与当前的收入无关，只有较小的部分与当前收入有关，这部分消费可以影响投资的乘数效应，因此，实际投资乘数比凯恩斯投资乘数低，投资对经济波动的影响不很大，经济有一个更为稳定的内在波动体系。

三、货币理论

弗里德曼在《米尔顿·弗里德曼的货币理论结构批评》（1974）一书中，详细地阐述了他的货币统计分析和以这种分析检验的"总的理论结构"。在《美国和英国的货币趋势》（1982）中，他对这一理论结构进行了补充。弗里德曼的货币理论是以一个封闭型经济或与此相当的使用统一货币的国家经济为分析对象，阐明其货币理论。

（一）名义货币量和实际货币量

弗里德曼认为，价格是把名义货币量与实际货币量联系起来的桥梁。名义货币量（M）是以任何一种被用来代表货币的单位所表示的货币数量。美元、英镑等都是货币单位。实际货币量（m）是以货币能够购买到的产品和劳务的量来表示的货币数量。名义货币量除以价格指数（P）等于实际货币量，即 $m = M/P$。

弗里德曼认为，他和施瓦茨的研究证据支持货币数量论的假设。货币数量论的主要观点有二：

1. 名义货币和实际货币

对货币持有者来说，真正有意义的是他所持有的实际货币量，而不是名义货币量。在高通货膨胀的情况下，较多的名义货币只能购买很少的产品和劳务，实际货币量很少。人们关心的是货币的购买力，因此，实际货币量对持币者来说是最重要的。

2. 货币量与收入变化

实际货币需求量有稳定性，即个人在任何既定情况下希望持有相当确定的实际货币量水平。在名义货币数量没有变化时，名义货币余额的多余部分（货币供给大于货币需求的部分）会通过价格的上升，造成个人持有的实际货币量减少；或者通过产出的增加使流通中需要的货币量增加，对名义货币量需求的增加，导致个人持有的实际货币数量减少。因而，个人持有实际货币量会维持在一定的水平上。显然，人们希望持有的实际或名义货币量的变化都可能造成价格和名义收入的变动。

在论证货币数量假设时，弗里德曼还指出两点：第一，实际货币持有量通常是缓慢和逐渐地变化的，它是一系列货币供给变动的结果。然而，名义货币供给量的变化是显著的，而且经常地独立于需求的变化。第二，在短期内，货币数量的变化是影响名义收入和实际经济活动水平的主要因素。

（二）实际货币需求

弗里德曼认为，应区分财富的最终持有者与企业对货币的需求。财富的最终持有者手中的货币是他们选择自己财富的一种形式，而企业持有的货币是生产者手中的产品，就像机器和存货。

财富最终持有者对货币的需求，是以下各变量的函数：

1. 总财富

现实经济中总财富难以估计，可以用永久收入作为衡量财富的指标；弗里德曼认为，强调把收入作为财富的一种代表，而不是作为衡量货币运行情况的尺度，这是现代货币需求论与传统货币数量论的根本区别。

2. 非人力形式财富份额

因为可以用它作为抵押取得借款，所以非人力资本形式财富是决定货币需求的重要因素之一。

3. 货币与其他资产的预期收益率

预期收益率，是指预期的货币名义收益率，预期的债券名义收益率和预期股票收益率。预期的债券名义收益率与债券利息、预期股票收益率与股票红利有关，也与资产价格变动所得到的收益有关。

4. 预期的价格变动率

5. 企业对货币的需求

企业对货币的需求函数既反映了企业对货币的需求，也反映了社会对货币的需求。弗里德曼应用该函数进行统计处理，发现这个货币需求函数能够相当确切地描述美国和英国整整一百年的货币需求。统计分析表明：实际货币需求的最大特点是具有稳定性。

（三）货币供给

弗里德曼把名义货币定义为通货、商业银行的活期和定期存款。名义货币供给量决定于三个因素：一是由国家货币当局决定的强力货币；二是银行存款与存款准备金率；三是公众存款与公众持有通货的比率。在长期内，强力货币是引起货币存量变动的主要因素；在金融危机时期，存款准备金率和存款通货的比率是决定货币变动的主要因素。

实际货币量是名义货币供给量与实际货币需求量之间相互作用决定的，它最终是需求决定的。

（四）货币传递机制

弗里德曼在分析货币作用时主张：将实际经济变量与预期经济变量分开；区分名义经济变量和实际经济变量；货币量的变化会对名义收入产生影响。如果产出和货币数量都增长 3%，名义利率为 4%，货币流通速度的价格都是稳定的。此时，货币的增长率从 3% 上升到 8%，那么，会产生三种主要的效应。

1. 初期的冲击效应

初期的冲击效应由流动效应和第一轮可贷基金效应组成。流动效应是指，在货币量增加以后，公众持有超额现金增加，现金持有者发现他们的资产构成已经失衡，需要调整资产结构。在资产调整过程中，利率会下降，其他资产价格会上升。第一轮可贷基金效应是指，名义货币量变动与利率变动的关系，货币供给增加使得商业银行可用于贷款的资金增多，信贷市场使利率下降。

2. 中期的收入和价格效应

中期的收入和价格效应是指，货币余额增加和较低利率都刺激支出，支出影响价格和产出，这些效应又反过来影响货币需求。在价格保持不变的情况下，名义收入加速增加，导致实际收入加速增加，实际收入加速增加会引起现金余额需求和贷款需求的提高，从而利率提高。利率上升会逐步抵消初期流动效应和第一轮可贷基金效应使利率下降的压力。货币供给增加或迟或早地会引起价格的提高。

3. 长期价格预期效应

冲击效应、收入和价格水平效应共同作用，会形成长期价格预期效应。弗里德曼认为，8% 的货币增长率能够与 8% 的名义增长率相适应，其中 5% 是物价上涨率，3% 是实际收入增长率。在通货膨胀情况下，贷款者必须预期通货膨胀率，如果利率低于通货膨胀率，他只能得到负利率。贷款者预期到通货膨胀率后，会提高贷款的利率，借款者也愿意支付较高的利率，导致实际利率回到原来的水平，而名义利率高于初始水平。

4. 弗里德曼关于价格预期效应的结论

（1）货币传递机制的内容包括初始流动性和第一轮可贷基金效应，随后的收入效应和最后的价格预期效应。

（2）针对货币变动而进行的调整要用很长的时间，影响许多经济变量。如果调整过程是迅速的、直接的和机械的，从一些不完整的数据中也能得出，货币作用是显而易见的。如果调整过程是缓慢的、迟延的和变幻不定的，原始的数据可能误导人们，因此应该除去那些随机因素，从中找出本质性的规律来。

（3）货币作用过程中的短期均衡是由调整过程决定的。在短期调整过程中，名义货币需求变动率与名义货币供给变动率之间的差异，导致名义收入变动率脱离它的长期值。名义收入的这种变化可以表现在价格上，也可以表现在产量变化上。名义收入调整的速度是实际值与预期值之间差异的函数。

（4）短期均衡会转向长期均衡。长期均衡是指，实际值和预期值之间没有差异的均衡。在长期均衡状态下，所有的预期都可以实现，如价格、利率、产出等经济变量的实际值和预期值相等。

四、通货膨胀理论

(一) 通货膨胀的成因与市场机制

弗里德曼认为，货币有重要的经济职能，通货膨胀是一种货币现象。货币供给量的急剧减少会造成经济大萧条，而迅速增加货币供给，会造成通货膨胀。对社会来说，通货膨胀是一种危险的疾病，任其发展会摧毁整个经济。他分析了西方 20 世纪 70 年代的通货膨胀问题，得出结论：

物价变动率＝货币增长率＋货币流通速度变化率－实际产出变化率

在短期内，物价变动率有很强的惯性，货币变动率的大部分被货币流通速度和实际产出的变化率所抵消。因此，货币供给量增加的初期，不会影响物价。在长期内，货币流通速度变化率趋于零，受到物质资源和人力资源的限制，产出增长趋缓。只有货币增长率不受实物因素的限制，可以继续增长，从而物价变动率决定于货币增长率。

弗里德曼指出，通货膨胀主要是一种货币现象，是由于货币量比产量增加更快造成的。许多现象可以使通货膨胀率发生暂时的波动，但只有当它们影响到货币增长率时，才产生持久的影响。

政府过多发行纸币造成通货膨胀。美国 20 世纪 60 年代末出现的持续通货膨胀，是政府制造的。美国货币迅速增加的原因有三：一是政府开支迅速增加；二是政府充分就业政策；三是联邦储备委员会错误的货币政策。增加货币供给对于总统和国会议员是最富有吸引力的，这使得他们能够增加政府开支，给选民一些甜头，无须向公众借款和增税。实际上，增印纸币无异于对人们持有的货币征税，通货膨胀自动地提高了实际税率，政府用贬值后的货币支付公债本息，减轻了政府的债务负担。

通货膨胀的不稳定性影响了市场机制发挥作用。高通货膨胀率是不稳定的，如果政府制造通货膨胀率在政治上是有利可图的，那么，通货膨胀率就会继续提高；另一方面，通货膨胀的爆发带来了抑制通货膨胀的压力，政策转向控制通货膨胀，加大了实际通货膨胀与预期通货膨胀之间的差别。人们会作出多种预期，影响了政府控制通货膨胀政策的效果，通货膨胀有不稳定性。这种不稳定的通货膨胀会导致一些人有所得，另一些人有所失，出现了两极分化，增加了社会不稳定性。通货膨胀所造成的不稳定性越大，从绝对价格中获得相对价格信号越困难，绝对价格体系传递的信息越无用处。在通货膨胀的情况下，政府实行指数化的合同，导致工资和价格缺乏弹性，进一步削弱了市场的有效性。

（二）通货膨胀与失业

弗里德曼认为，对就业量来说，重要的是实际工资而不是名义工资。只有实际工资的变动才会影响实际产量，只有意外的事件才会对就业量产生影响。他提出自然率假设来说明名义需求意外变动对失业的短期和长期影响。

自然失业率，简称自然率，是指实际产出与准确预期产出一致的失业率。通货膨胀和失业之间只存在暂时的替代关系，不存在永远的替代关系。在短期中，在名义工资不变的条件下，未预期到通货膨胀导致实际工资下降，厂商对劳动力的引致需求增加，就业增加，就业偏离自然率。在长期中，人们预期到通货膨胀，感到实际工资下降，要求提高工资，实际工资上升，对劳动的需求减少，就业趋于自然率。短期的就业波动源于未曾预期到的通货膨胀。只有持续的通货膨胀才能使失业率低于自然失业率。

（三）治理通货膨胀

弗里德曼认为，治理通货膨胀的方法很简单，降低货币增长率是抑制通货膨胀的唯一方法。他提出一个稳定货币供给增长率的简单规则，即货币供应的增长率必须同实际经济增长率保持一致。

虽然降低货币增长率是医治通货膨胀最有效的办法，但这种方法是"说到容易做到难"。因为货币增长率刚下降时，通货膨胀率下降不明显，然而经济增长速度会减缓，失业率会暂时上升。加之，通货膨胀使得价格机制传递的信息对货币政策有干扰作用，使经济人作出不适当的反应，所以，治理通货膨胀政策容易产生经济增长速度放缓和失业率较高等副作用。政府需要持续稳定的货币政策才能治理通货膨胀。

第三节　现代货币主义的政策主张

弗里德曼阐述了货币政策的作用，分析了货币政策的时间滞后效应，提出了以货币政策为主的稳定经济的政策主张。

一、货币政策的作用

弗里德曼认为，货币政策无法使名义利率长期保持在某个既定的水平上。货币政策的初始影响是货币数量的增加导致利率降低，随后更为迅速的货币增长将刺激需求，需求增加使收入增加，收入的提高导致对货币的需求增长和价格水平的提高，这降低了实际货币量，从而利率提高。由于人们预期未来较高的通货膨胀会导致利率更高，所以，每次将利率保持在较低水平的努力都迫使政府进行更大规模的购买和名义利率的不断提高。类似地，货币政策也无法持久地维持低失业率。原则上，政府可以利用货币政策控制名义数量，如汇率、价格水平、名义利率、名义收入等经济变量，但是，货币政策不能控制实际经济变量，如实际利率、失业率、实际国民收入等经济变量。然而，政府以本身能控制的名义变量作为制定政策的标准，能够避免经济的大起大落。因此，货币政策仍然可以在三个方面起作用：一是防止货币本身成为经济波动的主要根源，经济运行会更为稳定且富有成效；二是为经济运行提供一个稳定的环境；三是有助于抵消经济体系中来自其他方面的波动。如政府赤字过多时，货币政策可以通过降低货币增长率抑制通货膨胀。

二、货币政策效果的时间滞后

弗里德曼分析了美国百年来的货币变动，发现在不同货币制度下，货币周期与商业周期在变动幅度和时间上都有相似性，但是，两者不是同步地变化。他将时间因素引入货币自主性变动后得出结论，货币政策只有在相当长时间之后才能影响经济。他从以下三个方面说明了货币政策的时间滞后效应。

1. 货币政策对经济波动的影响存在时间滞后效应

美国货币史表明，货币变动率周期与经济周期有相对滞后性，货币存量变动率的高峰早于经济高峰 16 个月，货币存量的低谷早于经济低谷 12 个月。货币变动的效果是积累性的，在若干时间后才对经济产生重大影响。

2. 货币对经济的影响有不稳定性效应

货币存量数列转折点和经济数列的转折点，在时间上约相差 6—7 个月。

3. 观察和决策滞后效应

人们从认识经济情况变动到将这种认识转变为政府行动需要一定的时间，所以货币政策存在观察滞后。政府决策过程的极度惰性和迅速扭转错误政策的政治成本，使货币政策存在决策滞后效应。

由于货币政策存在以上种种滞后效应，以反周期为目的的货币政策常常加剧了经济波动，如在经济萧条时制定的刺激经济的货币政策，由于政策的滞后效应，在货币政策实际发生作用时，经济已经到达景气阶段，货币政策的滞后效应加剧了通货膨胀。

三、稳定经济政策

弗里德曼稳定经济的政策主要是货币政策、浮动汇率政策和收入指数化政策。

1. 货币政策

（1）货币政策的目标。他认为，货币政策的目标是：价格稳定，为经济稳定增长和充分就业创造良好的宏观环境。为了实现货币政策的目标，他主张实行单一政策规则，20 世纪 80 年代后进一步提出实施基础货币零增长的政策。

（2）单一政策规则。弗里德曼建议，货币供给量每年按固定比例

（如3%—5%）增长，其中固定比例等于实际国民收入增长率加上通货膨胀率。政策目标是货币供给量不限制国民收入的自然增长。现代货币主义的这一政策主张被称为单一政策规则。

他提出，通过政府的法治保证单一货币政策的执行。独立的中央银行难以实行单一的货币规则，只有一定的制度才能保证货币政策的实施。独立的中央银行的缺陷主要有四：一是它掌握在独立于政治控制之外的政治团体手中，是明确的、彻头彻尾的独裁主义与极权主义；二是它造成责任的分散，会形成不确定与困难时期逃避责任，例如公债的管理责任是由中央银行与财政部两家承担，一旦发生问题，任何一方都不愿意承担责任；三是独立的中央银行与银行界关系密切，往往过分重视银行家的观点和利益，过多地关心信用效应，较少地关心货币的政策效应；四是中央银行的政策过分地依赖于个人品质，形成了一种人治体制而不是法制体制。他认为，要真正地通过立法建立起规范货币政策行为的规章制度，实现用法治来代替人治的政府。这样的规章制度的实施，使得公众能够通过政府当局对货币政策进行控制，又可以使货币政策不受政府当局经常出现的奇思怪想的支配。

（3）基础货币的零增长。这个政策主张是针对中央银行的缺陷提出的。他说，中央银行决定货币政策的12个人或19个人，既不是为了竞争效率，也没有严密的行政控制或政治控制，但却有决定货币的权力。这个权力太重要，而且涉及的范围太广泛。所以如果有其他可行的办法，则不应该让少数几个人来运用这一权力。为此，他提出基础货币零增长的建议。

基础货币的零增长，是指在一个过渡时期（5—7年）后，基础货币的数量应该被冻结在某一个固定的数额上，政府通过替换破损的通货而使这一数额保持不变。弗里德曼认为，基础货币的零增长在政治上有独特的吸引力，不像其他数字有弹性。规定3%或5%的货币增长率，仍然存在着随意性，人们可以通过政府当局的影响来改变这个比例，零增长率则不存在这个问题。这样，就消除了中央银行任意改变货币数量的权力，货币量能够服从制度的安排。而且，在长期经济中，零货币增长能保持物价的稳定。在经济增长时，价格水平保持在较低水平上，货币流通速度和货币乘数上升。

2. 实行浮动汇率制

弗里德曼认为，浮动汇率制是一种自动机制，能够使国内经济免受国际收支严重失衡的损害。实行浮动汇率制，既保证国际贸易的平衡发展，又可以实现国内重要经济目标。

浮动汇率或可变汇率，是指在公开市场上由私人交易来自由决定的汇率。弗里德曼认为，在固定汇率下，对外贸易的任何变化只能通过外汇储备、国内价格和货币量的变动、对外贸外汇的直接控制来调整。这些措施不是影响社会自由就是影响国内调控经济目标的实现，应该采用浮动汇率的办法。浮动汇率制度能够实现两个重要目标：一是自由的多边国际贸易；二是各国自由地按照自己的意愿实现国内稳定经济的目标。

浮动汇率制度能够使产品和劳务的贸易实现完全的自由化。在浮动汇率制度下，国际收支账户的任何顺差或逆差都会影响到汇率。如果某国存在对外贸易顺差，对货币的过度需求将会使本国货币的币值上升，汇率提高。这样以本币表示的外国产品比较便宜，以外国货币表示的国内产品的价格比较昂贵，进口会增加，出口会减少，从而抵消了顺差。如果汇率的上升或下降被人们普遍认为是暂时的，该国的货币持有者将以卖出或买进的方法改变他们的持币量。这种投机性交易为该国提供了储备金，以吸收暂时的盈余弥补暂时的亏损，从而缓和了汇率的波动。长期性的交易使汇率变动达到供求均衡的水平。

在浮动汇率下，政府可以独立地解决国际收支不平衡问题。在浮动汇率制度下，如果一国发生了通货膨胀，主要的影响是该国货币贬值和汇率下降，这将抵消通货膨胀对该国贸易的影响，从而减少或消除了这一通货膨胀被转移到其他国家的可能性。这样，浮动汇率使各国既不将本国货币政策的失误转嫁给别国，又不会受到别国货币政策的影响，各国能依照自己意愿去追求货币的稳定。

弗里德曼指出，提倡浮动汇率并不意味着汇率经常变动。汇率不稳定的根本原因是经济不稳定，当经济政策和经济条件稳定时，浮动汇率制度下的汇率实际上是高度稳定的。

3. 收入指数化政策

弗里德曼还提出了收入指数化政策，以对付通货膨胀和减轻通货膨胀的副作用。收入指数化是把工资、政府债券收益和其他收入同生活费用指数（如消费物价指数）紧密联系起来，从而抵消物价波动对收入的影响，消除通货膨胀带来的收入不平等现象，防止政府从通货膨胀中获得非法利益。

第四节　影响和评价

一、现代货币主义对政府货币政策的影响

现代货币主义是在美国经济学家米尔顿·弗里德曼的大力倡导下，以芝加哥大学为发源地和大本营，于 20 世纪五六十年代在美国兴起并逐渐传播到世界各地的西方经济学流派。

现代货币主义的理论和政策主张，不仅成为经济滞胀时期影响美国、英国和欧洲等发达市场经济国家政府的货币政策，而且成为众多市场经济国家治理通货膨胀的良方，影响许多市场经济国家，包括新兴市场经济国家政府的货币政策。

20 世纪 50 年代，现代货币主义的代表人物弗里德曼提出有别于传统货币论的"现代货币数量论"，然而，当时凯恩斯主义的经济政策为各国政府广泛采用，并在实践中收到了较好的效果，弗里德曼的理论和政策主张并未受到重视。直到 20 世纪 60 年代末，随着西方国家滞胀现象的加剧和凯恩斯主义的没落，现代货币主义被美国和英国政府视为摆脱通货膨胀困境的良药，一时间广为传播，成为 20 世纪中后期新自由主义思潮中影响比较大的学派。

现代货币主义理论不仅直接和间接地影响宏观经济学的研究方向，而且对政府的实际政策有很大的影响，这在自由经济主义思潮的各流派中是很少见的。弗里德曼的现代货币主义的政策主张，成为英国撒切尔政府和美国里根政府治理经济滞胀的国策，取得了明显的成效，这些国家依照他的政策主张制定货币政策，都有效地控制了通货膨胀。

弗里德曼主张实行浮动汇率制度、废除固定汇率制度的政策主张，也被发达市场经济国家广泛地认可并积极实施。自从 20 世纪 70 年代，美国放弃美元兑换黄金、国际布雷顿森林体系解体后，发达市场经济国家都纷纷采用浮动汇率制度，在浮动汇率制度下，美元巩固了世界货币的霸主地位，欧元成为国际货币。2008 年国际金融危机后，发达市场经济国家实行浮动汇率，充分发挥浮动汇率保护国内经济免受国际收支严重失衡的损失，起到继续不停地调节国际收支的作用，实现了国内物价稳定，将通货膨胀传导到世界其他国家的目的。

二、对现代货币主义的评价

现代货币主义是相对于传统的货币数量而言的。鉴定一个经济学家是不是现代货币主义者的四条标准是：第一，强调货币因素对名义收入变动的决定作用。第二，赞同货币主义模式的传导机制，认为货币是通过相对价格机制对现实经济发生直接影响的。第三，坚持市场经济具有内在自动稳定性的信条，认为资本主义经济具有达到充分就业均衡的自然趋势，经济波动的主要原因是政府干预的失误。第四，相信由私人经济行为决定的资源配置与名义收入的短期变动无关。总之，关于货币供应的变化是名义收入变化的主要因素这一条，是现代货币数量论的主要论点，也是现代货币主义的狭义定义。

现代货币主义关于政策滞后性的分析是十分精彩的。弗里德曼指出，货币政策制定者面临的主要问题是：经济对政策变化作出反应的时滞较长而且易发生变化；经济预测技术水平低。他说明了长期被人们忽略的一个重要问题：政策效果滞后论及政策滞后效应引起的不稳定性，需要在正确的时机推出稳定经济的政策，否则会加剧经济波动，这对制定和实行经济政策都有积极的意义。

现代货币主义的废除固定汇率制度、实行浮动汇率制度的主张，符合国际经济和金融的实际，广泛地影响发达市场经济国家的汇率政策。该学派指出，浮动汇率是一种自动机制，能保护国内经济免受国际收支严重失衡的损失，起到继续不停地调节国际收支的作用。一个国家如果国际收支逆差，在实行自由汇率的条件下汇率会自动下降。这时，一方面该国出口产品价格下降从而出口增加；另一方面其他国家向该国进口商品价格上升从而进口减少，这样该国的国际收支会逐步平衡。所以，浮动汇率有助于缓解世界经济对本国的影响，增强国内宏观经济政策的独立性，特别有助于稳定国内物价，因而，为发达市场经济国家政府广泛地采用。

现代货币主义最重要的、影响最为广泛的是其货币政策主张，即"单一规则"的货币政策。现代货币主义者们相信，经济本身存在自动调节功能，在没有中央银行旨在稳定经济的政策行动情况下，产出可以自动达到充分就业的产出水平。理论上，经济会表现出一种固有的自我调节机制，随着时间变化，它可以自动消除紧缩和通货膨胀缺口，这一机制源于工资和价格水平具有伸缩性。而且，他们认为用来操纵社会总需求的相机努力不起作用，这是因为货币政策的时滞和经济生活中所存在的不确定性造成的。他们还认为这种相机抉择的货币政策无助于稳定产出和就业，并可能导致很严重的通货膨胀。货币主义极力反对凯恩斯学派"相机抉择"的货币政策操作理论，提出应推行"单一规则"的货币政策，以使货币不致成为经济波动的根源，从而为经济的发展提供一个稳定的货币环境。由于政策滞后性，因而，固定货币规则的运用要大大优于相机抉择的货币政策，即使在中央银行为了稳定经济主动地调整货币政策，固定货币规则也是最优的。"单一规则"的货币政策，就是排除利息、信贷流量、超额准备金等因素，以一定的货币供给量作为唯一支配因素的货币政策。弗里德曼认为，为了保持物价的稳定，国家应尽量减少对经济生活的干预，避免货币政策对经济运行可能产生的消极影响。要使失业和经济增长分别保持在"自然失业率"和适度增长率上，就要控制货币供给量，保持一个稳定的货币增长速度，将货币供给量的年增长率长期固定在与预计的经济增长率基本一致的水平上。总之，现代货币主义的主要货币政策主张是：由于货币需求是十分稳定的，而货币供给完全由中央银行外生决定；而且经济生活中存在的不确定因素使得相机抉择的货币政策不起作用，因此中央银行应奉行"单一规则"的货币政策，即运用公开市场业务保持货币供应量固定速度的增长，以实现稳定物价的政策目标。

第五节　借鉴和应用

一、现代货币主义的借鉴意义

中国货币政策的变化深深地打上了现代货币主义的烙印。现代货币主义理论 20 世纪 80 年代传入中国，然而，对中国制定货币政策产生影响则是在 20 世纪 90 年代，特别是在推动中央银行以稳定物价为货币政策最终目标、增强央行货币政策制定和操作的公开性与透明性、稳定金融环境等方面都发挥了积极而深远的作用。

中国的货币理论和政策在 20 世纪 80 年代较多地受到了凯恩斯主义的影响，90 年代后转向现代货币主义。由于凯恩斯主义强调政府干预，而现代货币主义强调市场机制的作用，因而，凯恩斯主义很容易被经济转型时期的中国政府所接受。虽然中国从 1985 年开始有了独立的货币政策，然而，自 1985 年至 20 世纪 90 年代中期，在制定货币政策时，明显是采用凯恩斯主义倡导的相机抉择原则，货币政策在很长的时期内仍是依附于整个宏观经济目标的。但是，执行凯恩斯主义货币政策的后果是：1985 年和 1988 年两次的通货膨胀都是因追求经济增长而大量扩张信用，导致货币超量供应的通货膨胀。1989

年相机抉择的强力的货币紧缩政策又使经济迅速下滑。1992 年由房地产热引起的信贷大量扩张又导致了 1993—1995 年剧烈的通胀。数度信贷紧缩导致经济下滑、信贷扩张导致通货膨胀的循环，使人们反思凯恩斯主义的相机抉择原则指导货币政策的弊端。当时，民间曾流传：价格改革就是通货膨胀。通胀给改革带来了巨大的成本。究其源头是货币政策仍然没有独立地行使稳定物价的职能。因而，20 世纪 90 年代，研究货币理论的众多学者纷纷从凯恩斯主义的相机抉择原则转向现代货币主义的货币数量论和单一货币政策原则，而且，这些学者们还从马克思主义经济学中寻找到了货币数量的源头：马克思认为按照货币流通规律的要求，货币的发行量应与流通中所需要的货币量一致，当货币的发行量与经济的发展相适应时，不会产生通货膨胀；当货币发行超过经济发展所需要的货币流量或因财政赤字要发行货币来弥补时，就会因为这部分货币没有物质保证而贬值，导致通货膨胀。自此，奉守自由市场信条的货币主义在中国货币理论界登堂入室，开始潜移默化地影响中国货币理论及货币政策制定及金融体制改革。

二、现代货币主义在中国货币政策中的应用

1. 现代货币主义在中国货币政策最终目标中的应用

1995 年 3 月，《中国人民银行法》出台，明确货币政策的最终目标是：保持货币币值稳定，并以此促进经济的增长。实际上，这是明确了中央银行的货币政策以维护币值稳定为单一目标，从而意味着在中国金融体制改革和关于货币政策的法律中，货币主义的思想开始处于支配地位。中国人民银行法出台后，中国实际上开始了以货币主义的单一规则为主的货币政策实践。

在应对 1993—1995 年剧烈的通货膨胀时，中央银行 1994 年提出的适度从紧的货币政策的主要内容是：保持货币供应适度增长，以使物价的上涨控制在人们所能承受的范围内。在 1998 年应对通货紧缩和东南亚金融危机，为适应总需求的变化，政府采用了稳健的货币政

策，内涵仍是根据单一规则，保持货币供应量的适度增长。中国货币政策实施单一规则，有助于增强央行改革的透明度、增强公众对央行的信任度和减弱公众对通货膨胀或通货紧缩的预期，对创造稳定的金融环境起到了积极的作用。

2. 现代货币主义在中国货币政策中介目标的应用

在中国的央行制度建立以后，现金投放与信贷规模都在不同历史阶段担负过类似中介目标的角色。这也是当时单一的国家银行体系所要求的。但随着市场经济制度的建立和金融市场的发展，原有的货币政策调控机制的不足愈发明显，迫使央行当局在新的金融环境下寻找新的总量调控手段，开始在内部尝试货币供应量目标。1993 年，首次向社会公布货币供应量指标。1996 年起采用货币供应量 M_1 和 M_2 作为货币政策的调控目标，而货币供应量正是货币主义者提倡的货币政策。调整货币政策中介目标，实现有效的货币供给，并在历次宏观调控中发挥了重要的作用。经济增长模式是以货币供给作为支持，在我国货币不具备中性特征，因此将货币供应量作为货币政策的中介目标具有一定的合理性。中国实行的是一种"有弹性的通货膨胀目标制"，它除了关注物价稳定的目标外，还兼顾其他货币政策目标，如经济增长、利率稳定、充分就业和汇率稳定等。

2008 年国际金融危机后，美国中央银行的定量宽松政策（即大幅度增发货币的政策）虽然已经在 2014 年宣布结束，然而，由此引发的各国汇率竞争性贬值，加深全球范围的通货膨胀，中国政府应从人民币汇率小幅度单向升值转向浮动汇率，实行人民币双向浮动的政策，以充分发挥货币政策的自主性，减少外汇储备，抑制通货膨胀、实现国际贸易平衡、促进国民经济稳定增长。

第十章　供给学派

供给学派（Supply-side economics）形成于20世纪70年代，属于自由经济主义思潮，它与主张政府干预经济思潮相对立。供给学派主张：经济学应着重从供给分析经济；从供给视角提出稳定经济波动的政策。这个学派批评凯恩斯主义从需求着眼稳定经济的政策，并认为正是这些政策引发了西方国家的经济滞胀。该学派对美国里根政府时期实行的"里根经济学"（Reaganomics）有着深刻的影响，里根经济学吸纳和实践了供给学派的许多政策主张。

小手机如何撬动大经济

孩子常常会问大人：鸡生蛋，那么是先有鸡呢？还是先有蛋？经济学上也有类似的问题：是供给创造需求？还是需求创造供给？这是经济学上经常讨论却难有统一认识的、令人感兴趣的论题之一。

最近，苹果iPhone热卖的景象，使得此论题有了现实版的答案①。

得益于苹果iPhone新型号产品热卖等因素，美国2014年的零售销售大幅增长，增速超过了市场普遍预期。消费开支占到美国经济近70%，零售销售加速增长，也让一些人对美国经济复苏前景更有信心。这其中一个最大亮点是电子产品的快速拉动。

---

① 《苹果发布2015第一财季业绩报告：利润创记录》，《南方日报》2015年1月29日。

2014 年，美国的电子类产品销量增长超过经济增长，为一年来最大增幅，主要原因是苹果 iPhone 的热卖。评级机构标普预计，美国 2014 年 iPhone 新型号产品对 GDP 增长的贡献率可能达到 20% 左右，并称是苹果小手机撬动美国大经济。

苹果 iPhone 热卖的景象，启示我们：不仅需求创造供给，供给也能创造需求！

第一节　供给学派的兴起与发展

一、供给学派的主要代表人物和主要著作

供给学派的主要代表人物有美国经济学家罗伯特·蒙代尔（Robert A. Mundell）、阿瑟·拉弗（Arthur Betz Laffer）、马丁·费尔德斯坦（Martin Feldstein）等人。这个学派的代表人物大都担任过美国政府的官员，费尔德斯坦和拉弗都曾在里根政府任职。

阿瑟·拉弗（又译作拉弗尔），曾任南加利福尼亚大学商学院研究生院企业经济学教授，里根政府经济顾问委员会委员，因提出说明税率和税收关系的"拉弗曲线"而著名。

马丁·费尔德斯坦，曾任哈佛大学教授。他原是主张政府干预观点的凯恩斯主义者，20 世纪 70 年代转向自由经济主义，成为供给学派的拥护者。1977 年获克拉克经济学奖，同年出任美国经济研究局主席，1982 年起任里根政府经济顾问委员会主席，1984 年卸任后又回到哈佛大学任教授。他的代表作有：《转变中的美国经济》（1990）、《供给经济学：老原理和新论断》（载于《美国经济评论》1986 年第 5 期）。

二、供给学派的兴起

美国经济进入 20 世纪 70 年代以后，经济增长缓慢而且经济波动

频繁，通货膨胀居高不下，政府干预的结果是公债激增、税收增加、赤字上升。凯恩斯主义政策在滞胀面前失灵了，供给学派的经济学家开始重新审视凯恩斯主义的政策。

他们认为，凯恩斯主义需求管理的原则不能对付滞胀，政府强化干预使经济陷入滞胀，对付滞胀的关键是重视供给。供给不仅指社会提供的产品与劳务的数量，还包括要素供给及其效率。

在凯恩斯理论中，经济萧条与通货膨胀不会同时发生，增加政府开支的政策可以刺激消费需求，降低利率的货币政策可以扩大投资需求，扩张性财政货币政策可以增加有效需求，从而使经济从萧条走向景气。长期执行凯恩斯主义政策的结果，使西方国家的经济在 20 世纪 70 年代出现了滞胀，高通胀与高失业率并存，为了抑制通胀和减少失业，政府强化了对经济的干预。

费尔德斯坦指出，政府强化干预的结果使经济更深地陷入了滞胀，政府作用不断扩大是美国经济绩效减退的原因。政府财政政策和货币政策造成总产出不稳定和通货膨胀迅速上升。政府的各项规章制度是生产力、研究与发展能力低增长的主要原因。政府收入转移支付计划的扩大，加深了家庭生活的不稳定，加剧了出生率的不稳定，刺激需求的宏观经济政策导致低储蓄和投资及资本增长缓慢。

供给学派指出，政府的政策无法达到预期的效果，是因为政府没有注意到经济环境已经发生很大的变化。凯恩斯时代需求严重萎缩，供给成为"长边"；随着凯恩斯刺激需求的政策的实施，需求过度增加，需求成为"长边"，供给的总量和结构就成了经济发展的制约因素，从而使凯恩斯主义政策变得不合时宜了。在市场经济中，一切经济选择都是对成本和收益进行精确比较的结果。个人进行选择的结果与预期，总是接近于企业进行选择的结果和预期。政府的选择缺乏经济合理性，善意的政策往往产生预料之外的、与政策目标相左的结果。政府采取扩张性的财政货币政策是希望降低失业率，结果却出现了通货膨胀。同样，政府为了改善失业者的生活，提高了失业福利金的数量、延长了救济期限，结果助长了失业，不利于重新就业；政府实行免费医疗和医药补助，导致保健费爆炸性增长。

供给学派还指出，政府选择经济政策还与政治体制有关，选举制度导致政府的政策短期化。由于需求管理政策可以收到较为快捷和明显的成效，供给政策的成效要在中长期才能显示出来，因此，民选政府自然而然地偏好需求管理政策。

供给学派认为，供给不足是经济滞胀的成因，应对经济"滞胀"的关键是提高劳动生产率，增加供给。供给不仅指社会提供的产品与劳务的数量，还包括要素供给及其效率。20世纪70年代影响美国经济增长的制约因素之一，是石油等初级产品供给不足，这种世界性范围的初级资源供给不足靠任何一国政府单方面的努力都无济于事。此时，重视供给就是采取措施去增加劳动供给和提高资本形成能力，即刺激人们工作和储蓄的积极性；同时，要提高供给效率，即提高劳动生产率。在较低的生产率条件下，经济高速增长是暂时的。从长期来看，低生产率只能与低经济增长相联系。劳动生产率下降加剧了通货膨胀：生产率下降，单位产品成本上升，导致成本推动型的通货膨胀；生产率下降，意味着投入产出比下降，容易形成要素需求旺盛，而要素和产品供给相对不足导致需求拉动的通货膨胀。因此，20世纪70年代的经济滞胀是供给不足引起的，必须增加供给才能抑制通货膨胀和增加就业，解决滞胀问题。

西方国家在凯恩斯主义政策不能奏效的情况下，转而重视供给学派等自由经济主义的经济主张。供给学派的影响在西方经济学界越来越大，由于其政策主张被里根政府采纳而声威大震。

第二节 供给学派的主要理论

供给学派的理论主要包括：供给与生产率理论、拉弗曲线、通货膨胀理论、费尔德斯坦曲线、政策的供给效应分析和经济政策主张。

一、供给与生产率理论

供给学派重视供给分析，认为供给与生产率是经济运行的决定因素，因此，这个学派又被称为供给经济学。

(一) 供给与需求

供给学派恢复了萨伊定律，即供给创造需求定律。该学派认为，从整个经济来看，购买力永远等于生产力，社会生产多少产品，就会有多少购买力来购买。生产者在生产过程中会给自己的产品创造需求，不会由于总需求不足而出现生产过剩。

经济中的非均衡缺口事实上是由供给引起的。20 世纪 30 年代大萧条也不能完全归因于需求不足，还有供给方面的因素。如当时的税法导致了国际贸易体系的崩溃，银行倒闭和中央银行的错误引起的货币供给量严重紧缩，实际利率猛增，不健全的税收制度导致税率增加等。

供给学派从以下三方面解释经济波动：一是经济过剩是劣等货过剩；二是在资源稀缺的世界中，产品过剩是表面的，产品过剩的原因不是由于需求不足，而是缺乏创造性生产，缺乏新的供给及由于新供给引致的新需求；三是产品过剩的程度与经济发展方式有关。

在需求过剩为主导的经济中，企业对于不很熟悉的新产品，难以预测市场销售前景，缺乏创新精神，市场上就充斥着老产品。根据边际效用递减原理，老产品的需求会萎缩。在需求萎缩时，政府刺激经济的政策不仅不能解决问题，反而会积累矛盾，造成经济恶性循环。而生产者创造新产品能够引发新的需求，在增加新产品供给的同时减少产品过剩。

供给学派认为，凯恩斯关于社会存在闲置资源和设备问题的假设、政府进行需求管理的主张是错误的。凯恩斯的假定违背了西方经济学的资源稀缺性原理，而且凯恩斯的假设忽视了价格机制的作用。如果资源闲置，那是因为价格太高，只要价格有充分的弹性，资源会被重新利用，资源闲置问题就能迎刃而解。

他们认为，凯恩斯主义只能适用于 20 世纪 30 年代经济大萧条时期高失业率、低物价的情况，凯恩斯主义需求创造供给的理论不能解释20世纪60年代后的高通货膨胀和高失业及低增长的现象，因此，必须摒弃凯恩斯主义。

（二）供给扩张与生产率

供给学派提出，经济增长源自于供给的真实扩张和生产率的持续上升。社会资源和生产要素能够持续稳定地供给，经济才能实现长期增长；生产率持续上升，形成高效率的社会生产机制，才能为消费者提供日益增多的产品。简言之，生产力不断提高才能实现供给扩张。

供给学派对第二次世界大战后的美国经济进行了分析，发现美国自20世纪60年代末以后，劳动生产率增长速度大幅度下降，20世纪70年代的劳动生产增长率为负值。资本对劳动力的比例一直在下降，是美国劳动生产率下降的直接原因。供给学派认为，凯恩斯主义盛行是导致劳动生产率下降和经济增长缓慢的理论原因。凯恩斯主义不注重供给、不注意分析生产率、过于强调需求管理的政策影响了资本形成和经济发展。美国经济中资本对劳动比例下降，说明人均资本存量下降、资本形成不足。政府刺激需求的政策引起通货膨胀，再加上累进所得税，减少储蓄，私人资本形成率降低，资本供给严重不足。因而，政府需求管理政策造成资本形成不足。税率过高，既损害了从业者的工作积极性，又削弱了企业提高生产技术的意愿和能力，资源转向非生产性部门和地下经济，技术创新受阻。

二、拉弗曲线

拉弗曲线被称为供给学派的思想精髓，它反映了政府税率与税收量之间的关系，说明边际税率和税收量既可能同方向变动也可能反方向变动。边际税率是人们增加的收入中必须向政府纳税的部分对收入增加的比例，边际税率会影响劳动力供求和企业产出。

第一，高边际税率会降低人们的工作积极性，企业会增加对劳动力的需求；低边际税率有相反的作用。美国等西方国家的税制是累进的，收入增加得越多，增加收入中用于纳税的比重就越大，所以，边际税率随着收入提高而递增。对劳动者而言，由于高税率减少纳税后的工资率，从而改变了劳动与闲暇的相对价格，也就是说，在闲暇价格不变时，降低了劳动价格，从而，降低了劳动者的劳动积极性，减少了劳动供给。相反，边际税率低，人们会多工作和努力工作，即人们会增加劳动供给。对企业而言，边际税率高，企业纳税后从生产和出售产品中得到的收益下降，因而，企业减少对劳动的需求，产出减少；边际税率低，企业纳税后从生产和出售产品中得到的收益增加，因而，企业增加劳动需求，产出增加。

第二，高边际税率会阻碍投资，降低资本存量，而低边际税率能够鼓励投资，提高资本存量。供给学派认为，高边际税率会阻碍人们在教育和职业培训等方面的投资，人力资本的投资随着边际税率的提高而减少；高边际税率降低了企业纳税后的投资收益，在消费价格不变的情况下，提高了将来消费和投资的价格，这种消费和投资之间相对价格变化，使企业减少了在厂房设备方面的投资。

第三，高边际税率还引起资本外流，流向边际税率比较低的国家。人力资本和非人力资本存量下降，使生产率增长速度放慢，收入水平降低。相反地，低边际税率会鼓励人们储蓄，增加教育和职业培训方面的投资和厂房设备等方面的投资，资本和人力资本存量增加，提升劳动生产率，提高劳动者收入水平，增加企业的产出和收益。

税率与投资、劳动供求的关系表明税率与国民收入之间有反方向的变化关系：当税率为百分之百时，生产活动就停止了，国民收入为零；随着税率的逐步下降，产量和国民收入会逐渐增加，当税率为零时，产量和国民收入达到最大。

以供给学派的代表人物拉弗命名的拉弗曲线则说明，税收量随着边际税率增加到一定程度后，税收量随着边际税率的增加而递减，见图 10-1。图中横轴表示税收量 TR，纵轴表示税率 t。P 点是拉弗曲线的峰顶，它将拉弗曲线分为两部分；在 P 点以下的部分，税率水平比较低，税率的提高会使税收量增加，在图中 B 点到 D 点，税收随着边际税率的提高而增加；超过 P 点后，税率的提高不但不能增加税收量，还会减少税收量，图中 A 点的边际税率比 C 点高，但政府的税收量反而下降。

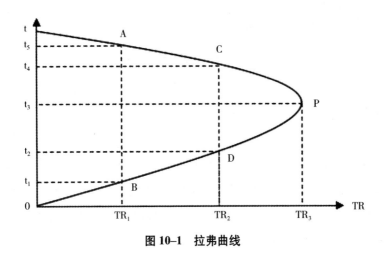

图 10-1　拉弗曲线

供给学派经济学家认为，出现拉弗曲线的原因是：第一，高税率促使人们在地下经济中工作，逃税避税的意愿强烈。地下经济的收入，无论是非法的或合法的，都不向税务当局申报，结果是减少了政府税收。同时高税率还鼓励人们把相当可观的资金用于寻找税收漏洞，这种避税或逃税的企图消耗了经济资源，降低了经济效率。第二，在低税率情况下，人们逃避纳税的意愿弱化。在低税率的条件下，地下经济工作会失去吸引力，寻找税收漏洞的成本与低税负相比太高，人们愿意向税收当局申报自己的收入，这样，税基扩大，政府税收相应地增加。第三，在极端的情况下，当纳税率为 100% 时，货币经济中的生产都停止了，政府无税可收，税收总量为零；在政府税率为零时，税收总量为零。

三、通货膨胀理论

（一）通货膨胀的定义

供给学派对通货膨胀的定义，既与凯恩斯主义不同，也与现代货币主义不同。凯恩斯主义认为需求过度增加引发通货膨胀，现代货币主义认为货币过多导致通货膨胀。供给学派则从供给角度给出通货膨胀的定义：由于需求和供给的分离，因而，在需求过多、供给不足时引起了通货膨胀。

（二）通货膨胀的成因

供给学派认为，通货膨胀的主要原因是税收和税制。与税制相关的制度引起政府规模不断扩大所导致的生产率下降和非生产性开支过多，使价格居高不下。

税收会直接地引起通货膨胀，甚至在赋税影响劳动生产率之前，赋税就有提高成本而引起通货膨胀的趋势。税收导致产品的成本增加，使企业的利润相对地下降，仅有较低利润的边际企业退出市场，社会总供给减少。在其他企业产量不增加和社会总需求不变时，市场供给不足导致企业产品价格上涨。

高税率对生产是一种制动器，税收在减少产品供给时，不能限制货币的增长，结果会出现典型的通货膨胀：过多的货币追逐过少的产品。

（三）通货膨胀对经济的不良影响

第一，通货膨胀使社会不能制订长期的经济计划，促使个人和公司选择短期的比较可靠的报酬，而不做长期和更有生产价值的选择。个人减少了储蓄，将收入投向黄金和其他潜在的"价值储存"；企业仅关注短期投资。第二，通货膨胀最直接影响是降低了在工厂和设备投资上的收益率，提高了企业所得税的税率，降低了企业投资的税后净收益率。第三，通货膨胀导致生产能力增长速度减慢。由于纳税后投资收益率下降，进而投资下降，国民收入中用于投资的份额减少，投资率下降，资本增长率放慢，长期生产能力下降。

（四）抑制通货膨胀的办法

供给学派解决通货膨胀的办法是：

1.削减政府规模或提高政府效率。

2.鼓励生产和革新，刺激生产活动，增加供给。

3.减税。

减税会在短期内拉动需求，在长期内才增加供给。由于政策对供给和需求影响的非对称性，因此，减税虽然在短期内使通货膨胀率上升，但是，短期更高的通货膨胀能够使得生产率恢复增长，企业生产实现创新，在长期内最终消除通货膨胀。因此，不必惧怕减税引起的负效应。

4. 调整税收结构。

调整税收结构可以削弱减税时的负效应。例如在所得税和投资税之间，政府应该多削减投资和资本收益税，少削减所得税。最糟糕的减税方案是降低所得税同时提高投资税。

四、费尔德斯坦曲线

费尔德斯坦曲线以一个理论模型说明，在充分就业条件下，财政赤字对通货膨胀、资本形成的影响和相互关系。理论假定经济存在三种资产：货币、政府债券、作为实际资本的私人有价证券。在充分就业、经济增长的条件下，当财政赤字增加到一定程度后，政府必须用增加货币供给或增加政府债券的办法弥补财政赤字。货币供给增加会造成通货膨胀的压力，新债券的发行将引起债券利率相对提高，私人有价证券利率水平相对地下降，私人有价证券的需求趋于缩减，资本形成比率降低，不利于经济发展。

费尔德斯坦进一步分析了财政赤字对经济的影响。假定财政赤字的增加与弥补不影响通货膨胀，这就要求在政府增发债券的同时不增加货币供给。债券增加，债券与货币的相对比率提高，流通中的货币相对减少，导致利率上升，从而债券的利率也提高。政府债券的高利率使人们愿意多购买债券，减少对公司股票等私人有价证券的购买。私人有价证券发行是私人投资的主要筹资形式，私人证券发行量减少，资本形成水平下降，生产率增长速度也下降，国民收入增长缓慢。资本形成水平下降，是弥补赤字时避免通货膨胀的代价。

费尔德斯坦假定增加财政赤字不影响资本形成水平，那么，弥补赤字的手段是多发行货币，这会增加通货膨胀的压力。通货膨胀引起名义利率上升，资本实际净收益下降，进而要降低税率，才能使新增货币供给中一部分被私人有价证券吸收，资本形成水平不至于下降，但财政赤字的压力使通货膨胀进一步上升。在财政赤字增加时，要保证资本形成水平不下降的代价是更严重的通货膨胀。

费尔德斯坦指出，在充分就业的情况下，财政赤字使通货膨胀率与资本形成率之间存在正相关关系，或互补的关系。以通货膨胀率 π 为纵轴、以资本形成率 R 为横轴的图 10–2 中，表述通货膨胀率与资本形成关系的曲线就是费尔德斯坦曲线。这是一条向右上方倾斜的有正斜率的曲线，见图 10–2。

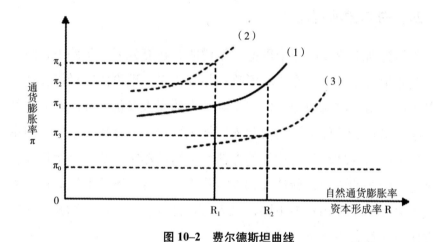

图 10–2　费尔德斯坦曲线

在图 10–2 中，在一定的财政赤字水平如（1）的条件下，要使资本形成率 R 提高，从 R_1 提高到 R_2，通货膨胀率就会从 π_1 上升到 π_2；反之，通货膨胀率下降，资本形成就会减少。如果财政状况恶化，赤字水平从（1）上升到（2），为了保持原有资本形成率不变，通货膨胀率就要从 π_1 上升到 π_4；反之，在财政状况好转时，维持原有的资本形成水平，通货膨胀率可以下降。当达到预算平衡时，在经济中仍然存在一个被称为自然通货膨胀率 π_0，在图 10–2 中，自然通货膨胀率是一条水平线。这时的通货膨胀对投资储蓄等经济变量的影响完全是中性的，资本形成率不受自然通货膨胀的制约，资本形成率对通货膨胀的弹性可以为无穷大。不少经济学家认为，费尔德斯坦曲线比拉弗曲线更接近于现实经济。费尔德斯坦曲线阐明，在财政赤字有刚性时，通货膨胀率和资本形成率的组合关系、赤字刚性对供给的影响。在赤字为刚性时，高通货膨胀率降低了资本形成率，资本形成率的下降，影响了劳动生产率，减少了供给。

费尔德斯坦曲线的政策含义为：一是可以通过牺牲一定的资本形成率与经济增长率，减少赤字，平衡预算，降低通货膨胀率；二是可以通过增加税收（如增收消费税或增值税等），减少财政赤字，抑制过度需求，减轻利率上升的压力，维持一定的资本形成能力。

第三节　供给学派的政策主张

供给学派注重宏观经济政策的供给效应。供给学派的学者们反对凯恩斯学派在宏观经济政策分析中需求决定供给的观点，转向供给决定需求的观点，被认为是对凯恩斯经济学根本性的逆转。供给学派认为，供给效应对评估政府政策作用是相当重要的。供给效应是指宏观经济政策对资本形成和劳动供给所产生的影响。

一、政策的供给效应

供给学派从供给角度分析了宏观经济政策效应，分析了税收的供给效应、政府转移支付的供给效应、货币政策的供给效应和规章制度的供给效应。

（一）政府税收的供给效应

供给学派认为，减税会增加供给。在短期内减税提高了人们的工作积极性，刺激了储蓄和投资的增加，总供给随之增加。减税使人们可支配的收入增加，需求也增加，总供给和总需求共同增加的结果是国民收入增加，而价格水平没有变化。因此，减税可以同时实现经济增长和稳定价格水平两大目标。在长期中，持续地降低税率会导致国民收入持久稳定地增长。

增税会造成不利的供给效应。税率的提高降低了纳税后的工资率，也降低了纳税后的利润率和利率。因此，税率的提高会减少劳动供给和资本形成，从而减少总供给效应。

（二）政府转移支付的供给效应

政府支出是西方国家政府在保险、失业补助和困难家庭补助等方面的财政支出。供给学派反对凯恩斯学派的政府转移支付能自动稳定经济的观点，认为政府转移支付会减少资源的供给，从而使产量和国民收入下降。

（三）货币政策的供给效应

供给学派认为凯恩斯的货币政策造成通货膨胀，通货膨胀使价格变化不能正确地传递市场信息，资源分配不合理，降低了经济效率。通货膨胀使纳税人进入更高的税率档次，增加了纳税负担，从而影响了人们的生产积极性，储蓄和投资也减少，资本形成困难，总供给减少。

（四）规章制度的供给效应

供给学派认为，规章制度产生了不利于供给的效应，为了制定和执行这些规章制度，政府增加了大量的开支；为了遵守这些制度，厂商增加了大量的费用；这些规章制度还限制了厂商有效地利用技术和资源。因而，规章制度使企业投资下降，经济增长速度随之递减，总供给减少。

二、经济政策主张

供给学派的经济政策主张为：减税，削减社会福利支出，精简规章制度等。

（一）减税

降低边际税率是供给学派经济政策主张的核心内容。供给学派认为，滞胀的原因在于凯恩斯主义经济政策引起的负供给效应。劳动和投资的减少，一方面会提高失业率，另一方面会降低产出，导致供给小于需求而造成通货膨胀，同时，经济增长缓慢。因此解决滞胀问题的最好办法是减税。降低税率可以提高人们的工作积极性，增加劳动供给，增加储蓄和投资，增加资本存量，从而减少失业，提高产出，通过增加产出消除供小于求的差距，降低直至消除通货膨胀现象。

（二）削减社会福利支出

供给学派主张削减政府支出，特别是政府转移支付。因为，第二次世界大战后发展起来的福利制度一方面增加了政府支出，从而增加了税收，产生了不利的供给效应；另一方面助长穷人依赖政府的思想，增加了自愿失业，减少了劳动供给。所以应该大幅度地减少政府的转移支付，有利于减少政府税收，增加劳动供给，刺激产出增长。

（三）稳定币值

供给学派认为，以紧缩性财政货币政策遏制通货膨胀会产生不利的供给效应，结果反而引起价格水平上涨。因为凯恩斯控制需求的反通胀的措施是提高税率和减少货币供给。提高税率会减少劳动供给和资本形成，减少货币供给会提高利率，而且两者都会减少投资、减少产出、提高价格水平。

供给学派认为，应该减税和增加货币供给。降低税率能够增加劳动供给和投资，适当增加货币供给能够降低利率，刺激投资增加。这些政策都有利于增加产出，缓解供求矛盾，降低价格水平。

供给学派认为，同时实现降低通货膨胀和经济高速增长两大目标，除了大规模减税外，还应该恢复金本位。拉弗指出，政府应当以美元自由兑换黄金的办法来保证美元的购买力。在没有恢复金本位之前，我们不可能制定出真正的反通货膨胀政策。

（四）精简规章制度

供给学派认为，战后美国历届政府在实行需求管理时所制定的规章制度对供给起了限制作用。他们主张精简束缚企业的规章制度，减少政府对企业活动的限制，降低规章制度的负供给效应，让企业更好地按照市场经济原则行事。

第四节　影响和评价

一、供给学派的影响：里根经济学

（一）供给学派与里根经济学

供给学派的理论出现后，很快受到美国一些政治家的赏识，这个学派的部分政策主张被里根政府付诸实施。

里根政府实行的里根经济学，吸纳和实践了供给学派的经济理论及经济政策主张，内容随着美国经济的状况不断演变。里根经济学的实施，使得美国在 20 世纪 80 年代后期实现了低通货膨胀条件下的经济增长。

（二）里根第一任期的经济政策

里根经济学的最典型和最基本的内容，是里根就任总统后于 1981 年向国会提交的题为《美国经济的新开端》的经济复兴计划。计划包括四个部分：

1. 全面降低个人所得税，减免企业税，缩短固定资产折旧年限。

2. 削减政府预算支出，削减的主要项目是社会保险与福利开支，涉及的项目达 200 多项，但国防支出不但没有减少，反而逐年递增。

3. 严格控制货币供给量，年货币供给量增长率不超过 4%—8%。

4. 撤销或放宽政府颁布的有关经济活动的各种规章，成立了以副总统布什为主任的放松规制的特别小组。

这一计划旨在通过减税刺激投资和储蓄，放松政府对经济的干预和管制，压缩政府开支以缩小政府财政赤字，遏制通货膨胀，实现低通胀下的经济增长。里根经济复兴计划实施后，伴随着经济增长出现了严重的赤字问题，减税政策实施后，政府财政收入减少，但财政支出仍然很庞大，原来预期的预算平衡的结果没有出现。赤字的增加抵消了经济政策的供给效应，它与紧缩货币政策结合又导致高利率和高汇率，高利率和高汇率虽然能够吸引大量的外资流入美国，缓解了政府和私人部门在金融市场上争夺资金的困境，但高利率阻碍了投资的增加，打击了出口业和面临进口竞争的工业，削弱了产品的国际竞争能力，国际收支状况恶化。因此，里根经济学的内容在里根的第二个任期内做了调整。

（三）里根第二任期的税制改革

里根在任第二届总统时期，里根经济学有所转变，进行了税制改革，主要包括两方面。一方面是个人所得税改革：增加个人所得税的免税额；边际税率由 11%—50% 的 15 个税级简化为 15%、25% 和 35% 三个档次；许多过去列为不予课税和减免的收入，如州和地方的财产税、销售税和债券利息收入等均计入应税收入。另一方面是企业纳税的改革：公司所得税由 15%—46% 降为 15%—33%；取消 1981 年以来的 10% 的新投资税收优惠；按固定资产实际磨损计算折旧；取消资本收益的税收优惠，但将资本收益税的最高税率降低为 17.5%。

这次税制改革的目的是进一步发挥减税对供给的刺激作用，同时通过取消一部分税收减免和优惠，扩大税基，增加财政收入，以利于减少赤字，改变产业结构，提高生产率。由于减税不能实现自偿性平衡财政，于是 1985 年美国国会通过由参议员格拉姆等人提出的平衡预算和紧急控制赤字修正案，简称"格拉姆—拉德姆法案"，该法案规定从 1986 年起到 1990 年政府每年削减赤字，到 1991 年实现平衡预算。然而直到里根下台，美国政府仍然用发行国债弥补高达 2300 亿美元的财政赤字。

20 世纪 80 年代的美国经济表明，里根经济学虽然在低通胀条件下实现了经济的增长，但不能解决财政赤字和贸易赤字问题，导致里根经济学趋向衰弱，供给学派也随着没落。直到 2001 年小布什入主白宫后，大量起用供给学派的学者担任政府高级职务，供给学派部分理论才重新成为美国的官方经济理论。

二、评价

（一）供给学派有其历史意义

第二次世界大战之后，西方大多数国家利用凯恩斯主义制定了经济需求管理方面的政策，取得一定的效果。但由于这种人为的、过度的需求扩大，导致 20 世纪 70 年代的西方经济"滞""胀"不能同时解决，劳动生产率下降，结构性通胀等各种问题。供给学派就是在这个时候兴起的。供给学派认为在几乎处于充分就业时，如果增加需求，只会单纯地增加货币的数量，最终导致滞胀；而只注重增加需求，没有供给的话，经济就会停滞不前。供给学派将经济从需求管理转向供给管理，这在一定程度上有其历史意义。虽然供给学派与凯恩斯学派存在很多不同点，甚至是完全相反的两个方面，但是这为当时的经济政策研究方面开辟了新路径。

（二）供给学派创新了萨伊定律

这个学派的理论被认为是"萨伊定律"的再现，并与"凯恩斯定律"相对立。供给学派的观点看似萨伊定律，却又与萨伊定律不同。萨伊定律认为供给会自动地创造需求。但是供给学派认为经济不能自动实现均衡，要有政府的干预才能完成。少量地干预经济的供给方面，有助于供求平衡。萨伊定律否定国家干预，而供给学派主张改变国家干预方向和内容，将干预程度降到最小。

（三）减税理论是供给学派的核心政策主张

供给学派认为，供给不足应靠减少税收，降低税率解决。降低税率可以激励劳动热情，促进个人和企业储蓄与投资，促进全社会生产率增长、促进生产，增加劳动产品供给。所以供给学派主张大幅度减税。但是这一点被萨缪尔森批评为"它既没有经济史上的有力证据，又缺乏理论分析上的合理推断"。

（四）与时任美国总统里根的经济政策有密切联系

里根就任总统不久便提出了"经济复兴计划"，许多人认为他体现了供给学派的主要观点和政策主张。供给学派也因此在经济学界轰动一时。但是，里根总统所施行的经济复兴计划，最后大部分目标未实现，而且使联邦财政连年出现巨额赤字，导致高利率和美元高汇价，又使对外贸易连年出现创纪录赤字。供给学派的影响日益减小。

但供给学派的一些观点值得我们关注，如适当缩小政府对经济的干预，鼓励企业在发展中发挥创新作用，就业的根本解决在于经济增长，适度控制货币供应等。

第五节　借鉴和应用

供给学派不仅在西方经济学界有相当的影响，而且对中国经济学界研究经济政策和政府制定经济政策有一定的借鉴意义和影响。如供给学派重视供给在经济增长和发展中作用的观点，对于中国在社会主义市场经济条件下，从总供给视角制定长期经济发展规划和经济结构调整的重点都有借鉴意义；供给学派的减少政府对经济活动的干预和提高劳动生产率、减少所得税和提高从业者工作积极性、降低企业税负增加资本形成和增加就业等观点，对于中国政府制定公平合理的社会税负和投资政策、促进就业和经济增长等都有启发性和现实应用意义。

中国经济理论界和政府制定政策借鉴和应用供给学派主要有三方面：一是供求决定论之争，即是供给决定需求还是需求决定供给之争；二是简化规制，放松市场规制，减少行政审批；三是拉弗曲线与税收，以减税政策促进经济增长。

一、供求关系：谁决定谁？（鸡生蛋还是蛋生鸡）

（一）西方经济学关于供求关系之争

供给决定需求还是需求决定供给，是经济学中最重要的基本命题之一，类似于自然科学中的"鸡生蛋还是蛋生鸡"之争，西方经济学中各代表性学派都要对此命题提出自己的观点，然而各派观点缤纷，至今没有统一结论。

供给决定需求还是需求决定供给之争，始于凯恩斯经济学诞生之后。在此之前，萨伊定律所阐明的供给决定需求论，主宰着整个西方传统的古典经济学和新古典经济学理论，曾是西方经济学史上主流的经济思想。

根据萨伊定律，在一个完全自由的市场经济中，由于供给会创造自己的需求，因而社会的总需求始终等于总供给。英国哲学家和经济学家约翰·斯图尔特·穆勒出版的《政治经济学原理》中对李嘉图、萨伊和穆勒的学说进行了总结，萨伊定律从此隐蔽地存在于传统古典经济理论和新古典经济学中，并成为主宰传统古典学派和新古典经济学的基础理论。

萨伊定律最常见的表达形式是：供给创造自己的需求。该定律得名自19世纪的法国经济学家——让-巴蒂斯特·萨伊（Jean-Baptiste Say）。

萨伊定律需要有两个假设前提：一是在不同时间点之间，货币的价值是稳定的；二是货币仅作交换媒介，在流通过程中一般不涉及对货币的储藏功能。

萨伊定律的核心思想是"供给创造其自身的需求"。这一结论隐含的假定是，循环流程可以自动地处于充分就业的均衡状态。它包含三个要点：（1）产品生产本身能创造自己的需求；（2）由于市场经济的自我调节作用，不可能产生遍及国民经济所有部门的普遍性生产过剩，而只能在国民经济的个别部门出现供求失衡的现象，而且即使这样也是暂时的；（3）货币仅仅是流通的媒介，商品的买和卖不会脱节。

凯恩斯主义经济学的出现，使得萨依定律的影响力减退，需求决定供给论成为西方经济学主流理论。凯恩斯主义是20世纪30年代经济大萧条的产物。1929—1933年，资本主义世界爆发了空前严重的经济大危机。这次大危机震撼了各资本主义国家，席卷了所有的殖民地和半殖民地。整个资本主义世界经历了长达4年的大危机之后，又陷入了经济持续不景气的特种萧条之中。大危机和特种萧条被称为"30 年代经济大萧条"。传统的古典经济学和新古典经济学无力从理论上解释大萧条的成因，更提不出应对经济大萧条的政策，而凯恩斯主义经济学提出与萨伊定律完全相反的理论观点，较好地解释大萧条的成因，并据此理论给政府提出对付大萧条的政策措施，成为符合资本主义国家政府愿望的经济学。

凯恩斯于 20 世纪 30 年代提出：需求能创造出自己的供给，因此政府采取措施刺激需求以稳定经济。凯恩斯指出，面对西方世界经济大萧条，仅靠自由市场机制是无法保证经济稳定增长，达到充分就业的，必须加强国家干预；在需求出现不足（有效需求不足）时，应当由政府采取措施来刺激需求，而总需求随着投资的增加，可使收入增加，消费也将增加，经济就可以稳定地增长，以至达到充分就业，使生产（供给）增加。这一论点被凯恩斯的追随者们奉为定律，因此叫凯恩斯定律。随着凯恩斯的需求决定供给论及调节总需求的经济政策主张被各国政府奉为圭臬，萨伊定律在西方经济学主流学派中日渐销声匿迹。

世界经济潮流和格局的变化往往超越经济学家的预期和经济理论的发展，供给决定需求还是需求决定供给的命题，也出现了"三十年河东，三十年河西"，风水轮流转的循环。20 世纪 70 年代以后，西方国家经济中出现了严重的滞胀局面，凯恩斯主义经济学不仅在解释滞胀成因时无能为力，而且据凯恩斯定律开出的治理滞胀的药方，也陷入进退维谷的境地，凯恩斯主义经济学在人们心目中日渐失去光彩，濒于名誉扫地，退出了官方经济学的宝座。

供给学派恢复了萨伊定律，即供给创造需求定律，较好地解释了经济滞胀的成因，开出走出经济滞胀的药方并收到一定的成效。该学派认为，从整个经济来看，购买力永远等于生产力，社会生产多少产品，就会有多少购买力来购买。生产者在生产过程中会给自己的产品创造需求，不会由于总需求不足而出现生产过剩。经济中的非均衡缺口事实上是由供给引起的。

20世纪30年代大萧条也不能完全归因于需求不足，还有供给方面的因素。一是经济过剩是劣等货过剩。二是产品过剩是由于缺乏创造性生产，缺乏新的供给及由于新供给引致的新需求。三是产品过剩的程度与经济发展方式有关。缺乏创新精神，市场上就充斥着老产品，需求会萎缩。此时，政府刺激经济的政策不仅不能解决问题，反而会积累矛盾，造成经济恶性循环。四是凯恩斯关于社会存在闲置资源和设备问题的假设、政府进行需求管理的主张是错误的，违背了西方经济学的资源稀缺性原理，而且凯恩斯的假设忽视了价格机制的作用。因而，凯恩斯主义的理论不能解释20世纪60年代后的高通货膨胀和高失业及低增长的现象。

供给学派据此得出必须摒弃凯恩斯主义的结论。供给学派很快受到美国一些政治家的赏识，这个学派的部分政策主张被里根政府付诸实施，使得美国在20世纪80年代后期实现了低通货膨胀条件下的经济复苏。

（二）中国关于供求之争及应用

改革开放以来，中国学术界关于供给决定需求还是需求决定供给之争始终存在。改革开放初期，中国处于供给小于需求的短缺经济状态，只要生产出满足需求的产品，这些产品的价值都能实现，甚至高于产品价值，即价格高于价值，这个时期是典型的需求决定供给式的经济增长。与此同时，改革开放初期首先引进的西方经济是凯恩斯主义经济学，因而，许多学者都以需求决定供给论来分析中国经济，政府也是从总需求视角制定经济政策。

然而，随着改革开放的深入，中国从供小于求转向供大于求，中国经济数度出现投资和消费过热、通货膨胀和经济结构失衡等问题，以凯恩斯经济学为代表的需求决定供给论难以解释这些问题也提不出有效的对策，特别是20世纪末和21世纪初出现的许多产品（彩电、手机、平板电脑等）都是供给决定需求的现实例证，因而，相当一批学者们开始转向供给决定需求论。近年来，中国学术界关于经济增长决定于供给还是需求之争更是趋于白热化。

对于求真务实的中国政府而言，学术界关于供给决定需求还是需求决定供给之争对于政府制定经济政策影响不明显。中国经济增长的实践证明：需求决定供给论是中国经济增长的最主要动力；总需求持续推动中国经济成长为 GDP 世界第二，因而，秉持"实践是检验真理的唯一标准"理念的中国政府，无论是遇到经济过热通货膨胀时还是遇到经济萧条通货紧缩时，往往从总需求视角制定宏观调控政策，以熨平经济波动，实现物价水平稳定，即实行没有凯恩斯主义的总需求政策。

改革开放以来中央政府的历次宏观调控，都是从总需求视角审时度势地制定宏观调控政策，解决经济面临的问题。

第一次，1979—1981 年的宏观调控。当时，宏观经济运行的突出问题是：宏观经济增速迅猛，1978 年经济增长率达 11.7%；投资过热和国民经济重大比例关系严重失调，积累率迅速上升；财政用于消费的支出大幅增加，形成大量财政赤字，导致国民收入超分配；出现改革开放以来物价上涨的第一个高峰，1980 年全国商品零售价格上涨率达 6%；为了扩大进口满足国内盲目投资需要，外贸出现较为严重的赤字。

在当时"计划经济为主，市场经济为辅"原则的指导下，宏观调控受计划经济体制影响，主要采用的是行政手段。如行政性财政政策，强制控制财政支出（削减投资支出和控制消费支出）；行政性货币政策，强制控制信贷投放；对经营不善、长期亏损的国有企业，停止财政补贴，停止银行贷款；对落后的小企业进行整顿和关停并转等。

当时的主要调控措施有：解放思想，搞好综合平衡；注意正确处理积累与消费的比例关系；注意防止急躁冒进的趋向；缩短基本建设战线，停建、缓建一批项目，严格控制新项目上马；加强物价管理，坚决制止乱涨价；扩大企业自主权，让企业办更多的事情。第一次宏观调控的 1981 年，对投资和消费实行力度较大的全面紧缩，使经济增长率较大幅度地迅速回落到 5.2%。调控后问题有所解决，但是不彻底，潜伏了出现下一次经济过热的因素。

第二次，1985—1986 年的宏观调控。此次宏观调控针对的是 1984 年的经济过热。1985—1986 年宏观调控面对的形势是：经济增长过快，1984 年经济增长率达 15.2%；1984 年下半年对信贷资金和消费基金管理不严，货币发行超量，信贷增长过猛和工资奖金增长过快，致使银行信贷和消费基金急剧增长。由于供求关系的紧张和价格双轨制的存在，以及受"乱涨价"等不正之风的影响，价格问题凸显，1985 年达 8.8%，是改革开放以来物价上涨的第二个高峰。

1985 年 3 月，《政府工作报告》提出，加强和完善宏观经济的有效控制和管理，坚决防止盲目追求和攀比增长速度的现象。采取了控制固定资产投资规模；加强物价管理和监督检查，制止乱涨价之风；全面进行信贷检查等一系列措施，进行宏观调控。在各种压力下，1986 年所进行的宏观调控没有到位，潜伏着进一步引发新的过热的可能性。

第三次，1988—1989 年的宏观调控。本次宏观调控针对的是 1987—1988 年的经济过热。经济增长迅速，1987 和 1988 年经济增长率分别达 11.6% 和 11.3%；当时，国家预算内的基本建设投资得到一定控制，但预算外投资规模的膨胀远远没有控制住，而且愈演愈烈；在投资猛增的同时，消费基金也增长过快，社会总需求超过总供给；货币供给、贷款过高增长；通货膨胀严重，1988 年全国商品零售价格上涨率达 18.5%，是改革开放以来物价上涨的第三个高峰。

1989 年 11 月党的十三届五中全会通过《中共中央关于进一步治理整顿和深化改革的决定》，进一步提出用三年或者更长一些时间基本完成治理整顿任务。至此，改革开放以来的第三次国民经济调整才得以有效的进行。政府又一次推行了以"治理经济环境、整顿经济秩序"为内容的宏观调控：紧缩财政和信贷，压缩社会总需求，解决国民收入超额分配的问题；调整产业结构，增加有效供给；整顿经济秩序，克服生产、建设、流通、分配领域的严重混乱现象。此次宏观调控较多地依靠行政手段，因而"一刀切"的现象比较普遍，对投资和消费实行力度较大的全面紧缩，使经济增长率较大幅度地迅速回落，1990 年回落到 3.8%，开始出现了"硬着陆"的迹象。虽然高通货膨胀被遏制住了，但是出现了市场销售疲软，资金紧张；产成品库存积压，商品流通不畅，工业生产的增长速度回落过猛；停产、半停产企业增加，城镇待业人数增多，部分居民生活发生困难等诸多问题。

第四次，1993—1996 年的宏观调控，是 1992—1993 年上半年的经济过热和严重的通货膨胀。经济生活中出现了"四热"，即房地产热、开发区热、集资热、股票热；"四高"，即高投资膨胀、高工业增长、高货币发行和信贷投放、高物价上涨；"四紧"即交通运输紧张、能源紧张、重要原材料紧张、资金紧张；"一乱"，经济秩序混乱，特别是金融秩序混乱；物价上涨越来越快，通货膨胀呈加速之势，通货膨胀率在 1993 年和 1994 年达到 13.2% 和 21.7%，是改革开放以来物价上涨的第四个高峰，也是新中国成立以来物价上涨的最高峰。第四次宏观调控，亦是对投资和消费实行全面紧缩，但为"适度从紧"，货币政策和财政政策均为"适度从紧"，使经济增长率从两位数的高峰平稳地、逐步地回落到 10% 以内的适度增长区间。

第四次宏观调控已改变过去单纯依靠行政手段的做法，开始注重运用经济手段和法律手段。如开始运用利率、存款准备金率、公开市场业务等市场性货币政策进行调控。一些地方和企业要求放松银根的呼声不断，但宏观调控排除了种种干扰，经过三年多的努力，到 1996 年成功地实现了"软着陆"，为抵御随后爆发的亚洲金融危机打下了良好的基础。

第五次，2004—2006 年的宏观调控。自 2003 年下半年以来，针对宏观经济运行中出现的粮食供求关系趋紧、固定资产投资过猛、货币信贷投放过多、煤电油运供求紧张的不稳定不健康问题，党中央、国务院及时采取了措施，加强和完善宏观调控。

从 2003 年年底开始，到 2004 年 4 月，以查处"铁本事件"为标志，第五次宏观调控全面展开，调控品从金融、物价等开始具体到开发区、房地产市场等经济热点上。到 2006 年，以"国六条"以及九部委"十五条"为标志，既强调监管，又强调引导和协调，同时更突出中央几大部委的协调行动和分类指导，宏观调控的"技术含量"进一步增强了。

与前四次都是对投资和消费实行力度较大的全面紧缩不同，第五次宏观调控不是全面紧缩，而是适时适度，区别对待，不"急刹车"，不"一刀切"。第五次宏观调控，从一开始就注重了采用经济手段和法律手段，同时也辅之以必要的行政手段。货币政策由前几年的"稳健"逐步转向"适度从紧"，财政政策由前几年的"积极"逐步转向"中性"。同时，坚持以改革开放解决经济发展中的深层次矛盾和问题，巩固和发展了宏观调控的积极效果。

第六次，应对 2008 年国际金融危机对中国经济冲击时的宏观调控。2008 年 9 月爆发的国际金融危机，重创全球金融业，冲击了欧美经济，全球经济衰退，中国出口下滑，经济增速下降。中国面对严峻的国际国内局势，灵活果断地调整宏观经济政策，迅速推出应对危机的"一揽子刺激经济计划"，应对计划中的适度宽松的货币政策、积极的财政政策、十大产业振兴规划、促进居民消费政策、对外贸易政策和完善社会保障体系政策等多项政策成效卓著，迅速地扭转了国内经济增速下滑的局面，2009 年中国经济率先走出世界经济衰退的阴影，经济增长速度在世界经济中独领风骚。

第七次，2013 年至今的宏观调控。2013 年出现经济运行存在下行压力，部分行业产能过剩问题严重，结构性就业矛盾突出，内外需结构失衡等问题。融入全球经济的中国，还面临世界经济仍将延续缓慢复苏态势，新的增长动力源尚不明朗，大国货币政策、贸易投资格局、大宗商品价格的变化方向都存在不确定性等问题。中央政府从增加总需求视角，提出必须继续实施积极的财政政策和稳健的货币政策。进一步完善调整财政支出结构，厉行节约，提高资金使用效率，完善结构性减税政策，扩大营改增试点行业。保持货币信贷及社会融资规模合理增长，改善和优化融资结构和信贷结构，提高直接融资比重，推进利率市场化和人民币汇率形成机制改革，增强金融运行效率和服务实体经济能力。用改革的精神、思路、办法来改善宏观调控，寓改革于调控之中。努力释放有效需求，充分发挥消费的基础作用、投资的关键作用、出口的支撑作用。

二、简化规制与经济增长

供给学派提出简化规制的理论和政策，美国实行后确实收到提高市场经济效率的结果。在中国对政府规制的理论和政策的研究中，有学者提出中国也可以如同外国政府那样简化规制，这是脱离中国实际的。

然而，对中国来说，除了在企业市场准入阶段需要简化规制，在企业市场运营和退出阶段也需要加强政府规制，构建规制型政府。中国市场经济中出现的诸多市场经济秩序混乱的问题，根源于政府对企业市场运营和市场退出规制不足或缺位，需要加强政府规制才能解决这些问题，纠正市场经济秩序混乱的现象，建立起公平、公正、有序竞争的市场。

（一）培育市场经济需要强化政府规制

发达市场经济国家处于现代、成熟市场经济阶段已经有几十年，然而，发达市场经济国家从市场经济初级阶段转向成熟阶段的过程中，政府对微观经济和市场主体的规制活动，跨越一个多世纪。目前，中国还处于培育市场经济阶段，政府规制法律法规体系不健全，政府规制的制度不完善。需要加强政府规制，不断地纠正现阶段市场经济的缺陷，才能建成成熟的、现代的市场经济。

（二）建立管理市场经济的制度需要强化政府规制

发达市场经济国家政府对市场经济中微观主体行为的规制，已经历了100多年，形成了一套完整和健全的管理微观经济和市场主体的制度。

中国管理微观经济和市场主体的制度缺失。在经济体制改革过程中，许多计划经济时期管理微观经济的制度和方法被废弃了，适应市场经济的、新的管理微观经济、规范市场主体行为的制度和方法没有及时建立，在对市场主体的管理中，管理制度漏洞百出、管理方法滞后，市场主体"上有政策，下有对策"行为盛行。加强政府规制，通过不断地弥补政府管理市场经济的漏洞和缝隙，建立健全管理微观经济和市场主体的制度。

（三）建立市场经济秩序需要加强政府规制

在中国的市场上，假冒伪劣产品混迹于市，不良企业发布的名不副实的广告随处可见，无视知识产权模仿名牌产品屡见不鲜，外国名牌的服装被国内执法部门查出质量不合格，等等；人们对这些现象已经见怪不怪。市场经济秩序如此混乱，导致奉公守法的企业生存困难，违法乱纪的企业大赚黑心钱，既造成社会资源的浪费，也损害消费者利益，国家创新体系难以建立，产业缺乏国际竞争力。市场经济秩序混乱现象如同灰尘，"扫帚不到，灰尘照例不会自己跑掉"，国外政府是通过加强政府规制，逐渐地消除市场经济秩序混乱的现象，建立和维护市场经济秩序。因此，加强政府规制，才能有效地规范市场主体行为，建立市场经济秩序，最终形成公平、公正、有序竞争的市场。

（四）提高市场效率需要加强政府规制

在培育市场经济的过程中，垄断（包括自然垄断和行政垄断）、外部效应、信息不对称、信用体系不健全、高成本的公共产品等直接降低市场效率，收入分配不公和非优效品等影响社会成员的利益，间接地影响市场效率。抑制垄断、消除外部和信息不对称、降低公共产品成本、实现收入均等化、减少非优效品和推广优效品，进而提高市场效率都需要加强政府规制。

我们常常羡慕发达市场经济国家有健全的社会信用体系，然而，这些国家的信用体系也不是与生俱来的，健全的信用体系是这些国家政府多年强化政府规制的产物。实际上，20世纪30年代经济大萧条就是金融业信用危机引发的，罗斯福新政的重要政府规制政策之一就是加强对金融业规制，重建金融业的信用体系。发达市场经济国家经过几十年的强化政府规制，健全法律法规，培养了企业和公民熟悉并遵守法律的好习惯，在不损害健全的信用体系的前提下，政府简化规制。而我国市场经济法律体系不健全，管理市场主体的制度不完善，社会信用体系不健全，简化政府规制，放松对微观经济活动的监督和管理，会加剧市场经济秩序混乱，提高市场交易成本，延缓市场经济发展。因此，从培育市场和提高市场效率讲，要加强政府规制。

（五）提高政府规制效率需要加强政府规制

现有的政府规制管理体制不顺，各规制机构之间职责交叉，争权夺利，规制效率较低，还有规制机构不能中立地、独立地行使职权，政府规制政策的形成过程缺乏透明度，公众参与率不高，听证制度流于形式等问题。解决这些问题需要加强政府规制，特别是加强行政规制。通过加强行政规制，提高经济规制和社会规制机构制定和执行政策的效率。

（六）履行政府基本职能需要建立规制型政府

经济调节、市场监管、社会管理和公共服务等是政府的基本职能。

第一，政府规制与经济调节互为补充。经济调节，主要是政府运用经济手段、法律手段和必要的行政手段，通过国家规划、财政政策、货币政策等相互配合，对社会总需求和总供给进行调控，调整和优化经济结构，促进区域经济协调发展和国民收入合理分配，保持经济平稳较快增长，物价稳定、国际收支平衡和促进充分就业。

政府规制是从微观层面对企业、行业进行监督和管理，与经济调节是互补的关系，政府规制为经济调节提供微观基础，经济调节为政府规制提供宏观环境。

第二，市场监管需要强化政府规制。市场监管，主要是政府依法对市场主体及其行为进行监督管理，规范市场运行，维护市场秩序，保护经营和消费者的合法权益，营造公平竞争的市场环境和安全健康的消费环境，形成统一开放、有序竞争的现代市场体系。

政府是市场监管的主体，市场监管的对象是市场中的各类市场主体（包括个人、法人、企业等）的行为。市场监管，就是政府通过经济规制和社会规制对市场主体的市场准入、市场运营和市场退出行为进行监督和管理。政府通过经济规制和社会规制规范市场运行，维护市场秩序，保护经营和消费者的合法权益，营造公平竞争的市场环境和安全健康的消费环境，形成统一开放、有序竞争的现代市场体系。为了提高政府经济规制和社会规制的效能，需要行政规制，即对规制者进行规制。

第三，政府规制是社会管理的必要手段。社会管理，是政府依法对社会事务进行管理，规范社会组织和公民行为，维护人民群众合法权利，协调利益关系，化解社会矛盾，保障公共安全，维护社会公正、社会秩序和社会稳定。

政府规制中的社会规制，有助于政府依法对社会事务进行管理，规范经济组织、社会组织和非政府组织及公民行为，维护经营者和消费者的合法权利，协调利益关系，化解社会矛盾，维护社会公正、社会秩序和社会稳定。

第四，政府规制是公共服务的基础。公共服务，是政府根据社会公共需求，通过多种方式为社会不同层次提供多样性的公共产品和公共服务，主要是建设城乡公用设施，发展社会事业，发布公共信息等，为社会公众生活和参与社会、经济、政治、文化活动提供保障和创造条件。政府提供公共服务需要制度作保证，政府规制为公共服务提供制度基础，有利于政府低成本高质量地提供公共服务。政府规制中的行政规制，监督政府部门及其公务员根据法定程序，提供社会和公众最迫切需要的公共产品和公共服务，廉洁、高效率、低成本、高质量地建设城乡公用设施和发展社会事业及发布公共信息等，为社会公众生活和参与社会经济、政治、文化活动提供保障和创造条件及降低私人成本，实现基本公共服务均等化。

三、拉弗曲线与减税

供给学的拉弗曲线与减税原理，在中国政府刺激总经济需求的宏观调控政策中有相当大的影响。中央政府为了扩大需求，刺激经济增长，常常使用给企业减税甚至是退税的政策。地方政府追求 GDP 的招商引资，往往给企业减免地方税收等优惠条件，而且，在招商引资中，地方政府对外资更为青睐，对外资投资项目往往给予"超国民待遇"，给予更多的土地补贴、税收减免，这些税收减免政策促进了各地 GDP 的增长，助力中国成为 GDP 世界第二经济大国。

2008 年，突如其来的国际金融危机影响中国经济后，中央政府很快就实行了结构性减税政策，促进经济迅速实现恢复性增长。结构性减税，就是"有增有减，结构性调整"的一种税制改革方案。是为了达到特定目标而针对特定群体、特定税种来削减税负水平。结构性减税区别于全面的、大规模的减税。结构性减税强调税制结构内部的优化，强调贴近现实经济的步伐，相对更为科学。

结构性减税追求的目标是纳税人实质税负水平的下降，从量上削减税负水平，主要是从优化税制结构、服务于经济增长和经济发展方式转变的要求着手，其落脚点是减轻企业和个人的税收负担。实际上，自 2004 年以来，我国一直在进行结构性减税，如全面取消农业税、增值税改革从东北试点到逐步完善并推向全国，出口退税适时调整，统一内外资所得税、多次提高个人所得税起征标准等。这些政策都起到了扩大内需、优化经济结构的作用。在国际金融危机冲击世界经济、中国经济面临巨大下行压力的情况下，2009 年实施结构性减税，用减税、退税或抵免的方式减轻税收负担，促进企业投资和居民消费，是实行积极财政政策的重要内容。其中，增值税转型改革，是我国历史上单项税制改革减税力度最大的一次。企业新增机器设备类固定资产所含的进项增值税税金准予在计算销项税额时予以抵扣。此举有效地避免企业设备购置的重复征税，有利于促进企业技术进步、产业结构调整和经济增长方式的转变。

应对国际金融危机的结构性减税措施主要为：鼓励设备类固定资产投资，从 2009 年 1 月 1 日起，在全国范围内实现增值税由生产型向消费型转型，对增值税一般纳税人购进机器设备的进项税款允许抵扣；改善中小企业投资环境：降低了增值税一般纳税人认定标准，并将增值税小规模纳税人征收率由工业 6%、商业 4%，统一降至 3%；提升消费能力，在提高工薪所得个人所得税费用扣除标准的基础上，暂停征收储蓄存款利息个人所得税；促进汽车消费，从 2009 年 1 月 20 日至 12 月 31 日，对排气量 1.6 升及以下的乘用车，车辆购置税税率由 10% 降至 5%；支持资本市场发展，证券交易印花税税率先由 3% 降至 1%，而后由对买卖双方征收改为向卖方单边征收，并对证券市场个人投资者取得证券交易结算资金利息，暂免征收个人所得税；扩大就业和再就业，对符合条件的下岗失业人员从事个体经营和企业吸收下岗失业人员就业，给予营业税、城市维护建设税、教育费附加和所得税方面的税收优惠等。

第十一章　新古典宏观经济学

新古典宏观经济学（the New Classical Macroeconomics，简称 NCM 或 NC）是由 20 世纪 70 年代出现的理性预期学派发展而来的，其创始人卢卡斯也是芝加哥经济学派的代表人物。新古典宏观经济学的基本假设、基本理论观点和政策主张与理性预期学派大体相同，只是在部分理论和政策分析方面有所不同。由于理性预期学派进入 20 世纪 80 年代后有了重要的发展，所以，西方学者将其称为"新古典宏观经济学"。

新古典宏观经济学以理性预期的概念来表述新古典经济学关于市场机制能保证充分就业均衡的观点。这个学派以理性预期为突破口，全盘否定了凯恩斯主义经济学，被称为"宏观经济学中的理性革命"，在西方经济学界产生很大的影响。新古典宏观经济学在理论上逻辑严谨，并运用现代计量经济学的方法分析经济问题，在学术界得到普遍认同，发展迅速。

20 世纪 80 年代后，新古典宏观经济学与新凯恩斯主义经济学成为西方宏观经济学领域中的两个最主要学派。

丹麦政府为何取消脂肪税[1]

丹麦政府 2012 年 1 月 10 日宣布，取消一年多之前设立的"脂肪税"，原因是这一税收项目代价不小，却没有能够改变丹麦

---

[1]　新华社：《丹麦政府因未能改变饮食习惯取消脂肪税》，新华网，2012 年 11 月 12 日。

人的饮食习惯。

丹麦税务部在一份声明中说:"一些人批评脂肪税和巧克力税的衍生规定,即所谓'糖税'推升物价,增加企业行政成本,危及丹麦人的就业。"声明说,"脂肪税"在一定程度上迫使一些丹麦人出国购买相关商品。

丹麦政府 2011 年 10 月引入"脂肪税",以期敦促民众减少脂肪摄入量。征税对象为所有含饱和脂肪的产品,包括黄油、牛奶、比萨饼、油类和肉类。税率为每千克饱和脂肪 16 丹麦克朗(约合 2.87 美元)。这一措施推升了食品价格。以黄油为例,征收"脂肪税"后,250 克包装黄油价格增加 2.2 丹麦克朗(0.37 美元)。

按照丹麦卫生和药品局统计,47% 的丹麦人超重,13% 的人肥胖。农业大臣梅特·耶尔斯科夫告诉丹麦通讯社记者:"我们现在需要寻求以其他方式应对公众健康(事务)。"

第一节　新古典宏观经济学的产生和发展

一、新古典宏观经济学的代表人物和主要著作

新古典宏观经济学的代表人物有美国经济学家米尔顿·弗里德曼(Milton Friedman)、罗伯特·卢卡斯、托马斯·萨金特、尼尔·华莱士、爱德华·普雷斯科特、罗伯特·巴罗,挪威经济学家芬恩·基德兰德等人。

罗伯特·卢卡斯(Robert Lucas)是新古典宏观经济学的创始人,理性预期学派的开创者,芝加哥经济学派重要代表。他于 1959 年在美国芝加哥大学获得文学学士,1964 年获芝加哥大学哲学博士,曾任美国卡内基—梅隆大学、美国芝加哥大学经济学教授。他以理性假设为基础的货币周期模型说明了经济波动的成因,阐明货币政策无效

性命题，引发了宏观经济学的"理性预期革命"。卢卡斯的代表作有《经济周期理论研究》（1981）、与托马斯·萨金特合著《理性预期和经济计量实践》（1981）等。

托马斯·萨金特（Thomas J. Sargent），美国经济学家，哈佛大学博士（1968），因宏观经济中因果的实证研究而获得2011年诺贝尔经济学奖。曾执教于明尼苏达大学、芝加哥大学和哈佛大学，2003年任教于纽约大学至今。他是理性预期学派的代表人物，为新古典宏观经济学体系的建立和发展作出了杰出贡献，对宏观经济模型中预期的作用、动态经济理论与时间序列分析的关系等方面作出了开创性的工作。他是卢卡斯的追随者，主张经济自由，反对政府干预经济政策。他的代表性著作有：与卢卡斯合著的《理性预期和经济计量实践》（1981）、《动态宏观经济理论》（1989）等。

罗伯特·巴罗于1965年获得加利福尼亚理工学院学士，1969年获哈佛大学博士，曾在芝加哥大学、罗彻斯特大学和哈佛大学任经济学教授。他主要研究宏观经济学的就业、货币和经济周期问题，对宏观经济政策及作用的理论及其实证研究在西方经济学界有相当大的影响。他的代表性著作是《货币、预期与经济周期》（1981）、《宏观经济学》（1984）和《现代周期理论》（1989）等。目前普遍接受的新古典宏观经济学的教科书就是他编写的宏观经济学，这本书也是目前国内经济学研究生所普遍使用的中级宏观经济学教材。

芬恩·基德兰德（Finn E. Kydland），挪威著名经济学家，卡内基—梅隆大学经济学博士（1973），2004年诺贝尔经济学奖得主。曾执教于挪威商业学院、卡内基—梅隆大学、得克萨斯州大学奥斯汀分校和加利福尼亚大学圣塔芭芭拉分校。除此之外，他还是达拉斯和圣路易斯联邦储备银行的研究员（1981年至今）。最近，基德兰德开始致力于国内与国际的货币政策在总量经济中的角色。此外，他研究了爱尔兰和阿根廷经济的成功与失败，他主张其他国家的决策人可以借鉴这两个国家的成功与失败经验。基德兰德的代表性论文有：《跨时偏好与劳动力供给》（1988）、《国际实际经济周期》（1992）、《贸易差额与贸易条件的动态关系：J 曲线?》（1994）、《作为规则的金本位》（1995）、《内生货币供给与经济周期》（1999）、《货币总量与产出》（2000）、《家庭生产与建筑时机的结合》（2001）。

爱德华·普雷斯科特（Edward C.Prescott），卡内基—梅隆大学经济学博士（1967），2004 年诺贝尔经济学奖获得者。他是卢卡斯的学生和基德兰德的老师。普雷斯科特研究领域为宏观经济学、一般均衡理论与应用、收入差别与计量经济学。曾在宾夕法尼亚大学、卡内基—梅隆大学、明尼苏达大学、芝加哥大学等校执教。他现在任亚利桑那州立大学教授和联邦储备银行明尼阿波利斯分行的高级顾问。他还曾担任经济动态与控制协会主席、高级经济理论协会主席、《经济理论》主编。普雷斯科特发表了大量的学术文章，涉及经济周期和经济增长、计量经济学、一般均衡理论、货币、方法论和经济政策。值得一提的是，普雷斯科特拥有国际视野，长期关注中国和欧洲问题。目前他正致力于税收在欧洲经济中的负面效应和中国经济史的研究。

基德兰德和普雷斯科特因在"经济政策的兼容性和经济周期背后的驱动力"研究方面的杰出成就而共同获得 2004 年诺贝尔经济学奖，他们是新古典宏观经济学实际经济周期学派的代表人物，他们共同开创的实际经济周期理论被认为是近二十年来宏观经济学最引人注意的进展之一。

据诺贝尔奖评审委员会介绍，两位学者的获奖成果主要体现在他们分别于 1977 年和 1982 年合作完成的两篇学术论文中，其成就主要集中在两个方面：一是通过对宏观经济政策运用中"时间一致性难题"的分析研究，为经济政策特别是货币政策的实际有效运用提供了思路。二是在对商业周期的研究中，通过对引起商业周期波动的各种因素和各因素间相互关系的分析，使人们对于这一现象的认识更加深入。早期的研究者强调宏观经济波动取决于需求方面，而基德兰德和普雷斯科特却认为供给方面的影响更加长远。在他们的模型中，技术进步的作用导致劳动生产力提高，相应的就业、投资和产出也增加，总供给曲线上移，经济繁荣增长。反过来，则相反。经济周期在相当大的程度上表现为经济基本趋势的波动，而不是经济围绕着基本趋势波动。也就是说，周期不是对均衡的偏离，而是均衡自身的波动所致。所以，只要均衡存在，就存在着帕累托有效，市场不会失灵，政府的任何干预都是毫无意义的。经济周期性波动背后的动因和经济政策的设计是宏观经济研究的核心问题。基德兰德和普雷斯科特对这个重要领域作出了基础性的贡献，不仅在宏观经济分析方面，而且在许多国家的货币与财政政策的实践中都功不可没。

同时，他们的分析方法也为后来者开展更广泛的研究提供了基础。此外，他们为宏观经济学提供的动态一般均衡模型（DGEM）改进了以往对宏观经济学的分析，使人们开始在更大的时空范围内研究经济问题，推动了宏观经济学向动态宏观经济学的演进。现在，一般均衡模型广泛应用于货币经济学、国际经济学、财政学、劳动经济学、资产定价等领域，显示出强大的生命力。

二、新古典宏观经济学的产生

新古典宏观经济学的产生源自于对凯恩斯主义的批判。凯恩斯主义经济学曾在西方经济学中居于主流地位，20 世纪 70 年代后，凯恩斯主义无力解释西方出现的滞胀现象而陷于困境，受到各学派的批评，其中尤以新古典宏观经济学对凯恩斯主义的批判最为深刻，打击最为沉重。但是，这种批判起初是不自觉的。20 世纪 60 年代后，西方学者认为凯恩斯主义基本框架大体可以说明经济周期等宏观经济问题，剩下的工作是对各部分进行细化。

理性预期学派创始人罗伯特·卢卡斯正是在完善凯恩斯宏观经济模型的过程中，发现了凯恩斯主义的弱点，对凯恩斯主义进行严厉的批判，转向新古典学派创立了理性预期学派，奠定了宏观经济学的理论基础。美国经济学家，卡内基大学教授穆思（John F. Muth）于 1961 年发表《理性预期与价格变动理论》（*Rational Expectation and the Theory of Price Movements*）一文提出"理性预期"概念，卢卡斯将其进一步阐发，试图寻求宏观经济学的微观基础，并从局部均衡转向一般均衡。他认为，从一定意义上说，每个市场都通过追求自身利益最大化的个人竞争达到了均衡状态，宏观经济才能处于均衡。所以，解释产出波动、失业和通货膨胀等宏观经济现象的模型，应该是考虑多部门均衡的一般均衡模型。计算机技术的发展又使求解理性预期模型变得容易。

卢卡斯等人创立的理性预期学派，在萨金特和尼尔·华莱士（Neil Wallace）的共同努力下，影响越来越大，该学派的基本概念和理论观点得到了广泛的传播。最著名的新古典模型之一就是基德兰德和普雷斯科特所建立的实际经济周期模型。

第二节　新古典宏观经济学的假设和主要理论

一、新古典宏观经济学的基本假设

新古典宏观经济学的宗旨是建立与微观经济学一致的宏观经济学，其基本假设有三：理性预期、市场出清和自然率假设。

（一）适应性预期和理性预期

在新古典宏观经济学中，预期是指参与经济生活的人对经济变量在未来某一时期的数值作出估计。对宏观经济波动理论产生较大影响的预期理论主要有二：一是适应性预期；二是理性预期。

1. 适应性预期

适应性预期产生于 20 世纪 50 年代，是由菲利普·卡甘在一篇讨论恶性通货膨胀的文章中提出来的，很快在宏观经济学中得到广泛的应用。适应性预期机制假定经济人根据以前的预期误差来修正以后的预期。

适应性预期模型的要点是预期变量依赖于该变量的历史信息。某个时期的适应性预期价格 P 等于上一时期预期的价格加上常数 C 与上期价格误差（上个时期实际价格与预期价格之差）之积。即预期价格是过去所有实际价格的加权平均数，权数是 C 的函数。适应性预期在物价较为稳定的时期能较好地反映经济现实。西方国家的经济在 20 世纪五六十年代正好经历了低位而且稳定的通货膨胀，适应性预期在这一时期中较好地模拟了西方国家的现实，因而适应性预期广泛地流行起来。

2. 理性预期

适应性预期受到新古典宏观经济学派的批判，认为它缺乏微观经济基础，没有利用与被测变量相关的其他变量，对经济预期基本上是随意的，其模型没有合理的经济解释。因此，新古典宏观经济学派的理性预期理论逐渐取代了适应性预期。

理性预期概念是经济学家约翰·穆思于 1961 年提出来的。他认为 20 世纪五六十年代建立的各种预期模型，尤其是适应性预期模型没有重视人们的理性。他认为，对实际预期数据的研究表明，企业在现实中所作出的预期平均地来说比当时的各种模型所作的预测要准确。因此，他对人们的预期行为提出一个新的假设：人们的预期都是对未来事件有根据的预期，这种预期本质上和相关理论的预期是一致的。他称这种预期为理性预期，即在一定的信息集下，厂商的预期趋近于完全正确描述现实理论所作出的预期。

理性预期模型从以下几方面纠正了适应性预期模型的缺陷：理性预期模型中的参数与模型的结构有关，从而纠正了适应性预期权数为既定常数的缺陷；经济模型充分利用稀缺的信息资源；经济预期中一个公开的预期对经济的运行没有实质性影响，它不会给任何人以特殊的获利机会。理性预期形成的方式不仅与各种变量的过去值有关，而且与模型的结构有关，说明了经济人并不依据模型去进行预测，而是依照过去的经历本能地进行判断，其结果却像是按照模型进行预期。这表明厂商的预期是理性的预期。因此，理性预期较好地反映了现实厂商的微观行为，从而理性预期具有微观经济基础。

在西方经济学中理性等价于个人追求利润最大化。理性预期已经成为西方宏观经济学各派广泛使用的概念。不仅是新古典宏观经济学的基本概念，也为其对立的学派，如新凯恩斯主义学派所采用。

（二）市场出清

作为传统经济学代表的新古典经济学坚持市场出清的假设。凯恩斯主义坚持市场非出清的假设，新古典宏观经济学重新坚持传统经济学市场出清的假设。

市场出清是指，劳动市场和产品市场都不存在超额供给。因为劳动市场和产品市场上的工资和价格都有充分的弹性，可以根据供需的变化迅速地调整，一旦产品市场出现超额供给，即产品出现过剩，价格就会下降，价格下降，需求会扩大，从而产品市场的供求最终会达到平衡。劳动市场上出现供给过剩，即出现失业时，工资会下降，工资下降使厂商愿意雇佣更多的工人，从而劳动市场达到供求平衡。一个产品市场的出清，称为局部均衡，经济中全部产品市场同时处于出清状态，称为一般均衡。

新古典宏观经济学重新构造均衡的宏观经济模型，解释市场出清问题。"均衡"的微观经济意义是：每个市场追求自身利益最大化的个人之间的竞争，使得市场达到竞争均衡状态。均衡的宏观经济模型就是要从微观出发，把产出波动、失业、通货膨胀等宏观经济现象都解释为是微观经济人最优决策的结果，进而说明市场是出清的，市场不存在凯恩斯所说的由市场非出清引起的种种缺陷。

（三）自然率假设

自然率假设的要点是：资本主义市场经济的运行有其内在的动态平衡，外界力量（包括政府干预）能暂时打破这种平衡，但不能根本改变它。

自然率假设是由芝加哥经济学派的弗里德曼和菲尔普斯各自独立提出来的，当时被认为是对凯恩斯主义理论的大胆突破，现在已成为西方宏观经济学中一个重要的命题。

自然率假设最初用来说明产出的长期增长趋势。产出在长期中表现出稳定的增长率，这个增长率被称为自然率，它决定于技术革新、劳动供给的增长、投资率和制度安排等实际因素，与总需求无关。

　　短期产出偏离自然率水平，在短期内，由于经济人预期价格的误差，总需求的变化能够影响产出，使之偏离自然率水平。总需求在短期内意外的增加引起价格上涨，工人工资也增加，但工资的增幅低于价格的涨幅，厂商知道工人实际工资下降，而工人误认为实际工资上升了，厂商雇佣的劳动增加，产出增长。长期产出与自然率水平一致。在长期内，工人对通货膨胀有正确的预期，他们要求更高的名义工资以补偿预期的价格上涨，从而实际工资也增加，实际工资回到原来的水平，劳动市场又回到长期就业水平，产出回到自然率水平。

　　与自然率相对应的是自然失业率。自然失业率是指劳动市场达到均衡，实现充分就业时的失业率。经济处于自然失业率时，还存在"摩擦失业"和"自愿失业"。摩擦失业是指由于生产的季节性变化、机器的故障、工作转换而引起的失业。自愿失业是指因工人拒绝接受现行工资水平或劳动条件而形成的失业。这两种失业都是局部的暂时的，不是长期的制度性的。

　　自然率假设否定了菲利普斯曲线。菲利普斯曲线说明通货膨胀率与失业率之间有替代关系：通货膨胀率上升，失业率下降。美国在20世纪60年代利用通货膨胀与失业的替代关系解决失业问题很成功，以5%的通货膨胀率使失业率保持在4%以下。但这种政策的后果是20世纪70年代美国出现了滞胀。新古典宏观经济学认为，菲利普斯曲线失灵是因为没有考虑人们的预期。在短期内，人们对价格的预期来不及调整，通胀可以换来失业率的下降；在长期中，人们调整了对价格的预期，就业会回到长期就业水平，高通胀刺激就业增长的作用消失。美国20世纪60年代的低失业率偏离了自然就业率的过度就业，是不能长期维持的。因此，在20世纪70年代美国就业率回到了自然就业率，出现了高通胀与高失业率并存的现象。

　　卢卡斯将理性预期的假设引入宏观经济模型，并通过模型分析得出了以下的结论：一是适应性预期和自然率假设矛盾，只有理性预期假设与自然率假设相容，而且两者基本等价；二是自然率假设可以说明通货膨胀和实际产出之间不存在替代关系；三是在自然率假设下，可以通过定量的计算分析政策效应。

二、新古典宏观经济学的主要理论

新古典宏观经济学从理性预期、市场出清和自然率假设出发，建立起具有微观基础的宏观经济学体系，主要理论有：货币周期理论、实际周期理论、财政政策分析等。

（一）货币周期理论

新古典宏观经济学致力于探讨经济周期问题，其代表性理论是货币周期论和实际周期论。

卢卡斯的经济周期理论以一个经济模型考察单个经济人在相对价格变化时的反应，然后分析经济人对一般价格水平的反应，最后说明货币供给量的意外变化导致经济周期性波动。

1. 经济人和相对价格波动

经济中一般存在两类价格波动，一是价格水平（绝对价格、一般价格）波动；二是个别价格（相对价格）波动，这种波动的平均值为零。在具备完全信息的情况下，每个市场的供求者根据相对价格作出生产和购买决策；在不完全信息条件下，只能根据当前市场的信息，结合名义价格水平估算相对价格水平，然后作出决策。

1）基本模型

基本模型假定：经济人既是劳动者又是厂商；经济人每天的时间可以分为劳动时间和不工作的时间，不工作的时间称为闲暇。经济人面对一般价格不变但个别价格不断变动的环境；经济人决定工作时间的长短和出售产品的多少，以获得报酬购买消费品；价格变化反映需求的变化。

基本模型阐明：如果产品价格一次性永久地变化，由于长期劳动供给弹性为零或负，销售产品所得的利润持续增加，经济人不会增加工作时间；如果价格变化是暂时的，闲暇与劳动时间是可替代的，那么，经济人将在产品价格较高时，工作较长的时间；而在产品价格较低时，工作较短的时间。人们对暂时的价格变化有很高的"闲暇与劳动时间的替代弹性"，即"闲暇的替代效应"。因此，较小的价格变化能带来较大的产出和就业的波动。

基本模型从"闲暇替代效应"阐述经济的周期性，既简单又避免用凯恩斯学派的"非均衡"概念解释经济周期，卢卡斯对此感到满意。由于基本模型过于简单，他又对模型做了拓展。

2）扩展模型

卢卡斯从三个方面延拓了基本模型：

第一，放宽了由价格变化引起需求变化的假设，提出销售数量的增长也能传递与价格上涨同样的信息，新的订单、产品库存量的下降都说明需求在变动。

第二，将劳动者和厂商分开，引进劳动市场和产品市场，考虑厂商和劳动者有不同的信息集，并且假定实际工资是固定的，仅是名义工资和价格在变动。

第三，在基本模型中引入各种类型的资本。价格变化是暂时价格变化和永久价格变化的混合信息，经济人观察到的产品价格随时间的变化是混合信息，不知道其中的永久信息分量和暂时信息的分量各为多大，他被迫进入"信号处理"过程，根据已知的信息作出主观判断，然后进行劳动供给和投资的决策。

厂商对价格变化的最优决策取决于对信息的处理、对闲暇和消费替代偏好的动态变化的分析。一般地，对于未预见到的价格上升，厂商理性的行为是增加劳动供给，降低存货和扩大投资；价格下降时，则相反。

2. 周期波动与一般价格变化

相对价格波动影响经济人行为，但不影响经济总量。在经济中，不断变化的技术和消费偏好引起相对价格的变化，这对于单个经济人有很大的影响，如新技术的引入导致新产品的产生或生产成本的下降，社会资源会从其他产品的生产中转移到该产品的生产中来。但是技术和消费偏好可能被市场之间的相互作用抵消，因此，相对价格的波动不能影响经济总量的波动。

一般价格水平变化引起经济波动。一般价格变化是指价格水平变化。在一般价格不变时，厂商产品数量的变化与相对价格变化相对应。一般价格变化后，产品价格的变化既包括个别价格的变化，又包括一般价格的变化。如果能准确地预测价格水平变化，厂商只要处理相对价格的变化。但是，厂商通常不能准确地预测价格水平的变化，所以，一般价格变动对厂商的影响与相对价格变化对厂商的影响相同。一般价格提高，厂商发现需求在增加，于是扩大生产规模，就业和投资随之增加，产出也相应地增长。反之，就相反。经济随着一般价格的变化而周期性地波动。

一般价格提高引起了价格、产出和投资顺周期运动。在由无数个产品市场组成的经济中，经济人并不是每天都在观察所有的价格，他只对与其决策关系最密切的部分产品的价格做经常性的信息处理，无力或者不必要对所有价格信息进行专业化的处理。在短时期内，经济人对一般价格的预期值与实际值有偏差，在长期中，经济人会纠正有关一般价格水平的预期误差，一般价格水平对经济人的决策不会产生实质性的影响。

3. 经济波动的根源是货币冲击

经济周期性波动，是经济人在不完全信息下对一般价格水平作出错误判断的结果，引起一般价格水平变化的原因是货币冲击，即经济波动的根源是货币数量的意外变化。

假定中央银行增加货币供给，公众没有察觉。在过去价格比较稳定的条件下，厂商和工人会将价格上涨看作是局部的；在过去价格起伏较大的情况下，厂商和工人会将价格上涨看作是全局的。面对局部或全局性的需求增加，厂商会增加投资和产量，工人会提供更多的劳动。当然，经过一段时间后，厂商会观察到货币供给的增加，准确地预期价格水平，产出和劳动供给又回到自然率水平。同样，货币供给减少，价格下降时，厂商认为需求下降，从而减少产量，工人劳动供给也减少，失业增加。最终，公众会发现货币供给减少，较准确地预期价格水平，于是经济又回到自然率水平。

总之，货币冲击与不完全信息会在短期中引起经济的周期波动，在长期中，由于人们能够逐渐获得完全信息，货币冲击的影响消失，经济恢复到自然率的增长路径。因此，任何稳定经济的货币政策都是无效的。

（二）实际周期理论

20 世纪 80 年代，西方学者在普遍接受货币周期论的理性预期假设的同时，对货币周期论的疑问逐渐增多，他们批评卢卡斯的宏观经济模型，并提出一些与之不同的理论和模型，在这些理论中，比较突出的是实际周期理论（Real Business Cycle Theory，简称 RBC）。

巴罗通过引入资本市场拓展了货币周期模型，在模型中考虑了政府购买等实际因素，以实际周期理论阐明经济波动，从而开辟了与货币周期论不同的解释周期的新思路。该理论认为经济波动之源是技术冲击，分析了波动的传导及货币与产出的关系。

1. 技术冲击是经济波动之源

实际周期论认为技术冲击能够引起产出、消费、投资及就业等实际变量的波动。现实经济中经常受到一些实际冲击，如战争、人口数量的变化、技术创新等等，这些冲击的形式很多，但它们引起经济波动的途径是有限的，只能通过改变人们偏好、改变生产率、改变可利用的资源数量等来影响经济。实际周期理论指出，冲击可分为暂时冲击和持久冲击。在种种实际冲击中，由于技术冲击对经济活动影响最大也最持久，因此，技术冲击是经济周期之源。技术冲击主要影响供给，所以实际周期理论等价于供给周期理论。

实际周期理论中引用了新古典经济增长理论代表人物索洛关于技术变化的定义，即技术的变化包括任何使生产函数发生变动的因素。这个技术变化定义较为宽泛，既包括了生产设备的更新，也包括经济组织效率提高（如管理水平提高、组织制度创新）引起的生产率提高。根据这样的定义，技术变化不仅可以解释经济增长，也可以说明劳动生产率变化等问题。

实际周期论认为，技术的冲击具有持续的影响，产出的波动是持续的。在长期中，技术冲击推动经济增长，产出的变化是永久的，而不是如同自然率假设认定的任何产出的波动都是对自然率水平的暂时偏离。工资和价格的弹性不是使经济回到自然率水平，而是使经济回到稳定增长的路径。

2. 周期性波动的传导

实际周期理论阐明了技术冲击引起经济总量周期性波动的机理。经济周期是经济中所有部门的协同运动。技术冲击同时引起经济各部门变化的情况是不常见的，技术冲击通常发生在某一个部门内，被称为部门性波动源。实际周期论说明个别部门的技术变化能够传导到整个经济。

单向连续的技术冲击形成持续的经济波动。假定经济起始时处于稳定状态，产量以长期增长率增长，没有随机的技术冲击。随后，经济中出现了一个正的技术冲击，如机械行业出现了机器人，这时，其他能从这项新技术中获益的行业，诸如食品制造业的企业、汽车生产企业等，将向生产机器人的企业定货，从而对机器人的需求增长，生产机器人的企业增加工人，就业量和实际工资都增加。生产和使用机器人的企业工人的实际工资增加，工人收入中的一部分用于消费，带动了其他部门需求的增加，生产扩张，从而部门的冲击引起了整个经济的波动。

正向的技术冲击导致产量增加，劳动需求和实际工资增加。当正向技术冲击出现后，经济人根据技术冲击序列相关的程度（即前一个时期技术冲击对现时技术和未来技术的影响）判断冲击是持久的还是暂时的。如果劳动者估计冲击是暂时性的，当前的实际工资高于未来的实际工资，那么，劳动者将减少当前享受的闲暇，提供更多的劳动，产量和就业率上升。如果劳动者估计这一冲击是永久性的，现在的实际工资和未来的实际工资相同，他们的劳动供给不会增加。此时，厂商将进行新的投资，以增加将来的产量。技术冲击是序列相关的，产量的波动持续相当长的时间。技术冲击激励着厂商不仅在冲击开始后，而且在其后的相当长时间内进行新的资本投资。资本扩张需要一定时间，产量在初始冲击后的一段时期内持续增加，并随着连续的冲击而持续增加，直到没有冲击时，厂商才会发现：同保持稳定增长所需要的资本相比，他们的资本太多了。为了实现利润最大化目标，厂商必须减少投资，投资减少到资本折旧所需要的投资水平，经济恢复到稳定增长的路径。在这个过程中，产出和就业量随着投资的增减而波动。

重大冲击与经济周期。假定资本被订购后需要一定时间才能生产出来，随着收入的变化，家庭将逐渐调整其消费模式。这时，如果出现了正的技术冲击，机器人被引入各部门的生产过程，但是，各部门订购的机器人需要若干时期才生产出来。在生产机器人期间，工人将获得较高的工资，并且提供更多的劳动。工人逐渐调整消费偏好，使消费水平能够随着收入的提高而稳定地增加，总产出和总就业的增长率高于使用机器人时期。可见，一次性的技术冲击能够引起实际变量的持续波动。经过一段时期，机器人被生产出来并进入生产过程，经济又进入长期稳定增长时期，由于机器人的引入使劳动生产率提高，这次经济增长的起点比技术冲击前要高。如果冲击是逆向的，就会引起经济增长率持续下降，甚至实际的国民生产总值下降。例如政府规定减少使用石油，这是个逆向的冲击，它首先影响石油行业，石油行业降低产量，减少对劳动力的需求，该行业工人收入下降，消费需求减少，与石油相关联的各行业的投资和消费的需求都减少，经济增长率下降。持续一段时期后，逆向冲击的影响消失，经济回到长期增长率，但经济增长的起点较低。

第三节　新古典宏观经济学的政策含义

根据理性预期理论，人是有理性的，能够根据相关信息对经济发展作出正确预测。在存在理性预期并且工资与价格具有弹性的前提下，人们将会预料到政府的经济政策并采取相应对策，使之无法影响实际国民收入和失业，即所谓"政策无效性定理"（Policy Ineffectiveness Theorem）。所以，新古典宏观经济学主张政府放弃干预经济，或实行公开的永久不变的政策。

一、货币政策无效性

实际周期论的代表人物基德兰德和普雷斯科特，在其模型中引入货币和银行系统，得出了产出决定货币的结论。他们首先区分了外部货币（基础货币）和内部货币（银行系统的存款）。他们认为货币和产出的相关性主要是内部货币和产出之间的关系，因而将研究重点放在内部货币上。在金—普的模型中有两个生产性部门：一个生产中间产品，主要指金融系统，它的产出是为企业和家庭提供交易服务；另一个生产最终产品，其产出是消费品或其他产品的投入要素。

假定一个正的技术冲击使最终产品生产部门的产出和就业增加，家庭和企业需要更大量的交易服务以支持扩大的生产活动，当最终产品生产规模开始扩张时，对交易服务的需求增加，银行存款也增加，两者有近似同步的相关关系。换言之，产出运动导致内部货币运动，而不是存款的自主运动引起产出的运动。

这个模型阐明两点：一是内部货币比外部货币与产出的关系更密切，产出运动引起内部货币变化，货币政策不论对短期经济活动还是长期经济活动都是无效的。二是价格运动主要与外部货币有关，与内部货币关系不大，政府通过货币政策增加货币，会引起价格水平上涨。因此，货币政策在短期和长期内都是中性的，货币量的变化对经济的影响，仅是价格水平的变化。

二、财政政策无效性

新古典宏观经济学的政策分析最初仅讨论货币政策的无效性，实际周期论详细分析了财政政策，进一步论证了财政政策的无效性，从而完善了新古典宏观经济学的政策无效性命题。

（一）政府支出与经济

实际周期学派分析政府购买变化对消费、就业和产出的影响。

1. 政府购买对消费、产出和就业的影响

假定政府购买是持续性变化的，在每个时期都增加。如果利率不变，家庭会减少每期的消费，在工作量可变的条件下，每期的劳动供给会增加。当经济处于稳态时，在生产函数不变的条件下，资本存量不变，即使是未预料到的政府支出变化，稳定的资本存量也没有动态调整过程。由于政府支出的变动仅是挤掉私人消费，结果，政府支出的持续增长对实际利率没有什么影响。在开放经济中，政府支出不会影响国际收支的经常项目平衡表。

当政府支出持续地增加时，个人财富减少，劳动增加，就业率提高，产出增长。如果政府通过高税率增加财政支出，那么，高税率的替代效应使人们更偏好闲暇，不愿意增加工作，劳动供给不一定增加，产出可能不变或下降。

2. 政府购买暂时性变化对经济的影响

假定政府支出是暂时的，如战争和突发性自然灾害时，政府支出增加，在战争结束后或救灾工作结束后，政府购买又回到原来的水平。

政府购买暂时变动时，如果资本存量不变，劳动不变，经济从稳态开始变动，那么，资本不可转换性使得消费随着政府支出的增加而减少，经济的均衡通过利率来调整。在政府增加支出期间，消费水平低，较低的短期利率才能使经济实现均衡。人们预期政府购买恢复到原来水平后，消费会增加，长期利率上升才能使经济实现均衡。

政府购买暂时变动时，资本存量如果是可变的，劳动不变，经济从稳态开始运动，那么，由于资本具有流动性，在政府暂时支出增加时，不仅消费会减少，而且资本存量会减少，投资减少，利率下降。但人们预计政府支出会回到原来的水平，因此，在政府支出增加期间，短期利率会从一个较低的水平逐渐上升，直到政府支出回到原来水平，短期利率逐渐达到长期利率。因此，政府暂时支出的增加，扩大了政府的需求，挤掉了私人消费和投资，所以，产出的增长小于政府购买的增长。

在开放经济条件下，国家可以通过向国外借款来满足暂时支出的增加，能够较少地挤掉国内私人支出，国内利率也较低，然而资本项目赤字增大。只有当新增加的单位借款的利率随着借款数额增加而上升时，暂时的政府购买才会提高国内利率。

（二）扭曲性税收

以上分析假定政府增加开支的来源是总额税。在现实经济中，政府开支的增加还来源于所得税和资本税及通货膨胀税，这些税会产生扭曲效应，被称为扭曲性税收。以下分析扭曲性税收对经济的影响。

1. 所得税

对劳动所得征税会产生闲暇对工作的替代效应。在政府支出增加时，对劳动的税收会增加，政府支出增加通常伴随着边际税率的上升。政府支出的增加产生财富效应（财富减少），使得劳动供给增加，较高的边际税率产生的替代效应使劳动供给减少，所以政府支出增加对劳动供给的总体影响是模糊的。如果降低边际税率，不影响实际税收及政府支出水平，那么，较低的边际税率使劳动的供给增加，产出增长。

如果税率的变化只影响劳动收入，那么，稳定状态的利率和资本边际收益不随税率变化，投资不变，产出稳定。如果税率的变化同时影响劳动、利息收入和资本边际收益，那么，边际税率的增长会带动利率上升，资本边际收益下降，导致投资减少，产出下降。

2. 资本税

厂商在作投资决策时，会估计未来资本收入的预期税率，政府对未来不可逆转的投资征收高额资本税，会减少当前投资的扩张，影响货币需求。

3. 通货膨胀税

经济中出现通货膨胀时，如果没有将名义资本收益对通货膨胀率进行指数化，会提高资本收益的有效税率，资本寿命越长，其影响越大。在这种情况下，税收法则可以做适当的调整以补偿通货膨胀的影响，例如允许加速折旧等。同样地，未指数化的税收系统也提高了名义利率的税收。

4. 最优税率

最优税率是使政府税收最大化的边际税率。在平衡预算情况下，政府支出的增加与收入增加相对应。边际税率的提高会增加政府收入，但是，较高的边际税率会导致劳动供给的减少和投资的下降，总产量减少，税基收缩。税基收缩，政府的税收会减少。

（三）**公债理论**

实际周期论深入地分析了公债对经济的影响。论证了李嘉图等价定理，说明财政政策是无效的。公债是政府募集资金的手段之一。公债和税收都有将个人收入转为政府支出的作用。然而，两者有着明显的区别：税收具有强制性和无偿性，而债券是人们自愿购买，到期政府要支付本息；税收是公众现在承担政府开支的负担，而公债是将当前政府开支的负担延迟到将来。因此，公债对经济的影响与税收不同。

1. 公债非中性理论

公债非中性是指公债的发行影响和改变了经济中投资和储蓄的结构。公债中性是指公债的发行不影响经济中投资和储蓄的结构。传统经济学认为公债是非中性，公债不仅挤出了私人投资，而且公债负担将在以后的时期中转嫁给纳税人。因此，只有在需求是非周期或非正常性情况下，或者在公共开支暂时需要扩大的情况下，才能举债。

以弗兰科·莫迪利亚尼为代表的公债非中性理论认为，用预算赤字代替当前的税收，总需求扩张，私人愿意增加储蓄的幅度小于减税的幅度，整个国家的储蓄下降。对于封闭经济来说，预期的实际利率会升高，以恢复储蓄和投资的平衡；实际利率提高使投资减少，从而长期的生产性资本存量减少。因此，公债是跨代的负担，它将使后代拥有较少的资本存量。对开放经济而言有两种情况：一是经济规模较小的国家，预算赤字对国际市场的实际利率影响很小，会导致该国外债增加，本国国际收支出现赤字，国内实际利率不会提高；二是经济大国，预算赤字引起的实际利率提高会影响国际资本市场，那么，该国的预算赤字在短期内挤掉国内私人投资，在长期内，使国家财富减少，国外投资者债权增加，国际收支出现赤字。

2. 李嘉图等价定理

新古典宏观经济学运用理性人的假设，发展了公债理论，复兴了李嘉图的等价定理。李嘉图等价定理是指政府无论以债券还是税收筹资，其效果是等价的，公债是中性的。

李嘉图等价定理假定：经济中的个人有无限期的寿命；个人与政府面临相同的借贷利率；未来的税收是完全可预见的；税收是总额税；政府购买（和转移支付）的动态特征是已知的。

李嘉图等价定理的结论：在上述条件下，经济中的实际利率、投资和消费等都不随税收和预算赤字之间的转换而变化，也不随政府初始债务量的变化而变化。

巴罗从理性人假定出发论证了这个定理，说明财政政策是无效的。以税收筹资和以公债筹资在形式上是不同的：政府的税收减少了个人财富；而公债需要还本付息，似乎没有改变个人的财富。但是，实际上，政府发行的债券是靠将来的税收偿还的，由债券来弥补赤字，可以减少当前的税收，但会导致将来更多的税收。理性人会意识到这一点，他们会把未来增税的一部分财富积蓄起来，因而，当前人们可支配的财富数量与政府增加税收筹资的效果一样。政府用债券代替税收对个体的决策没有影响。理性经济人认识到公债仅仅改变了税收时间，没有减少税收总量，他们储蓄起相当于未来增税的收入以备将来纳税，所有家庭多储蓄的部分恰好抵消了政府支出的扩大，宏观经济的投资和储蓄不会发生变化，凯恩斯主义扩张性财政政策不能刺激经济扩张，公债是中性的。因而，财政政策无效。

第四节　影响和评价

一、新古典宏观经济学在西方经济学界的影响

新古典宏观经济学在学术上贡献突出，是西方宏观经济学领域中的最主要学派之一。新古典宏观经济学在理论上逻辑严谨，运用现代计量经济学的方法分析经济问题，以理性预期的概念改造宏观经济学，全盘否定了凯恩斯主义经济学，被称为宏观经济学中的理性革命，理性预期的概念为西方经济学界普遍接受。20 世纪 80 年代后，新古典宏观经济学与新凯恩斯主义经济学，成为西方宏观经济学领域中的两个最主要学派。

新古典宏观经济学对政府制定经济政策缺乏影响力。政策无效性命题在一定程度上指出了凯恩斯主义政策的弊病，但是他们提出的替代性主张更缺乏现实感。这个学派全面否定了财政政策和货币政策作用，从而完善了这个学派的政策无效性命题。然而，在现实经济中，政府万万不能离开经济政策，几乎所有市场经济国家的政府都制定干预经济社会的政策，因而，凯恩斯主义衰落后，西方国家都实行着没有凯恩斯主义的"凯恩斯政策"，新古典宏观经济学的其他政策主张难以为西方政府所接受，也没有进行实验的机会。

二、评价

新古典宏观经济学理论上逻辑严谨，运用数学方法分析经济问题，得到学术界普遍认同而迅速发展。这个学派以理性预期、市场出清和自然率假设，构建了货币周期理论、实际周期理论等理论，分析了货币政策和财政政策的无效性，并认为：除了意料之外的货币冲击，任何稳定经济的货币政策都是无效的。

新古典宏观经济学的代表人物卢卡斯及其追随者萨金特和华莱士反对各种经济政策，尤其是货币政策。依据货币周期模型，货币冲击

首先影响一般价格水平，经济人在短期内不能清楚地分辨它是由总需求变化引起的，误以为是个别价格变动引起的，从而货币政策能够影响产出和就业。但是，理性的经济人能很快修正错误，形成正确的预期，调整产量，总产出又回到自然率水平。如果货币当局要长期地影响总产出，只有随机地改变货币政策，不让经济人掌握政策规律，其代价是产出的剧烈波动。

卢卡斯进一步发掘弗里德曼多年前提出的固定规则货币政策，以取代相机抉择的经济政策。货币政策虽然不能改变产出，但货币供给必须随着经济的发展而增长。为了避免货币量的增长造成公众预期误差，卢卡斯赞成弗里德曼的固定规则货币政策，只是不同意货币每年增长 4% 的建议，他认为应该根据经济的动态从无数种固定规则中选择一种规则，以免货币政策本身成为经济不稳定的根源。

卢卡斯还反对凯恩斯主义用计量经济学的方法建立模型，然后以模型评价政策效果。凯恩斯主义一般先用计量经济学方法估算出消费与货币需求关系的函数，然后输入不同的政策，预测它们的效果。卢卡斯认为，这种做法暗含着的假定是，在不同的输入下，计量模型关系式保持不变，采用了适应性预期对经济变量进行预测。因此，模型中的参数依赖于政策的类型，如果改变输入的政策规则，参数也会变化。参数不同，就无法比较不同政策的效果，所以这种模型对评价政策效果没有用处。当预期能够利用经济结构信息，行为方程随着环境的变化而变化时，模型参数才能保持比较稳定，政策评价才有意义。只有理性预期机制符合这个条件。卢卡斯提出，计量经济学模型要达到评价不同政策的目的，必须从单个经济人的理性选择中推导出函数关系式，或者说在个人偏好和技术既定的条件下，从个体利益最大化中导出总量关系。卢卡斯的批判对建立政策模型和计量经济学的应用都产生了深刻的影响。

货币周期论阐明货币供给量的意外变化导致经济周期波动，货币政策引起的货币量变化对短期经济活动有影响，但对长期经济没有影响，所以，货币政策是无效的。

新古典宏观经济学详细分析了财政政策，进一步论证了财政政策无效性。实际周期论认为，技术冲击是经济周期波动之源，并说明货币政策在短期内也是无效的。实际周期论恢复了李嘉图等价，进一步证明财政政策的无效性，从而全面地阐明政策无效性命题。这些理论不仅论证了货币政策是无效的，而且阐明财政政策也是无效的，保持了新古典宏观经济学在经济政策研究方面的逻辑一致性。

丹麦政府因未能改变饮食习惯取消脂肪税，似乎给经济政策无效性命题提供了现实的案例，它说明：政府的经济政策，特别是财政政策不是万能的。

第五节　借鉴和应用

一、新古典宏观经济学的借鉴意义

新古典宏观经济学的技术变化能够引起产出、消费、投资及就业等实际变量的波动对中国经济结构调整和产业结构优化升级有现实借鉴意义。技术创新通过改变人们偏好、改变生产率、改变可利用的资源数量等来影响经济。由于技术创新对经济活动影响最大最持久，因此，技术创新（冲击）是经济周期之源。

中国政府借鉴和应用最多的新古典宏观经济学的意料之外的货币政策是有效的论点。意料之外的货币政策会影响物价水平，在短期内，理性经济人误以为是个别价格变动引起的，不能清楚地分辨意料之外的货币政策对总需求的影响，所以，意料之外的货币政策能够影响产出和就业，调节宏观经济活动。然而，理性的经济人能很快修正错误，形成正确的预期，总产出又回到原来水平。因此，随机地改变货币政策，不让经济人掌握政策规律，货币政策才能生效。

二、中国政府应用新古典政策分析制定"意料之外的政策"

中国政府借鉴新古典宏观经济学，经常制定意料之外的经济政策，调节经济。虽然新古典宏观经济学的政策分析全面否定了宏观经济政策的作用，然而，新古典宏观经济学在政策分析时，将对策论引入新古典宏观经济学模型，将政策当作内生变量，分析政府行为和政府政策的作用，有助于深入地描述政府行为对经济的影响，深化了人们对宏观经济政策的认识。

中国最典型的意料之外的政策是货币政策。当中国制造业景气指数低于50，经济出现下滑趋势时，企业界和学术界都认为应该出台扩张性货币政策时，中央银行往往按兵不动，更不表态；而当中国制造业景气指数从低于50转向高于50，显示经济出现上行趋势，公众都以为中央银行不会出台扩张性货币政策时，中央银行往往会出人意料地出台降低银行存贷款基准利率、降低存款准备金率等宽松的货币政策，而且，这些政策调整的时间经常选择周末或节假日，令企业银行个人都无法立即进行调整。这种意料之外的政策的好处是，打破了社会公众对货币政策的预期，货币政策调整宏观经济比较有效；其弱点也明显：由于缺乏对货币的可预期性，在货币政策难以预期时，投机是理性行为而投资是非理性行为，所以，企业和个人更热衷投机，而不是投资。中国的许多市场，特别是股票证券市场常常被投资者称为"政策市"。

中国的经济政策，不仅货币政策是意料之外的，财政政策等也都经常是意料之外的。如2007年5月30日午夜12点，财政部突然宣布提高中国A股的交易税，投资者一时间措手不及，结果导致中国股市出现雪崩式的下跌。

第十二章　公共选择学派

公共选择学派（Public Choice School）赞赏市场机制，推崇古典经济学思想，主张自由放任，反对国家干预，属于自由经济主义思潮。公共选择学派于20世纪60年代逐渐成形，公共学派的代表人物美国著名经济学家布坎南于1986年获得诺贝尔经济学奖后，这个学派的理论得到迅猛发展，其声势和影响遍及西方各国经济学界和公共管理学界。

公共选择学派的理论涉及政治过程的立宪、立法、行政与司法等各个方面，所以被称为公共选择理论。公共选择理论，是公共经济的一般理论，它以经济学的方法研究政治过程，研究资源配置的非市场过程，从市场过程的特点理解政治过程，以经济学分析方法研究政治问题，主要研究集体决策、政治决策的过程和决策结构，重点是研究经济政策的制定过程。

美国躲过财政悬崖又搞出债务上限①

美国当地时间2013年1月3日，美国第113届国会的12名新的参议员和82名新的众议员宣誓就职，国会两党最后一刻妥协，挽救了"即将失足掉下财政悬崖"的美国，奥巴马在"财政悬崖"妥协案上紧急签字，美国民主共和两党围绕联邦预算展开

---

① 李勇、青木、孙微、卢长银、卢昊：《美国自造危机吓唬世界　躲过财政悬崖又搞出债务上限》，《环球时报》2013年1月5日。

的肉搏战结束了第一回合的争夺，另一个回合的战斗是"债务上限之争"。民主共和两党各自盘踞着国会的两院，准备再次展开一场激烈的攻防战。

美国财政危机近来是一波未平，一波又起。财政危机的爆发近些年渐呈频繁之势，对美国来说这已经不是一种经济事件，而是美国政治人物用自己的民主规则人为制造出的灾难。设定一个最后期限来避免一场自行制造的灾难，已成了美国国会近几年来解决问题的惯用招数。

美国的游戏，世界的麻烦。美国人在制造危机，而且一而再、再而三地在国际金融市场上扩散恐慌情绪。事实上，两党已经对危机的最终解决方案有了准备，但却非要给舆论制造出末日将至的印象。美国的游戏，危及世界的经济形势，世界各国都在紧张地观望美国的举动。法国《周末报》文章称，债务危机不仅是美国自身的麻烦，也是世界的麻烦，它会对欧盟、中国等其他大经济体构成影响。

永远的财政悬崖，美国无可救药地对危机"上瘾"。尽管美国参院共和党领袖辩解说，美国人民的意志在这种政治角力中得到反映，但被逼跟着美国看惊险"午夜剧场"的其他国家显然不愿上这样的民主制度课。

第一节　公共选择学派的形成

一、公共选择学派兴起的历史背景

公共选择学派产生与发展有其特定的历史背景。第一，经济学界长期缺乏政府经济理论。古典和新古典经济理论很少论及国家与政府的行为，凯恩斯以后的宏观经济学广泛分析了政府的各种经济政策及效果，但没有分析经济政策的制定过程，即政治决策过程。这些理论的共同缺陷是：政治过程与经济过程是截然分开的，国家与政府被看成是经济体系之外的外生变量，它以促进公共利益为目的。这给人以错觉：似乎政策的失误是经济学家与经济理论的失误，而不是政治失误。

第二，新福利经济学对公共选择学派的影响。公共选择学派在以下两方面受 20 世纪 30 年代以来的新福利经济学的影响：一是最优加总偏好的实际程序的研究，即个人偏好次序加总后，可以归纳成为社会偏好，能够分析社会福利最大化问题，激发了公共选择学派的学者们研究不同投票规则产生相互冲突结果的问题；二是资源非市场配置的研究，引发公共选择学派探讨公共产品和外部性对资源优化配置的影响。

第三，国家干预的加强与政府干预经济政策的失误。凯恩斯主义将政府当作市场制度的合理调节者，第二次世界大战后，随着政府对市场干预的增强，国家干预引发了各种弊病，促使经济学家分析国家干预经济失误的成因和对策。

公共选择学派不完全否定国家的作用，认为国家主要有两种作用：第一，保护性国家，政府的作用是：实施立宪制定的规则。利己主义会导致个人违反规则，需要借助政府的作用促使人们遵守规则，以科学的方法判断规则是否被违反，对违反者进行适当的惩罚。保护性国家政府保护个人自由不受他人侵害，保护国民不受外来侵略。第二，生产性国家，政府提供公共产品，以较为有效率的原则配置社会资源。社会资源要在国家生产和私人生产之间配置，因此，国家的生产性资源配置效率不取决于生产本身，而是取决于决策规则。

在这些背景下，布坎南等人从实证与规范的角度及市场机制的特点，关注和研究政治决策过程对经济政策的影响，从而促使公共选择理论的形成和发展。

二、公共选择学派的代表人物和著作

公共选择学派的主要代表人物有詹姆斯·M. 布坎南（James M.

Buchanan)、戈登·塔洛克（Gorden Tullock）、邓肯·布莱克（Duncan Black）、安东尼·唐斯（Anthony Towns）、威廉·尼斯坎南（William Niskanen）、约翰·罗尔斯（John Rawls）、曼克·奥尔森（Mancur Olson）、查尔斯·蒂鲍特（Charles Tiebout）和丹尼斯·缪勒（Dennis C. Mueller）等人。

布坎南与塔洛克是公共选择学派的创始人，也是芝加哥经济学派的重要代表。两人在 1962 年合著的《同意的计算》，为公共选择奠定了理论基础，成为公共选择学的经典文献。1963 年 6 月，他们在美国弗吉尼亚建立了公共选择学会，1969 年在弗吉尼亚工艺学院成立了"公共选择研究中心"，并出版了《公共选择》。两人的研究方向有所不同：布坎南侧重于宪法选择，注重分析决策规则；塔洛克则偏重于官僚政治的经济分析，注重公共选择者行为分析。

1948 年，布坎南获芝加哥大学的哲学博士。1986 年，他因将经济方法运用于政治过程的研究、填补了经济学研究领域的空白而获得诺贝尔经济学奖。他的代表性著作除《同意的计算》外，还有《民主过程中的公共财政》（1976）、《自由的限度》（1975）、《征税的权力》（1980）和《自由、市场与国家》（1986）等。塔洛克的代表性著作除《同意的计算》外，还有《官僚政治学》（1965）、《社会困境：战争与革命经济学》（1974）等。

唐斯与塔洛克类似，都是应用经济方法研究官僚政治，运用经济学的方法考察官僚组织，进而分析政治问题。唐斯的代表性著作是《官僚经济论》（1975）。

尼斯坎南与唐斯一样，以经济学方法研究官僚政治，他更侧重于分析官僚机构的内在组织与外在环境，在公共选择的框架内系统地研究了官方机构。他的代表作是《官僚与代议制政府》。

约翰·罗尔斯分析了立宪阶段或前立宪阶段的公共选择原则，其契约主义理论对经济学尤其是公共选择理论产生了持久而广泛的影响。他的代表作《正义论》不仅是公共选择学派的经典著作，也是伦理学和政治学的经典之作。

第二节　公共选择学派的主要理论

公共选择理论在经济人的理性假定下，探讨政治领域个人行为对集体选择的作用，证明政治市场可能失灵。公共选择理论主要有：直接民主制经济理论、代议民主制经济理论、官僚经济理论、政府失灵论和经济政策立宪等。

一、直接民主制经济理论

在民主体制中，直接民主制和代议民主制决定公共产品的需求。在直接民主制下，公共产品的需求量由投票人直接投票决定，即直接决策。在代议民主制下，公共产品的需求量由投票人或选民先选举代表（例如议员），然后由民选代表投票决定，即间接决策。相应地，公共选择学派关于公共产品需求的理论分为直接决策理论和间接决策理论。

直接民主制经济理论分析直接决策，包括投票决策规则、投票交易、公共产品需求决策和公共产品偏好强度显示等内容。

（一）投票决策规则

在直接民主制下，选择公共产品需求议案有以下几种不同的投票规则。

1. 全体一致规则

全体一致规则是指，在决定某种公共产品的供给量时，全体当事人一致同意，都投赞成票才能确定方案和实施方案的规则。

全体一致规则的优点是：它是实现帕累托最优的唯一途径，可以保护每个成员免受其他成员的强制，保护他们不会因集体行动而受损；可以保证任何一项总收益超过总成本的议案都能通过，即使其中某些成员受损，但受益较多的成员可以主动补偿，从而每个成员的收益超过成本，议案获得一致通过。

全体一致规则的缺点有二：一是忽略了当事人的策略行为，每个成员都诚实地投票的假定是不现实的，每个人都会反对任何一个对于自己来说是次优而对于他人来说是最优的议案，选择最有利于自己的策略行为导致每个人都隐瞒自己的真实偏好，从而妨碍了议案的通过；二是要花费很多的时间和成本，经过不断的讨价还价和反复讨论、修改，才能达成一致协议，结果通过议案的代价可能超过实施议案带来的好处，甚至难以达成协议。

2. 过半数规则和中间投票人定理

过半数规则又称简单多数制，即一项关于公共产品的议案必须得到超过全体成员半数以上赞成票时才能通过的规则。如果待定议案有多个，一般程序是两两表决，每次提交一对议案付诸投票，得到过半数者支持的议案参与下一轮角逐，直到某一个议案击败所有议案而被通过。实际上，现实中往往是利用多数制逐渐淘汰最不中意者，最后在两个议案中以多数制确定一个准备付诸实施的议案。

过半数规则实际上相当于最优多数规则，在现实中很通行，它的优点是比全体一致规则节约决策成本。

对决定取舍一项议案或从两项不同的议案中选择一项议案而言，过半数规则有唯一确定的结果。对多项议案选择一个议案而言，结果可能是多样的，这取决于全体成员的偏好是单峰值还是双峰值。如果将公共产品或公共支出的议案按顺序（如按公共产品或公共支出的数量大小）排列，全体成员对其中一个议案的偏好大于与它相关的其他议案，对这个议案的公共产品或公共支出的偏好程度就是全体成员偏好的峰值。

峰值又分两类：一类是单峰值又称单峰分布，是指某一成员最偏好某一议案，对其他所有议案的偏好都低于这个议案；另一类是双峰值又称双峰分布，是指某个成员离开某一偏好程度较高的议案向其他议案移动，偏好程度开始下降继而上升。换言之，这个成员偏好所有议案中的两个议案，他对其他议案的偏好程度都低于这两个议案。

中间投票人，是指在每个成员都有最偏好的议案，将这些议案按顺序排列，当投票人为奇数时，偏好的议案位于所有议案中间的人，称为中间投票人。简言之，中间投票人是对所有议案持中间立场的人。

中间投票人定理：一般而言，只要所有成员偏好都是单峰值的，则过半数规则必定能决出一个唯一的结果，该结果恰好反映了中间投票人的第一偏好，即中间投票人偏好的议案或公共产品被通过。这个定理表明每个人都必须消费和中间投票人的需求相同的公共产品。因为把每对议案放在一起决定取舍时，每个成员宁愿支持最接近自己第一偏好的议案，所以出现中间投票人定理。

如果有一些成员的偏好是双峰值，过半数规则就不能产生唯一的结果，会出现循环，如有甲、乙和丙三个方案，投票结果会出现甲方案比乙方案好，乙方案比丙方案好，丙方案又比甲方案好的现象，每个方案都有可能通过，投票的程序不同就会有不同的结果。程序的设计者可以通过操纵投票议事程序使自己偏好的议案获得通过。

当议案很多时，随着议案所包含项目的增加，越来越难以找到一个中间议案，其中任何一个项目都处于中间位置，循环的可能性与范围趋于扩大。然而，当投票人数增加时，破坏投票结果的难度增大，投票结果确定性加强，循环只是一种潜在的可能性而不具有现实性。

（二）投票交易

投票交易，是投票过程中以选票作为交易对象的活动。投票交易是投票过程中常见的现象，它有利于某些投票人所偏好的议案被通过，但是会引起投票人的策略行为，导致投票结果不公正或不确定，影响社会福利。

投票交易有两种形式：一是买卖选票，投票者在得到足够的补偿后投票赞成于己不利的议案，或接受贿赂投票赞成于自己可有可无的议案；二是互投赞成票，也称相互捧场，投票者在投票赞成自己最偏爱的议案时，也赞成与自己无关紧要甚至略有损害而对另一投票者至关重要的议案，以换取另一投票者对自己最偏爱议案的支持。

互投赞成票具有配置效应和分配效应。在过半数规则下，互投赞成票使得本可能受到否定的议案因相互捧场而获得通过。互投赞成票对社会福利的影响取决于各投票人的效用损失与效用改善之比，如果效用改善大于效用损失，社会福利增加；相反，社会福利减少。

互投赞成票会引发两个问题：一是导致投票结果循环或不稳定，难以确定投票结果。二是导致策略行为，当投票交易在非正式协议下进行时，投票者会在达成协议时隐瞒偏好，在达成协议后违约。在连续投票中，人们会对隐瞒偏好和违约行为采取相应的对策，根据上一次投票的结果调整投票行为。这种对策性的投票，起到了惩治隐瞒偏好行为和违约行为，因此，连续性投票可能产生比较确定的结果。

准公共产品或地方性公共产品往往对少数人有意义，而对大多数人没有多大意义，集体决策易造成互投赞成票，产生少数人压迫多数人的现象和过多的公共支出。如果采用全体一致规则，投票交易是极为必要的，否则难以达成一致。

(三) 公共产品的需求决策

在现实政治生活中，大多数公共产品需求是由过半数规则决定的，所以公共选择学派着重分析了过半数规则对公共产品需求的影响。

公共产品的社会需求和个人需求。公共产品的需求是社会需求，公共产品的社会需求是由众多的个人需求综合而成的。个人对公共产品的需求取决于对该产品的收益和成本的评价。收益是指个人在消费公共产品时所获得的满足或效用。边际收益是每增加一个单位的公共产品，个人从中得到的效用增加值。成本是指个人必须为公共产品开支承担一定量税收，从而减少个人消费支出所损失的效用。为提供公共产品而增加一个单位的公共开支，由此个人增加的一笔税收负担叫作税价，相应损失的个人效用是公共产品的边际成本。只要公共产品的边际收益大于边际成本，个人消费公共产品的效用会提高，对公共产品的需求会增加。当公共产品的边际收益和边际成本相等时，个人消费公共产品的效用达到最大化。个人对公共产品的需求取决于三个因素：偏好、收入水平和税收结构或税价。在其他条件不变时，收入越高则税价越低，对公共产品需求越多，同一税价下高收入者需求多于低收入者。

1. 单维议案下筹资对公共产品需求的影响

在单维议案下，筹资是单独进行的，每一项公共产品需筹集一笔专门的资金，其来源是税收。税收结构主要有三种，对公共产品需求的影响各不相同。

第一，人头税。它是按人头平均负担某一公共产品的开支。在税价既定时，高收入、强偏好者对公共产品需求多一些；低收入、弱偏好者对公共产品需求少一些。在所有人的偏好都是单峰分布时，中间人投票定理成立，社会需求决定的公共产品数量，就是中等收入者或中等偏好者所需求的公共产品数量。投票结果是均衡而稳定的。

第二，比例税。比例税是按收入高低比例分摊公共产品的成本，税率不变而税额随着收入而变。只要所有成员偏好都是单峰值分布，中间投票人定理仍然成立，投票结果是均衡而稳定的。

第三，累进税。在累进税情况下，结果比较复杂。个人偏好会随着税率和公共产品总预算开支的变化而改变，每个投票人偏好变化都可能决定投票结果是否均衡和稳定。

在过半数规则下，单维议案专项筹资的配置效率与收入分配和税收结构有关：一是在收入分配平均且税制统一，个人偏好都比较一致，接近中间投票人偏好，决策效率最高。二是如果收入分配不平等，税收结构又不是累进的，那么，各投票人的偏好差距极大，决策是低效率的。在实行人头税时，每个人税价相同，因各人的收入差距大而导致偏好差异很大，此时偏好最不一致，决策效率最低。实行比例税时，低收入和高收入者偏好都接近中间人偏好，决策效率略高一些。三是收入分配不平均而税收结构累进，效率的高低取决于累进税率。当累进税率适当时，高收入者和低收入者的偏好从不同的方向接近中间人偏好，决策效率最高。否则，决策效率低下。

2. 多维议案下筹资对公共产品需求的影响

在多维议案下，筹资方式主要有二，对公共产品需求的影响也各不相同：

一是专项筹资。它是以支定收，先投票决定总预算规模和各项目的预算开支，据此调整税率筹集资金，各投票人的税价不变。每个投票人根据税收负担、偏好程度和收入水平，确定各自对公共产品的需求量，支持自己最为偏好的议案，再由过半数规则决定社会公共产品的需求。

二是整体筹资。它是以收定支，先投票确定税率和总预算收入，然后投票决定总预算收入在各项公共产品上的支出，进而确定公共产品总需求。在这种筹资方式下，多维公共产品需求的决定可分解为两个单维议案决策：一是决定各公共产品所分摊的预算开支比例；二是决定预算规模。只要人们的偏好是单峰值，中间投票人偏好的预算结构（各项支出的比例）和预算规模就会被通过。

在多维筹资和整体筹资前提下，很难预测决策的结果。然而，单维议案下的配置效率分析仍可用于分析多维议案下的配置效率问题。

3. 过半数规则的缺陷

利用过半数规则选择公共产品需求时，能够代表大多数人的意见，形式上也很民主、很合理，但实行过程中却有以下问题：

一是低效或无效。如在收入不平等、税收不累进时，决策是低效率的。

二是对公共产品的决策有循环性、任意性、不确定性和不均衡。

三是操纵议程。当决策结果本身出现循环时，能轻而易举地操纵议程。在单维议案下，如果议案得不到半数的支持，可以另提一新议案，让两个议案一起付诸表决，新议案不能通过，原议案自动通过。在多维议案下，操纵者可以预先决定预算比例，而后将预算规模付诸表决。

四是策略投票。它是指投票人投票时不真实地反映自己的偏好，而是在考虑他人投票和通盘权衡各种可能性后采取一种最佳的投票方式，使结果最大限度地接近自己的偏好，从而使决策结果更不确定。

五是多数极权。当过半数投票人偏好一致时，就会形成一个自然联盟，在决定公共产品需求时压制非联盟的少数成员。

二、代议民主制经济理论

西方国家政治体制中通行代议民主制。由于直接民主制是直接决策而代议民主制是间接决策，所以，代议民主制经济理论与直接民主制经济理论不同。代议民主制经济理论的内容主要是：政党理论、公共选择者行为论、利益集团论和寻租理论。直接民主制中的投票分析仍适用于代议民主制。

（一）政党理论

1. 党纲与公共产品需求

投票人的公共产品偏好集中反映在各自所支持的政党的竞选和施政纲领中，政党的党纲实际上是一揽子公共产品。

如果政党的竞选纲领中的公共产品是单维度的，选民的偏好呈单峰对称分布（即正态分布），竞选人为两人，则竞选结果仍然符合中间投票人定理：观点与中间投票人一致的候选人获胜。因此，政治家会竭力使自己的观点向中间观点靠近。当选民的偏好不是正态分布时，政治家的观点将向选民观点众位数靠拢，即向大多数人所持的观点靠拢。

如果竞选纲领是多维的，包括多种公共产品，选民偏好也呈多峰分布，就会出现互投赞成票相互捧场的局面：每个阶层都只考虑一些关键性的议案而决定支持某个候选人，因而任何一群选民都可能联合起来支持同一个候选人，出现循环现象，导致竞选结果的不确定和不稳定。不过，循环不可能出现在一次性选举中，只会出现在多届选举中。

2. 选举规则和政党数目

政治中存在多少政党的数目与选举规则有关，如果限制每个选区的当选代表人数，将迫使少数派小政党合并以增强获胜的机会，从而减少选区中的党派数目。

（1）多数制。在多数制规则下，一个选区往往只选一个代表，或者得到多数票者获胜，每个政党都会争取过半数票以确保当选。在有三个以上政党的情况下，小政党会自行消失或联合成一个大党以获得过半数票的支持。大党则缩小规模，以便既节省政治活动经费又获得过半数票的支持。最终将出现两个规模略有差异，但仍属势均力敌的政党或政党联盟。这种制度会产生两党民主制，或促成党派合作形成两个政党联盟。

如果选民对候选人观点的偏好是单峰对称分布的，中间投票人的观点也就是大多数人的观点，中间投票人定理成立，两位候选人的观点会向中间人靠拢。

如果投票人偏好是单峰但不是对称分布，候选人观点向多数人的观点而不是中间投票人的观点靠拢。如果大多数人的偏好有两个对称分布的峰值，候选人的立场有不确定性。

美国的代议制民主制度常常制造人为的危机。美国财政危机的爆发近些年渐呈频繁之势，对美国来说这已经不是单纯的经济事件，而是美国政治家利用民主规则人为制造出的灾难。财政债务危机不仅是美国自身的麻烦，也是世界的麻烦，影响欧盟、中国等其他国家经济。

（2）比例代表制。在允许有多个代表的比例代表制下，获得票数最多的几位候选人当选，或是参政党根据得票多少分配议席，议席数与所获选票总数成正比，这就可能产生多党制，政府将由多数派的党组阁或几个党联合组阁。选举出的议员可以广泛地代表不同阶层的利益，不会出现所有议员都倾向于反映中间投票人利益的情况。

（二）利益集团论

1. 利益集团对公共产品的影响

利益集团指任何一个力图影响公共政策的组织。这种组织由少数有共同利益，特别是有共同经济利益的投票人组成的。利益集团的活动主要是进行政治游说，力争通过有利于自己的立法或政策。对利益集团而言，游说结果是一项公共产品，对集团内所有成员都有利。而对社会而言，游说是一个私人产品，仅对利益集团有利，而对社会其他成员没有好处。利益集团形成的基础是共同的收入来源，相似的收入水平，相同的行业，同一地区，相同的人口统计学上的特征（例如年龄、性别等）。一般而言，利益相同的选民人数越少，越容易结盟形成利益集团。

利益集团的力量很大，能够左右议案的表决，通过有利于自己的议案。利益集团左右议案的方式有：一是为缺乏信息的选民提供免费信息，鼓动他们支持自己的议案；二是向政治家和议员游说，向他们提供专业技术信息；三是给予议员政治资助，鼓动他们批准有利于利益集团的议案；四是同其他利益集团联手，互投赞成票。

利益集团和当选议员、任命官员形成"铁三角"：议员批准某一项目，官员实施这个项目，特殊利益集团从中获益。

2. 利益集团的分类

奥尔森将利益集团分为三类：一是特权集团，一般规模比较小，集团成员愿意承受公共产品的所有成本；二是中级集团，规模大于特权集团，集团内的成员相互监督对方行为，通过威胁、允诺而实现有条件的合作，承担公共产品的部分成本；三是潜在的集团，其规模大于中级集团，这些集团成员不愿意承担集团公共产品的成本。

选择性激励使潜在集团变为现实集团。正向选择性激励是选择性收益，具有排他性，可以只提供给对利益集团作出贡献的人。如汽车俱乐部只为他的成员服务。负向选择性激励是选择性强制或惩罚，专门施加于非集团成员或不参与集体活动的人身上。如，工会有种种方法使非工会会员受害。选择性激励将消除"搭便车"行为，促使人们参与集团活动。麦克林也将利益集团分为三类：生产者集团、消费者集团和利他主义集团。其中生产者集团力量最强大，其次是消费者集团，力量最弱的是利他主义集团。

（三）寻租论

公共选择学派的寻租理论产生于古典经济学中"租"的概念，在研究垄断损失的过程中成为经济学研究的重要命题。

寻租是指，投票人尤其是其中的利益集团，通过各种合法或非法的努力，如游说和行贿等，促使政府帮助自己建立垄断地位，以获取高额垄断利润。高额垄断利润超过平均利润的部分被称为经济租。如纺织业寻求政府的关税与配额的保护，将外商拒之于国门之外，维持本行业的垄断地位。寻租的前提是政府权力对市场交易活动的介入，寻租活动浪费了社会资源，扭曲了分配格局，是西方政治的内在缺陷。

寻租可分为三种：一是为了获得垄断地位进行的寻租，如争取政府对未管制的行业加以管制；二是为维护已获得的垄断地位进行寻租，又称护租，如出租车行业让政府维持既定的许可证数量，防止他人对自己已获得租金的侵蚀；三是反寻租（避租），防止他人寻租可能对自己造成的损害而进行反寻租，如烟草行业设法防止政府在他人游说下对本行业征税或增税，以维持税后高额利润。

1. 寻租的社会成本

寻租理论修正了经济学中传统的垄断理论。传统垄断理论认为，与竞争相比，垄断条件下的价格高、产量低，消费者从市场中得到的消费者剩余少。由产量减少引起的消费者剩余是社会损失，是垄断的社会成本。寻租理论认为，垄断所造成的社会成本不仅是垄断低效率的成本，寻租、护租、避租都需要耗费资源，这些资源不能增加产量而是被浪费掉了。

寻租的成本在不同的情况下有差异：在完全竞争的寻租中，寻租者众多且信息畅通，众多寻租者的相互竞争促使寻租成本不断趋升，当寻租成本等于经济租金时，经济租金被全部浪费掉；在不完全竞争中，信息扭曲，寻租成本可能超过经济租金，产生更多的浪费，但在寻租者明白真相后，寻租成本会下降；如果寻租者厌恶风险，他们会因害怕寻租失败而不参加寻租，从而寻租成本低于经济租金。

寻租有时也能以有效率的方式进行。如公开招标出租车经营许可证，某企业出 100 万元买下这个许可证后，寻租的资金由企业转入政府手中，收入再分配发生变化，但资源没有被浪费。但这种方式在政治上有时不可行，所以寻租一般总是采取隐蔽且无效率的方式进行。经济方面的寻租有时采取贿赂当权者的方式进行，这些官员获得正常收入以外的额外收入，这些额外收入也是经济租金。经济上的寻租往往采取院外活动甚至贿赂当权者等形式。院外活动使议员得到额外收入，贿赂使当权的官员得到额外好处，都是政治家利用政治特权获得经济租金的形式。

除了经济方面的寻租外，还存在政治上的寻租，为获取政治特权进行投资。为了获得经济租金，一些人想方设法地活动，以取得政治上的特权，如成为一名税务官员或海关职员。政治上的寻租也需要资源，这部分资源不具有生产性，都被浪费了。

寻租引起的社会成本包括三方面：一是寻租活动中浪费的资源；二是由经济寻租引起政治寻租浪费的资源；三是寻租成功后形成垄断所损失的经济效率，即传统经济学分析的社会成本。

2. 寻租的收入再分配效应

在寻租活动中，有三类人受损害：一是消费者因垄断而支付更高的价格，损失了一部分消费者剩余；二是不成功的寻租者，他们浪费资源寻租却没有任何回报；三是有的厂商寻租受益，另一些未寻租的厂商受害。

寻租的受益者为：一是成功的寻租者；二是政府，寻租以公开招标的形式出售垄断特权，收入会从消费者手中经成功的寻租者部分或全部地转入政府手中；三是政府官员，如果存在贿赂，寻租收入就转向政府官员手中；四是有特殊寻租才能的人，例如有特殊寻租专长的律师、公关人员，能在寻租活动中获得更多的收入，收入从消费者或寻租者手中转入这些人手中。

3. 寻租与政治秩序

寻租使政治秩序陷入两难困境。如果寻租的资源被全部浪费掉，社会损失最大，但减弱了寻租动机，减少了经济垄断；如果寻租的资源都转化为政府官员收入，垄断会形成较多的收益，加强了官员创造垄断的动机，经济中将有更多的寻租和垄断现象。

在塔洛克和克鲁格的发展下，寻租理论作为一门独立的经济学学科发展迅速，并且已经渗透到经济学的各个分支，在解释经济学中的一些难题时发挥了重要的作用。

正如克鲁格指出的，政府不让人们参加这种活动（泛指各种经济、社会活动），他们显然对一个社会利益集团表示出偏爱，并且选择了一种不平等的收益分配方法，企业家处处都要得到政府批准才能顺利地经营，寻求租金成为获利的途径。在这种制度下，企业家必须把他们的全部时间和资源用于争夺大量的租金。因此，消除寻租活动的有力措施，就是减少政府对市场的过多干预，降低国内市场的扭曲程度，否则寻租活动会浪费大量的人力、物力和财力，造成整个社会经济效益的下降。寻租活动本身会造成社会福利损失。

由于克鲁格采用了经济学界广为认可的分析方法，所以他的论文在《美国经济评论》上发表立刻引起轰动，"寻租"一词也不胫而走，经过后来一些经济学家的共同努力，经济学界产生了强烈反响，寻租理论逐渐发展成现代经济学的一门分支学科。

从经济学的视角分析，寻租理论是对传统经济学的补充和发展，它在市场经济理论的基础上增加了政府活动的因素，认为政府活动无意、被迫或者有意地影响资源配置，这些影响创造了额外的收益，并引起了非生产性的寻租活动。

寻租不同于寻利。寻利是正常的市场竞争行为。人们通过寻利，促进创新意识不断强化，追求新增社会经济利益，增加了社会的总福利，对他人、对社会是有益的。而寻租是在特定制度背景下进行的，最根本的特性就是借用特权获得私利。人们通过寻租，一般是通过行政法律手段，追求和维护既得的经济利益。这种寻租行为，破坏了市场运行的正常秩序，影响了公共产品的有效供给，导致社会总福利的损失，对他人、对社会是无益的。

三、官僚经济论

在政治过程中，立法决策过程确定公共产品的需求，政府各级行政机构提供公共产品的供给。公共选择学派将各级行政机关统称为官僚机构。官僚机构一般是贬义，公共选择学派以中性的含义对待官僚机构，认为它只是一种客观存在的组织形式。

广义的官僚机构定义为，官僚机构是一种特定的正式组织，其特点是复杂的管理等级制度、专业化的技术与任务及用规章制度对官僚机构权力作出明文的限制。按照这种定义，一切公共部门均在官僚机构之列，如各级政府机关、公共机构和私人非营利的组织等。

狭义的官僚机构定义为，组织运转所需资金或收益是从在市场销售产品以外的途径获得的，并且收益超过成本之余额不能由主管者与雇员据为己有，作为直接的个人的收入。狭义的官僚机构主要是指政府机关。官僚经济理论着重从狭义的定义来分析官僚机构，主要包括官僚经济理论、官僚机构规模增长与效率理论等。

（一）**官僚经济理论**

尼斯坎南关注效率问题，他分析了垄断官僚机构对资源配置的影响，比较了官僚组织与其他市场经济组织的效率。尼斯坎南的官僚经济理论包括以下五个方面。

1. 官僚的目标函数是预算最大化

官僚的目的不是公共利益，也不是最高效率，而是个人效用最大化。为了个人效用最大化，官僚追求薪水、职务、津贴、公共声誉、权力和任免权等等，它们都可以归结为使预算最大化。由于提高效率不能使官僚获得好处，官僚机构改进效率的动机是很微弱的。

2. 官僚机构的外在环境是双边垄断

官僚机构主要是指政府机关，即所谓的局。官僚机构的外在环境是向它提供资金购买公共产品的机构，如选民委托的政府或立法机构。政府与官僚机构关系是供求关系，是出资人和局的关系，官僚机构从政府或立法机构得到预算拨款；同时政府或立法机构对官僚机构又有行政管理与控制权，是主管与被主管的关系。因此，官僚机构与政府或立法机关是双边垄断关系。

在双边垄断关系中，由于信息非对称性，双方的权力不是对等的。官僚机构在信息方面占有优势。官僚机构对立法机构或政府的需求曲线很清楚，了解最高的拨款额；反之，立法机关或政府对官僚机构的经费使用的合理性和效率却缺乏足够的信息。因此，官僚机构可能得到最大的拨款额，而政府或立法机关的监督却相对弱化。

3. 官僚机构运行受到的约束

官僚机构的运行受到需求与预算两种约束。需求约束来自立法机关和政府上级行政机关。官僚机构提供公共产品耗费的资源和支付的成本，由国会拨款，提供预算资金来解决。预算资金就是公共产品的价格。公共产品的需求量与价格有关。政府对于公共产品每一增量愿意增加的拨款被称为边际评价，即公共产品需求的价格，它随着产量的增加而递减。显然，官僚机构提供的公共产品受到预算拨款的影响，这是需求约束。

预算约束来自官僚机构内部，是成本约束，公共产品的成本随产量递增。官僚机构可能在竞争市场上购买要素，也可能凭借权力以低价购买要素，如城市开发用地。

4. 官僚机构与产量均衡

官僚机构预算最大化的预算资金大于或等于最低成本开支。预算最大化时，公共产品的产量为均衡产量。

在不考虑成本的条件下，为了获得最大预算拨款，官僚机构将不断增加产量，直到立法机构或政府不再增加拨款时为止，即把产量定在使边际评价为零的水平上，这时的拨款是绝对最大拨款，是官僚机构预算资金的上限。由于拨款反映了立法机构代表投票人对公共产品的需求，预算拨款约束实际上是需求约束，所以，绝对最大拨款时的均衡也是需求约束均衡。

如果考虑到成本，当拨款大于成本时，产生财政节余。当公共产品的生产成本大于绝对最大拨款时，官僚机构不能为成本大于拨款的部分找到资金，因此，官僚机构将缩减产量，使产量减少到拨款等于成本时为止。这时的均衡是预算约束的均衡，即成本约束的均衡，这时官僚机构不存在财政节余。

5. 官僚机构的生产效率

追求预算最大化的垄断官僚生产效率低下。在预算约束均衡中，总预算拨款与总成本正好相等，从官僚机构内部来说，资源的使用具有效率。当边际收益等于边际成本的产量时，社会资源配置是有效率的。相对于社会来说，随着产量的增加，边际成本递增而边际收益（即边际评价）递减，在最大化预算约束的条件下，边际收益小于边际成本，公共产品的供给大于需求，社会资源被浪费了，社会资源配置效率低下。

在需求预算约束中，预算有盈余，但是，盈余不能为行政长官或雇员所拥有和支配。于是官僚机构会多招雇员或提高薪金或增加津贴或添置办公设备，这部分未用于生产，完全被浪费掉了，社会配置资源效率低下。

6.尼斯坎南模型的发展

米格与布朗热发展了尼斯坎南的模型，他们指出，官僚可能更看重与产量无关的各种奖励，尽量多获得预算，少开支，将增加的财政节余据为己有，从而追求财政节余最大化。财政节余最大化与追求预算最大化的行为正好是两个极端，官僚的实际选择处于二者之间，官僚的最大化效用同时取决于公共产品的产量与财政节余，官僚从中选择最优产量与财政节余的组合。

（二）官僚机构规模增长与效率

官僚机构往往是无效率或低效率的，而且不断地进行低效率的过度扩张。现代民主制的缺陷助长了官僚机构规模的过度膨胀。

1.官僚机构的效率

官僚机构的效率分为配置效率和X-效率。配置效率是以整个社会来判断的，在不可能通过改变资源配置增加一个部门产出而又不减少任何其他部门的产出时的资源配置就是有效率的。X-效率是组织内部的效率，如果某一组织达到最低成本或最大产出，或者组织投入的组合变动不可能在增加某 产出同时又不减少其他的产出，那么，这一组织就具有X-效率。反之，是X-无效率的。

资源配置无效率起因于官僚机构的垄断性和需求显示不完全性。在公共产品生产中，需求与供给不是完全对应的，总需求由众多人投票决定，往往只能反映中间投票人偏好；在产出为一揽子公共产品时，几乎不能反映选民的偏好，连中间人偏好也不反映，因而，决策效率低下。利益集团的力量总是大于选民，选民不能显示自己的偏好，往往采取策略行为或"搭便车"，从而个人偏好更难以得到满足。官僚机构的过度扩张又使资源更多地配置到公共部门，过少地配置到私人部门，因而是一种低效率的决策。

官僚机构往往难以实现预定目标，产生 X－无效率，其原因有二：一是官僚机构目标笼统、抽象、难以度量，需要设置具体化的中间目标或操作性目标，操作目标只是正式目标的近似替代，实现操作目标只是次优而不是最优，所以组织是 X－无效率的；二是目标冲突，在官僚机构追求的多重目标中，往往存在冲突与交替，官僚在如何实现目标上感到无所适从，从而产生官僚之间的不合作，官僚之间的不合作引起 X－无效率。

公共产品的产出难以定义和度量也使官僚机构出现 X－无效率。公共产品难以从物质形态上度量。公共产品不经过市场就直接进入消费过程，只知道投入的价值不知道产出的价值，缺乏价值度量，也难以对官僚机构决策效率进行评价。导致 X－无效率的原因还有交易成本高与信息传递失真。为了提高效率，必须获取信息，改进方案的设计，执行改进方案，对官僚机构进行协调、监督、控制与管理等等，这些都需要耗费一定的资源，即交易成本。如果交易成本太高，官僚机构宁愿保持 X－无效率状态。在信息的传递过程中，往往出现偏差与丢失，影响信息的真实性，导致 X－无效率。

导致 X－无效率的因素也不同程度地存在于私人企业中，有时难以比较私人部门与公共部门的效率，因此，官僚机构虽未实现最优效率，但实现了次优效率也是一种好的结局。

2. 官僚机构的增长

官僚机构的扩张有两种：一是必要的扩张，这是有效率的扩张；二是过度扩张，这是无效率的。过度扩张可区分为两类：相对产出而言的过度扩张是 X－无效率；相对需求而言的过度扩张是配置无效率。与官僚机构低效率相伴的是官僚机构规模过大和增长过快，从而进一步降低了效率。

官僚机构扩张动机受到以下几方面影响而变得更强烈：第一，官僚机构中长官与雇员想通过扩大本部门而获益。随着机构扩大，津贴可以提高；支配的预算资金越多，获得提升的机会也增多；上级因无权解雇下属而缺乏对下属的控制，可以借提升下属的权力加强对下属的控制。例如提拔工作出色的下属或听命于自己的下属，能够加强对下属的控制力。第二，立法部门的议员也受益于官僚机构的扩张。通过相互捧场，行政长官可以把议员批准的预算资金按有利于议员的方式运用，例如在议员所属选区以盖办公大楼或购买办公用品的方式增加政府开支，以利于议员当选。第三，选民也误以为可以从扩大官僚机构中享受更多的公共服务，从官僚支出增加中得到各种机会。

西方现代民主制度的缺陷方便了官僚机构扩张：一是在进行财政决策时，支出决策与税收决策是分开的，在议会中分属不同的委员会讨论表决，预算资金和支出容易扩大；二是预算决策是分散的，各项提案单独表决，不能兼顾总预算适度规模；三是过半数的决策规则总是可以使成本分散、收益集中，但收益小于成本的无效率提案顺利通过，因而扩大的预算可借这个机会获得批准；四是选民的财政幻觉助长了官僚机构的增长，投票人总是低估税收给自己的负担，高估官僚机构增加带来的好处，税收结构越隐蔽越间接、税源与支出项目越多越容易产生财政幻觉；五是投票过程中的缺陷方便了无效率议案通过。

第三节　公共选择学派的政策主张

公共选择理论的直接民主制经济理论、代议民主制经济理论和官僚经济理论从不同的侧面分析了政府干预经济的后果，其分析的结论是："政府失灵"，即政府干预经济不能修正市场失灵。这个学派建议通过市场化改革或宪法制度改革来纠正"政府失灵"，提高政府的效率。

一、政府失灵论

政府失灵，是指在西方现行的民主政体下，由于政府机构低效率和政府决策低效率，政府修正市场失灵的经济政策常常是降低了而不是增加了社会福利，没有达到纠正市场失灵的目的。

（一）政府决策低效率

公共选择理论认为，不论直接民主制还是代议民主制，政府决策都不是最优的。在直接民主制的全体一致规则和过半数规则下，政府对公共产品的决策和政府政策都是低效率的。

全体一致规则，必须花费很多的时间和成本，经过不断的讨价还价和反复讨论、修改，才能达成一致协议，结果通过议案代价可能超过实施议案带来的好处，甚至难以达成协议。

过半数制对公共产品的决策有循环性、任意性、不确定性和不均衡性。在投票过程中，政治家可以轻而易举地操纵议程，使得自己所偏好的议案顺利通过。策略投票增加了投票结果的随机性。过半数制还会导致多数极权，当过半数投票人偏好一致时，就会形成一个自然联盟，在决定公共产品需求时压制非联盟的少数成员。

在代议民主制下，对公共产品的决策也是低效率的。政治家为了赢得选举，会竭力使自己的观点向大多数人所持有的观点靠拢。如果每个阶层都只考虑一些关键性的议案而决定支持某个候选人，那么任何一群选民都可能联合起来支持他们所偏好的候选人，导致竞选结果的不确定和不稳定。如果利益集团介入选举，当利益集团力量很大时，利益集团能够左右议案的表决，通过有利于自己的议案。政治家垄断了公共产品的需求，任命官员垄断了公共产品的供给，而利益集团从中渔利。

（二）官僚机构低效率

官僚机构追求预算最大化，导致效率低下。官僚们的目的不是公共利益，也不是最高效率，而是个人效用最大化。由于提高官僚机构效率不能使官僚获得好处，官僚机构几乎没有改进效率的动机。官僚机构有过度扩张的动机和趋势，官僚机构规模过大和增长过快，进一步降低了效率。官僚们的寻租行为不仅降低了官僚机构的效率，而且减少了社会福利。

政府决策低效率和官僚机构低效率，导致政府失灵。纠正政府失灵的方法是在官僚机构中引入市场机制，以宪法来确定政府制定政策的规则，具体措施是经济政策立宪和改革官僚机构。

二、经济政策立宪

公共选择理论认为，要纠正政府失灵，提高政府制定政策的效率，重点是关注约束经济政策制定过程的规则，而不是经济政策的具体内容，合理稳定的规则能够提高政府政策的效率。制定经济政策的规则就是经济政策立宪。

（一）经济政策立宪的必要性

布坎南认为，经济政策的目的是改善经济运行状态，改善个人的状态只有个人才能感受到，不存在一个外在的客观标准去判断，也不能从结果的好坏去判断。实行相机抉择的经济政策，使得一部分人（如经济学家和政治决策者）把自己对经济的判断与据此所采取的行动强加于他人，不能保证他人的境况可以得到改善。过程与规则成为衡量经济政策的一个间接标准，可取的经济政策是人们一致同意的过程或规则，这样制定经济政策的过程或规则，能显示个人偏好以及可观察的政治结果。政策规则与经济政策的区别如同游戏规则与游戏策略的区别，游戏规则的改进有利于游戏各方，而游戏策略改进只是有利于某一方。所以应采取有规则的经济政策而不是相机抉择的经济政策。

主张政府干预经济的理论都假定政府及其代理人（政治家）是一心为公，没有私心的，但事实正好相反。政治家利益与选民利益有冲突时，即使选民的建议反映了真正的长期利益，政治家也不一定采纳。考虑到任期的限制，他会从短期而不从长期角度制定政策。如，政治家的决策往往反映公共支出的增加而不是减少税收，是增加赤字而不是追求财政盈余。

在政治家是利己主义的情况下，能动的经济政策在以下几种决策中都不可能成功：一是无约束的独断专行的决策，它是以经济政策实现独裁者的利益，牺牲大众利益；二是政治决策人受选举的制约，屈从于选民的压力，导致经济政策制定中的短期行为；三是约束政治选举是不断地变化的，更容易产生短期行为；四是宪法规则限制政治决策人增加财富，决策人根据自己对经济形势的理解和判断为他人作出政治决策，由于缺乏个人利益从而缺乏责任心，所以，不可能实施成功的政策。

最好的政策是受到宪法规则约束的政策。在政治决策人受到宪法规则约束的情况下，合理的宪法规则指导政策的制定，政治决策的个人作用减弱，既消除了政策决策者利己动机对政策制定的不利影响，又保证了政策的可预期性，是最好的政策规则。

（二）货币宪法论

货币宪法论的要点是利用人们事先一致同意并愿意遵守的规则，约束货币政策，防止易引起混乱的、频繁变动的货币政策。货币政策的目标，是绝对价格水平的可预期性。对绝对价格水平的预期，体现在价格指数上。绝对价格水平的可预期性不等于相对价格水平的可预期性，在绝对价格水平可预期的情况下，相对价格水平仍可能是不确定的。

实现货币宪法论目标的方法有二：一是管理货币体制，将指数变动的预期纳入货币宪法之中，利用价格指数作为操作性目标，指导货币政策。二是自发货币体制，设计一种私人决策系统，在系统的日常运行中自动地维护货币的可预期性，实现币值稳定。选定一种与价格指数同步变化的理想产品（例如黄金），货币当局随时准备按预先限定的价格买卖该种产品，这样，经济就可以在币值稳定的基础上运行。

（三）财政宪法论

财政宪法论主张财政立宪，以财政宪法约束财政政策。

第一，以宪法限制税收和支出。布坎南指出，美国一直存在公共部门的扩张，公共部门的资源配置不合理，现代民主过程未做到税收与支出的适度，也没有反映选民的愿望，而是导致了政府失误和公共部门的增长，财政支出缺乏必要的限制，为公共部门的扩张创造了条件。因此，要限制税收和支出。

布坎南认为，财政体制的税收与支出两方面应采取不同的决策方法。公共支出结构与规模的决策要在财政决策的日常运行过程中作出，而税收结构与税收水平的决策要先于公共支出结构，在日常运行过程之前的立宪阶段作出，且一旦确定就应相对稳定，能够为今后所有的公共支出项目进行筹资。因而财政立宪主要指税收立宪。

在立宪阶段的预先决定和宣布税制，给纳税人的经济活动提供了一个稳定的环境。在税制既定的条件下，他们能够根据自身情况预期未来，作出判断、调整行为，以利于经济稳定。

合理公正的税收结构包括累进税和间接税等。当经济中每个人对自己未来经济地位无知时，他会支持一个对所有人都最公正的最佳税收结构方案，他会赞同累进税和间接税，这个方案对大家一视同仁，共同负担税收。由于每个人不知道自己将来是富人还是穷人，每个人都会认为：富人支付得起也应该支付较高的税额；穷人支付较低的税额，大家都会支持累进税。由于某些产品只有富人买得起，能够消费，每个人都同意征收消费税或间接税。

布坎南主张以宪法的形式保持预算平衡。保持财政平衡预期的规则是调节税率、调节支出或同时调节税率和支出。选定调节支出作为杠杆，那么，一旦预算缺口超过预定限额时，就全面缩减预算支出项目，或逐 设置各支出项目限额，分项缩减预算支出。

第二，尼斯坎南的观点是，对税收与公债应采用多数规则。他认为，只要限制税收与公债，支出和赤字自然得到控制。控制公债不要求立即平衡财政，也不要求马上削减赤字，允许有一个较长时间的削减赤字、平衡财政的过程。控制税收可避免增加财政收入引起的争论，保证税制结构的稳定性。财政宪法规则的修改方案为：一是国会可以 2/3 多数票批准增加对公债的限制；二是任何要征收新税的议案或提高税率与增加税基的议案，须经 2/3 议员批准方可成为法律；三是上述两条修正在任何宣布生效的财政年度暂停执行；四是修正案在批准后的第二个财政年度开始生效。

三、改革官僚机构

公共选择理论提出了改革官僚机构、提高官僚机构效率的两种主要方法。

（一）强化官僚机构解说责任与外在控制

解说责任是官僚机构向有关单位（如国会）解释官僚机构已做的、正要做的和将要做的事情，并证明这些事情都是正确的。解说责任实际上是承担提供信息的义务，使官僚机构的活动较为公开，易于为主管部门监督。解说责任主要包括财务、政治和法律三个方面。人们通过解说责任机制了解情况，表达自己的不满并索取赔偿，从而使这个机制能够提高资源配置效率。

外在控制主要是控制官僚机构提供的公共产品的产出数量与质量及满足需求的方式，重视投票人的需求或态度变化，随时登记投票人的新要求。

任何解说责任和控制系统都必须做到：公共机构在变化和未变化的环境中，对全体选民的需求作出反应；公共机构应该作出符合一般伦理环境的公平决策；监督与评价官僚机构的表现，消除浪费。

（二）改革官僚机构运行方式与组织形式

公共选择学派提出的改革官僚机构的运行方式与组织形式、抑制预算扩大和部门规模扩张方案的主要内容为：

（1）官僚机构引入竞争机制。竞争破除了劳务供给垄断和生产成本信息垄断，既可限制机构规模扩大，又可促进效率的提高。例如，可以设两个机构提供相同的公共服务，提高竞争效率。

（2）在公共产品生产和提供公共劳务中引入市场机制。例如，将清理垃圾和社区服务等移交私人企业。

（3）官僚机构引进利润机制，将财政节余的一部分交官僚机构长官处理，直接分享成本节余，事后给予奖励，对预算节余实行有限自主权，刺激效率的提高。但这种办法容易刺激官僚们制造虚假节余而损害公众利益，官僚们会以既定的预算少生产公共产品，增加财政节余。为了防范这些问题，应先建立竞争机制或设置专家委员会确定既定预算应提供的公共产品数量。

（4）加强监督，成立专家委员会定期评审官僚机构。专家委员会应随机组成，经常调整，以免专家委员会与官僚机构形成共谋。

（5）税收立宪，由国会批准政府财政部门提出的调整税收和公债的动议，加强对官僚机构的外在控制。

第四节　影响和评价

一、影响

公共选择学派是西方经济学中以经济学分析方法研究政治问题的一个重要理论流派，起初流行于美国，随着该学派的代表人物詹姆斯·M.布坎南于1986年获得诺贝尔经济学奖，其影响日益扩大，已遍及西方各国经济学界。

20世纪60年代是公共选择学派逐渐成形的阶段；70年代是公共选择学派扩大影响、独立出来并国际化的年代。80年代和90年代，公共选择理论得到迅猛发展，越来越多的学者和政府官员及政治家受到公共选择理论的影响。

二、评价

公共选择学派的产生与发展绝非偶然，而是具有特定历史背景。

这表现在，第一，政府经济理论的缺乏；第二，新福利经济学的影响；第三，国家干预的加强与失误。在这种背景下，公共选择学派与其他新政治经济学一道，开始关注经济政策的制定过程、政治决策过程，并从实证与规范两个方面，用市场机制的特点去理解与塑造政治过程，从而促成公共选择理论的形成与发展。

公共选择理论的思想渊源为：第一，维克塞维尔的财政理论；第二，意大利的公共财政学派；第三，以斯密为代表的古典政治经济学；第四，美国开国元勋们的联邦主义观点与宪法观点。

公共选择理论的直接民主制经济理论、代议民主制经济理论、官僚经济理论、政府失灵论、寻租理论等。

第一，直接民主制理论分析了投票决策规则，阐明全体一致规则、过半数规则对公共产品决策需求的影响。

第二，代议民主制理论阐述了民选代表对公共产品决策的重要作用，论述了利益集团、政治家和任命官员之间互利互惠的关系。

第三，官僚经济理论论证了官僚机构追求预算最大化和官僚机构不断扩张的特征和原因。

第四，政府失灵论阐明，由于政府机构和政府政策低效率，政府修正市场失灵的经济政策常常削弱而不是增加了社会福利，没有达到纠正市场失灵的目的。纠正政府失灵的方法是在政府机构中引入市场机制，以宪法来明确制定政府政策的规则。

第五，寻租是指人类社会中非生产性的追求利益活动，或者说是指那种维护既得的经济利益，或是对既得利益进行再分配的非生产性活动。现代社会最多见的非生产性追求利益的行为，就是利用行政、法律的手段来阻碍生产要素在不同产业之间自由流动、自由竞争的方法来维护或攫取既得利益的行为。

公共选择理论的主要结论是：在一个民主政体里，由于选民间有着理性的无知现象，无论是直接民主制还是代议民主制，政府所能提供的公共产品和所代表的公共利益最终无法满足民众的需求。选民都面临一个残酷的现实，每个选民投下的一票对于选举的结果影响微乎其微，然而若要更充分了解选举的候选人和议题便需要花费更多他自己的时间及资源。因此，选民会理性地选择在政治上保持无知，甚至不参与投票。所以，现代民主政治下大多数的公民都对政治议题保持无知状态，投票率通常比较低。

虽然政府是代表广大民众的利益提供公共产品，但却有可能有许多利益团体出于私利而进行游说活动，推动政府实行一些会带给他们利益但却牺牲广大民众的错误政策，导致效率低下的公共产品。而这些效率低下的公共政策所带来的后果则必须由所有民众承担，因此，个人并不会特别注意到自己正蒙受其害。与此同时，这些效率低下的公共政策所造福的只是一小群分享共同利益的团体，而这些团体也因此会继续进行游说以维持自己的利益。绝大多数的选民则由于理性的无知而忽略了这些政策的后果。也因此，研究者们假设各种特殊利益团体都会企图进行游说以推行各种效率低下的公共政策，导致政府效率低下的"政府失灵"现象。

第五节　借鉴和应用

一、借鉴

公共选择理论对官僚主义的分析及治理对策，对中国历次行政体制改革中推进机构改革、提高政府效率、克服官僚主义，都有重要的借鉴意义。以往对官僚主义的分析多从政治学角度进行，公共选择理论则引入经济人概念，从经济学角度予以剖析，为我们全面认识官僚主义提供了可以借鉴的新方法。首先，经济人假定对商品经济条件下人的行为动机和行为逻辑做了较为合理的理解。物质决定意识，意识的产生和发展受一定社会物质条件决定和制约。从根本上讲，人们的行为动机与逻辑属于价值观范畴从而属于意识范畴，当然也受社会物质条件的决定和制约，并打上当时社会物质环境的烙印。在市场经济条件下，产品生产和交换是基本的物质生产和交往形式，产品生产和交换的基本目标是成本——收益追求最大化利益，所以，人们追求自身利益最大化是由客观物质条件决定的。因此，经济人是市场经济的产物，经济人行为是市场经济条件下人的行为的普遍特征。在适当的法与制度的范围内，市场上个人利己行为的相互作用会产生一种反映所有参与者利益的秩序。然而，由于政府机构和官员的工作性质大多具有垄断性，他们在追求个人目标时所受到的制度约束远少于经济市场上的企业和个人，因而可以更自由地追求最大个人私利，而不管这种行为是否符合公共利益。所以，在政治市场领域，官僚追求自身利益的经济人行为，导致政府机构无序地扩张，官僚主义盛行，政府效率下降。

公共选择学派的理论和政策主张，对于我国转变政府职能、推进行政机构改革有借鉴意义。例如，通过法治加强对政府机构的外在监督与控制；以法律手段和经济手段转变政府组织机构和运行方式；通过制度法律约束官员的行为，依法办事，提高政府办事效率。

国内学术界和政府部门的许多学者借鉴公共选择的寻租理论，对政府寻租行为、寻租产生的原因、治理政府寻租的对策进行分析。政府寻租行为主要有三种形式：政府无意创租、政府被动创租和政府主动创租。

政府无意创租是指政府为了良好的社会目标而干预经济活动，但结果是形成了租金，造成了寻租行为。该租金是政府干预经济的一种副产品，是出乎政府预料之外的，可将其视为政府解决经济问题的代价。如改革开放初期的商品价格、利率和汇率双轨制就是政府无意创租行为。政府无意创租给寻租者带来巨大的利益，寻租者一旦拥有了政府所创设的租金，往往会组成既得利益集团。

政府被动创租。政府被动创租是指政府受私人或利益集团左右，为其所用，制定并实施一些能给私人或利益集团带来巨额租金的经济政策和法案。政府被动创租是事前寻租，政府代表的公共权力已经成为某些利益集团的谋利工具。

政府主动创租。政府主动创租是指政府中的行政机构和官员利用其手中掌握的公共权力，主动为自己谋求经济利益的寻租行为。公共选择理论认为，政府部门或政府官员也是经济人，也会寻求特定条件下的自身利益的最大化。政府经济管制政策的制定与实施是由政府官员来执行的，政府官员作为经济人有自己的经济利益，因此某些政府部门为了本部门的私利，会通过制定限制性政策或干扰现行政策的实施等方式达到利益保护的目的。政府主动创租，导致公共权力的行使与公共利益的目的相背离。

二、应用

中国学者应用公共选择学派的理论分析官僚主义严重、政府机构膨胀和效率低下的弊端，并提出精简机构、降低行政成本、提升政府效率的对策。政府机构常见弊端为：一是机构庞杂，不仅政府设置的机构多而且每个机构的规模都不断地膨胀；二是随着机构膨胀，行政管理费支出过度增长，行政成本上升；三是政府机关人员恶性膨胀，全国公务员人数700多万，加上参公管理的党工群团和事业单位人员及非参公管理的事业单位人员，全国财政供养的"吃皇粮者"高达4000多万人，财政供养关系比例达到30：1，几乎每33个人就要供养一名"吃皇粮者"；三是公款消费浪费惊人；四是政府领导和工作人员对提供优质公共产品和服务漠不关心，对公众利益不负责任，工作中推诿扯皮，不负责任，人浮于事，办事拖拉，不讲效率，而且有大量的人力、物力和时间耗费在自我服务上。

我国改革开放以来，曾经进行过几次机构改革，以图克服官僚主义，提高政府效率，但收效甚微，一个根本原因是没有从经济层面考察官僚主义的症结，不能据此对症下药。公共选择理论提出的治理官僚主义的对策，对我们顺利完成机构改革任务、提高政府效率有很强的启示。第一，建立财政预算约束机制，可以加强财政对政府经费支出的制约。第二，引入竞争、利润等市场原则与手段，提高行政效率。第三，公开政府信息，加强对官员和机构的监督。

中国学术界应用公共选择理论分析政府失灵和寻租行为的危害、成因，并提出对策。寻租的危害：一是寻租造成社会福利的减少和社会财富分配的不公。寻租活动是一种非生产性活动，并不增加任何新产品或新财富，只不过改变生产要素的产权关系，把更大一部分的国民收入装进寻租者私人腰包。在寻租社会中，生产者未必多劳多得，而没有从事生产活动的寻租者却获得巨额利润，造成了社会财富分配的严重不公。二是寻租严重损害了政府运行的效率和公正性，导致腐败盛行。寻租活动严重扭曲国家公共政策的制定和实施，以损害公共利益为代价，满足特定的人和利益集团的需求。大量的寻租活动最终会损害政府的合法性基础。经济租金越高，寻租激励就越大，政府的寻租成本就越高，腐败现象就越严重。三是政府寻租造成社会道德沦丧。寻租行为严重削弱了市场机制公平竞争的基础，瓦解了社会规范体系。建立在背景、权力、靠山、金钱、关系等因素之上的利益分配机制违反了基本社会道德准则，破坏社会公开、公平、公正竞争的原则。寻租也降低了行政机构的道德水准，使得公众对政府失去信任。寻租行为对社会的不道德示范，严重恶化人们的道德水准，减少人们相互之间的信任，最终导致整个社会道德的沦丧。四是政府寻租造成社会资源的浪费。资源浪费主要表现在：收益的获得者无效使用资源造成的损失；争取政府庇护所花费的成本；三是政府在决定、管理或抑制非生产性庇护时所支出的任何费用。

治理政府寻租行为的对策为：一是制度创新，压缩租金存在的空间。首先，需要完善市场竞争机制和价格机制。稀缺资源的供求活动应尽量通过市场竞争进行，从而使政府在行使其经济管理职能时更加具有透明度和公开性。其次，完善相关市场经济法律法规，尽快出台反垄断法。最后，进一步放松政府管制，建设服务型政府，把更多的事情交给市场去运作。同时把竞争机制引入公共服务领域，限制政府官员的权力滥用。二是转换政府职能，减少政府干预。要进一步推进行政制度改革，在制度上加强约束和激励机制，规范政府的各种行为，使之公开化，有利于公民监督，减少寻租成功的可能性。三是加快行政决策法制化的步伐，建立有效的事前监督和事后惩罚机制。事前监督是要提高公共权力运作过程的透明度，以便于监督，防止公共权力的非公共运用。比如，建立分配决策公开听证的程序，提高公共权力运作过程的透明度；建立行政公开制度，公开办事规则、办事程序、办事结果等，公开政府财政预算与实际开支。事后惩罚是指要提高寻租活动的私人成本，从重从严惩处非法创租、寻租活动。事后惩罚机制关键在于要对行贿者和受贿者从严处理，加大打击力度，提高预防水平，确保寻租者得到严惩。四是建立广泛的监督制度，包括独立司法监督，建立独立的廉政机构，新闻媒体和社会公众的监督等。通过以上各种制度的约束，把国家权力控制在全体公民手中，最大限度地代表公众的利益，而不为少数寻租者所利用，培养敬业精神、工作责任感和事业心、荣誉感等，加强政府官员的素质教育，从道义上提倡官员廉政、自洁自律。

第十三章　新制度经济学

以科斯为代表的新制度经济学（New Institutional Economics）是在西方国家干预主义思潮衰落、自由主义思潮流行的时代兴起的。20世纪70年代由于凯恩斯主义经济政策无力解决经济中的滞胀问题，现代货币学派、新古典宏观经济学、供给学派等新自由主义思潮开始流行起来。新自由主义思潮赞扬市场机制的自动调节功能，主张通过市场调节实现经济的均衡。但是，当新古典经济学将注意力全部放在市场机制上时，自然就忽略了与这个市场相应的制度建设。事实上，市场机制要想发挥功能，必须有一系列更为基础的政治、经济、法律等制度来提供必要的保障。

随着20世纪80年代自由主义思潮在一些国家取得统治地位，新制度经济学就在对自由主义的汲取、批判和发展的基础上兴起了。新制度经济学的代表人物科斯和诺斯于1991年和1993年分别获得诺贝尔经济学奖，从而使新制度经济学声誉鹊起，成为西方经济学中一个有较大影响的学派，对新自由主义思潮起到了巩固提高的作用。

新制度经济学对新自由主义思潮最突出的理论贡献是：在交易成本为零、产权明晰的前提下，市场机制可以纠正市场失灵。新自由主义思潮谱系中各种学派的理论基石是：经济能够在市场自发机制调节下达到均衡，即市场机制能够纠正市场失灵。然而，在与政府干预主义思潮的对垒中，新自由主义思潮的理论基石在外部性问题上遇到了挑战：市场自发机制不能纠正由外部性导致的市场失灵，即市场机制不能纠正市场失灵，只有政府干预才能纠正市场失灵。新制度经济学的科斯定理解决了这个问题，科斯定理证明：经济中的外部性有相互性，当交易成本为零时，只要政府能够明确产权，以私有制为基础的市场经济能够自发地解决外部性问题。换言之，市场机制能够纠正市场失灵，政府没有必要干预经济，从而使得新自由主义的理论基石能够自圆其说。

证券市场制度与中国 A 股指数

2014 年下半年以后，股市在沪港通、中央银行降息、中央经济工作会议、全面深化改革等一系列利好消息推动下，多方资金大规模进入 A 股，中国股市一扫连续三年的熊冠全球之低迷之气，转为牛气冲天，2014 年涨幅为全球股市之冠，股市市值猛增 50% 至 4.94 万亿美元（约 30.688 万亿元），超越日本，已成为全球第二大资本市场①。

然而，由于中国证券市场制度的缺陷，因而，自 2015 年起 A 股很快就从"牛市"转入了"猴市"：股市经济经常大起大落，暴涨暴跌；股市又一次丧失宏观经济"晴雨表"功能；在"猴市"中，股市缺乏投资功能和价格发现功能，强化了投机功能：投资者赢了指数，损失了钱；投机者利用股市和股指期货的不对称交易制度、IPO 制度和上市公司分红制度、融资和融券制度的漏洞，渔利丰厚；政府以稳定股市刺激投资和消费、化解融资难和促进经济增长的努力付诸东流。

政府和投资者都期待着：深化中国证券市场制度改革，不仅可以将资本市场从投机市场转为投资市场，增加居民财产性收入和消费能力，而且，可以恢复资本市场正向"晴雨表"功能，缓解企业融资难等问题，以资本市场有效配置资源促进经济结构调整和产业升级，实现宏观经济稳定增长。

---

① 《2014 年上证指数以超过 50% 的年涨幅，高居全球股市前列》，《财经日报》2015 年 1 月 5 日。

第一节　新制度经济学概述

一、新制度经济学的主要代表人物和著作

（一）罗纳德·科斯（Ronald Harry Coase）

科斯是出生于英国的美国经济学家。科斯 1932 年毕业于伦敦经济学院，1951 年在伦敦大学获得博士学位后移居美国，曾在布法罗大学、弗吉尼亚大学和芝加哥大学任教授。1991 年因交易费用和产权对经济制度结构和运行的分析获得诺贝尔经济学奖。他的代表性论著有：《英国的广播业：垄断研究》（1957），他在学术界的地位及荣誉主要来自《厂商的性质》（1937）和《社会成本问题》（1960）这两篇文章。第一篇文章独辟蹊径地讨论了产业企业存在的原因及其扩展规模的界限问题，创造了"交易成本"这一重要的范畴。第二篇文章重新研究了交易成本为零时合约行为的特征，批评了庇古"外部性"问题的补偿原则（政府干预），并论证了在产权明确的前提下，市场交易即使在出现社会成本（即外部性）的场合也同样有效。

（二）道格拉斯·诺斯（Douglass Cecil North）

诺斯是美国经济学家，他于 1942 年和 1952 年分别获得加利福尼亚大学的经济学学士和博士学位，曾在加利福尼亚大学、华盛顿大学和剑桥大学任教授。曾任《经济史杂志》副主编、美国经济史学协会会长、国民经济研究局董事会董事、东方经济协会会长、西方经济协会会长等职务。

1993 年，他因在经济史方面的贡献——运用经济理论和定量方法解释经济制度的变迁和组织机构的变化而获得诺贝尔经济学奖。产权理论、国家理论和意识形态理论是诺斯的制度变迁理论的三大基石。他的代表性著作有：《西方世界的兴起》（1981）、《经济史中的结构与变迁》（1981）等。

（三）奥利弗·伊顿·威廉姆森（Oliver Eaton Williamson）

威廉姆森 1963 年获得了卡内基—德梅隆大学经济学博士。曾经担任美国政府的项目工程师环游全球，1966—1967 年担任反托拉斯部的部长特别助理。自 1998 年以来在美国加州大学伯克利分校担任"爱德华·F.凯泽"名誉企业管理学教授、经济学教授和法学教授。曾任美国艺术与科学院院士（1983）、美国国家科学院院士（1994）、美国政治学与社会学学院院士（1997）。主要著作有：《自由裁量行为的经济学》（1964）、《公司控制与企业行为》（1970）、《市场与等级制》（1975）、《资本主义经济制度》（1985）、《治理机制》（1996）等。

威廉姆森是"新制度经济学"的命名者，被认为是"科斯定理"的重新发现者。至少是由于他的宣传功劳，才使科斯的交易费用学说成为现代经济学中异军突起的一派，并汇聚了包括组织理论、法学、经济学在内的大量学科交叉和学术创新，逐步发展成当代经济学的一个新的分支。北京大学经济学教授平新乔指出，威廉姆森系统地推广了科斯定理，"科斯的理论如果不好好宣传就被埋没了，是威廉姆森大声疾呼大家来讨论这个理论，并把它系统地体现出来了"。

瑞典皇家科学院 2009 年 10 月 12 日宣布，将 2009 年诺贝尔经济学奖授予美国经济学家埃莉诺·奥斯特罗姆（Elinor Ostrom，1933—2012）和奥利弗·威廉姆森，以表彰他们在经济管理分析方面所作的贡献：奥斯特罗姆因为"在经济管理方面的分析，特别是对公共资源管理上的分析"获奖，威廉姆森则因为"在经济管理方面的分析，特别是对公司边界问题的分析"获奖。奥斯特罗姆是历史上第一位女性诺贝尔经济学奖得主，她也是新制度经济学的代表人物之一。

（四）阿曼·阿尔钦（Armen Albert Alchian，又翻译为阿门·阿尔奇安）

1936 年获斯坦福大学学士学位，1944 年获博士学位，是现代产权经济学创始人。主要著作有与德姆塞茨合写的《生产、信息成本与经济组织》（1972）等。他的第一篇论文《不确定性、发展与经济理论》（1950）为经济理论的一些标准假设提出一种新的达尔文主义的辩护理由，是历史上被引用次数最多的十篇经济学论文之一。其知名学生有1990年诺贝尔经济学奖得主美国经济学家威廉·夏普、华裔经济学家张五常等。

（五）哈罗德·德姆塞茨（Harold Demsetz）

德姆塞茨1953年在伊利诺伊大学获学士学位，1954和1959年先后在西北大学获工商管理硕士学位和经济学博士学位。1963—1971年在芝加哥大学任教授。1971—1977年在斯坦福胡佛研究所任高级研究员直至1977年，1978年在加利福尼亚大学洛杉矶分校任教授至今。德姆塞茨是与阿尔钦齐名的产权经济学家，丰富发展了科斯的理论。主要著作有：《产权理论探讨》（1976）、与阿尔钦合著的《生产、信息费用和经济组织》（1972）、《竞争的经济、法律和政治维度》（1982）、《所有权、控制与企业》（1988）、《效率、竞争与政策》（1989）等。

二、新制度经济学的演变

新制度经济学是在制度学派基础上发展起来的。制度学派曾在20世纪20年代到30年代中期盛行于美国，后由于凯恩斯主义的流行使制度经济学备受冷落。20世纪70年代后，随着凯恩斯主义的衰落，主张自由经济主义的、以科斯为代表的新制度经济学开始活跃于西方经济学界。

新制度经济学的名字是威廉姆森给起的，他在60年代和70年代的一系列文章中提出了一个所谓的"新制度学派"，也被叫作"数理制度经济学""理论制度经济学""现代制度经济学"或"新型制度经济学"，其主要目的在于和凡勃伦、康芒斯等人的"老"制度经济学划清界限，并与同时代的加尔布雷思为代表的制度主义经济学家区分开来。

制度经济学在美国曾一度成为主流，可是它几乎没有给现代经济学留下多少东西。科斯 1998 年在《美国经济评论》上发表的《关于新制度经济学》一文中指出："老制度经济学的代表康芒斯等都是一些充满大智慧的人物，但是他们却是反理论的，他们留给后人的是一堆毫无理论价值的实际资料，很少有东西被继承下来。"虽然老一代的代表人物都曾一度在美国经济学家中声名显赫，但对现代经济学范式的影响几乎看不到。

美国的制度主义发轫于 19 世纪 20 年代，创始者是美国经济学家凡勃伦，他认为社会生活的基础是物质生产，将资本主义的矛盾归结为"机器操作"和"企业经营"之间的矛盾，主张用不触动资本主义基本制度的某种制度"改革"解决社会问题。

20 世纪 30 年代是制度经济学的过渡阶段。制度经济学在克拉伦斯艾尔斯（1891—1972）等人手中得到发展，他们认为新古典主义是毫无意义的，将经济作为巨大的社会价值进程的一部分，其重要性远远大于产品定价问题，并且提出了所有权和管理权分离等观点。然而，由于 20 世纪 30 年代后凯恩斯主义在西方国家日益占据主导地位，政府干预经济政策被许多国家政府采用，制度学派不能提出具体的解决危机和失业的措施，因此，制度经济学逐渐没落。

新制度经济学与制度经济学的情形大不相同，它是以新古典宏观经济学的方法分析研究"制度"这一因素，因此成为能被当代主流经济学派所接纳的新领域。

新制度经济学对制度经济学的发展突出表现在对象和研究方法上，主要有以下几个方面：

（一）制度结构研究

经济制度变迁是制度经济学的主要研究对象，制度经济学的创始人凡勃伦认为，人们的心理活动和社会习惯决定制度的演进，由于思想和习惯是逐渐形成的，因而，制度也是渐进的历史进化过程，而且制度的本质是不变的，改变的仅是制度的具体形式。新制度经济学在研究对象上与制度经济学没有明显的差别，仍然将心理因素、法律因素看作是社会经济制度的决定因素，但是，在对研究对象的解释方面与制度经济学不同，接近于社会学。

新制度经济学更多地分析单一制度本身的功能，分析资本主义经济制度结构的合理性和弊端，指出制度结构变革的重要性。这个学派提出，现实经济制度是社会心理现象的反映和体现；对经济制度起决定作用的是法律关系、人们的心理和其他非经济因素；对制度结构本质的研究比对数量增长的研究更符合实际；制度的目标比经济增长的目标更为重要；制度变迁可以解释经济增长，经济增长的过程实质是制度变革与创新的过程。

（二）整体分析方法

新制度经济学强调将经济社会作为一个整体来考察，在对经济制度演进的分析中，为了清楚地分析经济运行的过程，必须使用整体的方法。

新制度经济学反对新古典经济学的抽象演绎法分析经济社会，沿袭制度经济学的制度动态演进和整体分析的方法分析经济社会。新制度经济学认为，新古典经济学以均衡的、静止的分析方法研究资本主义经济社会关系的外表，忽视了社会中各个经济利益集团之间的矛盾与冲突，不能正确地反映经济现实。新制度经济学主张：从根本上更新现代经济理论的分析方法；由于技术不断变革，资本主义经济制度和结构处于不断的变化过程中，资本主义制度是个动态的因果过程，所以，经济学必须研究经济社会变化，研究经济社会过程。

（三）规范经济学的研究方法

新制度经济学应用规范经济学的研究方法提出：社会公共目标不仅仅是经济增长，还包括经济价值以外的目标，即经济价值与文化价值等综合的社会公共目标。

第二节　新制度经济学的主要理论

一、交易成本经济学和产权经济学

（一）交易成本与企业

交易成本的概念最初由科斯提出。科斯在 1937 年发表的论文《企业的性质》中首先提出市场成本的概念，它包含了交易成本的内容。而后，科斯在《社会成本问题》一文中明确提出了市场交易成本的概念。

科斯认为，市场交易成本包括发现和通知交易者的费用、谈判费用、签订契约以及保证契约条款履行所必需的检查费用等，即交易费用包括搜寻交易者费用、谈判费用和实施费用。交易成本是市场机制运行的成本，它降低了资源配置效率。

科斯将交易成本概念一般化。在科斯以前，企业由一个假定的生产函数来描述，市场关系由供求曲线表示，无论是市场交易和企业内部交易都被假定是瞬间完成的，交易活动不是稀缺的，交易成本是不存在的。科斯将交易成本概念一般化，使得他可以运用古典经济学的成本收益方法进行制度分析，解释企业出现的原因。

科斯借助于交易成本的概念分析了企业的起因和规模。他认为，企业的存在是为了节约交易成本。经济中的分工和专业化使产品生产者各自生产不同的产品，生产者之间和生产者与消费者之间相互需要对方产品时，必须通过购买方式进行市场交易，市场交易本质上是价格机制。由于生产要素的购买或租用需要签订合同，产品和服务的生产中雇用要素的过程需要工资和价格信息，这两者都是实际资源的耗费，构成交易成本。当市场交易成本达到一定水平时，按照等级制原则而集中起来的组织取代市场交易过程可以节约交易成本，这种组织就是企业。企业的存在虽然不能取消契约，但是企业内部的合作要素的所有者之间不再需要一系列契约，减少了契约，节约了交易成本。

交易成本限定了企业的规模。企业通过减少契约数量节约了交易成本，实际上减少了生产成本，但是并不能完全取消契约和企业内部的交易成本。随着企业规模的扩大，企业组织内部的交易成本会上升，当组织内部的交易成本增加时，企业家不能最优化地利用生产要素。因此，企业规模受内部交易费用增加的制约，企业规模不能过大。当企业内部交易的成本等于在公开市场上完成这笔交易的外部交易成本或者等于由另一个企业家来组织这笔交易的成本时，企业规模达到最大化。众多企业实行经济一体化的原因也是取决于企业内部交易成本和外部交易成本的高低：当外部交易成本比较低时，有纵向联系的各企业通过签订长期契约，维持相互之间的合作关系；当内部交易成本比较低时，有纵向联系的企业合并起来，通过兼并实现纵向一体化。

科斯认为，市场机制是一种配置资源的手段，企业也是一种配置资源的手段，二者是可以相互替代的。在科斯看来，市场机制的运行是有成本的，通过形成一个组织，并允许某个权威（企业家）来支配资源，就能节约某些市场运行成本。交易费用的节省是企业产生、存在以及替代市场机制的唯一动力。

而企业与市场的边界在哪里呢？科斯认为，由于企业管理也是有费用的，企业规模不可能无限扩大，其限度在于：利用企业方式组织交易的成本等于通过市场交易的成本。

交易费用的提出，对于新制度经济学具有重要意义。由于经济学是研究稀缺资源配置的，交易费用理论表明交易活动是稀缺的，市场的不确定性导致交易也是冒风险的，因而交易也有代价，从而也就有如何配置的问题。资源配置问题就是经济效率问题。所以，一定的制度必须提高经济效率，否则旧的制度将会被新的制度所取代。这样，制度分析才被认为真正纳入了经济学分析之中。

（二）交易成本经济学

交易成本经济学是在综合经济学、法学和组织学基础上发展起来的。经济学的市场失灵理论和经济学研究方法对交易成本经济学的形成有特殊的作用，促进了交易成本经济学的发展。交易成本经济学从有限理性、机会主义等假设条件出发，深入地研究了经济制度和经济组织，在交易分析、契约论、企业治理模式论等方面都有创新和发展。

1. 假设条件

交易成本经济学的基本假设条件有以下五条，这些假设条件与传统经济学有很大差别。

（1）有限理性

交易成本经济学以有限理性假设代替传统经济学的理性假设。交易成本经济学认为，由于人们还不能很好地描述人类自身明显的天性，因此，应该重新考虑传统经济学的理性经济人假设，代之以比较合理的有限理性经济人假设。

有限理性经济人的定义是，有意识的理性，而不仅仅是有限理性。该定义的含义有二：一是有意识理性说明组织追求经济化（即节约交易成本）的倾向；二是有限理性阐明了组织的重要性。交易成本经济学认为，有限理性的观点并非迥异于经济学的理性传统，这个观点是扩大了而不是缩小了理性分析的范围。

（2）追求自我利益和机会主义

交易成本经济学假定经济人是自我利益寻求者，这是与传统经济学的理性经济人假设的相同之处。它与传统经济学理性经济人假设的不相同之处是，交易成本经济学允许经济人存在狡诈行为，而且经济人会以扭曲的方式披露信息，出现深思熟虑的误导、欺骗、模糊和混乱的信息。经济人追求自我利益的天性导致机会主义、道德危害等问题。有限理性和追求自我利益有助于分析完备的和不完备的缔约。

（3）不完备缔约

不完备缔约，是缔约双方在有限信息条件下签订的双方利益不对称的契约。完备缔约是指缔约双方在完全信息条件下签订的双方利益对称的契约。不完备缔约是个很有启发意义和便于分析的假设，缔约者利用事先的有限的信息（或私人信息）签订不完备的契约。当契约是不完备的契约时，需要缔约双方预见到不完备契约的危害，事先签订有保障条款的契约。对事先拟定缔约条款时被忽略的问题，经济组织可以进行事后调整，经济组织在解决有关契约条款的争议、适应市场变化、弥补有缺陷的契约等方面有重要的作用。

（4）契约的承诺

契约的承诺，是指缔约双方确认应该履约的契约条款。在缔约和履约中，可信的承诺可以"系住对方的手"，对竞争双方都有好处。可信的承诺是互利的交换，可以促进交易。可信承诺的契约涉及互惠交易，通过互惠条款保障相互关系维持长期交易。假如缔约方是机会主义，有限理性经济人借助于信誉等多种因素可以分辨缔约者的行为，在契约中增加保障条款以防止机会主义危害。

（5）法律和私人秩序

交易成本经济学通常引用法律中心主义的理念，策略性地假设：在清晰地界定产权后，法院无成本地执行判决；法院的法令是有效的；公正的法院裁决是恰当的，争议双方向法院提出诉讼，法庭最后解决契约争端。

由于法院对契约争议的了解有限，因而契约双方经常能设计出更令人满意的解决争议的方案。实际上，法律提供了维持私人秩序的一种方法，法院的法令常常被当作解决契约争议的背景要素而不是解决契约争议的工具。

2. 交易成本经济学的主要内容

交易成本经济学理论主要包括以下几方面：

（1）交易分析

交易成本经济学将交易作为基本的分析单元，集中研究节约组织交易成本问题。相互独立的经济组织之间需要转移产品或增加收益时，出现了市场交换活动，即交易。交易活动有连续性。在经济中，市场能够协调独立经济组织之间交易时，交易顺利。在经济中，市场不能协调独立经济组织之间交易时，出现市场失灵，如由缔约方的策略、双边依赖等引起的契约危害，或由于缔约各方矛盾引起的拖延、违约等无效的行为。

影响交易的主要因素为：资产专用性；交易的不确定性程度和类型；交易频率等。

资产专用性是指，在资产可选择的用途范围内，使用者在不牺牲资产生产价值的情况下，能够重新配置资产的程度。资产专用性越高，可重新配置资产的程度越低。资产专用性引起沉没成本，沉没成本是指在短期和中期停止全部生产仍然存在的成本。新厂商进入某个行业时有沉没成本，而此行业中现有厂商的沉没成本为零，沉没成本构成行业壁垒。在不完全缔约情况下，资产专用性对交易的影响更加明显。

不确定性。交易成本经济学认为，经济组织的中心问题是面对和处理不确定性，不确定性可以分为三类：第一类，初级不确定性。经济状态的出现有偶然性，如消费者偏好的变化是随机的，属于初级不确定性。第二类，次级不确定性。次级不确定性是由于缺乏交流而出现的，因而决策者难以找到最优策略。次级不确定性具有相当的无知性或非策略性，但不是策略性的说谎、欺骗、扭曲信息。第三类不确定性是经济人行为（或缔约双方）的不确定性。交易成本经济学认为，当存在不完全缔约和资产专用性时，不确定性行为引起违约等多种危害。而在缔约双方有共同的收益时，契约可以缓解这些危害。

交易频率与厂商市场力有关。在需求不变时，供应商是市场垄断者，市场力强，需求者可以选择的供应商少，那么，交易的频率比较低。在需求既定时，大量竞争性的供给商供给产品，供给商市场力弱，需求者可以在多家供应商处购买，选择余地大，市场交易比垄断市场频繁，交易频率比较高。将需求者视为一个整体，在市场上只有一个供应商时，契约内容是垄断性条款。在市场上有许多供应商时，契约内容是竞争性条款。交易成本经济学认为，当经济中出现相互提供产品的双边供给关系时，交易频率下降。

在有限理性、机会主义和资产专用性的情况下，当市场交易的成本高于企业内部交易成本时，通过企业的协调机制可以大大减少交易费用，于是交易从市场转移到企业内部，出现更大规模的企业。

（2）契约分析

契约分析假定：厂商是风险中性的；在预料到盈亏平衡时会接受有保障条款的契约；使用通用技术或专业技术都能提供同种产品或劳务；厂商为了稳定需求，需要对专业技术生产的产品做交易专用性投资。

用 k 度量资产专用度的值。在完全竞争市场中，运用通用技术生产产品或劳务，资产专用度的值 k＝0。满足 k＝0 的条件是古典缔约的条件，这说明交易双方的契约是"清楚的契约，明确的履约"。在不完全竞争市场中，对以专业技术生产的产品进行交易时，厂商需要对专用性资产进行投资，资产专用度的值 k＞0。不完全竞争市场上有违约等风险，对专用资产投资有风险，因此激励人们设计保护交易投资的保障机制。

用 s 代表保障作用的大小。s＝0 是契约中没有交易保障机制，s＞0 是契约中提供了交易保障机制。契约中的保护性条款，常常会采用以下三种形式中一种或多种形式。第一，重新安排激励的条款，包括解约费或提前中止合同的罚金。第二，以私人秩序代替法院的法令，允许缔约的不完全性，契约中通常附加了一个不同于法庭的解决违约的方案。第三，在一个更复杂的交易网络中进行交易，增加交易的连续性，更灵活地适应市场的变化，防范交易危害。如将单一交易关系拓展到双边交易关系，由一个厂商向另一个厂商购买产品转变为双方相互提供产品，或者两个厂商联合起来共同生产一个或多个产品。通过协调或补偿，缓解交易风险。

交易成本经济学的缔约分析框架。交易成本经济学认为，考虑到资产专用性和契约保障机制及产品价格，契约主要有三种形式：一是资产专用度的值为零，运用通用技术生产产品，以预期的盈亏平衡价格在竞争性市场上销售产品的契约；二是资产专用度的值大于零（k＞0），运用专业技术生产产品，无保障条款（s＝0），以预期的盈亏平衡价格销售产品的契约；三是资产专用度的值大于零（k＞0），应用专业技术生产产品，以盈亏平衡价格销售产品，有保障条款（s>0）的契约。有保障条款的盈亏平衡价格低于无保障条款的盈亏平衡价格。这三类契约构成简单的缔约框架，它可以同时分析生产技术、缔约和保护条款、管理契约和履约的组织，以及价格等因素的相互作用。

缔约框架说明，将缔约作为一个整体进行研究，随着投资的特征和治理结构及交易成本不同，事先拟定的条款和缔约的方式都有很大的差异：一是在竞争性市场上，对通用技术生产的产品进行交易，不需要专用资产投资，也不需要保护性的管理组织，分散的市场缔约是有效的。二是在应用专业技术生产产品的交易市场上，为了维持交易的连续性，需要交易专用资产，缔约各方实行双边贸易是有效的。三是在应用专业技术生产产品的交易市场上，契约中没有保护条款，缔约是不稳定的。缔约方可以用通用技术取代专业技术进行生产，或通过引入保护条款、继续应用专业技术进行生产。四是在应用专业技术生产产品的交易市场上，有交易专用性资产，有保护性条款（s>0）的契约能够保障交易的顺利进行。五是价格与保障条款的相关性。在没有保护条款的情况下，生产厂商不会以低价格大量供应产品。在有保护条款的情况下，生产厂商会以低价格大量供应产品。

（3）治理模式理论

交易成本经济学重新审视了新古典经济学的企业理论，发展了企业治理模式理论。新古典经济学认为，可以将企业抽象为一个生产函数，以生产技术来确定企业的自然的或有效的边界，垄断引起企业边界的扩张。交易成本经济学对此观点提出异议，认为应该从比较交易成本的视角解释企业规模和企业边界等基本问题。

通常企业生产成本和治理成本都是资产专用性的递增函数。企业基于市场交易成本的差别，从最小化生产成本、治理成本和改善动态适应性目标出发，从市场、科层制或混合制等治理模式中作出选择。

市场模式和科层制模式之间各有长处和弱点：一是科层制导致企业内部组织的官僚主义，而市场机制对企业有很强的激励作用，抑制了科层制的官僚主义造成的激励机制扭曲；二是科层制企业不能完全了解市场需求，市场有时能够提供总需求信息，可以显示规模经济效益和范围经济效益；三是科层制的企业组织自觉地运用管理工具，有效地提高企业的适应性，而市场依赖自发机制起作用。混合制的特征介乎于市场与科层制之间。

市场模式。这是指各自独立的企业通过市场自发的缔约，以契约的形式相互联系和交换产品的模式。在资产专用性较弱的情况，市场机制的激励作用可以有效地降低生产成本，企业通过交易得到自己所需要产品的交易成本低于企业内部交易成本（即科层制的官僚主义成本）。在这种情况下，企业采用市场模式取得自己所需要的产品，既有规模经济效益，又有治理成本低的优点。

科层制模式。科层制是法人经济组织，它是由企业内部有明确分工和各负其责的等级制管理层构成的正式组织。科层制模式以正式的内部组织管理取代独立企业之间的市场交易。在资产专用性较强的情况下，市场交易的成本高于企业内部交易成本。在相互提供产品的双边交易情况下，还会出现非适应性问题。此时，企业能够以低成本生产产品，科层制的企业内部组织可以有效地调整市场干扰，科层制既有规模经济效益也有范围经济效益。

科层制与纵向一体化。在资产专用性非常强的情况下，市场交易的成本显著地高于企业内部交易成本，市场缔约非常困难或契约危害比较大，企业实行纵向一体化。企业之间的纵向一体化增强了企业的市场适应性，纵向一体化企业可以通过产量的增加取得规模经济效益，更可以获得纵向一体化后联合生产不同产品的范围经济效益。由于企业规模和内部组织结构不同，因而，科层制的管理能力有很大差异。在其他情况相同的情况下，较大的企业比较小的企业更容易进行纵向一体化的生产。

混合制模式。混合制模式是介于市场模式和科层制模式之间的治理模式。混合制模式是指相互独立的企业通过相互制约的契约组合成松散的但保持长期关系的经济组织。对资产专用性中等的资产而言，市场模式和科层制的交易成本差别很小，企业自己生产产品的成本和从市场上购买产品的价格相差不大。企业采用混合制，部分产品从市场购买，部分产品由企业自己生产。

（三）产权经济学

1. 科斯定理

产权经济学是循着科斯定理的思路发展起来的。科斯定理虽然形式多样，但都是以产权和交易成本说明市场机制可以解决外部性问题。

外部性是指，相互作用的经济单位中的一个经济单位对其他经济单位产生影响，而该单位又没有根据这种影响从其他单位获得报酬或向其他单位支付赔偿。

外部影响有积极的影响也有消极的影响。积极的影响被称为外部经济效应，如养蜂和苹果种植者相互提供外部经济效应：蜜蜂传播花粉可以提高苹果产量；苹果园为蜜蜂提供蜜源而增加了蜂蜜的产量。消极的外部影响被称为外部经济负效应，如位于河流上游的钢铁厂排放的废水污染了河水，使地处下游的养鱼场的产量减少。外部经济负效应是私人成本和社会成本存在差异的结果。私人成本是生产者在生产中支付的所有投入要素的价格。社会成本是经济单位的私人成本加上这个经济单位强加给其他经济单位的成本。当钢铁厂排放的废水给养鱼场造成损失时，社会成本等于钢铁厂的私人成本加上养鱼场遭受的损失。外部性影响扭曲了价格机制，使价格体系不再传递正确的信息，结果，资源不能实现有效的配置，市场失灵。

科斯高明之处是：提出外部性有相互性。科斯定理认为，如钢铁厂与养鱼场之间的外部性问题有相互性，因此对优化资源配置来说，产权给予哪一方是次要的，而产权明晰化或产权界定是重要的。在传统的福利经济学中，以英国著名经济学家庇古为代表的观点认为，外部性是单向的，政府应该规定钢铁厂赔偿养鱼场。科斯认为，人们一般将该问题视为甲的行为造成乙的损失，因而所要决定的是如何制止甲？但这是错误的，这个问题有相互性，即避免甲对乙的损害，将会使甲受到损害，必须决定的实质问题是：允许甲损害乙还是允许乙损害甲？如规定钢铁厂必须赔偿养鱼场就是确认钢铁厂不能损害养鱼场。问题的另一方面是，如果规定钢铁厂不必赔偿养鱼场，就确认了钢铁厂可以损害养鱼场。这就是科斯所说的相互性，从社会视角来说关键在于避免较严重的损害。

换言之，我们要比较和衡量消除有害行为的收益与允许有害行为持续下去的收益。如钢铁厂增收 100 万元，给养鱼场造成损失 10 万元，那么污染持续下去的收益为 90 万元。若钢铁厂治理污染用 15 万元，养鱼场收入 20 万元，那么治理污染的收益为 5 万元。科斯认为，要权衡和比较钢铁厂治理污染的收益（5 万元）和不治理污染的收益（90 万元）。按照科斯定理，由于外部性问题有相互性，因此，政府只要能够明确产权，不需要干预经济，以私有制为基础的市场经济能够自发地消除外部性，即市场机制能够纠正市场失灵。

科斯定理指出，只要产权明晰，在交易成本为零的情况下，市场机制可以纠正经济中的外部性。科斯本人从未将科斯定理写成文字，最初是由斯蒂格勒以文字表述的："在完全竞争条件下，私人成本和社会成本将会相等。"

2. 产权经济学的主要内容

新制度经济学认为，产权是一种权利，是一种社会关系，是规定人们相互行为关系的一种规则，并且是社会的基础性规则。阿尔钦认为："产权是一个社会所强制实施的选择一种经济物品的使用的权利。"这揭示了产权的本质是社会关系。在鲁宾逊一个人的世界里，产权是不起作用的。只有在相互交往的人类社会中，人们才必须相互尊重产权。

产权是一个权利束，是一个复数概念，包括所有权、使用权、收益权、处置权等。当一种交易在市场中发生时，就发生了两束权利的交换。交易中的产权束所包含的内容影响物品的交换价值，这是新制度经济学的一个基本观点之一。

产权实质上是一套激励与约束机制。影响和激励行为，是产权的一个基本功能。新制度经济学认为，产权安排直接影响资源配置效率，一个社会的经济绩效如何，最终取决于产权安排对个人行为所提供的激励。

德姆塞茨和阿尔钦接受了科斯交易成本的观点，进一步研究了产权、产权结构和企业制度。德姆塞茨认为，产权是一种社会工具，产权能够帮助一个人形成他与其他人进行交易时的合理预期；产权界定，实际是界定人们的利益，哪些人受损，哪些人受益；根据人们对财产权利的完整性或残缺性，可以把产权形式分为私有产权、共有产权和国有产权。阿尔钦认为，企业的存在和规模受到交易成本的制约；企业实质是一个生产过程，联合使用不同投入而获得的总产品又具有不可分性，为了准确计量投入的边际生产与产出的变动，克服合作生产中成员偷懒等问题，需要选择适当的企业产权结构，因此，不同的产权结构表现为不同的企业制度。

产权安排与效率。在共有产权下，由于共同体内的每个成员都有权平均分享共同体所有的权利，如果监督和谈判共有权利使用的成本不为零，单个成员最大化地追求个人价值时产生成本可能部分地由其他成员来承担；而且，单个成员也无法排斥其他人来分享他的努力成果。由于所有成员要达成一个最优行动的谈判成本很高，因而，共有产权导致了很大的外部性。在国有产权下，国家选定代理人行使所有者的权利，代理人对资源的使用与转让及最后成果的分配都不具备充分的权利，使得他对经济绩效和对所属成员监督的激励都很弱，而国家要对代理人进行监督的成本很高。行使国家权利的机关往往追求政治利益而偏离企业经济利益最大化的目标。国家也倾向于从政治利益而不是从经济利益选择代理人，因而，国有产权下的外部性也极大。与之形成鲜明对照的是私有产权，私人作出行为决策时，要考虑未来的收益和成本，由于获得收益的成本由自己承担，他们必须选择以最小成本获得最大经济收益的方式利用资源，因此，在共有产权或国有产权下的许多外部性在私有产权内被内生化了，能够更有效地利用资源。

企业的产权结构。阿尔钦和德姆塞茨提出协作群的假说，从企业产权结构上解决了企业内部的两大问题：一是量化和计算投入的生产力；二是计算投入要素的报酬，使其报酬等于边际生产力。他们认为，现代企业的生产关系是各种要素所有者之间的协作关系，各个所有者作为群体中的一员出现在生产过程中。在生产过程中，一个人的活动和行为会影响到协作群中其他人的生产力。如何给协作群的成员付报酬才能提高工作效率是个难题。可以从制度上将企业的产权结构化，形成一种检查监督结构，使某些人的职能专业化，专门从事监督其他要素所有者的工作绩效，以解决这个难题。为了克服监工和被监视者在动机和利益上的不一致，让监工获得除工资以外的部分剩余价值，可以达到激励相容性。协作群的假说与古典资本主义企业内部的产权安排十分吻合，引起西方经济学界的重视。

二、制度创新理论

制度创新和制度变革理论是新制度经济学的重要内容。其代表人物是诺斯等人。诺斯强调，技术的革新固然为经济增长注入了活力，但人们如果没有制度创新和制度变迁的冲动，并通过一系列制度（包括产权制度、法律制度等）构建把技术创新的成果巩固下来，那么人类社会长期经济增长和社会发展是不可设想的。总之，诺斯认为，在决定一个国家经济增长和社会发展方面，制度具有决定性的作用。

制度变革的原因之一就是相对节约交易费用，即降低制度成本，提高制度效益。所以，制度变迁可以理解为一种收益更高的制度对另一种收益较低的制度的替代过程。制度变迁理论涉及制度变革的原因或制度的起源问题、制度变革的动力、制度变迁的过程、制度变迁的形式、制度移植、路径依赖等。

诺斯和戴维斯（Lance Davis）合作的《制度变革与美国经济增长》（1971）是比较系统地阐述制度创新理论的著作。20世纪70年代以后他们不断出版新著作，以类似的方法研究西方经济制度变化的原因和过程。他们发展了熊彼特的创新理论，认为经济增长的关键在于制度创新和制度变革；当制度创新的预期收益大于预期成本时，就会产生制度创新活动。他们研究了制度创新的基本因素、制度创新的动力和制度创新的基本过程，并把制度创新理论用于经济史的研究，被誉为新经济史的代表人物。

（一）制度创新与技术创新的相似性

诺斯和戴维斯认为，制度创新是对现存制度的变革，制度创新能使创新者获得追加的利益。

制度创新与技术创新十分相似：技术创新往往是技术上一种新发明的结果，制度创新也往往是制度上的一种新发明的结果；技术创新需要在已知的几种可供选择的新技术性之中进行选择，制度创新也是从多个新制度中作出选择；一个行业中的技术创新可能引起另外一些行业的技术创新，同样，一个行业中的制度创新也可能引起其他行业的制度创新。

制度创新与技术创新也有不同之处：技术创新的时间取决于物质资本寿命的长短，而制度创新不依赖于物质资本寿命的长短。

（二）制度创新的时延

制度创新的时延，出现潜在利润的机会到获取该利润的制度创新的实现需要一定的时间，两者的时间差被称为制度创新的时延。造成制度创新时延的原因有三：第一，现存的法律限定了经济活动的范围。第二，制度方面新的安排代替旧的安排需要时间。第三，制度新发明是一个困难的过程，需要一定的时间等待制度的新发明。

时延的全过程可以分解为四部分：一是理解和组织制度的时延；二是等待新制度发明的时延；三是制度创新方案选择的时延；四是开始推行创新制度的时延。

（三）制度创新的过程

1. 制度创新的阶段

制度创新有五个阶段：

（1）形成"第一行动集团"。这个集团是进行制度创新的决策单位，它预见到潜在利润的存在，认识到只要进行制度创新就可以得到潜在的利润。

(2)"第一行动集团"提出制度创新的方案。

(3)"第一行动集团"对几种有正收益的制度创新方案进行选择，选择的标准是利润最大化原则。

(4)形成"第二行动集团"。这是在制度创新过程中为帮助"第一行动集团"获得预期收益而建立的决策单位，制度创新实现后，两大集团对追加的收益进行再分配。

(5)"第一行动集团"和"第二行动集团"共同努力，使得制度创新得以实现。

经过以上步骤实现制度创新后，就出现了制度均衡的局面。制度均衡是指，外界已不存在可以通过制度创新而获得潜在利益的机会，也就不存在制度创新的可能性。制度均衡不是永久不变的，如果由于生产技术变化，或出现新的制度发明，或由于法律政治情况变化而使社会政治环境发生变化，那么，制度的均衡便会被打破。制度的发展过程就是从制度均衡到制度创新，再从制度创新又回到新的制度均衡的过程。

2. 三级制度创新

制度创新可以在三级层次上开展：

(1)个人担任第一行动集团的领导进行制度创新。

(2)由个人之间自愿组成的团体作为第一行动集团进行制度创新。

(3)政府机构担任第一行动集团进行制度创新。

在以下四种情况下，政府机构进行创新有优越性：一是政府机构发展得比较完善，私人市场发育不充分；二是如果现行的私人财产权阻碍了市场经济主体获得潜在的利润，必须依靠政府的强制力量进行制度创新，才能获得潜在的利润；三是制度创新实行之后获得的利益归全体成员，不归个别成员，任何个别成员都不愿意承担制度创新的费用，这样的制度创新只能由政府来进行；四是在涉及居民收入再分配的情况下，需要强制性措施推进创新，政府具有实施强制性措施的能力，以政府进行制度创新为宜。

3. 制度创新的趋势

根据上述制度创新理论和对美国经济制度变迁的比较，诺斯和戴维斯得出结论：在美国，各行各业都呈现由政府机构进行制度创新成为越来越重要的趋势，从而整个经济越来越趋于混合经济。

在美国的制造业中政府机构的制度创新越来越重要。当制造业的企业面临外国企业竞争、本国的企业无力进行有效的制度创新提高效率时，政府必须进行制度创新。服务业也是如此，随着服务技术的发展和市场的扩大，服务业也要求实行规模经济和加强市场信息的收集和分析，单个企业难以进行制度创新，也需要由政府进行制度创新。

第三节　影响和评价

一、影响

以科斯为代表的新制度经济学对西方经济学理论界产生了巨大影响，正如张五常[①] 在《新帕尔格雷夫经济学大辞典》中介绍科斯时提到的："历史学家们似乎不能肯定，是历史创造英雄还是英雄创造历史。但在这里，因果关系很明显，历史创造英雄。科斯很幸运，他的关于社会成本（和交易成本）的创造性著作是在风气转换的情况下问世。对曾经主宰早期的经济思想的政策建议的召唤，正在被对经济作出解释的要求所取代。"

新制度学派，正是因为适应了现代市场经济发展的需要，所以成为西方经济学中一支不断壮大的学派。新制度经济学在西方经济学界产生巨大影响的重要原因是：放宽了新古典经济学的一系列假设，比

[①] 华裔美国籍经济学家张五常（Steven Ng-Sheong Cheung，1935—　）被认为是新制度经济学的代表人物之一，因交易成本等方面的研究负有盛名。

新古典经济学具有更强的解释力。旧制度经济学尽管对古典经济理论和新古典经济理论不满意，但没有形成自己的理论体系。然而，新制度经济学引入制度因素分析修正了新古典经济理论的缺陷，但其理论研究的立足点、出发点和归宿都是新古典经济学。诺斯说，新制度经济学保持了新古典经济学的稀缺和竞争等理论，修正了理性的假设，引入的制度进行动态分析。新制度经济学是对新古典经济学的修正和发展。科斯认为，当代制度经济学应该从人的实际出发来研究人，实际的人在由现实制度所赋予的制约条件中活动。诺斯指出，制度经济学的目标是研究制度演进背景下，人们如何在现实世界中作出决定和这些决定又如何改变世界。

我们一定不能忽视：新制度学派强调研究人、制度与经济活动以及它们之间的相互关系。或许可以这么说，新制度经济学的代表们继承了老制度经济学、新制度主义经济学的意志，他们都不以建立一套自圆其说的经济学理论从而达成最高的学术成就为目标，而以解释和解决社会现实问题为自己的最大关切；虽然采纳了新古典主义经济学的基本范式但是不以数理分析为依托，而以公平正义为自己的最高追求。

二、评价

（一）将"制度"研究引入新古典经济学

新制度经济学对西方经济学的理论贡献是：用经济学的方法研究制度的经济学。新古典经济理论的三大柱石是：天赋要素、技术、偏好。新制度经济学提出，制度是经济理论的第四大柱石。张五常（1991）提出，新制度经济学以不同于新古典经济学的独特视角和微观分析方法剖析经济问题。1986 年，马修斯（Matthews）就任皇家学会主席的演说中提到："在我们的学科领域里，制度的经济分析已经成为一个极为活跃的研究领域。"他认为，新制度经济学提出了两个有意义的命题，第一，制度是重要的，第二，制度现象将影响经济理论工具的分析。制度是重要，并不是新制度经济学新贡献，旧制度学派也提出同样的命题。新制度经济学之所以能大行其道的关键是：它为经济分析提供了一种更为真实可行、更为敏锐的视角。诺贝尔经济学奖得主阿罗指出，新制度经济学并没有为传统的经济学的资源分配和效用度量问题提供新的答案，但提供了比传统的方法更为尖锐的、微观的推理方式，并以此方式回答了一些新问题：为什么制度是这种方式而不是其他方式出现。

在新古典经济学中，瓦尔拉斯均衡是范式，在此范式中，所有的行动权利被假定为自由的、简单的、不受限制的，而且拍卖商和监督人的服务都被假定为不花任何费用的。所以，经济体系中不存在律师，没有经纪人，没有银行，没有官员，没有企业家，没有警察，而且实际上也没有任何一类组织。新古典大师马歇尔过于急躁，急于让经济学如同心理学、生物学那样进入科学殿堂，他用长期的与短期的概念、用均衡和不均衡概念回避了包括制度在内的许多问题。此后，经济学家们就在这样的基础上展开了经济学大厦的工程建设，力图从效用理论、局部均衡到一般均衡各个方面完善新古典经济学，使经济学以一种严谨的形式美展现在世人面前，是最接近自然科学性质的社会科学。

然而，这个大厦在 20 世纪 50—60 年代开始受到冲击。西蒙（1953）的有限理性，科斯（1937、1960）的交易费用范式和社会成本问题，哈耶克（1937、1945）的关于知识问题的讨论，都对新古典经济学形成了冲击。正如科斯批评新新古典经济学时指出的，尽管分析工具很重要，然而经济学不应该只是一堆分析工具，更重要的应该是它的研究内容或论题，经济学家最应做的工作是：研究制度。由此可见，新制度经济学本身正是在不满新古典日益成为一门抽象的学科而丧失了实际内容的基础上兴起的，这个学派在吸收了新古典经济学的经济分析方法基础上，构建了自己的分析范式。

（二）提出"交易成本"概念

新制度经济学是由科斯的《企业的性质》这篇文章所开创的。科斯提出了交易成本的概念，并用它来解释企业的成因。科斯认为，通过严格界定产权可以克服经济的外部性，进而市场机制本身就可以消除市场失灵。随后，有些学者对交易成本和产权问题进行了深入的研究，形成了交易成本经济学和产权经济学。"看不见的手"的表现形式是价格机制，其显著的优越之处是：似乎可以解决经济中的一切问题，新古典经济学为之努力了几十年，就是想把这一思想更为理论化、系统化，基础更为坚实。然而，真实世界比理论显然要复杂得多，人类的智慧与上帝相比，也许根本就是上帝跟人类开的一个玩笑。20世纪30年代，科斯拿到奖学金从英国来到新大陆，参观了福特的汽车公司——这是那个时代最伟大的公司之一，于是科斯开始思考两个问题：一是既然"黑板经济学"告诉我们价格体系如此有效，那么为什么现代经济里还有依赖行政命令运行的企业的存在呢？二是企业的边界在哪里，也就是说企业在市场的大海中在什么样的规模下被确定呢？1937年科斯在文稿写成四年后终于发表，这就是《企业的性质》一文。科斯首先表明，其实在新古典经济学家那里并没有对企业问题视而不见，新古典经济学并不比古典经济学更狭隘，但他认为，那些重视及解释都不能回答他提出思考的问题。其中尤其值得注意的还有奈特的观点。科斯认为，企业之所以产生是因为市场价格机制的运作并非是无成本的，这个成本就是价格发现的成本，只有这一成本小于企业的组织成本时，人们才会通过市场来完成。这个成本就是科斯首创、在新制度经济学中大行其道的交易成本。在交易成本边际上高于组织成本时，企业就扩张，这就是规模效应；而企业扩张会带来规模的进一步扩大，会增加管理的难度，以至于企业管理成本大于市场交易成本，那么这是企业最大的规模，企业的边界被确定，此时，市场价格机制优于企业扩张。

科斯的原创性贡献，使经济学从零交易费用的新古典世界走向正交易费用的现实世界，从而获得了对现实世界较强的解释力。经过威廉姆逊等人的发挥和传播，交易费用理论已经成为新制度经济学中极富扩张力的理论框架。引入交易费用进行各种经济学的分析是新制度经济学对经济学理论的一个重要贡献，目前，正交易费用及其相关假定已经构成了可替代新古典理念的新制度理念，形成了新的经济学范式，并极大地影响了经济学家的理念和思维方式。

（三）动态分析方法

新制度经济学采用的是动态分析法，而不是一般经济学的静态分析法，这个理论方法来自于德国历史学派。德国历史学派认为历史是连贯的运动，而不是静态的，传统经济学运用的是静态分析法，这是新制度经济学与其他经济学的重要区别之一。

第四节　借鉴和应用

一、中国经济改革借鉴新制度经济学

1978 年以后，中国逐步开始了从计划产品经济向社会主义市场经济转轨的经济体制改革。然而，中国的经济体制改革并没有先验的理论可以遵循，只能遵循"摸着石头过河"的方式推进经济体制改革。在探寻推进经济体制改革理论的进程中，借鉴发达市场经济国家经济增长的成功经验及经济理论是最快捷、最有效的方法，我国学者开始从发达市场经济国家引进了包括新制度经济学在内的形形色色的西方经济学理论。

相对于发达市场经济国家而言，新制度经济学在中国有更大的影响力，根本原因在于科斯的理论对中国发生的故事非常具有解释力。这和我们所处的时代背景有关，众所周知，中国是世界上最大的转型国家，中国在短短的几十年内，发生了翻天覆地的变化，中国的巨大变化不仅仅是由技术进步带来的，更重要的是改革开放所带来的制度变革，这就正好和新制度经济学的精髓相契合。

20 世纪 90 年代，人们普遍地用新制度经济学的理论分析、解释中国各个领域所发生的"制度变迁"，那也正是改革如火如荼的年代，如"交易费用""委托代理"以及"机会主义"等概念被广泛地使用。

在中国经济体制改革进程中，中国经济学界和政府都借鉴了新制度经济学的理论并采纳其重要观点。

新制度经济学被引进几年之后，我国学者纷纷根据新制度经济学的相关理论来论证我国经济体制改革的必要性，参与到"如何推进改革"的理论研究和政策研究中，以此来分析我国经济体制演化的路径。经济体制改革是制度变革，从制度变革的视角构建中国经济体制改革理论，是学术界最为迫切的任务。

中国经济学界长期以来以马克思主义政治经济学为指导，马克思主义政治经济学强调生产力与生产关系的辩证关系，与新制度经济学关于制度与经济绩效关系的观点有相通之处。因而，中国经济学术界积极地借鉴西方新制度经济学，新制度经济学在中国经济学界迅速获得认可，进而在政府推进经济体制改革，特别是对国有企业改革有明显的影响力。

二、新制度经济学在国有企业改革中的应用

新制度经济学在中国国有企业改革中应用最广为人知的是：产权制度改革。"产权"是新制度经济学理论中重要的概念之一，也是经济制度改革中国有企业改革的重要内容，产权明晰成为 20 世纪 90 年代国有企业改革中著名的十六字方针——"产权明晰、责权明确、政企分开、管理科学"的第一条。

中国学术界借鉴新制度经济学产权理论和分析方法，对国有企业的实际问题进行研究，尤其是对我国国企产权制度改革进行研究后，提出众多国企改革的理论建议和政策主张，这些理论建议和政策主张可以分为两类：一是国有企业私有化；二是坚持国有企业主体地位。

首先，主张国有企业私有化的学者认为，产权改革是国有企业改革和国有企业摆脱困难的先决条件。他们指出，国有企业产权不清晰主要体现在国有资产的所有权是由国家来代表的，而国家的具体职能是由政府官员来执行的，他们并不是资产的所有者，他们不能有效地管理和使用国有资产，人人都负责的结果是人人都不负责，即所谓的

国有资产"所有者缺位"。所有者缺位导致国有企业无效率。在一个竞争的市场环境中，非公有制企业也会存在着无效率问题，但是在市场经济"优胜劣汰"的自然法则下，无效率的非公企业必然被淘汰出局。而国有企业就不同了，即使国有企业出现了亏损，在市场上没有竞争优势，无法在市场上继续生存时，可以通过寻求政府帮助渡过难关，苟延残喘。正是在政府的保护下，市场上"适者生存"的法则失效，无效率的国有企业得以继续生存。因此，国企效率低下的原因是因为产权不清晰引起的。

要使国企有活力，必须彻底进行产权改革，国有企业改革的关键是国有产权制度的创新，国有企业必须清晰产权，使之成为自主经营、自负盈亏的独立法人实体和市场主体。自改革开放初到20世纪90年代中期的国有企业的改革始终围绕转换企业经营机制进行，效果总是不明显，其原因就是国有产权关系不顺、政企不分。所以，建立现代企业制度，必须进行国有产权制度的创新，其基本目标是：产权清晰、产权结构合理以及产权自由流动，使之与现代企业制度的要求相适应。最明晰的产权是私有产权，所以，国有企业改革的唯一出路是私有化。私有产权能够形成有效的利益激励机制和经营者选择机制，从而形成优于国有企业的公司治理结构，从根本上解决国有企业存在的问题。而且，国有企业的私有化改革应该实行激进的改革。

与前一种观点相反，主张坚持国有企业主体地位的学者认为，国有企业二十多年的改革实践证明，绕开产权谈改革是行不通的，没有产权结构的多元化和产权制度的变革，其他一切改革都是无效的。我国二十多年来的改革都是围绕着产权进行的，只是程度不同、认识不同和政策不同。

但是产权改革并不是简单地、空泛地、一味地放权，放权并不能使我国国企短期内就能起死回生。我们在进行产权改革的同时必须明确产权改革的真正含义。产权制度包括产权界定、产权交易和产权保护等内容，如果产权改革仅注重产权的重新界定而忽略了其他相应的制度建设，那么必然事倍功半，无法达到预期的改革目标。

　　国企产权改革，如果一味注重产权界定，在明晰产权的同时并没有想到如何去保护国有企业，就会造成国有资产的流失。其实，国有企业的产权是明晰的，就是国家所有。这种明晰的产权该有一个具体主体来体现国家对整体国有资产"所有"这个权力，这需要明晰，还需要明确明晰的产权该有一个怎样的制度来对其进行保护，让其在该有效的制度保护下保值、增值。同时，国家要理清国有资产的所有权、管理权、经营权之间的关系，解决如代理人这个关键的问题。国有企业私有化改革不应该是国有大型企业的改革方向。政府应以维护公正、公平的市场规则为宗旨，消除包括行政垄断在内的各种垄断，营造充分竞争的市场环境。这样，才不会使产权改革产生扭曲的公司治理结构，不仅为国有企业，也为民营企业营造健康的外部治理环境。中国进行的国有企业产权改革必须是全方位、多元化的。一些学者将西方的制度模式作为我国体制改革的最终模式，从而在我国公开或隐晦地主张全面的私有化，不利于国有企业改革。

　　实践证明，在经济体制改革进程中，中国政府没有采纳主张国有企业私有化的学者们的建议，换言之，没有完全按照新制度经济学的政策主张全面实行私有化，而采纳坚持国有企业主体地位学者的建议，明确国有企业的所有权主体，对国有企业进行了合理的产权改革，以社会主义法制完善国有企业内部的监督管理机制。国有企业不断做大做强证明，这种基于我国国情的国有企业制度创新取得了显著的成效。国有企业改革后，相当多的国有企业提高了经营效率，盈利能力大为增强，大型国企不断迈入世界 500 强行列，中国石油天然气集团公司和中国工商银行还于 2010 年和 2014 年相继荣登 500 强榜首。

第 三 篇

增长经济学及其他学派

第十四章　增长经济学

　　大萧条之后，经济学界开始逐步关注长期经济增长的议题，尤其是一些国家为什么贫穷，一些国家为什么富有的问题，决定一个国家贫穷和富有的因素是什么等等。因此，经济学界从研究大萧条理论的短期经济周期理论逐步转向研究经济的长期经济增长，从凯恩斯的需求决定供给的基本思想转到古典经济学的最基本的经济假设上来，即供给决定需求，供给因素决定长期的经济发展状况的基本假设上来。

　　增长经济学的相关学派主要包括：后凯恩斯开始的新古典模型开始各种模型：哈罗德—多马模型、索罗模型、拉姆齐模型、人力资本模型等，以及经济学家基于上述基本经济增长模型框架下，对于相关经济问题的研究。后凯恩斯时代的经济增长理论开启了经济增长理论的先河。经济学家沿用古典经济学家的基本思想构建了新古典的经济增长模型。随后，在新古典的经济增长模型的基础上不断地融入产业组织、人力资本理论等多种理论思想，而熊彼特的创造性毁灭的思想则成为经济进化论、产业组织理论、人力资本理论创新的基本逻辑起点。增长经济学较好地解释了各个国家的经济发展阶段经济增长的主要决定因素，并且为推动各国的长期经济增长提供了丰富的政策建议。

三星电子一年的芯片出口额高达 750 亿美元①

据韩联社报道,韩国国际贸易协会(KITA)方面表示,作为全球最大的智能手机和内存芯片制造商,三星电子在 2013 年 7 月—2014 年 6 月的一年时间中出口额高达 750 亿美元,因此向其颁发出口奖杯。据悉,这已经是三星电子第三次获得出口奖杯。

据了解,KITA 出口奖杯在韩国一年一度的"贸易日"发出,首次颁发是在 1973 年,获奖企业为汉尼尔合成纤维工业股份有限公司,其当年的出口额为 1 亿美元。

三星电子第一次获得出口奖杯是在 2001 年,当年的出口额达 200 亿美元;2011 年三星电子再次获得该奖杯,出口额为 650 亿美元。

根据 KITA 的规定,出口奖杯根据企业上一年 7 月到今年 6 月的理货报告进行评定,如果企业出口额同比增长不能达到 50 亿美元或者出现下滑,则不能获得该奖。

KITA 表示,2014 年是一个新的里程碑,因为三星的出口额提高了今后获奖企业的门槛。

除三星之外,韩国最大的汽车零部件生产商现代汽车和全球最大的电脑芯片制造商之一的 SK 海力士分别以 100 亿美元的出口额获得了二等奖。

KITA 表示,2013—2014 年共计约 1481 家企业获得了贸易成就的认可。

韩国芯片和其他高科技产品的出口大幅提升表明其产业结构呈高级化。

韩国产业结构和出口结构的逐步升级过程,一定程度上印证了经济增长的理论。

---

① 陈建明:《三星电子一年出口额高达 750 亿美元》,中国家电网,2014 年 12 月 4 日。

第一节　增长经济学的形成

一、增长经济学的兴起

关于经济增长的理论可以分为古典经济增长理论和新古典经济增长理论，其中古典经济增长理论主要包括：亚当·斯密的劳动分工和边际报酬递增的经济增长理论，大卫·李嘉图的边际报酬递减的经济增长思想等。新古典经济增长理论主要是指 20 世纪 30 年代以来，经济学家围绕经济的长期增长趋势和不同国家的富有程度而展开的讨论。根据经济增长理论对技术进步的根源解释与否，将经济增长理论主要分为两部分：一类是新古典经济增长理论，另一部分是融合解释技术进步原因的新经济增长模型。在此基础上，经济学家在新的经济增长模型的基础行引入了新的经济变量，探讨了各种经济变量同一个国家的经济增长和社会福利的变化之间的关系，并且提出了各种促进一个国家长期经济增长和改善全社会社会福利状况的政策建议。

二、增长经济学的代表人物

增长经济学的主要代表人物包括：罗伊·福布斯·哈罗德、罗伯特·默顿·索洛、罗伯特·卢卡斯、罗伯特·巴罗、保罗·罗默、菲利普·阿吉翁、彼得·霍伊特等。

罗伊·福布斯·哈罗德（Roy Forbes Harrod），英国著名经济学家。1922 年受聘于牛津大学基督学院，任讲师和研究员。代表作是：《关于动态理论的一篇论文》（1939）。

罗伯特·默顿·索洛（Robert Merton Solow），诺贝尔经济学奖获得者，美国经济学家，麻省理工学院经济学教授，1973 年至今任麻省理工学院客座教授。曾任白宫首席经济顾问以及美国经济学会会长等职务。其主要代表作已经成为经济增长理论方面的经典之作，包括：《对增长理论的贡献》（1956）、《技术变化与总生产函数》（1957）、

《对经济增长理论的一个贡献》(1956)、《技术变化与总生产函数》(1957)、《增长理论：一个说明》(1969) 等。《对增长理论的贡献》是哈罗德——多马增长模型的第一个新古典翻版，认为资本与劳动是可以相互替代的，结果经济的长期增长路径是充分就业的路径；《技术变化与总生产函数》标志着"增长的资源因素说"的诞生；两篇文章堪称经济增长理论方面的经典。索洛对增长理论的持续兴趣延续到了《增长理论：一个说明》，并与多夫曼、萨缪尔森合写的《线性规划和经济分析》重点介绍了战后增长理论的新发展。

罗伯特·卢卡斯 (Robert E. Lucas Jr.)，1995 年成为诺贝尔经济学奖获奖者，芝加哥大学教授，理性预期假说的开拓者，其代表作包括：《论经济发展的机制》(1988)、《理性预期与经济计量实践》(1981)、《经济周期理论研究》(1981)、《经济周期模式》(1987)、《经济动态学中的递归法》(1989)、《1929—1958 年美国制造业中劳动力与资本的相互替代》(1964)、《最优投资政策与灵活加速器》(1967)、《调整费用与供应理论》(1967)、《实际工资、就业与通货膨胀》(1969)、《投资与不确定性》(1974)、《经济计理政策评估：一项评论》(1975)、《论商业企业的规模分布》(1981)、《纯粹货币经济中的均衡》(1980)、《托宾与货币主义：评论文章》(1981)、《金融理论中的货币》(1984)、《流动性与利息率》(1990) 等。

罗伯特·巴罗 (Robert J. Barro)，哈佛大学教授，其是新古典宏观经济学的代表人物，其主要代表性著作包括：《一个简单内生增长模型中的政府花费》(1990)、《各国的经济增长》(1991)、《趋同》(1992) 等。

保罗·罗默 (Daul M. Romer)，斯坦福大学教授。曾被《时代杂志》选为 1997 年美国最具影响力的 25 人之一。其代表作包括：《收益递增与长期增长》(1986)、《增长周期》(1998)、《科学、经济增长和公共政策》(1996)、《内生技术进步》(1990)、《边际收益递增和长期经济增长》(1986) 等。

菲利普·阿吉翁 (Dhilippe Aghion)，哈佛大学经济学教授，其

《一个创造性毁灭的经济增长模型》载于 1992 年《计量经济学》杂志第 2 期；《熊彼特增长理论和收入的动态不平等》载于 2001 年《计量经济学》杂志第 3 期。

从研究方法上而言，增长经济学坚持的基本出发点是供给决定需求的基本思想，其研究视角是从长期和供给的层面探讨长期的经济增长决定问题，这种思想成为分析经济增长和长期经济增长的基础。

第二节　经济增长的主要理论

一、现代经济增长理论

现代经济增长理论始于 20 世纪 40 年代，是在凯恩斯主义的投资—储蓄理论基础上发展起来的，它的代表性理论为：哈罗德—多马模型；新古典经济增长模型等。

（一）哈罗德—多马模型

英国经济学家哈罗德和美国经济学家多马几乎同时提出了各自的经济增长模型，两者在形式上极为相似，所以，西方经济学界将其称为哈罗德—多马模型。

模型假定：生产中投入的要素是资本和劳动；资本与劳动不能替代。社会的资本存量（K，以下简称资本）同社会的总产量（Y，以下简称产量）之间存在着一定的比例关系，这个比例关系被称为资本—产量比（v），即 $K=vY$。在资本—产量比不变时，社会总产量随着社会资本存量的增加而递增，两者的关系为：

$$v\Delta Y = \Delta K = I$$

式中：ΔY 是产量增量；ΔK 是资本增量，它等于投资（I）。储蓄（S）等于边际储蓄倾向 s 乘以产量（Y），即 $S=sY$。根据国民收入均衡的条件，投资等于储蓄，即 $I=S$，所以有：$v\Delta Y=sY$，该式变形后得：

$$\Delta Y/Y = s/v$$

这个方程就是哈罗德—多马模型。它的经济意义为：社会总产量的增长率，即实际国民收入增长率等于社会的边际储蓄倾向（s）除以资本—产量比（v）。在此方程的基础上，哈罗德分析了实际增长率和有保证的增长率及自然增长率。

实际增长率。当方程中的 v 是实际存在的资本—产量比时，由方程导出的实际国民收入增长率被称为实际增长率（G_A）。例如边际储蓄倾向为 0.3，实际资本—产量比为 5，实际增长率为 6%。

有保证的增长率。当方程中的 v 是现实经济中的投资者所想要的资本—产量比时，由方程导出的实际国民收入增长率被称为有保证的增长率（G_W）。在现实经济中，投资的多寡取决于投资者整体的投资意愿，投资群体整体有个理想的资本—产量比。根据这个模型，实际国民收入增长率取决于 s/v，而投资的增加或减少会影响资本产量比（v），只有当投资者群体认为投资水平符合他们的意愿时，投资数量保持大体不变，实际国民收入增长率保持在有保证的增长率水平上。如果边际储蓄倾向为 0.3，投资者整体意愿的资本—产量比为 6，有保证的增长率为 5%。在边际储蓄倾向不变的条件下，经济社会年复一年地维持这个增长率。

自然增长率。如果一国的人口增长率为 N，为了增长的人口提供消费品和维持充分就业，实际的国民收入必然要以相同的速度增长，这样的经济增长率被称为自然增长率（G_N）。

经济稳定增长的条件是实际增长率等于有保证的增长率：

$$G_A = G_W$$

当实际增长率大于有保证的增长率 $G_A > G_W$，即，投资大于储蓄，经济扩张。当实际增长率小于有保证的增长率 $G_A < G_W$，投资小于储蓄，经济收缩。在现实经济中，实际增长率通常不等于有保证的增长率，经济不是持续地上升就是持续地下降，呈现剧烈波动的状态。

在充分就业情况下，经济稳定增长的条件是实际增长率等于有保证的增长率等于自然增长率：

$$G_A = G_W = G_N$$

哈罗德认为，自然增长率等于有保证的增长率已经很不容易，要使三种增长率相等就更难，因此，充分就业情况下经济稳定增长的条件又被称为"具有像剃刀刃那样薄的可能性的条件"，说明经济中满足这样的条件的艰难性。

哈罗德—多马经济增长模型简单明了，易于计算。知道边际储蓄倾向和资本—产量比，就可以推算经济增长率。在经济增长率和资本—产量比确定的情况下，可以求得为达到一定的经济增长率所需要的边际储蓄倾向，或采取影响边际储蓄倾向的措施。但是，该模型得出的经济经常处于波动之中的结论过于悲观，也不太符合第二次世界大战后发达市场经济国家的现实。

（二）新古典经济增长模型

新古典综合派的代表人物索洛等人，将凯恩斯理论与新古典经济学结合起来，提出了新古典经济增长模型。

模型假定：生产中使用资本和劳动两种生产要素，两者是可以相互替代的，因而资本与劳动之比、资本与产量之比都是可变的；在完全竞争市场条件下，劳动和资本都可以得到充分的利用；劳动边际生产力和资本边际生产力对产量的贡献分别是劳动的边际产量和资本的边际产量。

根据凯恩斯理论，在实际国民收入达到均衡时，投资等于储蓄，即 $I = S$。投资（I）等于资本增量（K），储蓄（S）等于边际储蓄倾向（s）乘以实际国民收入（y），实际国民收入均衡的条件为：

$$K = sy$$

将该式两边同除以劳动数量 L，然后整理可得：

$$sf(k) = dk/dt + nk$$

这个方程就是新古典经济增长模型。其中：$f(k)$ 表示人均实际国民收入；dk/dt 是人均资本增加量，被称为资本的深化；n 是人口自然增长率；k 是人均资本量，被称为资本的广化。方程说明，在投资等于储蓄的情况下，人均储蓄转化为投资后，可以分成两部分：一部分是为每个劳动力提供更多的资本设备；另一部分是为每个新增人口提供平均数量的资本设备。

当 $dk/dt=0$ 时，人均储蓄等于新增人口的资本设备，即 $sf(k)=nk$，经济社会处于均衡增长点，而且，它是长期稳定均衡增长点。如果人均资本增加量不等于零，经济会暂时处于不稳定的非均衡状态。经济在遇到意外的干扰后，最终会回到长期稳定均衡增长点。当 $dk/dt>0$ 时，人均资本量增加，随着人均资本量增加，人均资本装备水平和经济增长率提高。人均装备水平提高后，人均资本量增加得越来越慢，最终趋于零，回到人均储蓄等于人均资本量的稳定均衡增长率。

新古典增长模型说明，就长期而言，经济可以实现充分就业的稳定增长。这是与哈罗德—多马模型相反的结论。两种理论得出不同结论的原因是：新古典增长模型假定资本与劳动可以替代，而哈罗德—多马模型假定资本与劳动不可替代。

二、新经济增长理论

新经济增长理论，又称内生增长理论，是指 20 世纪 80 年代中后期出现的新经济增长理论，是对传统经济增长理论的突破，逐渐成为西方经济增长理论的主流。新经济增长理论，是一些持有相似观点的经济学家提出的各种增长模型构成的一个松散的理论集合体，没有一个为大多数经济学家所认同的基本模型。但这些模型都有相同的理论观点：经济增长是由内生因素决定的，而不是像新古典增长理论所说的由外生变量决定的；政府干预经济的政策对经济增长有重要影响。新经济增长理论的代表性理论为：罗默的知识溢出模型、卢卡斯的人力资本溢出模型、巴罗的公共产品模型、斯托齐的边干边学模型、熊彼特内生增长模型等。

（一）罗默的知识溢出模型

美国经济学家罗默不满意新古典经济增长理论将技术当作经济条件之外的外生变量的观点，认为技术进步是经济体系中内生的。他在阿罗模型的基础上考察了内生技术进步对经济增长的影响。

1. 阿罗模型

阿罗假定，技术进步或生产率提高是资本积累的副产品，也就是说，新投资具有溢出效应，不仅进行投资的厂商可以通过积累生产经验而提高其生产率，其他厂商也可以通过"学习"而提高其生产率。所以，技术可以看作是由经济系统内（投资）决定的内生变量。在此假设下，他提出了复杂的龄级模型。随后，谢欣斯基将阿罗模型简化为一个总生产函数模型：

$$Y = F(K, AL)$$

式中知识存量 $A = K^V$，$v < 1$。知识是投资的副产品。每个厂商将知识存量视为既定的，厂商的规模收益不变。由于整体经济中存在技术溢出，所以，整体经济规模收益递增。假定人口增长率为 n，经济将沿着一条平衡增长路径增长，总产出和资本的增长率都是 $n/(1-v)$，人均产品增长率为 $vn/(1-v)$。在没有政府干预时，整体经济规模收益递增，经济没有达到社会资源最优利用状态，均衡经济增长低于社会最优增长率。政府可以采取适当的干预政策，使得整体经济达到规模收益不变的水平，即实现社会最优增长率。由总产出增长率公式可知，当人口增长率为零时，经济没有增长，这与现实经济不符。

2. 罗默模型

罗默假定：人口（L）不变；知识是追逐利润的厂商进行投资决策的产物，知识不同于普通产品之处是知识有溢出效应，任何厂商投资所产生的知识都能提高全社会生产率；正是由于知识溢出存在，资本的边际生产率才不会因为固定生产要素（劳动）的存在而无限地降低。所以，知识溢出是经济增长的必要条件，内生的技术进步是经济增长的主要成因。

罗默拓展了阿罗的模型。在阿罗模型中，v 必须小于 1，否则经济不存在平衡增长路径。在罗默模型中，v 可以大于 1。当 $v = 1$ 时，经济将沿着平衡增长路径增长。在 $v > 1$ 时，经济存在竞争性均衡，此时，人均收入增长率单调上升，资本边际生产率递增，从而使资本和投资从人均收入和人均资本较低的国家流向发达的国家。

知识溢出造成厂商的私人收益率低于社会收益率，政府不干预经济，厂商用于生产知识的投资少，从而使分散经济的竞争市场均衡增长率低于社会最优增长率。因此，政府可以向生产知识的厂商提供补贴，或在对知识生产厂商提供补贴的同时对其他生产厂商多征税，从而鼓励私人厂商生产知识，提高经济增长率和社会福利。

（二）卢卡斯的人力资本溢出模型

美国经济学家卢卡斯假定：经济中存在消费品等物质生产部门、人力资本生产部门两大部门；人力资本生产部门是个关键的部门，采用线性生产技术，人力资本的生产技术与投入该部门的人力资本呈线性关系；物质生产经济体系中的人力资本有外部溢出性。

罗默模型强调知识溢出性，而卢卡斯的经济增长模型强调人力资本的溢出效应。人力资本溢出效应可以解释为向他人学习或相互学习。一个拥有较高人力资本的人对他周围的人会产生许多有利的影响，提高周围人的生产率，但是他并不因此而得到收益。在人力资本外部溢出作用下，物质生产部门会出现规模收益递增，经济实现无限增长。由于物质生产出现收益递增，物质资本与人力资本的比率将持续地提高，劳动者的工资，包括简单劳动者的工资也是递增的。由于人力资本的溢出效应，在经济实现持续增长的同时伴随着资本深化的过程。

在卢卡斯模型中，由于存在人力资本的外部溢出性，经济体系规模收益递增，所以，在没有政府干预的情况下，均衡的经济增长率低于最优经济增长率，人力资本的投资会过少。据此，他还解释了资本和劳动从发展中国家流向发达国家的原因。发达国家由于人力资本水平高，它的资本边际效率和简单劳动者的工资都较高，物质资本生产收益递增将诱使外国资本和工人流向发达国家。基于同样的原因，在一个国家内，资本和劳动也都向经济发达地区转移，从而一国的资本和人口都集中在一些大城市和发达地区。

（三）巴罗的公共产品模型

美国经济学家巴罗认为政府是推动经济增长的决定力量。这是与罗默的技术进步是经济增长源泉的观点、卢卡斯的人力资本溢出效应观点都不相同的观点。巴罗用公共产品模型分析政府活动。

巴罗假定：政府提供公共产品，公共产品有非排他性和非竞争性；政府活动具有外部溢出效应。政府投资提供公共产品是整体经济的一个组成部分，它相对于私人厂商而言是一种外部经济。当政府采取比例税制，竞争性均衡增长率低于社会最优增长率。政府采用一次总付税制度，在政府采取平衡预算时，政府开支可以使经济达到动态最优化。

如果假定政府产品有部分竞争性和非排他性，政府可以通过适当的比例税制度，使市场分散化均衡增长率等于社会最优增长率，提高社会福利水平。而用一次总付税制度则会降低经济增长率，减少社会福利。

（四）斯托齐的边干边学模型

斯托齐建立了一个完全竞争条件下的内生增长模型。在他的模型中，边干边学是经济增长的发动机，厂商在生产中积累知识从而降低生产成本。经济增长不是体现在产品数量的增加，而是体现于产品质量的提高。由于消费者更偏好优质产品，因此，随着时间的推移，更优质的产品被不断地生产出来，而较低级的产品逐渐被淘汰。边干边学表现为一个创造性的破坏过程。

知识的外部性，即边干边学，是经济增长之源，竞争性均衡增长一般是次优的。如果经济存在一个"不学习"的技术停滞部门，经济可能处于"非增长陷阱"，即技术进步率和经济增长率都为零。为了实现经济增长需要政府干预，以突破"非增长陷阱"。

（五）熊彼特内生增长模型

阿吉翁和霍伊特将中间投入品的质量引入最终产品的生产，新的中间产品比原有产品质量高，新的高质量中间产品会代替原有的中间产品。企业对自己创造的中间产品拥有专有权，能获取垄断租金直到被更新的产品所取代。新产品的创造具有正负双重效应，正效应是对未来的创新活动具有正的外部性，能够激励中间产品部门创新，负效应是创新者使现有产品过时，攫取了现有垄断者的租金，这种社会损失并没有被创新者承担，因而是负的外部性。此外，他们认为中间品部门的质量创新具有不确定性，因而，稳态增长也具有随机性，经济体既可能高于也可能低于最优增长速度，这取决于正负效应中哪一个占主导位置。由于这一模型的基本出发点类似于熊彼特的创造性毁灭的基本经济思想，因此，这一模型也被称为"熊彼特内生增长模型"。

三、经济成长阶段论

美国经济学家罗斯托提出的经济成长阶段论，是既考虑经济增长又考虑经济发展，以经济增长为重点的理论。他将人类社会划分为六个阶段：传统社会阶段、为起飞创造前提条件阶段、起飞阶段、向成熟推进阶段、高额群众消费阶段、追求生活质量阶段。他认为，起飞阶段和追求生活质量阶段是人类社会中两个重要的突变，追求生活质量阶段是所有国家最终会达到的目标。

（一）**经济成长阶段的特征**

（1）传统社会阶段。传统社会阶段是指前资本主义阶段，大体是牛顿时代之前，这个阶段科学技术长期停滞，生产力发展缓慢，社会中以农业生产为主。

（2）为起飞创造前提条件阶段。这个阶段是将以农业为主的社会改造成为以工业、交通、商业和服务业为主的社会，投资率必须提高到经常地、大量地、明显地超过人口增长率。在这个时期，提高投资率的资本来源是农业和开采业，因此，农业产量的增长率是社会经济向现代化过渡的决定性因素。从政治方面来说，建立一个有效的中央集权的民族国家在这个阶段有决定性的意义。

（3）起飞阶段。起飞就是突破传统经济的停滞状态，经济进入高速发展时期。如同飞机一样，一旦升空就能顺利地高速航行了。起飞的条件主要有三：一是较高的积累率，积累在国民收入中的比重要达到10%以上。二是建立和发展一个或多个产业关联较高的新兴的制造业部门，从而建立和发展主导部门，使这些部门能有效地吸收新技术和迅速地成长，并能带动其他部门发展。三是建立一个有效的政治、社会和经济制度结构，保证起飞的实现。罗斯托认为，一个国家具备了以上三个条件，经济就能起飞了，经济起飞后就进入自动持续增长状态。

（4）向成熟推进阶段。成熟是指技术上的成熟。向成熟阶段推进是社会已经把当时一系列现代技术有效地应用于它的大部分资源的时期。在这个时期中，工业将朝着多样化的方向发展，新的主导部门连续地交替，经济实现全面增长。

（5）高额群众消费阶段。在向成熟推进阶段，经济快速发展之后，随着经济的成熟，城市居民增多，他们的实际收入也增加了，他们不再满足于对基本的衣、食、住的消费，要求获得新的消费品，汽车等耐用消费品成为被消费者广泛接受的产品。在这个阶段，主导部门转移到汽车等耐用消费品领域。西方发达市场经济国家大约在 20 世纪 50 年代前后进入这个阶段。

（6）追求生活质量阶段。在这个阶段，主导部门已经不是汽车等耐用消费品工业，而是以服务业为代表的提高居民生活质量的部门。这些部门的特点不是提供有形产品而是主要提供服务。对生活质量的追求将解决经济高度发达后人类面临的"精神危机"问题。提高生活质量部门的发展除了取代耐用消费部门的主导部门地位而起着带动经济增长的作用外，还有缓和冲突、平息青年人的不满情绪、使人们的精力和才能有适当的表现机会，从而保持社会均衡的作用。

（二）经济成长阶段的更替

罗斯托认为，人类社会的六个发展阶段，是依次由低级阶段向高级阶段过渡过程中社会经济必然要经历的不同状态，即这六个阶段的依次更迭是经济成长的必然结果。他从德国小说家托玛斯·曼的作品《布登洛克一家》受到启发。提出布登洛克式动力作用，说明各代人追求生活目标的差别导致人们以不同的方式来满足自己的欲望，最终形成了人类社会不同的成长阶段。该小说描述了 19 世纪中期德国一个资产阶级家庭的兴衰，家庭中的第一代拼命积累财富，终于成为地方上的富户；第二代由于出生在有钱的家庭中，不再追求金钱而去追求社会地位，当上了议员；第三代由于出生于既有钱又有地位的家庭，既对金钱不感兴趣、也对社会地位不感兴趣，而是去追求精神生活，爱好音乐。罗斯托就是用这种欲望的更替作用说明前后几代人由于生活环境不同，因而是追求的目标各异，满足欲望的方式也变更。

罗斯托认为，布登洛克式作用不仅可以说明家庭的变迁，更可以说明社会的变化过程。人类社会的每个成长阶段都有与之相适应的主导部门，每个主导部门的出现又同社会的中心人物的利益、兴趣和要求相联系，因此，成长阶段的更迭、主导部门的变化和中心人物的更迭是相互联系和相互作用的。在西方经济史上，为起飞创造条件阶段的新教徒、起飞阶段的企业家、向成熟阶段推进的钢铁大王和石油大王及铁路大王、高额群众消费阶段的专业人员，都是各自所处时代的中心人物，正是他们的欲望更替引起主导部门的改变，从而导致成长阶段的依次更迭。

罗斯托指出，经济成长阶段的更迭主要表现为主导部门序列的变化。主导部门是首先采用了先进技术、降低成本、扩大了市场、增加了利润和积累、扩大了对其他一系列部门的产品需求和对地区经济成长的影响，从而带动整个国民经济发展的部门。主导部门通过前向影响、侧向影响和后向影响，即对提供生产资产资料部门的影响，对其他部门和地区的影响，以及对新工业、新技术、新原料、新能源的诱导作用来推动国民经济发展。

第三节　增长经济学的政策主张

经济增长相关的理论围绕经济增长提出了各种促进一国经济增长的政策建议。这些政策建议主要包括：投资、对外开放、提高教育水平、专利制度、控制社会的不平等程度。

一、加大投资

索洛模型是现代经济增长理论的第一个重要模型，它对人力资本、技术、劳动力增长率的把握是相当准确和敏锐的，富裕国家的生产总值中有相当高的比例是投资，并且花费了大量时间进行人力资本积累，但仅仅这样还是不够的，投入要素必须得到充分有效的利用，而这又依赖于经济法规、政府政策和制度的状况。好的环境鼓励生产而不是财产转移，否则企业就不愿意在资本、技能和技术要素上进行投资。尽管发达国家的制度环境也不是完美的，但是这些国家已经找到了相应的对策来限制经济中转移的程度。

经济增长的引擎是发明创造，即企业家的创新活动，而进一步的分析表明，创意不同于其他经济产品：创意的消费是非竞争性的，非常容易复制。那么创意的生产必定是报酬递增的，否则资本家的收益将不足以填补成本。规模报酬递增意味着不能在完全竞争理论的基础上，构建创新模型，而要在模型中引入不完全竞争，这样厂商的定价才能高于产品的边际成本，从而弥补非竞争性产生的巨大创新成本。价格和边际成本之间的这一差异为增长的引擎提供了燃料。

中国香港、日本等第二次世界大战后高速增长的例子说明，根据转型动态原理，一个经济体的收入越低于稳态，增长就越快，最终这种向新的稳态状态的转变是彻底的，并且增长率等于世界科技进步率，而这种转变的因素是明了的，那就是优良的经济基础因素，第二次世界大战以来后发达国家转型的共同点在于鼓励投资、资本技能以及更有效利用投资。这些改革措施提高了经济长期的稳定状态，符合转型动态的原理，因而产生了增长奇迹。从这个意义来讲，完善的产权制度、廉洁高效的政府等基础因素，不但极大促进了东亚地区的增长，也暗示着即便是在世界上最贫穷的地区也潜藏着增长的活力。

二、扩大对外开放

增长经济学倡导国家实施广泛的对外开放政策，鼓励国家参与全球竞争，融入全球化的产业价值链中，进而有力推动一国的经济增长。

从产品生产的全球化和价值链全球分工的角度而言，任何一种产品的国际贸易均会提高其生产者的市场规模，进而降低中间产品的生产效率，降低中间产品的投入成本，进而增加最终产品的生产效率，最终有助于促进整个价值链所有生产效率的提升，因此，国家要积极融入全球化的产业链之中。

从全球化的知识和思想流动的角度而言，如果各种知识产权和技术标准能够在全球范围内更好的传播和分享，这意味着各个国家从事科技创新的生产力将得到大幅度的提升。研发生产力的提升意味着全球创新能力的提升，进而促进技术创新和生产效率的提高，促进经济增长。因此，全球化的思想流动有助于推动创新和经济增长。

三、重视教育

教育在经济增长中扮演着至关重要的角色。提升一国的教育水平，对推动经济增长具有重要的作用。根据经济发展的不同阶段，教育政策的侧重点也会发生变化；在经济增长的初期，提升基础教育水平，对促进整个社会的文化水平，促进知识和信息的传播具有重要的作用，有助于促进劳动力在不同行业和不同产业、城市和农村等广泛的流动，进而促进整个社会边际生产效率差距的缩小，达到提升整个社会生产率的作用。当经济进入经济发展的中间阶段，整个社会的资本积累达到一定的程度，这一阶段，主要依靠技术驱动，因此，国家需要更加注重对职业技术人员和高技能人才的培养，其是推动整个社会生产工艺的提升和生产工艺精细化和高精尖化的必然要求，进而促进国家生产技能的升级；当一国经济进入依靠知识创新驱动的阶段，则需要更加注重对高学历、高研究创新型人才的培养，加大对前沿性科学研究和创新人才的支持和资助，促进其实现知识技能的创新。

此外，通过广泛实施国家统一的公共教育服务，有助于促进较低教育水平家庭的子女和较高教育水平家庭子女之间人力资本水平的相互融合，促进整个社会人力资本水平差距的缩小，并且提升了整个社会的人力资本水平。

四、建立补贴制度

由于任何发明创造均具有广泛的外部性，政府应采取相应的措施推动全社会的发明创造。增长经济学主张对具有显著外部性的项目进行补贴，进而提升全社会的研发创新水平和创新动力。根据不同类型项目的补贴需要政府可以灵活地实施各种科技和技术补贴方式：第一种方式：政府直接补贴具有潜力的研发活动；但是这种补贴方式往往意味着政府在筛选补贴项目时存在一定的不确定性，因此，这类补贴项目和补贴方式主要用于具有特定关键技术的研发，进行专向补贴，例如国防部门等。第二种方式是根据"市场"进行决定，根据研发活动的市场效果，对市场效果较好的项目提供补贴。

就项目补贴的支付方式而言，增长经济学主张针对不同类型的项目同样采用不同的支付方式。一方面是由于项目运行存在道德风险，对于这种情况采用事后补贴较好，另一方面由于项目的运行同样存在逆向选择的问题，对于这种情况采用事前补贴较好。因此，政府需要根据各类型项目的特征，采用合适的补贴支付方式。对于项目能够进行有代价合同化的项目采用事后补贴较好；相反对于存在较大信贷约束的企业而言，采用事前补贴可能效果更好。

第四节　影响和评价

增长经济学作为近年来兴起的重要经济话题，成为经济学家关注的焦点，并且在近年有十分突出的发展，无论其在经济学界还是在政府政策领域均产生了巨大的影响。

一、影响

经济增长理论的发展和完善为政府实施经济政策、推动一个地区的经济增长和福利改善提出了很多建设性意见，也取得一定的效果，根据实践结果主要形成了以下基本共识，这些共识政策实践对于推动一国经济的长期发展和长期经济增长具有重要的指导意义。

第一，传统的经济增长理论认为要素投入的增加是推动经济增长的重要因素，现代经济增长理论认为生产力提高是促进经济增长的主要动力。一项新技术的进步源于理性的经济决策者为了获得垄断利润而进行的投资，因为在不完全竞争条件下，技术创新能够产生一定的经济租金，成为垄断利润的主要来源。企业研发两种知识——与具体产品有关的知识和一般性的技术知识，这种知识和垄断性内生决定了企业投资研发和创新的积极性，企业用于创新的投资决定了知识积累，而知识积累又内生决定了生产率，生产率的提高最终推动了经济的长期持续增长。

第二，在相互依存的世界经济中，知识的国际传播对于不同的国家发挥着完全不同的作用。对于重视商业化活动发展和信息渠道建设的国家而言，使技术信息和知识资本迅速传播，促使该国研究成本迅速下降，从而刺激创新推动经济长期快速增长。但是，当一国在全球技术市场处于劣势时，更加开放化的知识传播可能导致该国技术研发资源进一步流失，而且商业贸易带动下的要素价格的变化，使得一国的研发变得更加不利，进而阻碍一国的技术进步，更不利于推动一国经济的长期增长。总体而言，在竞争条件下，更加广泛的知识传播的商业活动避免了重复建设，提高了全社会的研发效率。

第三，在全球性化的大背景下，历史发展过程中的偶然因素决定了最初的专业化模式，特别是人力资源相对丰富的国家更有可能从事研发；在技术外溢局限在一国范围内的条件下，一国的初始技术条件决定了其长期贸易模式。一国的生产要素优势、生产技术规模等共同决定了一国的长期资源配置；国家应该倡导适度自由贸易和更加灵活的自由贸易政策，发展中国家也需要提高工资水平和改善劳动者的工资条件。世界上富裕国家应该更加积极地向那些贫困国家开放市场。跨国公司是全球化背景下技术外溢的重要渠道。对外开放不仅仅是市场的开放和技术的改进，而且有效地推动了发达国家的技术转向发展中国家，进而激励发展中国的技术模仿和技术创新，带动发达国家进一步的技术创新，因此，发达国家和发展中国家的技术创新和技术推动共同推动了技术进步。

第四，经济增长更多依赖于有知识的人如何运用它们的知识。对一个政府干预过于频繁的社会，由于政策寻租往往带来高收益，有知识的人则可能更倾向于重新分配财富而创造财富。在这样的激励下，无论教育水平如何，其经济增长速度都较低，只有当政府政策激励创造财富而非分配财富的时候，教育才会对经济增长发挥积极的作用。依靠免费教育或行政手段普及的教育，只是具备数量上的含义，而未能达到质量上的提升。因此，对一个社会而言，要想实现经济的快速增长，不仅仅需要激励全社会进行广泛和高质量的人力资本投资，促进人力资本质量和数量的提升，而且需要更加广泛地激励高素质的人才从事高质量的工作，进而促进经济增长。

二、评价

经济增长理论对于认识众多的经济现象和推动地区经济增长具有重要的实践指导意义。

从理论上而言，经济增长理论有助于更好地认识一个国家和地区经济增长的动力和源泉：第一，经济增长理论解释了经济长期增长趋势的动力和原因，分析穷国和富国收入差距的原因，以及解释了为什么穷国和富国之间存在差异；由最初简单的各个变量的外生给定，到各个变量逐步的内生给定的经济增长模型，逐步完善经济增长的模型。第二，经济增长理论已经成为经济学界探讨一系列经济问题的基本框架，是分析和探讨其他经济变量之间相互关系的基础，已经成为宏观经济理论分析问题的出发点和落脚点。内生经济增长理论越来越多地成为其他领域进一步研究的基础。经济学家在内生经济增长的框架下引入更多更加现实的假设，为了从特定的角度分析一些具体的问题。经济学家将更多的投入要素融合到生产函数中，探求这些要素同经济增长的关系。例如，经济学家对人力资本部门进行了更为具体的假设，包括：非弹性的劳动供给、休闲时间、教育和失业等。除此之外，经济学家将政府部门一个公共产品的生产部门，或者将政府的决策机制、公共部门援助等引入内生经济模型，甚至是将不同的市场结构、规模、开放经济、国际贸易等不断地引入生产函数。

从实践的角度而言，一方面经济增长理论的快速发展使得经济学更加全面地去认识促进一国经济增长的因素和动力，有效地推动了各个国家经济政策的制定，积极改善各国的经济发展政策和动力。另一方面，当前的经济增长理论更多的是源于发达国家经济增长现象的观测和对发达国家经济增长过程和发展规律的总结，仍然缺乏对广大发展中国家的经济发展提供更加具有操作性的措施，尤其是面对不同的发展中国家具有更加不同和复杂的自然和现实的经济、文化、政治环境，如何实施更加有效的发展政策，一般的经济理论并不能够提供可行、有效和具有操作性的政策建议。

第五节　借鉴和应用

经济增长理论在中国的实践相当广泛，根据最新的新经济增长理论（内生经济增长理论）对一个经济体长期经济发展趋势的分析和理解，对我国未来长期的经济发展，仍然需要继续坚持以下的分析和发展思路，推动我国经济社会的快速发展。

一、借鉴

（一）借鉴内生经济增长理论构造国家知识创新体系

知识进步是一个国家实现长期可持续增长的关键。纵观各个发达国家的发展历程，均建立相对完善的国内知识创新体系，依靠科技进步实现了国内产业结构的升级和完善。例如：美国、日本、欧盟先后建立了各自的知识创新体系①，通过各种措施鼓励新知识的创造以及新知识和新技术在生产部门的应用和实践，推动国内创新精神、创新意识和创新人才的培养。近年来，我国也开始逐步结合我国的发展阶段逐步提出了各种推动建立创新型国家的发展战略和教育发展纲要，这些措施的实施有助于推动我国构建更加完善的国家创新体系和鼓励创新的机制。诸如：建立提升科研人员流动机制，鼓励中小企业创新研发和实践能力的机制等等。

（二）借鉴增长经济学扩大对外开放

各国经济之间的相互贸易，有助于扩大国内生产的市场规模，提升国内生产的效率，提高国内生产要素的利用效率。例如：一个国家可以出口生产效率相对高的商品，同时进口生产效率相对低的商品，有助于节省国内生产要素的资源，同时缩短国内外的技术差距。对外贸易同样可以促进国内生产要素流向生产要素效率较高的部门，有助于进一步发挥国内的生产比较优势，进而提升整个国内的生产效率。大量外商直接投资的进入有助于提升国内的资本积累水平，而且可以带动国内学习国外的技术和先进的管理经验，总体而言，对外开放有助于推动国内生产效率的提高和国内技术水平的提升。

二、应用

应用增长经济学坚持"对外开放"战略不动摇。改革开放是我国能够快速实现经济增长和实现经济快速发展的基础。1978年改革开放以来，我国逐步在沿海地区开辟了深圳、珠海、汕头、厦门等一批经济特区。国家为经济特区的发展提供了一系列开放政策。随着我国改革开放的不断深入，我国逐步放开了沿海省份和沿海地区的开放措施。

---

① 张冰、何会军：《内生经济增长理论的浅析与借鉴》，《金融理论与教学》2006年第1期。

改革开放过程中，我国逐步放开了各种企业的对外贸易政策，尤其是 1992 年，我国开始确立建立社会主义市场经济体制之后，中央政府逐步取消了对外贸企业的各种对外经营权的限制，取消了对外贸易企业的各种指令性和政策性的限制，赋予了企业对外贸易的自主经营权等。国有企业和私营企业拥有了对外进出口经营和投资的自主权。2001 年中国加入世界贸易组织之后，我国进一步放开了各种进出口政策。从进口方面而言，一方面我国广泛地降低了各种关税总水平，另一方面，我国逐步减少和取消了各种实施进口配额和进口许可证的商品种类。从出口方面而言，我国不断完善各种出口机制，例如 2008 年金融危机之后，中国为了调节加工贸易出口企业的困境，2008 年 12 月 1 日财政部进一步提高了劳动密集型产品等受到冲击较大的出口退税率；2009 年 1 月 1 日，我国进一步取消了蚕丝等产品的出口配额限制。与此同时，随着我国国民经济的发展水平和进出口方面出现的状况，我国进一步完善了各种激励企业自主创新的措施，制定了各种更为严格的知识产权保护措施。

与此同时，我国取消了外资企业进入国内投资和经营的限制，大量外商直接投资进入我国投资。外商投资的进入，一方面可以有效地为国内带来先进的技术和先进的管理理论，尤其是改革开放初期，大量港资和台资进入中国，为国内市场经济的构建和生产方式、经营方式的改进，带来了更加先进的经营理念，进一步推动了我国现代市场经济的建立；同时，提升了国内的技术水平和生产水平，加快了国内生产资料的积累速度；另一方面大量外国资金的进入，加强了国内市场的竞争能力，有利于进一步提升国内企业的竞争力，有助于国内企业学习国外企业的先进技术，进一步提升国内企业的国际竞争力。从整个国家而言，总体提升了整个国家的生产水平和竞争力。

十八届三中全会决定更是强调在新时期下要坚持"对外开放"战略不动摇，继续深化对外开放的内涵，推出成立上海自贸区等政策措施。上海自贸试验区在人民币资本项目可兑换、金融市场利率市场化等方面先行先试，为全国进一步深化改革积累了经验。

第十五章　发展经济学

发展经济学（Development Economics）是 20 世纪 40 年代后期在西方国家逐步形成的一门新兴的综合性经济学分支学科，并逐渐在世界范围内产生持续和广泛影响。它适应时代的需要兴起，主要研究贫困落后的农业国家或发展中国家如何实现工业化、摆脱贫困、走向富裕。经济增长与经济发展是发展经济学的两个重要理论内容及研究目标。

发展经济学不仅研究经济增长、发展模式、投资、金融、货币、市场、劳动、贸易、债务等问题，而且还研究人、教育、价值观念与经济发展的关系等问题。近年来，发展经济学更注重对宏观经济的研究，探讨经济发展的真正含义、内容和指标，比较发展中国家的各种发展模式，研究发展中国家在发展道路上遇到的障碍，寻求其解决办法等。因此，发展经济学也是研究经济和社会发展战略的学说。

为什么只有别人爸妈给的玩具算经济

一对农村的父母，自己剪下树枝，亲手给他们的孩子做了一个玩具，孩子们非常开心。这一行为并不涉及交易，也没有被国家统计局核算在 GDP 之内，所以不算是经济行为，这就是"自己父母给自己孩子做玩具不是经济"。接下来，越来越多的农村家庭进入城市，其中有人开始专业化生产玩具，于是投资建厂、规模生产，并通过各种方式售卖这些玩具，父母们付钱为孩子们购买这些玩具，于是"别人的父母给自己孩子做玩具就成了经济"。

在古代，我国的文人墨客多喜爱泛舟江畔，"对影成三人"，把月亮当朋友，自娱自乐颇为得意；而今度假村等文化创意、休闲服务产业兴起，原本自给自足的享乐被他人提供的专业化有偿服务所替代。经济高度发达的当下社会，在保留每个消费者个体最终选择权的情况下，已经深刻地改变了人们所面对的选择集合。

第一节　发展经济学的形成

一、发展经济学兴起的历史背景

发展经济学与发展中国家的兴起息息相关。第二次世界大战后，经济全球化进入新的发展阶段，亚、非、拉美地区的殖民体系瓦解，殖民地和附属国纷纷走向独立，并选择不同的道路谋求发展，发展中国家逐步形成。发展中国家或者是过去的殖民地和附属国或者是长期实行高度集中计划体制的国家或者是虽然某种资源禀赋（如石油）给它们带来高收入，但仍然是经济结构单一、现代化程度不高、社会文明演进处于较低层次的国家。综合上述原因，这些国家的经济、社会的双元结构明显，市场经济不够发达，延迟进入工业化的进程，并形成了与发达国家存在明显差异的国家群体。

综上所述，发展成为发展中国家迫切需要解决的问题。在这样的背景下，发展经济学应运而生，它主要通过对各种发展理论和战略、经济体制和对策的比较，研究贫困落后的农业国家或发展中国家如何实现工业化的问题。

二、发展经济学的代表人物和著作

自诞生以来，发展经济学始终包含着不同的研究思路，主要是以下三种：结构主义、新古典主义和激进主义，"它们各立门户，各持己见，并互相攻讦，在不同时期，各有消长；对不同问题，各有影响"。①

（一）结构主义发展经济学的代表人物

结构主义发展经济学的主要代表人物有冈纳·缪达尔、保罗·罗森斯坦·罗丹、哈尔维·莱宾斯坦、威廉·阿瑟·刘易斯等人。

1. 冈纳·缪达尔（Karl Gunnar Myrdal，又译为缪尔达尔）

缪达尔出生于瑞典卡尔卡利亚省，是瑞典学派和新制度学派（详见第十三章，注意与新制度经济学的区别）以及发展经济学的主要代表人物之一。缪达尔是瑞典福利国家的理论创始人之一，并担任过内阁部长，亲自参与福利国家的政策和制度设计。缪达尔由于在货币和经济波动理论方面的开创性贡献以及对经济社会和制度现象的内在依赖性进行精辟分析，1974 年和哈耶克（Friedrich August von Hayek）一起荣获诺贝尔经济学奖。

在 20 世纪 30 年代，缪达尔的主要精力放在货币理论上，瑞典皇家科学院所指出的缪达尔在货币和经济波动理论方面的成就，主要集中在这一时期。在 1931 年发表的著名的《货币均衡论》（1939 年英文版）一书中，他修正、补充和发展了魏克塞尔的货币理论，论证了国家运用财政政策调节干预经济对消除失业和经济波动的重要作用。该阶段比较重要的论著还有：《经济变动中的价格形成问题》（1927）、《经济理论发展中的政治因素》（1930）、《1830—1930 年间的瑞典生活费用》（1933）、《财政政策的经济后果》（1934）、《人口问题的危机》（1934，与其夫人合著）。

从 20 世纪 40 年代开始，缪达尔的研究出现了方向性的转变。他逐渐离开了曾从事的瑞典学派的研究和分析方法，从强调经济变量的数量关系及其均衡条件，转向社会经济关系的结构分析。他对经济

---

① 谭崇台：《十年来我国对发展经济学的研究和应用》，《中国社会科学》1990 年第 2 期。

社会、制度、政治、文化等现象的内在依赖性的精辟分析正是在这个阶段的研究中体现出来的。由于缪达尔在研究中突出强调政治、制度、人口、历史、文化等非经济因素对社会经济发展的重大作用，并提出了社会经济动态运行序列中，诸多因素互相影响、互为因果的循环变动的著名论点，重视发展中国家贫困问题的研究，他既被看作是新制度学派的代表人物之一，又被视作发展经济学的先驱。

这个时期的代表作有：《人口：一个民主问题》（1940）、《美国的两难处境：黑人问题和现代民主》（1944）、《亚洲的戏剧：对一些国家贫困问题的研究》（1968）、《走向经济计划化》（1951）、《国际经济学》（1956）、《经济理论和不发达地区》（1957）、《富裕国家和贫困国家》（1957）、《超越福利国家》（1960）、《世界贫困的挑战：世界反贫困大纲》（1972）、《反潮流：经济学批判论文集》（1973）、《瑞典是如何治理的》（1980）等。

2. 保罗·罗森斯坦·罗丹（Paul Rosenstein-Rodan）

罗丹是奥地利著名经济学家，发展经济学先驱人物之一，平衡增长理论的先驱。1943 年在《经济学家》杂志发表《东欧和东南欧的工业化》而著名，他提出"大推进理论"，认为"增长理论绝大部分就是投资理论"，发展中国家要克服"有效需求不足"和"资本供给不足"的双重发展障碍，就必须全面地大规模地进行投资，以给经济一次大的推动，从而推动整个国民经济的全面、均衡、快速发展，走出"贫困恶性循环"。

3. 哈尔维·莱宾斯坦（Harvey Leeibenstein）

莱宾斯坦是生于俄罗斯的美国经济学家，普林斯顿大学博士。他1967—1989 年在哈佛大学任教，在此期间他出版了他在经济理论方面最有名的一部著作《超越经济人》。在此书中，莱宾斯坦将传统的生产要素扩展到包括管理技能和劳工关系。其他代表作有《经济落后与经济发展》和《经济—人口发展理论》。他认为发展中经济体是一种准稳定均衡体系，依据这种认识，提出了最小临界努力假说。

4. 威廉·阿瑟·刘易斯（William Arthur Lewis）

刘易斯是研究发展中国家经济问题的领导者和先驱，1979 年与舒尔茨共同获得诺贝尔经济学奖。刘易斯的主要著作有：《经济计划原理》《经济成长理论》《经济成长面面观》《国际经济秩序之演化》《1919—1939 年经济概况》《今日经济问题》《西印度的劳工》《英国工业中的垄断》《增长与波动：1870—1913 年》《发展中国家与汇率和稳定》《增长动力的衰退》等。

（二）新古典主义发展经济学（包含以新古典政治经济学为主导的阶段）的代表人物

新古典主义发展经济学大致上可以分为两个阶段，相应的代表人物也可以分为前后两个阶段。前一个阶段的主要代表人物有罗伯特·默顿·索洛、西奥多·舒尔茨等人。后一个阶段的主要代表人物有罗纳德·哈里·科斯、保罗·罗默、皮埃尔·布迪厄、詹姆斯·科尔曼、罗伯特·帕特南等人。从根本上讲，他们都是信奉自由思潮的经济学家。不同的是，在新古典主义复兴（Neo-classical Resurgence）浪潮中，新一代经济学家逐渐认识到新古典经济学在某些根本问题上有缺陷，比如新制度经济学家科斯对新古典经济学忽视制度、交易成本等关键问题的批判（详见第十三章）。因为制度、法律等因素显然已经超出了纯经济分析的范畴，所以国内发展经济学大师谭崇台[①] 将第二个阶段称之为以新古典政治经济学为主导的阶段。

1. 新古典主义阶段

索洛是增长经济学的代表人物（详见第十四章），主要由于在 20 世纪 50 年代和 60 年代对资本理论和增长理论的开拓性研究而著名。

舒尔茨（Theodore W. Schultz）是美国农业、经济学领域的一位重要人物，后又转向研究经济增长理论。20 世纪 50 年代，舒尔茨提出"人力资本论"，其中心论点是他在美国经济学第 73 届年会所作的

---

① 谭崇台（1920— ），武汉大学教授，哈佛大学硕士，师从著名经济学家熊彼特、列昂惕夫（1973 年诺贝尔奖得主，也是两位诺贝尔经济学奖得主保罗·萨缪尔森和罗伯特·索洛的老师）。

《人力资本投资》的演讲，证明了教育对经济发展的巨大贡献，被称作人力资本理论创立的宪章，他也被称为"人力资本概念之父"。这位集大成的经济学家在1979年被授予诺贝尔经济学奖。

2.新古典政治经济学阶段

科斯（详见第十三章）是新制度经济学的鼻祖，因为对经济体制结构的突破性研究，于1991年获得诺贝尔经济学奖。他的杰出贡献是发现并阐明了交换成本和产权在经济组织和制度结构中的重要性及其在经济活动中的作用。

保罗·罗默（详见第十四章）在1986年的论文《递增收益与长期增长》和罗伯特·卢卡斯（详见第十一章）在1988年的论文《论经济发展机制》的相继发表标志着新增长理论的正式产生。他们是新增长理论的主要建立者。

皮埃尔·布迪厄（Pierre Bourdieu，又译为布丢、布尔迪厄）是当代法国最具国际性影响的思想大师之一，著名的哲学家、社会学家，主要著作有：《实践理论大纲》（1977）、《教育、社会和文化的再生产》（1990）、《语言与符号权利》（1991）、《实践与反思：反思社会学导引》（1992）。在其关系主义方法论的基础上，提出"场域""习性"和"资本"的概念，这三个概念是布迪厄的社会实践理论的核心概念，试图借此超越社会科学的二元对立，探索社会生活中实践的奥秘。

詹姆斯·科尔曼（James S. Coleman）是美国社会学家，理性选择理论的代表人物之一，在《社会理论的结构》一书中，他系统地阐述了自己的理论。他对社会资本的研究在一定程度上继承和吸收了布迪厄的某些观点，但科尔曼将社会资本概念进行了扩展，提供了对社会资本的更广泛的理解。他考察了人力资本与社会资本之间的关系，在其《社会资本在创造人力资本中的作用》一文中，首先批判了当时在政策制定领域以人力资本理论为指导思想的主流观点。

罗伯特·D.帕特南（Robert D. Putnam），当代著名政治学家，博士毕业后任教于美国密歇根大学，1979年进入哈佛大学肯尼迪政府学院任教至今，曾担任过院长，现在是哈佛大学肯尼迪政府学院公共政策马尔林讲座教授。2001—2002 年担任过美国政治学学会会长。2013 年，被奥巴马授予美国国家人文奖章。主要研究领域是政治学、国际政治和公共政策。著作包括《使民主运转起来》《独自打保龄——美国社区的衰落与复兴》《手拉手：西方七国峰会》等。其中在《使民主运转起来》一书中以社会资本理论分析民主的变迁奠定了帕特南的学术地位，并且提出公民参与网络，指出公民精神及公民参与所体现的就是社会资本；社会资本是一种团体的甚至国家的财产，而不是个人的财产；如果认识到社会资本是重要的，那么它的重心不应该放在增加个人的机会上，而必须把注意力放在社群发展上，为各种社会组织的存在留下空间。他在科尔曼的基础上，将社会资本从个人层面上升到集体层面，并把其引入政治学研究中，从自愿群体的参与程度角度来研究社会资本。

（三）激进主义发展经济学的代表人物

激进主义发展经济学最有影响的理论是依附理论（Theory of the Dependency），这是主要来自于拉丁美洲的一些学者在研究自己国家现代化时提出的理论，诞生于 20 世纪 60 年代晚期，它是关于发展中国家为什么没有实现现代化的一种解释。

依附理论，从发展社会学的观点来看，依附理论是国际经济和政治关系中影响重大的一种理论。这一理论经历了从悲观的"古典依附论"到具有乐观色彩的"依附发展论"的演变。依附理论由阿根廷学者劳尔·普雷维什最先提出，他对"古典依附论"的创立和发展作出了重要贡献，巴西社会学家卡尔多索的观点则是"依附发展论"的代表。"依附发展论"可以作为研究中国发展问题的理论视角。

劳尔·普雷维什（Roal Prebish）是 20 世纪拉美历史上"最有影响的经济学家"，被公认为是"发展中国家的理论代表"。普雷维什是拉美发展主义理论的创始人和世界经济新秩序的积极倡导者，1981年荣获第三世界经济和社会研究基金会颁发的"第三世界基金奖"。除了经济理论家这一头衔外，，他还是不折不扣的政策制定者。他先后任职于阿根廷统计局工作（1925）、阿根廷财政部副部长（1930—1932）、阿根廷中央银行行长（1935—1943）、拉美经委会执行秘书（1949—1963）、联合国贸易与发展会议第一任秘书长（1964—1969）、联合国特别顾问及经济和社会事务副秘书长（1973—1976）、《拉美经委会评论》杂志主编（1976—1986）。1949年5月，普雷维什向联合国拉丁美洲和加勒比经济委员会《简称拉美经委会》递交了一份题为《拉丁美洲的经济发展及其主要问题》的报告，系统和完整地阐述了他的"中心—外围"理论，以及针对1929年大危机后拉丁美洲国家初级产品的贸易条件不断恶化而提出的"贸易恶化论"（理论提出后经过索洛的历史考察和辛格的进一步完善，得到了大多数发展经济学家的认同）。

费尔南多·卡多索（Fernando Henrique Cardoso）是巴西社会学家，曾经担任第39届巴西总统（1998—2003）。随着经济全球化的加强，作为对利益需求的反映，理论学家不得不重新考虑发展中国家的经济动力问题。卡多索强调在一个强力政府存在的前提下，与发达国家利益群体建构一种互相关系，寻求"和依附相联系的发展"。

第二节　发展经济学的主要理论

发展经济学自诞生以来，其经济发展思想基本上有结构主义、新古典主义（包括新古典政治经济学）、激进主义等三种基本思路。三种思想同时并存于发展经济学发展的全过程，其中新古典主义和结构主义都曾经主导过发展经济学的走向，而激进主义始终是作为对新古典主义的批判方存在的。

按照主导思想的不同，我们可以大致将发展经济学分为三个阶段。

第一阶段是20世纪40年代末至60年代末，这个阶段以结构主义发展思路为主，在政策上主张计划。结构主义者的研究内容就集中在资本积累、计划化和工业化这三方面，并形成关于发展中国家如何发展经济的三种主要看法。1. 唯资本论或资本第一主义，强调物质资本积累；2. 唯工业化论或工业化第一主义，强调工业化；3. 唯计划论或计划第一主义，强调计划化。

第二阶段是 20 世纪 60 年代末至 70 年代末，这个阶段以新古典主义发展思路为主，在政策取向上强调市场。这时期的发展经济学在许多问题的分析中，开始恢复新古典主义的观点，并扩大了新古典主义的应用。无论在对计划化的批评、市场作用的重估还是在农业的重要性的强调和国际贸易的再认识，都可以体现出新古典主义的理论和方法的深刻影响，被称之为"新古典主义的复兴"。

第三阶段是 20 世纪 80 年代以后，以发展了的新古典主义——新古典政治经济学发展思路为主，在政策取向上认可制度。一是对新古典主义复兴思潮的批判和反对，它批评新古典主义把政治、法律、制度、意识形态等视为经济运行体系的既定不变因素或外生变量，而重新强调经济发展决不仅仅是纯经济现象，它受到政治、法律、制度、文化等非经济因素深刻的、具有决定性的影响。二是既承袭了新古典主义思路的基本范畴和理论概念（如效率、均衡、最优化等），又在方法论上使用了新古典政治经济学的分析方法（如成本—收益分析、均衡分析等）。

由于激进主义导向的发展经济学始终未能占据主流，相当多的研究者认为，依附理论主要适用于拉丁美洲国家，不具有普遍性。众所周知，依附理论者大部分是拉丁美洲学者，也有非洲国家的，但没有一个是亚洲国家的。而且有立论简单化的倾向，我们把它放在本节的最后进行简单介绍。

一、结构主义发展阶段的主要理论

20 世纪 40 年代末，以缪达尔为代表的结构主义发展经济学家兴起，并对第一阶段经济发展理论有很大影响，逐渐成为发展经济学的主流学派。从 50 年代开始，结构主义思想深深地影响着发展中国家的发展模式，很多刚刚获得民族独立的国家相继采用了工业化发展的道路，纷纷采取计划经济、抑制市场价格机制等方式来推动经济的发展。这一时期，以苏联为代表的社会主义国家正在进行权力集中、计划经济的管理实践；并且当时的结构主义思想比较符合西方经济学的主流思想，如计划经济、国家控制、反自由主义等，也与当时盛行的凯恩斯提出的国家干预思想有相似之处。此外，结构主义的思想和政策主张，符合了当时很多发展中国家谋求政治与经济独立的民族情结以及这些国家苛求社会经济结构变化，甚至是革命到底的思想。结构主义对发展中国家经济的实际，也进行了比较贴切的研究与分析，提出了一些在经济实践中可以操作的政策建议，结构主义思想得到了当时绝大多数发展经济学家的接受和支持。20 世纪 40 年代出版的《东欧与东南欧工业化问题》和《落后地区的工业化》是发展经济学登上历史舞台的标志性文献。前者提出了在工业部门中实施有计划的工业化思想，后者则通过建立数学模型探讨落后地区工业化落后和大规模农村伪装失业之间的内在逻辑联系。

1. 大推动理论

其论据和理论基础建立在生产函数、需求、储蓄供给的三个不可分性上面。一是生产函数的不可分性。按照此前哈罗德—多马模型，在一个经济系统中，资金系数 K 的值越小，则收益越大。但罗丹认为，投入产出过程中的不可分性能够增加收益，并对提高资金产出比作用更大。在基础设施的供给方面"社会分摊资本"就具有明显的过程上的不可分性和时序上的不可逆性。比如能源、交通、信息等基础设施建设周期长，且必须先于直接生产性投资；由于其资本形成的特点还具有相当程度的持久性，一旦形成规模和能力，要改变这种资本存量结构就比较困难。这是它促进外部经济产生的前提，也是发展中国家工业化过程中最为常见的瓶颈。二是需求的不可分性。一个国家或地区各产业是关联互补的，彼此都在为对方提供要素投入的能力和需求市场的容量，从而形成市场需求的不可分性，以共同突破市场瓶颈，降低市场风险。而要做到这一点，就必须使各产业的资源配置在空间上同时具有一定规模。三是储蓄供给的不可分性。发展中国家一方面临着人均国民收入较低，居民储蓄相应低下的困境，另一方面即使最小临界投资规模也需要大量储蓄。在此种情况下，要打破储蓄缺口，就必须在投资提高诱发的居民收入增长时，使边际储蓄率高于平均储蓄率，否则储蓄的不充分将使投资规模受到限制。

以罗丹为代表的经济学者强调需求平衡，认为要使发展持续下去，必须有平衡发展，主张在各个工业部门同时进行投资，以解决市场狭小以及产品销售困难问题，因为市场狭小，在单一生产路线中不会诱致私人投资，因此还提出政策主张：在整个工业或整个国民经济各部门中同时进行大规模投资，使工业或国民经济各部门按同一比率或不同比率全面发展，以此来彻底摆脱贫穷落后面貌，实现工业化或经济发展。

2. 临界最小努力理论

主张发展中国家应努力使经济达到一定水平，冲破低水平均衡状态，以取得长期的持续增长。不发达经济中，人均收入提高或下降的刺激力量并存，如果经济发展的努力达不到一定水平，提高人均收入的刺激小于临界规模，那就不能克服发展障碍，冲破低水平均衡状态。为使一国经济取得长期持续增长，就必须在一定时期受到大于临界最小规模的增长刺激。

该理论的出发点是承认"贫困恶性循环"和"低水平均衡陷阱"在发展中国家的存在，该理论的核心是发展中国家要打破"恶性循环"、跳出"陷阱"，必须先使投资率足以使国民收入的增长超过人口的增长，从而人均收入水平得到明显的提高，以"临界最小努力"使国民经济摆脱极度贫困的困境。因为在发展中国家的经济增长中，存在着两种对立的力量，即提高收入的力量和压低收入的力量两组相互对立、相互制约的努力。提高收入的力量决定于上一期的收入水平和投资，压低收入的力量决定于上一期的投资规模和人口增长速度。当压低收入的力量大于提高收入的力量时，人均收入的增长会被人口的过快增长所抵消并退回到原来的"陷阱"；只有当提高收入的力量大于压低收入的力量时，人均收入才会大幅度提高，从而打破低收入稳定均衡。

3. 二元经济理论

刘易斯从 20 世纪 50 年代中期就开始了对发展中国家贫困及经济发展速度缓慢的内在原因的研究，1954 年，他提出的著名的"二元经济"模型理论为他赢得了极大的声誉并引起了广泛的科学辩论，他将发展中国家的刚性结构问题理论化、空间化、具体化，成为结构主义发展思路最有影响的理论基础和理论武器。并且实现工业化还可以消除城乡差别、支持并推动农业的现代化，从而改变发展中国家的二元社会经济结构。由此形成了对刘易斯原来的前提的一系列发展和补充，该模型亦被运用于实际以验证其应用性。刘易斯的简单模型分析不只表明了发展中国家贫困的根本原因，也有助于对第三世界各国的历史和统计发展模式做多方面的透视。

在一国发展初期存在二元经济结构，一个是以传统生产方式生产的"维持生计"部门（以传统农业部门为代表）；一个是以现代生产方式生产的"资本主义"部门（以工业部门和城市为代表）。农业部门人口多、增长快。由于边际生产率递减规律，其边际生产率非常低甚至为零，农业部门出现大量劳动力剩余。此时，只要工业部门能够提供稍大于维持农村人口最低生活水平的既定工资，农业部门就将涌入大量劳动力至工业部门，为工业部门的扩张提供无限的劳动力供给（所谓"无限的劳动力供给"即指劳动力供给曲线在既定工资水平下具有无限弹性。"既定工资"即是农业部门劳动力维持生活需要的最低收入水平）。随着劳动力数量的增长，农业中劳动的边际产出量降为零。此时，农业部门中存在大量的隐性失业。当工业部门提供既定水平工资时，农业部门劳动力向工业部门转移，随着农村剩余劳动力的转移，工业部门不断扩张。由于在既定工资水平上，劳动力的供给是无限的，工业部门在实际工资不变的情况下将所获得利润转化为再投资，将规模不断扩大直到将农村剩余劳动力全部吸收完，这个时候工资便出现了由水平运动到陡峭上升的转变，经济学上称之为"刘易斯拐点"。

二、新古典主义发展阶段的主要理论

从 20 世纪 60 年代后期开始，新古典主义在发展经济学中复活并迅速成为发展经济学的主流思想。由于结构主义的诸多理论缺陷和实践指导上的失败以及东亚国家在经济上的成功案例，发展经济学在许多问题的分析中，开始恢复新古典主义的观点，并扩大了新古典主义的应用。不少发展中国家在经济发展战略上纠正了畸重畸轻的政策，从片面强调工业化转而重视农业；从片面强调物质资本积累，转而重视人力资源的开发；特别是在经济体制上作出了重大改革，由不同程度计划管理下封闭式的进口替代，迈向市场经济开放模式下的对出口的鼓励。这样的改革开放政策，使一些发展中国家和地区出现了持续、快速的经济增长。发展中国家从强调克服刚性结构转向强调价格弹性的作用，从计划模式转向市场模式，矫正价格扭曲及价格弹性抑制以恢复价格弹性在国民经济中的作用成为分析的核心。发展中国家及发展经济学家对价格弹性与市场机制的重视，这时期这些观点无论对计划化的批评、市场作用的重估还是对农业的重要性的强调和国际贸易的再认识都可以体现出新古典主义的理论和方法的深刻影响。

1. 索洛经济增长理论

索洛所提出的发展经济学中著名的模型，叫作新古典增长模型，或外生经济增长模型，是在新古典经济学框架内的经济增长模型。索洛认为，经济发展目标应是以满足人的基本需求为目标的社会经济综合发展，强调资本与劳动的替代关系和科技的作用，主张政府必须有效地干预市场经济，表明各种不同因素是如何对经济增长和发展产生影响的长期经济增长模型，补充和发展了片面以资本为主的哈罗德—多马模型。

早期，哈罗德—多马模型与新古典模型的共同点是，认为促进经济增长的第三个因素技术进步，是外在决定的、偶然的、无成本的资源。在 1957 年索洛的著作中，技术进步被看成是增长模型中的主要决定因素。该理论以资本边际收益递减、完全竞争经济（隐含规模收益不变）和外生技术进步及其收益不变为其理论假设。索洛模型认为，当外生的技术以固定比率增长时，经济将在平衡增长路径上增长，而当外生技术水平固定不变时，经济将趋于停滞。投资仅能补偿固定资产折旧和装备新工人，技术进步是经济增长的主要动力。经济学家丹尼森等人又通过对美国经济增长的实证分析证实和巩固了索洛的观点。正因为该模型强调了技术进步对经济增长的决定性作用，故被称为"技术决定论"。

1987 年，世界股票市场暴跌，瑞典皇家科学院宣布该年度诺贝尔经济学奖授予一直与里根政府的经济政策唱反调的索洛。许多经济学界人士认为，纽约股票市场的这场大动荡，恰恰证实了索洛坚持的理论，使他的经济增长理论成为当今世界热门研究课题之一。可这一理论早在 30 年前《对经济增长理论的贡献》的论文中他就提出来了。

2. 人本理论

所谓的人力资本，指的是劳动者投入到企业中的知识、技术、创新概念和管理方法的一种资源总称。它的最主要特点是人力资源天然属于个人，可以交易，而企业就是财务资本和人力资本的一种契约关系。

第二次世界大战结束以后，战败国德国和日本受到很大的创伤。很多人认为，这两个国家的经济恐怕要很久才能恢复到原有的水平。但实际上，大约只用了 15 年，德国和日本的经济就奇迹般地恢复了，至 20 世纪 60 年代以后，这两个国家继续以强大的发展势头赶超美苏，并最终使经济实力上升为世界第二和第三的位置。这其中的原因让许多人迷惑不解，人们开始探究传统经济学的不足。经济领域中这些难以解释的特殊现象的出现，引起了西方经济理论界的高度重视，经济学家们纷纷提出自己的观点，一些经济学家不再满足于把劳动力看作是一种被动的、只能为资本所雇佣的要素，而是提出了劳动同样是资本的看法。

舒尔茨的人力资本理论也应运而生。舒尔茨在长期的农业经济研究中发现，促使美国农业产量迅速增长的重要原因已经不是土地、劳力或资本存量的增加，而是人的技能与知识的提高。同时，他发现工人工资大幅度增长中有一部分尚未得到解释。他将这一部分归功于人力投资的结果。

舒尔茨在 1960 年美国经济学第 73 届年会作的《人力资本投资》的演讲中提出人力资本学说，被称作人力资本理论创立的宪章，证明了教育对经济发展的巨大贡献。演讲阐述了许多无法用传统经济理论解释的经济增长问题，明确提出人力资本是当今时代促进国民经济增长的主要原因，认为"人口质量和知识投资在很大程度上决定了人类未来的前景"。

人本理论认为，人力资本的积累是社会经济增长的源泉。其主要原因有三个：其一，人力资本投资收益率超过物力资本投资的收益率。舒尔茨认为人力资本与物力资本投资的收益率是有相互关系的，认为人力资本与物力资本相对投资量，主要是由收益率决定的。其二，人力资本在各个生产要素之间发挥着相互替代和补充作用。现代经济发展已经不能单纯依靠自然资源和人的体力劳动，生产中必须提高体力劳动者的智力水平，增加脑力劳动者的成分，以此来代替原有的生产要素。其三，具体数量化计算。进一步证明人力资本是经济增长的源泉。舒尔茨运用自己创造的"经济增长余数分析法"，估算了美国 1929—1957 年国民经济增长额中约有 33% 是由教育形成的人力资本作出的贡献。

人本理论还认为，教育也是使个人收入的社会分配趋于平等的因素。教育促进经济增长是通过提高人们处理不均衡状态的能力的具体方式实现的。教育对个人收入的影响主要表现为：第一，工资的差别主要是由于所受教育的差别引起的，教育能够提高工人收入的能力，影响个人收入的社会分配，减少收入分配的不平衡状态。第二，教育水平的提高会使因受教育不同而产生的相对收入差别趋于减缓。舒尔茨认为随着义务教育普及年限的延长，随着中等和高等教育升学率的提高，社会个人收入不平衡状况将趋于减少。第三，人力资本投资的增加，还可以使物力资本投资和财产收入趋于下降，使人们的收入趋于平等化。

人本理论还重点分析了人力资本与物质资本、农业产品与工业产品的投资价格弹性差异，认为正是这种差异导致了发展中国家的计划工业化的窘境，只有矫正人力资本与物质资本、农业产品与工业产品的投资价格弹性差异，才能保持发展中国家经济的持续发展。

三、新古典政治经济学发展阶段的主要理论

现代西方经济学的系统性发展源自亚当·斯密，中经大卫·李嘉图、西斯蒙第、穆勒、萨伊等，逐渐形成了一个经典的经济学理论体系，就是古典经济学的发展历程。

发展到 20 世纪以后，现代西方经济学又经历了张伯伦革命、凯恩斯革命和预期革命等所谓的三次大的革命，形成了包括微观经济学和宏观经济学的基本理论框架，这个框架共同构成了新古典经济学，以区别于先前的古典经济学。20 世纪 70 年代中期以来，西方学者在运用新古典分析工具的同时，恢复了以亚当·斯密为代表的古典学派的传统，充分重视对包括政治、法律、文化等非经济因素在内的制度背景的分析。

新古典政治经济学的两个显著特点：一是对新古典主义复兴思潮的批判和反对，它批评新古典主义把政治、法律、制度、意识形态等视为经济运行体系的既定不变因素或外生变量，而重新强调经济发展决不仅仅是纯经济现象，它受到政治、法律、制度、文化等非经济因素深刻的、具有决定性的影响。二是既承袭了新古典主义思路的基本范畴和理论概念（如效率、均衡、最优化等），又在方法论上使用了新古典政治经济学的分析方法（如成本—收益分析、均衡分析等）。主要代表理论有：

（一）新制度经济学理论

它是对运用新古典微观经济理论研究制度问题的各学派的统称，包括产权学派、交易费用学派、新经济史学派等等。新制度经济学继

承了新、旧制度学派重视经济发展中制度作用的传统，并以新古典经济学的逻辑和分析方法进行制度分析，侧重从微观角度研究制度的构成、运行及其在经济发展中的作用，新古典政治经济学的内涵进一步扩展至政治、法律、社会等更广泛的领域，是真正意义上的"新古典政治经济学"。

（二）新增长理论

新增长理论之"新"在于其区别新古典增长理论而言，它将经济增长的源泉完全内生化，这一理论又被称之为内生增长理论。它全力解决经济科学中一个重要且令他人困惑的主题：增长的根本原因。新增长理论的出现标志着新古典经济增长理论向经济发展理论的融合。

新增长理论的主流思路认为，内生的技术进步是推动经济增长的决定因素。新经济增长模型建立在收益递增和不完全竞争的假设基础上，其基本思想是强调经济增长不是外部力量（如外生技术变化），而是经济体系的内部力量（如内生技术变化）作用的产物。新增长理论重视对知识外溢、人力资本投资、研究和开发、收益递增、劳动分工和专业化、边干边学、开放经济和垄断化等新问题的研究，重新阐释了经济增长率和人均收入的广泛的跨国差异，为描述长期经济增长提供了一幅全新的图景。所以说，新增长理论是对新古典增长理论的一个重要修正，它放弃了技术外生化的假定、突出技术的内生性、强调大部分技术或知识经济主体源于利润最大化的有意识投资的产物。新增长理论指出了边干边学以及知识外溢在经济发展中的重要作用，在经济发展过程中，厂商可以从自己的投资活动中学会很多东西，其知识存量是投资量的函数。同时，新增长理论强调发展中国家在经济发展过程中对外开放的重要性，认为国与国之间发展对外贸易不仅可以增加对外贸易的总量，而且可以加速世界先进知识、技术和人力资本在世界范围内的传递，使参与贸易各国的知识、技术和人力资本水平得到迅速提高，获取边干边学和知识外溢效应。

新增长理论的政策含义是：政府的某些经济政策，如产业政策和贸易政策，对一国的长期增长具有重要影响。这一理论自 20 世纪 80

年代产生以来，迅速成为理论关注的焦点，对世界经济增长，尤其是对发展中国家的经济产生了重要的影响。新增长理论重新确立了政府政策在经济发展中的地位，该理论研究总结出了一套维持并促进长期增长的经济政策。

新增长理论建立了许多经济增长模型，其共同之处在于：认为经济增长是由经济系统自我推动的。但他们对实现内生增长的因素却有不同的强调。罗默模型（又称为知识积累的增长模型）把知识作为一个独立的新要素引入生产函数，认为知识积累是经济增长的主要源泉，提高经济增长率的主要途径是努力增加研究与开发部门的资源投入以提高知识积累率。卢卡斯模型（又称为专业化人力资本的增长模型）认为，只有专业化的人力资本积累才是经济增长的真正源泉，从而对各国之间增长率必然存在差异的原因进行了很好的说明。斯科特模型（又称为资本投资的增长模型）认为技术进步的源泉是资本投资，因而资本投资是增长的决定性因素。从这个意义上看，斯科特模型更像古典主义增长模型，然而它同时强调知识对劳动力质量、劳动效率的重要影响。

新增长理论在开放经济条件下派生出新贸易理论。它的创新意义在于：在贸易理论中引入产业组织理论，使之从完全竞争模式的束缚下解放出来，提出收益递增与不完全竞争相一致的理论，使贸易理论有了新的突破，从而消除了比较优势与收益递增的矛盾。

新增长理论又衍生出知识经济。知识经济是指建立在知识和信息的生产、分配和使用上的经济。知识经济对工业经济的替代，其影响要比200年前的工业经济对农业经济的替代具有更深远的意义。从经济增长方式看，知识经济以知识为基础，通过高科技和信息技术广泛地渗透到生产的各个环节，使生产率大大提高。高科技、信息技术应用于传统产业或夕阳产业，将促进其改造，使经济效益大大改进。从增长的来源看，知识的生产和应用一般呈现出收益递增的规律。可见，知识经济的发展与新增长理论的基本思路是一致的。

（三）可持续发展理论

可持续发展理论是新古典政治经济学的新发展。可持续发展理论以提高生活质量为目标，同社会进步相适应。经济发展不只是意味着 GDP 的增长，还意味着贫困、生态环境恶化、失业、收入不公、政治特权、政治民主缺乏、个人能力的剥夺等社会经济结构的改善与发展，可持续发展所追求的正是这些方面的持续进步和改善。各发展中国家由于所处的发展阶段不同，发展的具体目标和所采用的实践战略也各不相同，但其发展的内涵均应包括改善人们的生活质量，保障人们的基本需求，并创造一个富裕、民主、自由、平等及和谐的社会。

1978 年，世界环境与发展委员会首次在会议文件中正式使用了可持续发展的概念。可持续发展概念的明确提出，最早可以追溯到 1980 年由世界自然保护联盟、联合国环境规划署、野生动物基金会共同发表的《世界自然保护大纲》，提出，"必须研究自然的、社会的、生态的、经济的以及利用自然资源过程中的基本关系，以确保全球的可持续发展"。1981 年，布朗出版《建设一个可持续发展的社会》，提出以控制人口增长、保护资源基础和开发再生能源来实现可持续发展。

1987 年，布伦特兰夫人报告《我们共同的未来》发表之后，可持续发展理论才对世界发展政策及思想界产生重大影响。此文标志着可持续发展理论的产生，此时的研究重点是人类社会在经济增长的同时如何适应并满足生态环境的承载能力，以及人口、环境、生态和资源与经济的协调发展方面。有关可持续发展的定义有 100 多种，但被广泛接受影响最大的仍是世界环境与发展委员会在《我们共同的未来》中的定义。该报告中，可持续发展被定义为：能满足当代人的需要，又不对后代人满足其需要的能力构成危害的发展。它包括两个重要概念：需要的概念，尤其是世界各国人们的基本需要，应将此放在特别优先的地位来考虑；限制的概念，技术状况和社会组织对环境满足眼前和将来需要的能力施加的限制。该定义目前是影响最大、流传最广的定义，包含了可持续发展的公平性原则、持续性原则、共同性原则；强调了两个基本观点：一是人类要发展，尤其是穷人要发展；二是发展有限度，不能危及后代人的生存和发展。这一表述实际上已经成为一种国际通行的对可持续发展概念的解释。可持续发展指的是，既要实现经济发展的目标，又要实现人类赖以生存的自然资源与环境的和谐，使子孙后代安居乐业、永续发展。

20 世纪 90 年代以来，可持续发展以其崭新的价值观和光明的发展前景，被正式列入国际社会议程。1992 年联合国环境与发展会议取得了最有意义的成果是两个纲领性文件《地球宪章》和《21 世纪议程》，这标志着可持续发展从理论探讨走向实际行动。此后，1994 年的世界人口与发展会议、1995 年的哥本哈根世界首脑会议，都以此作为重要议题，提出了在全球范围内实施可持续发展的战略构想。2012 年，联合国可持续发展大会把"可持续发展和消除贫困背景下的绿色经济""促进可持续发展的机制框架"作为两大主题，将"评估可持续发展取得的进展、存在的差距""积极应对新问题、新挑战""作出新的政治承诺"作为三大目标，这有助于各方凝聚共识，进一步推进全球、区域和国家的可持续发展。

可持续发展研究的提出是和新古典政治经济学思潮的涌现相关联的，但也存在不同：一是新古典主义思路所考虑的资源最佳配置是短期的，可持续发展研究所考虑的资源最佳配置则是长期的，不是这一代的而是下一代的，甚至是更下一代的。二是新古典主义思路偏重于纯经济分析，可持续发展研究则有广阔得多的视野，考虑范围涉及非经济因素，如社会观念、制度安排等。

（四）社会资本理论

自 20 世纪 70 年代以来，经济学、社会学、行为组织理论以及政治学等多个学科都不约而同地开始关注一个概念，即社会资本（social capital）。而最先将社会资本引入到经济学中的是 1977 年美国布朗大学的格伦·罗瑞教授，他将社会资本定义为：促进或帮助获得市场中有价值的技能或特点的人之间自然产生的社会关系。一般是指个人在一种组织结构中，利用自己特殊位置而获取利益的能力，包括个人的亲戚、朋友、同学、老乡等关系，一个人能从这些关系中获取的利益越高，那么他的社会资本就越高。社会资本理论是社会学学科理论和方法趋向综合的表现，也是方法论的实体论向关系论转变的集中体现。20 世纪 90 年代以来，社会资本理论逐渐成为学界关注的前沿和焦点问题，社会学、政治学等许多学科都从学科的角度对社会资本进行了研究，以用来解释经济增长和社会发展。社会资本甚至被西方国家的决策圈看成是解决社会矛盾的新思路，即所谓的"第三条道路"。

布迪厄提出，所谓"场域"是由不同的社会要素连接而成的，社会不同要素通过占有不同位置而在场域中存在和发挥作用。场域就像一张社会之网，位置可以被看成是网上的纽结。"场域是以各种社会关系连接起来的、表现形式多样的社会场合或社会领域。一个场域可以被定义为在各种位置之间存在的客观关系的一个网络，或一个构型。"而位置是人们形成社会关系的前提，"社会成员和社会团体因占有不同的位置而获得不同的社会资源和权利"。布迪厄认为场域作为各种要素形成的关系网，是个动态变化的过程，变化的动力是社会资本。他还把资本划分为三种类型：经济资本、文化资本和社会资本，他集中研究了资本之间的区分及相互作用，认为资本之间可以相互转换。布迪厄提出，所谓"社会资本"就是"实际的或潜在的资源的集合体，那些资源是同对某些持久的网络的占有密不可分的。这一网络是大家共同熟悉的，得到公认的，而且是一种体制化的网络，这一网络是同某团体的会员制相联系的，它从集体性拥有资本的角度为每个会员提供支持，提供为他们赢得声望的凭证"。从概念可以看出，社会资本有两个特征：第一，它是一种与群体成员资格和社会网络联系在一起的资源；第二，它是以相互认识和认知为基础的。布迪厄的这些著作对于使社会资本成为一个研究领域具有至关重要的意义。一般认为，布迪厄是从社会网络的角度来研究社会资本的，强调社会资本以关系网络的形式存在。从这个意义来说，布迪厄开创了社会网络分析的社会资本研究，并被后来的社会资本研究者继承和发展。

　　科尔曼对社会资本的研究始于对综合两种不同学科，即社会学和经济学研究取向的努力，他把理性行动作为研究的起点，同时又拒绝了极端个人主义的假设。他认为将社会资本概念看作行动的资源，是将社会结构引入理性行动范式的一种方法和途径。后来将社会资本理论与集体行动理论结合起来考察的理论趋势，正是起源于科尔曼。科尔曼认为，"这些社会关系不仅被视为社会结构的组成部分，而且是一种社会资源"。"蕴含某些行动者利益的事件，部分或全部处于其他行动者的控制之下。"科尔曼由此提出了社会资本的概念。他把社会结构资源作为个人拥有的资本财产叫作社会资本。社会资本不是某些单独的实体，而是具有各种形式的不同实体。科尔曼认为社会资本是与物质资本和人力资本相并存的，每个人生来就具有这三种资本。其中物质资本是有形的，社会资本和人力资本是无形的，它们三者之间可以转换。社会资本的形式有义务与期望、信息网络、规范与有效惩罚、权威关系、多功能社会组织和有意创建的组织等。社会资本对于教育文凭的获得有着极其有益的影响，他将社会资本定义为"行动者可以获得的某种资源"，包含"多种实体"。科尔曼不满足于社会资本和资源获取之间的因果关联，他进一步提炼社会资本概念，将它置于一个更广泛的新功能主义的理论框架中。科尔曼认为，行动者通过建立义务、期望和信任，建立信息渠道并设立受有效惩罚机制支持的规范等程序，社会关系将构成对行动者有用的资本资源。

　　科尔曼认为，社会资本和人力资本通常是相互补充的。在这一点上，科尔曼与布迪厄的观点非常类似，都将社会资本看作是教育优势资源。与布迪厄不同的是，科尔曼主要从功能的角度来定义社会资本，将社会资本的创造看作主要是非故意的过程，社会资本起作用恰恰是因为它主要产生于某些活动的其他目的，是某些活动的副产品，通常很少或者根本没有直接的社会资本投资。另外，布迪厄使用社会资本概念表示精英团体使用他们的联系来再生产他们的特权，而科尔曼却将这个概念的范围扩展到了包括非精英团体的社会关系。

四、激进主义的"外围—中心"理论

激进主义思路的发展经济学对新古典主义思路的发展经济学的批评集中在国际经济关系方面。

他们认为，穷国是富国海外角逐的战利品，是国际体系中的被欺凌者，阻碍发展中国家发展的不是其贫穷落后，而是不平等的现存国际秩序。目前，国际体系的格局是"中心—外围"的不平等关系，穷国"依附"富国而生存，自由市场将强化这一关系。作为中心的发达国家和作为外围的发展中国家进行所谓"自由贸易"的后果就是发展中国家日益贫困。

激进主义一方面敏锐地指出了在现存国际秩序中，发展中国家始终处在受控和欺凌的不平等地位，另一方面却未能建立完整理论体系，因而影响有限。而且有些观点过于偏激，并不可行，如主张发展中国家和国际体系完全脱钩。

第三节　影响和评价

一、影响

发展经济学是经济学的分支之一，主要研究对象为贫困落后的农业国家或发展中国家如何实现工业化、摆脱贫困、走向富裕的过程。

在第二次世界大战之后，由于凯恩斯主义、战时流行的国家干预、苏联的计划化等因素的影响，使经济学在 20 世纪 50—60 年代过多地强调了资本积累、计划化、工业化、国家控制等（如大推动理论、平衡增长论、二元经济论），60 年代后期，由于一些发展中国家经济发展停滞，没有产生预期的效果，这一事实又引导许多经济学家开始重视发展中国家的外部关系（如中心—外围理论、依附理论），重视市场机制与农业的发展（如舒尔茨的理论），重视人力资本（如贝尔的人力资本论）和再分配（如世界银行的满足基本需要方案）。

二、评价

发展经济学作为一门独立的经济学科，尽管尚不能说已经十分成熟和完善，但是几十年来在发达国家和发展中国家经济学家的共同努力下，已经形成了一个比较完整的体系，形成了其主流的理论和方法论基础、一系列对经济发展现象具有较强解释力的经济学假说，正在发挥着日益增大的作用。发展经济学的形成与发展，可以说，它是经济学打破国界、日趋国际化和世界认同的结果，因此它是人类的共同精神财富。

早期的发展经济学主要受当时经济学中占统治地位的凯恩斯主义影响，强调政府宏观政策及干预的作用。同时，苏联高度集中的计划管理及其在大萧条时期表现出的快速成长，复兴西欧经济时马歇尔计划所发挥的作用，似乎从实践方面都印证了政府计划管理在启动和推进经济发展中的意义。因此在实践或经验上，当时发展经济学家所推荐的发展战略是主要借重政府政策的作用，集中配置有限的资源，实行类似苏联的菲尔德曼式和印度的马哈兰诺比斯式经济模式，以优先发展重工业来带动国家工业化的发展战略；在理论上，发展经济学家受到传统经济学的影响，认为人的偏好、资源条件、技术和制度都是给定的或外生的。在此假定之下，研究发展中国家的资源配置，就必然忽视这些国家或经济中技术与制度变迁的可能性。所以忽视市场机制和贸易的作用，过分青睐于计划化和政府干预，成为 20 世纪 50 年代和 60 年代发展经济学家的流行态度。

发展经济学的这种主流倾向的完全扭转，是在 20 世纪 70 年代中期以后随着计划经济、传统战略的失败和利用市场机制发挥比较优势战略的成功以及经济学主流的转变而发生的。在这个时期之前，以舒尔茨为代表的一批发展经济学家就已经开始了反传统的论战，主要表现在两个方面：一是诱致性技术变迁理论的提出。舒尔茨在 1964 年出版的《改造传统农业》一书，首次打破了落后经济中农民对有利技术不能作出积极反应的神话，指出作为对新的技术在经济上的有利性的一种反应，农民对这种技术的需求是十分强烈的。而这种反应方式对于发达国家农民和发展中国家农民来说毫无二致。拉坦和速水沿着舒尔茨开创的方向，通过对美国和日本农业技术变迁道路的对比研究，系统地提出了"诱致性农业技术变迁假说"，指出农民选择技术的依据是节约稀缺生产要素和更密集地使用较丰富的生产要素；因此技术变迁或技术创新是由一个社会要素的相对稀缺性从而相对价格所诱致发生的。二是诱致性制度创新理论的提出。舒尔茨批评了传统经济学忽略和舍弃制度因素或把制度视为外生因素的倾向，主张把制度当作经济领域内的变量看待，即将其看作是对经济增长运动作出反应的变量。制度之所以是必要的，是因为它提供具有经济价值的服务。

经济增长改变着对这种服务的需求，从而产生由长期的成本—收益衡量的制度供给和需求间的不平衡。道格拉斯·诺思在制度变迁理论方面具有极大的影响。他指出，经济增长会使一个经济中某些原来有效的制度安排变得不是最有效的。当预期新制度安排代表旧制度安排的净收益会超过制度变迁成本时，新的制度便会被创新。这样的一种制度创新过程，就是所谓诱致性制度创新。根据发展经济学的这一新的主流方向，经济发展的实质就是技术和制度的变迁。由于这一认识，发展经济学的宏观式的研究传统被改变了。

不过，由于历史、文化、社会状况各有不同，发展中国家经济发展的初始制度基础不论与发达国家今昔状况相比，还是在发展中国家相互比较都具有极大的异质性和特殊性。尽管经济全球化是不可避免的趋势，但世界多极化又是必然的归宿，不同的发展中国家将提供丰富的发展经验，这就是发展经济学永不枯竭的源泉。

第四节　借鉴和应用

一、借鉴发展经济学发展我国经济

发展经济学是第二次世界大战后逐渐形成的一门新兴的综合性学科。这门学科引进我国，不过短短二十多年，但对我国的影响却很大。其原因是，它的研究对象是发展中国家的经济发展，它所论证的是资本如何积累，人力资源如何开发，工业化与农业现代化如何进行，人口在部门之间如何流动，对外贸易如何开展，国外资源如何利用，财政政策与货币政策如何制定，计划与市场调节的关系如何处理，发展的优先次序如何选择，投资项目的成本与收益如何评价等等有关经济发展问题。而这些都是一切发展中国家为谋求经济发展所必须通盘考虑的问题，也是我国长期以来在经济建设中作出很大努力去解决而尚未得到妥善解决的问题。正由于此，当人们一接触到这些问题的理论分析时，就很自然地联系到我国的情况进行对比和反思，感到发展经济学并不陌生而切合我国的现实。

中国特色社会主义市场经济的发展是适合于中国国情的经济发展模式，它借鉴了发展经济学的理论，同时又通过在中国的应用，丰富了发展经济学。中国模式无疑是发展经济学的终极版，在短短30年里中国以自己的发展经验证明一个国家在没有资本积累与技术创新的前提下也能够发展，可以说这为世界欠发达国家提供了可以借鉴的发展模式与发展希望，对此，如经济学家林毅夫所讲，只要与中国一样做，它们也能够发展。长期以来世界经济的主要问题是贫穷与落后，但是现在已经不是问题，它意味发展的潜力与空间。

二、应用发展经济学总结中国发展的四种模式

运用发展经济学理论来总结中国经济的发展经验，中国经济发展模式可以概括为四个方面：增长优先、投资驱动、沿海先行和出口鼓

励。从以上分析中可知，过去中国采取的发展战略在发展经济学中都能找得源头，这说明中国实施的发展战略是有理论支撑的，也表明发展经济学理论被中国的实践所证明。尽管我们常常说，中国的改革开放是"摸着石头过河"，但是中国采取的发展战略在几十年前都由发展经济学家提出过。

在这四种发展战略中，增长优先发展是总体思路，它确立了中国发展的方向和目标，而投资驱动、沿海先行和出口鼓励是推动中国经济快速增长的途径。而这四种发展模式是同时实施的，在时间上没有先后之分。它们也不是相互独立的，而且是紧密相连的。增长优先战略实际上是让沿海地区优先发展，而出口鼓励和投资驱动战略的实施首先在沿海地区实施。同样，出口鼓励和投资驱动战略也促进沿海地区的快速增长，而沿海地区的率先工业化也带动了中国经济的高速增长。出口鼓励战略与投资驱动战略也是互补的，出口鼓励和外资引进强化了投资驱动，而投资驱动也促进了出口鼓励。实际上，中国的经验证明，单一的发展战略是不可能取得成功的，必须是多种发展战略同时实施，形成一股强大的合力，推动中国经济的持续高速增长。

（一）增长优先发展模式

早期发展经济学把增长与发展两个概念等同起来，把经济增长作为追求的主要目标，甚至是唯一的目标。这样的观点在 20 世纪 70 年代就受到了发展经济学家的批评，至今也受到非议。但是把这两个概念等同起来，在当时历史背景下是有合理成分的，不能全盘否定。增长固然不等同于发展，但前者是后者的必要条件。没有经济增长，就不可能有发展，人们在批判增长中心主义观点时往往忽视了它们的关系。在非常贫困的状况下，要解决温饱问题，首先要解决的就是如何增加收入和财富。

十一届三中全会改变党的方针路线，放弃了"以阶级斗争为纲"，转到了以经济建设为中心上来。中国开始了改革开放的新纪元，迎来了经济发展的新时代，以经济建设为中心意味着把经济发展作为首要目标。邓小平同志提出"发展是硬道理"，这里说的发展就是指经济增长。20 世纪 80 年代，中央文件又把邓小平这个思想具体化为"效率优先，兼顾公平"。后来江泽民在 2002 年明确把它概括为"发展是第一要务"，胡锦涛同志在 2007 年党的十七大上详细阐述了科学发展观的基本含义，明确指出"发展是第一要义"。在增长优先的发展战略指导下，中国进行了市场化改革和国际化开放的伟大工程，为经济快速增长扫除了制度上的障碍。

此外，中国在过去三十多年里运用发展经济学理论所采取的发展战略和政策可以概括为三个方面：投资驱动略、沿海先行和出口鼓励。

（二）投资驱动模式

发展经济学家都十分重视投资和资本积累对经济发展的决定性作用，认为在发展初期，发展中国家资本稀缺而劳动力丰富，提高投资在其中的比重是促进经济快速增长的关键。

在哈罗德—多马增长模型中，储蓄率和资本积累是决定经济增长的唯一重要因素，储蓄率越高、增长率就越高。在索洛的新古典经济增长模型中，在向稳态过渡时期，决定一国经济增长率高低的唯一决定因素是资本积累率，资本积累率越高，经济增长就越快。发展经济学家刘易斯在二元经济发展模型中也把投资和资本积累看作是促进劳动力转移和工业化的主要推动因素。美国经济史学家罗斯托在经济增长阶段论中把资本积累看作是经济起飞的三个重要前提条件的首要条件。美国发展经济学家罗森斯坦·罗丹提出了大推进理论，指出由于市场需求、基础设施和储蓄供给存在着不可分性，小规模的、个别部门的、个别企业的局部投资不可能启动停滞的经济。因此必须有一个大推进战略，即在各个工业部门全面、大规模地进行投资，使经济中各个部门都同时发展起来，才能摆脱停滞状态，实现工业化。美国发展经济学家纳克斯提出了一个"贫困恶性循环"理论，该理论主要是这样一个简单的命题：穷国之所以穷是因为它穷，具体地说是资本匮乏。要打破贫困的恶性循环，必须要有大规模投资，使经济增长率达到一个最低临界值，冲出恶性循环的陷阱，走上工业化轨道。

除了在理论上强调资本积累的重要性之外，也有不少学者从实证分析中证明了资本积累在经济增长中的贡献在发展中国家比在发达国家要大得多，而发达国家主要依赖技术进步促进经济增长。基于这些认识，发展经济学家把发展战略的重点放在如何筹措发展资金上，在国内主要是通过从农业部门抽取剩余为工业发展提供资本，在国外主要是通过国外借款和引进外资。其中以发展经济学家钱纳里的"两缺口模型"最为著名。

中国经济的高速增长主要是靠投资来推动的，证明了发展经济学理论是完全正确的。中国在起飞过程中，资本积累率相当高。中国的市场经济是政府主导型的市场经济，政府为加速经济发展的步伐，采取多种政策大力鼓励和支持个人、企业和地方进行投资。这些政策包括维持低息贷款、对外资优惠、大幅降低人民币汇率、对各地官员政绩的考核以增长为核心等等。中国政府在鼓励民间投资和吸引外资的同时，本身也开展投资，主要通过国有银行和国有企业进行投资，投资于制造业和交通、水利、电力、通信等大型基础设施上。政府的大量投资是维持中国高资本积累的重要因素。

（三）沿海先行发展模式

发展经济学家就平衡发展战略和不平衡发展战略进行了广泛的争论。罗森斯坦·罗丹的大推进理论、纳克斯的贫困恶性循环理论等基本上属于平衡发展模式；而刘易斯的二元经济发展理论、赫尔希曼的联系效应理论、罗斯托的主导产业带动理论、佩鲁的增长极理论、米尔达尔的地区二元经济发展理论等属于不平衡发展模式。在应用过程中，不平衡发展理论和战略获得广泛认同，不平衡发展战略分为部门不平衡发展战略和地区不平衡发展战略，这里主要是讨论地区不平衡发展战略。

法国经济学家佩鲁提出增长极理论，认为"增长并非同时出现在所有地区，而是以不同的强度首先出现在增长点或增长极，然后通过不同的渠道扩散，对整个经济具有不同的终极影响"。瑞典经济学家米尔达尔提出了地理上的二元经济结构理论，他假设穷国每个地区在发展初期都处于静止的落后状态，各地区收入水平和利润率相差无几。在这种情况下，如果有一个或多个地区因优越的自然条件、历史偶发因素或国家的倾斜性政策而开始出现增长，不平衡发展就开始发生了。那些优先发展起来的发达地区因为利润和工资水平高，吸引了大量的人才和资金，从而带来高储蓄率和高投资率，导致发达地区发展不断加速；而落后地区刚好相反，由于工资和利润低引起大量人才和资金外流，储蓄和投资都很低，经济增长缓慢甚至停滞不前。这就是所谓的"回波效应"。一旦先发地区实现了工业化，工资和租金上涨，环保成本也在增加，投资回报率下降，产业、资金和人才就会向成本偏低的落后地区转移，促进后发地区经济加快发展，最终赶上先发地区，达到高收入水平上的均衡，这就是所谓的"扩散效应"。

改革开放以前，中国实施区域平衡发展战略，即把绝大部分投资项目向经济落后的中西部地区倾斜，而经济较发达的沿海地区则投资较少，以此来实现经济平衡增长。但这种发展战略被证明是失败的，导致了资源的配置不当。改革开放以来，中国政府改变了思路，放弃了区域平衡发展战略，根据区位优势，实施沿海先行发展战略，即给予沿海省份和若干城市特殊的优惠政策，让这些地区通过外贸和外资来促进经济发展。国家先后设立深圳、珠海、汕头、厦门和海南为经济特区，然后陆续开放上海、大连、青岛等十几个沿海城市，以此作为改革开放的先导。沿海地区具有优越的区位优势和较发达的经济基础，毗邻香港、澳门和台湾，通过这些地区向世界开放。国家给予东部沿海省份和经济特区的资金扶持、关税减免、下放审批权等特殊优惠政策，加快对外开放和引进外资，目的在于培育沿海城市为增长极，通过示范效应和扩散效应，带动全国各地区共同富裕。中国采取的沿海先行的不平衡发展战略取得了显著的成效。目前在中国东部地区形成了珠江三角洲增长极（包括广州、深圳、珠海、中山、东莞、佛山等广东省境内的位于珠江周边的城市）、长江三角洲增长极（包括上海市，浙江省的杭州、宁波等城市，江苏的南京、苏州等城市）。这两个增长极都推动了中国经济高速增长。

（四）出口鼓励发展模式

发展经济学家在讨论内外向型发展战略时，曾经围绕着出口鼓励战略和进口替代战略进行了论争。在 20 世纪 70 年代以前，发展理论常常倾向于进口替代发展战略，尤其是中心—外围论、贸易条件恶化论等理论为进口替代战略提供了有力的理论基础。那时很多发展中国家采取进口替代发展战略，以高关税和进口配额形式限制发达国家的产品进口。但 20 世纪 70 年代以后，那些实施进口替代发展战略的发展中国家没有达到预定的发展目标。新古典主义学说因此复活，自由市场经济受到普遍的赞扬，出口鼓励战略最终获得广泛共识，很多发展中国家地区，包括"亚洲四小龙"等，也都改弦更张，实施了从进口替代战略转到出口鼓励战略的转变，结果获得了巨大的成功。这些国家和地区也因此摆脱了贫困，实现了工业化。

改革开放以前，中国实施的是进口替代发展战略，但工业化并没有实现，证明这种战略是不成功的。改革开放以后，中国开始把进口替代战略转变为出口鼓励战略，坚持外向型发展战略，把出口作为推动经济增长的火车头。为此在外贸方面进行了一系列的改革，通过下放外贸经营权，允许工业企业直接面向海外市场；全面实行出口退税制度，并连续大幅度和大范围提高出口退税率。最有利于出口政策的就是人民币汇率贬值，在 20 世纪八九十年代，中国一直在降低人民币汇率，到 1994 年，中国把人民币对美元的汇率从 5.7 降到 8.6，一次性把人民币汇率贬值 50%，这个汇率一直维持到 2005 年。由于政府对出口和外资的大力支持和扶植，中国的进出口贸易增长很快，中国外贸的急剧扩张为中国经济的高速增长注入强劲动力。所以除了高投资这个重要动力之外，出口也是推动中国经济增长的另一个重要动力。出口作为"三驾马车"之一，除了直接刺激增长之外，还通过贸易的溢出效应促进了技术进步、就业增加和结构优化升级，从而间接地促进了国内经济增长。

第十六章　德国社会市场经济理论

　　德国社会市场经济理论是基于德国土壤形成的、有鲜明德国特色、符合德国实际的经济指导理论。德国社会市场经济理论在创立之初是以弗莱堡学派的经济思想为基础，既反对使个人成为国家附庸的计划经济，又反对缺乏自由放任的市场经济，而是要建立一种既能确保个人自由从而确保经济效率、又能确保经济秩序从而确保社会稳定的新经济制度。德国社会市场经济理论经历了战后重建、反对垄断、60年代滞胀、90年代两德合并、新世纪新经济重击和欧盟统一等种种考验，在此过程中不断调整自己的政策重点和具体观点，注意吸纳两大学派（自由经济主义和政府干预主义）的最新理论"为我所用"，始终是德国政府发展经济的官方指导思想，为德国经济总体健康发展立下了汗马功劳。

　　德国社会市场经济理论脱胎于弗莱堡学派，形成于20世纪40年代，是一种以私有制为主体、鼓励和发展市场经济模式、强调个人自由和市场竞争的经济思想，同时主张加强宏观调控和政府干预以消除市场缺陷，还主张实行广泛的社会保障制度，以保证整个经济和社会的公平、效率、发展和稳定。这种经济发展模式，通常也叫作"德国模式"。这种模式既不同于传统的自由放任的市场经济，又不同于中央集中管制的统制经济，而是一种有社会秩序的、实现了社会公正的市场经济制度，即克服了漫无限制的自由放任和严酷无情的政府管制，在绝对自由与极权主义之间的一种"第三条道路"，是在新自由主义理论的基础上吸收了基督教民主经济思想和民主社会主义的经济主张的基础上形成和建立起来的。

德国队捧起大力神杯的经济学秘密

在 2014 年第二十届世界杯足球赛冠亚军争夺之战中，以稳健著称的德国队在最后的加时赛中以 1∶0 战胜了在南美洲作战、拥有世界上最棒球员梅西的阿根廷队，最终获胜并捧起了大力神杯。赛后，记者评论说："德国是一个团队，像一台设计精良的机器，所有的部件都和谐工作。每个人都融入了一个整体，队员个个分工合作。"也正是这样的一支球队，在半决赛中，还曾以 7∶1 的大比分大胜东道主巴西队。德国队的队员在本届足球赛堪称惊艳，而完善的球队服务体系，德国总理的现场督战也让人印象深刻。德国队展现了一个有计划、有部署的球队作风，体现了精神、体质、智慧、协作的力量，表现出了个人实力与团队配合之间不可分离的关系。

德国足球的长盛不衰和德国人对足球运动精髓的理解，以及德国式的思考问题的模式一脉相承，德国人还曾经运用对足球运动的理解阐释了社会市场经济的意义，颇为经典。

德国"社会市场经济之父"艾哈德在系统地阐述社会市场经济理论的过程中，强调自由竞争机制的重要性，但也没有否认国家干预的辅助作用。为了说明经济自由与国家干预之间的关系，他还曾经援引了西德新自由主义经济学家伯姆·罗布凯所作的足球比赛的比喻。在社会市场经济中，政府充当裁判员的角色，其职能是使比赛有规则地进行而不是亲自去踢球。政府的责任是制定和执行经济政策，在精神上和物质上给私人企业家以指导和支援，而不在于直接干预经济事务。私人企业家就像足球比赛中的运动员，他们必须对自己的事业负责任，政府作为裁判员只能运用一切为社会市场经济制度所允许使用的手段，为市场经济的顺利运行创造必要的条件和适宜的环境。政府的辅助作用是自由竞争机制所不具备的。

第一节　德国社会市场经济理论的形成

一、德国社会市场经济理论的兴起过程

第二次世界大战结束后，战胜国奉行的是肢解和削弱德国的政策，在经济上德国要最大限度地赔偿和弥补战争中给同盟国造成的损失。战争破坏和高额赔偿使德国经济处于瘫痪状态，由于商品匮乏、通货膨胀、黑市泛滥，德国经济难以为继。

随着东西方关系的变化和"冷战"的确立，盟国把原来彻底消灭德国的政策逐步改变为扶持的政策，为德国实行社会市场经济提供了政治前提。德国在清除希特勒政治政策的同时也审视了其经济社会政策，政府和社会都强烈反对之前实施的高度统制型经济政策。同时，他们也认为，传统的自由市场经济政策不能解决德国社会经济发展所面临的问题。以路德维希·艾哈德为代表的经济学家提出，德国社会经济发展应该在自由市场经济与高度统制型经济政策之间寻找一条中间道路。

1948 年，坚持自由市场理念的艾哈德被选为经济管理署主任，在"社会市场经济"口号下对当时施行的统制经济体制进行改革。《货币改革后的管理和价格政策指导原则法》在德国的各个政治集团和经济利益组织的激烈论证下通过，从此以货币改革和经济改革为主要标志的社会市场经济模式正式诞生。

社会市场经济理念为基督教民主同盟（以下简称"基民盟"）所拥护，并被写入 1949 年 7 月 15 日的"杜塞尔多夫指导原则"，成为其经济政策的准则。第二次世界大战后基民盟的长期执政与经济繁荣，使社会市场经济理念在德国渐渐深入人心。1959 年 11 月 15 日，社民党也在"哥德斯堡纲领"中宣布接受这一理念，"社会市场经济"由此成为德国社会普遍认可的经济模式。

二、德国社会市场经济理论的代表人物和著作

德国社会市场经济理论的主要代表人物有社会市场经济概念的提出者阿尔佛雷德·穆勒－阿尔马克和社会市场经济的主要实践者路德维希·艾哈德。艾哈德更是被称作"德国社会市场经济之父"。

德国社会市场经济的概念是由"实用主义的新自由主义"的代表穆勒－阿尔马克（Alfred Müller-Armack）于 1947 年首次明确提出的。阿尔马克长期研究德国经济制度与政策，1952—1963 年间在联邦德国经济部任职，协助艾哈德开展工作。他在 1946—1948 年发表的一系列论文中指出：在德国，只有实行社会市场经济的政策，才能确保社会经济获得高效和繁荣。在他看来，"社会市场经济是一种介于自由放任政策和集中管理经济之间的混合系统"。在他提出德国社会市场经济概念之后，德国的政策制定者和经济学家在推行德国社会市场经济模式的过程中，不断吸取其他经济理论中的合理成分，从而不断推进德国社会市场经济模式的发展和完善。

路德维希·艾哈德（Ludwig Wilhelm Erhard），德国政治家、经济学家，从 1949 年到 1963 年任德意志联邦共和国经济和劳动部长，从 1963 年到 1966 年任联邦总理。艾哈德是社会市场经济的奠基人之一，对德国恢复时期的经济政策的影响非常大。1957 年，他出版了《大众的福利》，根据联邦德国战后经济改革的经验，系统地阐述和发挥了联邦德国新自由主义学派奠基人瓦尔特·欧根创立的社会市场经济理论。他本人始终反对将当时德国经济的发展称为经济奇迹，他总是说，世界上没有奇迹，认为德国的发展是成功的市场经济政策的结果。

第二节　德国社会市场经济理论的主要理论

德国社会市场经济理论的理论体系主要有三方面的来源：一是新

自由主义的理论和经济政策主张；二是社会主义的理论和政策观点；三是基督教教义。

一、新自由主义理论

德国新自由主义又称为奥尔多自由主义，因其主要代表人物在1948年创立著名的经济学年鉴《奥尔多：经济和社会政策年鉴》而得名。德国新自由主义认为，经济自由是个人自由以及个体独立的重要保证。由于生产资料的私人占有具有一种现实的、确保自由的意义，因而必须变成市场经济过程中个人自由发挥功能的前提。同时新自由主义也强调，个人的生活范围的重要性，因为它能给个体提供某种程度上的社会稳定性。

德国新自由主义可以划分为三个不同的派别：弗莱堡学派、社会（学）新自由主义、实用主义的新自由主义。德国新自由主义的不同派别对社会市场经济理论的形成有着各自不同的影响作用。

（一）弗莱堡学派

弗莱堡学派是在20世纪20—30年代以后逐渐形成的一个新自由主义学派。由于它的主要成员多数在德国弗莱堡大学任教，并以该校为主要活动阵地而得名。第二次世界大战后期，一批经济学家、法学家、社会学家聚集在此，研究战后德国经济如何顺利转轨到和平时期，以及战后德国应该建立何种形态的经济制度。其理论逐渐发展成以"秩序"为核心的"奥尔多自由主义"，被称为弗莱堡学派，其代表人物为瓦尔特·欧肯（Walter Eucken，又译"欧根"）和弗兰茨·贝姆等人。其思想以经济运行的"秩序"为核心，特别强调竞争秩序。

出于对市场经济本身即可保障个人自由和提高经济效率的信念，弗莱堡学派对国家干预有着极强的警惕意识，认为国家干预经济过程会从根本上危及经济绩效和人类尊严；但又认为没有规制的市场会危及市场本身，因此国家须建立一个"上帝所要的"、有运作能力的、合乎理性或人和事物自然本质的经济社会秩序，即所谓"经济的秩序”或“奥尔多秩序”。所谓的奥尔多，最早可追溯至苏格拉底形而上学的最高象征价值，而根据基督教教义则是符合理性或者自然法则的秩序，欧肯称之为“自由的、自然的、上帝所愿的”秩序，是一种规范性的秩序。建立在绩效竞争与消费者主权基础之上的完全竞争可实现这一目标，可确保市场完全竞争的“经济秩序”，即竞争秩序是“经济的秩序”。因此，弗莱堡学派在区分经济秩序和经济过程的基础上，主张国家应避免直接干预经济过程，而须专注于落实竞争秩序这一经济原则，以实现社会财富的增长和个人自由。

弗莱堡学派也关注社会问题，也不反对实施必要的社会政策，但认为社会问题更多的是竞争不完全所致，只要确保竞争秩序，市场经济就可以使得社会问题迎刃而解。就此而言，秩序政策本身便被视为最好的社会政策，完全竞争的市场经济不是实现社会目标的工具，而是本身就具有社会性。他们认为，充分竞争的市场机制是保障效率、实现经济增长和社会富裕的最佳制度。与此同时，他们认为，自由放任的市场经济必然会产生经济权力的集中，集中的经济权力又会转化为集中的政治权力，反过来强化寡头和垄断，从而阻碍市场的充分竞争，造成市场的扭曲，因此国家必须积极消除市场中的寡头和垄断，从而保证市场在充分竞争中运转。其思想是对自由放任资本主义的修正，强调了国家在维护市场竞争秩序方面的重要作用。

欧肯在 1940 年出版的《国民经济基础》一书中，提出所谓“理想类型”的概念为弗莱堡学派奠定了理论基础。欧肯首先提出了“经济秩序”的概念，并指出，所谓的“经济秩序”是指对事实的客观的实证主义的描述，他把“经济秩序”理解为一个具体的、实际存在的事实。在他看来，像这样具体的经济秩序在历史上是经常变化的，在各个时期中通常并存着多种经济秩序的形式。为了认识具体的经济秩序，就需要把历史上各种各样的具体的经济秩序还原为它们特殊的形式要素，即要逐个提炼经济事实的不同方面，从而得出经济秩序的各种纯粹形式。欧肯称这种经济秩序的纯粹形式为“理想类型”。“理想类型”是经济秩序的各种纯粹形式，而非某一现实的具体经济秩序，因为它只是思想观念上存在的模式，具体的经济秩序则是由这些抽象的、观念上存在的纯粹形式组合而成。欧肯把人类社会从古到今的经济"理想类型"分为两大类：一类是中央管理经济，一类是交换经济。埃及法老时期的专制经济、封建采邑经济、希特勒的统制经济及社会主义国家的计划经济都属于中央管理经济；由市场价格机制调节的经济属于交换经济。

欧肯的研究方法与两种理念模型的提出，在经济学方法论上具有开创性意义，使经济学家们可以跳出传统经济学划定的资本主义和私有制、社会主义和公有制的思想束缚，使经济学家摆脱所有制对经济学研究的限制，从而使经济学研究有可能从新的角度来把握经济秩序或经济运行的实际。欧肯在经济学方法上的这一创新对社会市场经济理论产生了重大影响，社会市场经济模式又被称为"第三条道路"，它既不同于自由放任的资本主义，也不同于生产资料公有制的社会主义。它既反对社会主义者通过建立生产资料公有制来解决资本主义弊病，又反对自由主义者维护传统资本主义经济秩序的做法，这无疑是受弗莱堡学派研究方法的影响。在国家与市场关系问题上，弗莱堡学派为社会市场经济理论提供了"完全竞争"的经济秩序思想。欧肯的"完全竞争"是指在自由市场经济的条件下，由国家鼓励和维持的一种竞争的经济秩序，这种经济秩序是综合了"中央管理经济"和"交换经济"两种理想类型特点的一种经济秩序。"完全竞争"的市场形式占统制地位，国家力量起补充作用。欧肯虽然重视国家的作用，认为现代市场经济需要一个强大的国家，但国家的任务主要是建立"完全竞争"的市场机制，并维护这种竞争秩序，在完全竞争秩序形成后，国家就不要过多干预经济过程，而应该充分发挥市场机制配置资源的功能。国家的主要任务是反对垄断和建立一个能保证币值稳定的货币金融体系，因为垄断和货币波动会干扰完全竞争市场秩序的形成。

（二）社会自由主义

虽然与弗莱堡学派相比，社会新自由主义要求对经济过程进行必要的干预和实施更广泛的社会政策，但两者都主张国家负有优先创建与维护一个确保市场完全竞争的经济社会秩序的责任，以实现个人自由与经济绩效，故被统称为"秩序自由主义"。但秩序自由主义者坚持市场经济的基本立场，要在中央统制与计划经济理念盛行、对市场经济充满疑虑的战后德国得到广泛认可与接受，无疑面临巨大挑战。

社会自由主义学派产生于20世纪30年代的大危机时代，其主要代表人物是威廉·罗佩克和亚历山大·吕斯托等。社会自由主义学派强调个人自由，反对垄断，主张建立一个强大的国家，反对自由放任的经济政策，要实行积极的经济政策，主张以人为本，建立一个自由的公共制度，反对福利国家。他们的经济理论带有明显的社会学性质，积极倡导德国走"第三条道路"，社会自由主义对社会市场经济模式的影响主要体现在社会秩序的建立上。

罗佩克和吕斯托都强调：经济和社会的双重目标并重，主张经济秩序与社会秩序的共同形成。在他们看来，经济和社会的双重目标之间的关系是经济秩序，经济秩序是社会秩序的基础和前提，经济秩序为社会秩序的建立提供物质基础和制度保证。经济秩序最终是为实现更高价值的社会秩序而服务的，社会自由主义更加注重经济秩序的社会责任。经济发展的最终目的还是为社会的和谐、公平、公正服务的。基于上述观点，社会自由主义学派认为，国家的职能除了建立和维护竞争秩序防止垄断、维护货币金融体系稳定以外，还应该实施更广泛的社会政策。社会自由主义学派还认为，使社会市场经济成为世界上独具特色的市场经济模式的关键，并不是在于它是一种市场经济而在于这种市场经济的"社会"的性质上，从这种意义上来说，社会市场经济理论确实继承了社会自由主义的某些经济思想。

（三）实用的自由主义

穆勒－阿尔马克和艾哈德，是实用的自由主义的代表人物，社会市场经济模式的建立者和实施者。1947年，穆勒－阿尔马克最早提出以社会市场经济作为理想的经济秩序，由艾哈德经济政府首先付诸实施。

1947年，穆勒-阿尔马克正式提出"社会市场经济"的概念，定义为"一种将市场自由与社会平衡有机结合在一起的方式"，将社会目标与经济目标提到同等高度，在强调自由竞争的市场经济的同时对其注入了人文关怀，要求国家积极维护市场的自由竞争秩序，同时保证社会进步和公平正义的社会目标的实现。德国经济模式的核心是德国社会市场经济，指的是德国在第二次世界大战后建立起来的基本经济制度。他阐述说，"社会市场经济"中的"社会"并不是一个普通的形容词，是与"市场经济"并列的主体成分，在德文书写中"社会"一词要首字母大写，社会市场经济是"一种将市场自由与社会平衡有机结合在一起的方式"，从而将社会进步、公平正义这样的社会政策目标的重要性提高到与利用充分竞争的市场繁荣经济实现增长的经济政策目标相同的高度。

路德维希·艾哈德积极推动了这一概念的落实。艾哈德于第二次世界大战后在美英占领区的经济管理部门任职，1948年3月任美英双占区经济管理局局长，1949—1963年任联邦德国经济部长，1963—1966年任联邦德国首相。在任期间，他积极推动社会市场经济制度在联邦德国的建立和发展。1948年6月，时任美英双占区经济管理局局长的艾哈德力排众议，决定采用市场机制解决经济困难问题，在双占区内实行货币改革，同时推出了放开物价管制的经济改革。在经历了短暂的物价上涨后，市场供需力量显现，迅速出现了商品繁荣的景象。这一改革的成功对于后来以社会市场经济为竞选纲领的联盟党在1949年的竞选中取得胜利和社会市场经济制度的建立具有重要的推动作用。在1949年8月的联邦选举中，艾哈德选择了社会市场经济体制。

德国的社会市场经济这一概念在初期并没有获得完全一致的理解，更多的是作为竞选纲领而存在，同时其内涵也并非一成不变，而是在实践中不断发展变化的。

在社会市场经济模式建立的初期，为了使战后德国尽快从战争破坏的阴影中走出来，阿尔马克和艾哈德制定了一系列适合当时德国国情的经济政策。首先，在经济效率问题上，他们更加注重市场经济效益的最大化，更加注重劳动生产率的提高。为了实现这一目的，他们甚至在一定程度上容忍生产集中和垄断。其次，在国家干预经济的问题上，他们主张国家用广泛的经济社会政策来干预经济。如竞争政策、价格政策、外贸政策、货币政策、社会政策等。最后，在社会问题上，实用主义的新自由主义认为，经济的增长才是最好的社会政策。

随着战后德国经济的恢复和社会市场经济体制地位的确立，阿尔马克和艾哈德等人认为，经济社会政策的重心要转移到社会公正、社会公平、社会和谐与社会福利上来。他们更加强调为每一个公民提供基本的生活保证，提供公民个性、创造性自由发挥的空间是国家的首要任务。1949—1966年，基民盟作为主要政党执政，其间经济秩序逐渐建立，1957年通过了《反对限制竞争法》和《德意志联邦银行法》，其间也建立了比较全面和保障水平合适的社会保障制度。这段时期经济取得了高增长、低通胀、高就业的成绩，被称为德国战后的"经济奇迹"。20世纪50年代，德国的GDP年均增速高达7%。经济上的成功使得社会市场经济制度深入人心，基民盟也在历次联邦选举中连续获得执政权。

连续的选举失利和社会市场经济取得的成功让社会民主党人开始反思，他们逐渐接受了社会市场经济的理念并放弃了计划经济的主张。1959年，社会民主党通过《哥德斯堡纲领》，明确社会民主党由传统的工人阶级政党转变为全民党，转变了对私有制的反对态度，接受了市场经济，"凡有可能即竞争，确有必要才计划"。1966—1982年，社会民主党取得执政权并连续执政。1967年通过了《促进经济稳定增长法》，引入了通过财政政策和货币政策的宏观调控，以实现经济增长、物价稳定、就业充分、对外经济平衡的总体目标。这一时期，德国的社会保障制度覆盖面进一步扩大，并且保障水平也有所提高，德国成为福利国家。

1990年东西德统一，东德由计划经济转轨为社会市场经济，这对德国的经济形成了一定的冲击。到 1998 年社会民主党再次取得执政权时，德国失业率高达 10% 左右，过高的福利保障水平一方面对政府财政形成了巨大的压力，另一方面因为雇主要为员工缴纳高比例的各项社会保险也使得企业用工成本居高不下。针对此问题，施罗德政府采取了一系列改革措施，试图控制福利支出水平，由"福利国家"向"社会投资国家"转型，由提供直接经济援助的社会保障支出向提高人力资本的支出转变。

如今的德国各政党仍然奉行社会市场经济，但在六十多年的实践发展中，其内涵在不断发生变迁。

二、社会主义理论

第二次世界大战后，社会主义理论在德国逐步兴起，这主要是由德国特殊的国情决定的。首先，德国是近现代世界社会主义理论的发源地。德国是马克思主义的故乡，马克思主义在德国有深远的影响。近现代世界社会主义理论的起源可以追溯到马克思主义理论。19 世纪末，德国社会主义者或多或少地对马克思主义理论进行了改良、补充和发展，为社会主义理论在德国的兴起奠定了理论基础。其次，社会主义思潮在德国公众和工人阶级中影响根深蒂固，有很好的群众基础。100 多年来，德国工人阶级为自身的解放同资产阶级进行了长期斗争，争取了很多权益。最后，西方占领当局为了维护自身的利益，在战后对德国社会主义运动持默许态度。社会主义者主张对关键部门实行较大规模的生产资料社会化，对经济运行实行更大范围的计划化，并主张工人阶级和广大人民群众参与到社会市场经济活动的各个领域中去分享经济决策权利。在战后关于德国未来经济社会体制选择的大讨论中，社会主义的经济政策主张曾与以艾哈德主张的社会市场经济政策理论进行过激烈的辩论。最终市场战胜了计划，社会市场经济模式获得了最后的胜利。但社会主义理论对社会市场经济模式也产生了巨大的影响。阿尔马克从社会市场经济模式在政治上的可行性考虑，在其方案中吸收了一些社会主义的经济政策主张。

　　社会主义秩序政策对社会市场经济的影响主要是在理论层面上，包括了：社会主义理论对社会市场经济模式的影响主要体现在个人自由观、"第三条道路"和劳资共参制三个方面。

　　德国民主社会主义者认为，个人除法律上的自由以外，还必须贯彻经济自由，这正是社会主义时代的任务。没有社会上的安全保障、公正和所有人在物质、精神生活水平上的提高，自由是毫无内容的。自由的社会联系是个人自由的决定性前提，因而必须在这种集体的联系和行动中将个人作为自由的个体来加以发展。这种思想对被社会市场经济模式的创始人之一艾哈德所继承，他认为德国社会市场经济的前提就是保证个人自由，在个人自由的前提下进行公平竞争，只有这样才能保证经济的繁荣。

　　德国社会市场经济模式所遵行的中间道路原则，在很大程度上是受社会主义中的"第三条道路"的影响。在社会主义阵营中最早提出"第三条道路"的是施莫勒、弗兰茨·奥本海默、爱德华·海曼、埃德加·萨林等。他们是通过修正传统的社会主义原则而产生的"第三条道路"的主张，也就是从社会主义立场出发的中间道路的观点。值得一提的是弗兰茨·奥本海默是艾哈德的博士生导师，虽然艾哈德倡导的"第三条道路"的观点与老师的观点存在差异，但奥本海默的社会主义思想对艾哈德后来思想的形成还是产生了深远影响。其实德国社会市场经济模式的"第三条道路"原则，除了受社会主义理论影响以外，也同时受德国新自由主义的影响。正是由于这两方面的学者共同努力，才形成了今天的社会市场经济模式，也充分证明了社会市场经济是多种经济理论综合的产物。

　　劳资共参制是德国社会主义者的一贯主张。在共参制的安排下，雇员代表与资方代表完全平等地分享公司监事会的席位，这使职工及职工代表在企业长远发展规划决策、批准利润分配方案和重大投资方案、选聘公司主要经理人员等方面享有与资方及其他们的代表完全同等的权利。在欧洲及世界历史上首次实现了在私有制大企业的最高决策层中的劳资完全平等的民主社会主义目标。劳资共同决策制对以后德国现代企业制度的形成与发展产生了重大影响。

三、基督教教义

基督教教义（第二次世界大战前称天主教教义）的主要观点来源于中世纪基督教"天赋人权"的思想。基督教教义中关于自由、民主、平等、博爱、获罪、认知、崇争、尚力、虔诚、服从、自助、救助、勤奋、节俭和"因信称义"以及"预选论"的思想，都不同程度上以不同的方式直接或间接地影响了德国社会市场经济构建巨匠们的思想和社会市场经济的诞生。

基督教教义的上述观点反映到社会市场经济中对社会市场经济模式的影响主要体现在以下两个方面：

一是建立完善的社会福利体系。基督教教义强调自助和救助相结合，在个人自助的基础上，给人以有益的帮助。社会市场经济理论继承了这一思想，主张建立完善的社会福利体系，给社会成员提供帮助，实现社会公正与社会友善。但是必须将援助变成自助，并且不允许损害市场调节力量，不允许干涉家庭和私有权。

二是社会秩序理念。基督教教义特别强调秩序、纪律和服从。这个理念对社会市场经济的秩序政策思想产生了很大的影响，社会市场经济主张国家对经济进行干预是必要的，也是符合集体或公众利益的，有益于整个民族的需求。但是国家不应直接参与经济活动，而是为经济活动创造制度框架和提供公共基础设施。

综上所述，德国的新自由主义、社会主义以及基督教教义在承认个人自由和尊严的前提下，在个人与社会联系价值的基础上，提出了不同的经济秩序方案。这些方案互相争论、互相补充，共同形成了德国社会市场经济理论，由此也产生了既区别于资本主义又区别于社会主义的"第三条道路"，所以说德国社会市场经济是多种经济秩序综合的产物。

第三节　德国社会市场经济理论的政策主张

社会市场经济模式究其实质是一种折中主义，是国家干预主义和自由经济思潮的混合物，是私有经济和国有经济的混合体。它由于基本实行自由经济被看作是"市场"的，又因从不吝啬政府的调节而被认为是"社会"的，而决定"市场"多一点还是"社会"多一点的往往是德国的实际情况。

一、德国社会市场经济理论的发展三阶段

德国社会市场经济理论的发展和德国不同时期的政策主张密切相关，主要分为以下三个时期。

（一）社会市场经济的实践：竞争秩序主导的经济政策（1948—1966 年）

建立和维护竞争秩序是社会市场经济理念落实的关键。要达到这一目标，国家须确保对所有市场参与者都适用的诸多市场经济立宪与规制原则能够实现，包括币值稳定、保障完全竞争、开放的市场、私有产权、立约自由、自我负责和承担义务、经济政策的连续性与稳定性。

因此，在基本权利、立约与结社自由、自由择业、私有产权、法治国家和社会国家规则、联邦制国家结构等一系列与上述原则相关的条款写入《基本法》后，以确保竞争秩序为目的的经济政策的主要任务就是保障币值稳定和完全竞争，因为通货膨胀和各类因素（市场或国家）所导致的竞争限制是竞争秩序最严重的威胁。1948 年 3 月，德意志各州银行成立，履行双占区中央银行货币政策职能，双占区中央银行体系得以重建。在艾哈德参与下，双占区军事当局颁布四部币值改革法及一系列配套细则，于 1948 年 6 月 20 日实施货币改革：一方面通过引入德国马克，回收多余的货币。另一方面，对德意志各州银行货币发行设定严格程序与界限，以保障德国马克币值稳定。

与此同时，艾哈德领导双占区经济管理署在"社会市场经济"口号下，推动统制经济向市场经济转变，陆续出台《货币改革后管制原则与价格政策法》等一系列法律及指令，实施终结商品配给制、取消工资与价格冻结、废除各项经营管制、反垄断、减税退税、紧缩财政、私有化、推行外贸自由化和稳定汇率等措施，以将行政命令对经济的直接干预减少至最低限度，促进从生产到消费各个环节的自由竞争。1957 年，《联邦银行法》与《反限制竞争法》出台，稳定币值与完全竞争被制度化，社会市场经济模式的核心——竞争秩序在联邦德国得以巩固。

《联邦银行法》赋予联邦银行保障货币的职责，在布雷顿森林体系的固定汇率制度下，这一职责包括稳定德国马克对外币值（汇率）和对内币值（价格）。在贸易自由化及重商主义政策的推动下，德国战后出口强劲，1951—1961 年持续出现高额贸易顺差，这导致从 20 世纪 50 年代中期开始，德国货币政策遭遇两难境地，即无法同时确保德国马克的内外币值稳定。

对此，联邦银行与联邦政府将国内价格稳定视为优先目标，及时让德国马克汇率升值，同时借助于紧缩的货币与财政政策，使得德国马克对内币值基本保持稳定。与此同时，在米勒－阿尔玛克看来与经济政策同样重要的社会政策也被逐步推行，如向战争受害者提供救济，大力兴建住房，设定最低工作条件，重建养老、失业、工伤与医疗等各类社会保险，发放子女补贴金和社会救助等。作为一个具有实用主义倾向的"共容"与开放的经济制度，社会市场经济在实践过程中不可避免地须向现实环境作一定的妥协，例如《反限制竞争法》中大量的例外规定、相当广泛的传统社会保障体系、动态养老金改革和强大的工会力量等。

但总体来说，在这一时期，德国物价稳定，竞争得到推动，过渡政策与社会政策也基本遵循绩效原则与辅助性原则，竞争秩序达到发展巅峰，加上"马歇尔计划"、朝鲜战争、战后重建等各种有利因素，德国经济在 1948 年之后逐渐进入一个经济飞速增长时期。

（二）社会市场经济的异化：全面调控主导的经济政策（1966—1982 年）

过渡政策被阿尔马克视为市场经济稳定运行的必要补充，但深受弗莱堡学派影响的艾哈德对此充满疑虑，长期的经济繁荣使他相信，在确保竞争秩序的基础上，只需采取货币、信贷及汇率政策等"轻度的景气政策"，就可不受经济周期困扰，实现经济持续增长和充分就业。

然而，随着战后重建工作的结束以及对外经济关系的不断深入，经济波动开始加剧，艾哈德无法及时适应这种变化，其克制的过渡政策最终无法阻挡德国经济于 1966—1967 年陷入衰退，失业率飙升，他本人也因此下台，社民党得以上台执政。

新任经济部长、社民党的卡尔·席勒信奉民主社会主义与凯恩斯主义，在"总体调控"理念指导下，借助反周期财政政策和合作性经济政策使德国经济与就业形势迅速好转。这一成功对于社会市场经济的实践影响深远：一方面，使人们认识到国家在借助竞争秩序实现经济增长之外，也有必要通过一定的过程政策和社会政策，确保竞争秩序所处的经济大环境的稳定，以从根本上保障竞争秩序，在这一背景下，《促进经济稳定与增长法》于 1967 年出台，从此在社会市场经济的框架内，稳定被赋予与增长同等重要的地位。另一方面，则加强了社民党政府调控经济的信心，而《促进经济稳定与增长法》又没有对过程政策的范围和强度作出明确规定，导致在扩张性财政政策支持下，过程政策逐渐被滥用，财政赤字激增，国家不断加强对经济活动的干预，在政治精英与选民的诉求下社会福利持续扩张，更广泛的集体责任如企业共同决策权被引入。这些变化使绩效原则和辅助性原则受到侵蚀，完全竞争日益无法得到保障。

此外，尽管价格稳定作为宏观经济目标被写入《促进经济稳定与增长法》，但 1970 年前后，美元危机不断加剧，德国马克不断受到国际投机资本的冲击，德国货币政策在固定汇率制度下进退失据。最终，德国外汇市场被迫于 1973 年 3 月 1 日关闭，布雷顿森林体系走向终结，联邦银行从此无须再承担汇率干预义务，而重新获得货币供应量的控制权。

但是，重新获得货币政策自主权的联邦银行，在《联邦银行法》"有义务支持联邦政府一般经济政策"条款的约束下，货币政策受社民党政府景气政策的强烈影响而摇摆不定，加上不断扩张的财政政策、石油危机和不合时宜的工资增长政策等因素，通货膨胀率一路走高。在这一时期，价格稳定与完全竞争无法得到保障，以至于竞争秩序受到损害，受凯恩斯主义影响的社民党政府经济政策逐渐偏离社会市场经济理念，甚至这一理念本身也已被贴上了"过时"的标签，在石油危机和结构转型等因素的共同作用下，德国经济增长乏力、通胀高企、失业率不断攀升。

（三）社会市场经济的复兴：回归竞争秩序的经济政策（1982年至今）

在上述形势下，赫尔穆特·科尔领导基民盟于1982年重新执政，面对全球化的挑战，为增强德国的竞争力，科尔宣布回归社会市场经济基本原则。科尔政府在"从更多国家到更多市场"的口号下重建竞争秩序，一方面赋予价格稳定以优先地位，另一方面通过削减财政赤字、减税和税制改革、缩减社会福利支出、推行私有化、减少市场管制和推动欧洲一体化等措施促进市场竞争。在这一系列政策影响下，德国经济在20世纪80年代重新焕发活力：物价稳定、出口与经济总量增长强劲、就业岗位大幅增加，为两德统一打下了坚实的物质基础，社会市场经济本身也被作为共同的经济秩序写入1990年两德间签署的《国家条约》。

然而，作为一种"共容"的经济秩序，社会市场经济回归之路须考虑当时的社会环境，不可能一蹴而就。两德统一前后，僵化的工资政策、各类市场管制、入不敷出的社会保障体系、庞大的补贴仍阻碍着市场竞争与经济增长，亟待进一步改革。但两德统一暂时中断了这一进程。为在短期内重建东德经济社会秩序，国家进行了强有力的干预，大量的转移支付需求导致财政赤字与社会福利支出再次扩张。

随着东德制度建设渐入尾声，科尔政府于 1993 年再次启动 20 世纪 80 年代未竟的改革，以促进经济竞争。但是，社民党自 1991 年起就占据联邦参议院多数席位，使科尔政府政策活动空间受到极大的制约。同时，为应对人口结构老龄化，法定护理保险于 1995 年被引入，社会福利再次扩张。这些因素加上全球化挑战和两德统一产生的巨大负担，使德国经济发展陷入停滞，导致社民党于 1998 年再次上台。

社民党总理格哈尔德·施罗德与本党传统经济政策理念切割，提倡走介于新自由主义与传统社会民主主义之间的"新中间"路线，其"支持市场经济，但非市场社会"的信条本身就是社会市场经济理念的清晰表述，故其上台后总体上延续了科尔政府的改革思路。虽由于财政政策失败和改革迟滞等原因，施罗德执政后期德国经济再度低迷，但他在极大阻力之下于 2003 年以"我们将削减国家职能"为号召推出德国战后力度最大的包括减税、削减补贴、劳动市场灵活化和社会保障体系现代化等措施的改革方案——"2010 议程"，在回归社会市场经济之路上迈出了决定性的一步。

施罗德政府的改革，标志着德国两大主要政党的经济政策纲领大体上已无二致，故其改革措施多被随后执政的基民盟的安格拉·默克尔政府所继承和发扬。2003 年以来，德国物价稳定，市场财政赤字与社会福利支出不断缩减，面对 2007 年以来的各类危机冲击，德国经济能迅速走出困境，科尔以来历任政府坚持回归以"竞争秩序"为核心的社会市场经济模式，功不可没。

二、具体政策主张

（一）公共财政政策主张

德国宏观经济长期以来持续稳定发展，其重要的根基在于稳健的公共财政体制，德国稳健的财政体制的基础是其均衡的税收体制，与多数发达国家不同，德国的税收体制是直接税与间接税并重。直接税与间接税并重，而间接税略高于直接税的比重，是德国税收体制稳健的基础。

直接税的征收成本一般来讲比较高，因为它主要面对的是成千上万的个人和家庭以及难以审核的企业利润，更重要的是直接税的一个主要税种——个人所得税以及房产税、遗产税其纳税对象，是自然人。对于自然人个体而言在税收问题上，权利与义务挂钩的意识是抽象的而非具体的，具体说来，一个所得税或者财产税的纳税大户并不可能更有权利向政府问责，相反像大众汽车等企业类型的纳税大户会通过各种渠道与州政府和联邦政府反复沟通，而州政府和联邦政府对于大众汽车等企业经营发展等相关诉求会重点考虑。在讨论中国经济的税收体制问题时，不能认为中国以间接税为主的纳税体系就一定是落后的，而应考虑间接税的一些特点。另外，间接税相对而言税基比较广，相关的征收成本也较低，所以能够成为整个税收体制的坚实基础，相反直接税与就业情况、个人财产的市场价值的波动等因素有关，所以并不稳定，因此德国以间接税为主、直接税为辅的税收体制有其合理性也比较稳定。

德国税收体制的第二个特点是能源税与资源税逐步上升为德国的一大类税种，大约占到整个税种的10%。许多人认为德国能源税提高了能源成本，从而在一定程度上抑制了能源需求，对德国的能源可持续发展意义重大。德国在1998、1999、2002年分三次颁布了能源税和资源税的相关法律，其初衷是解决资源环境的问题。1998年增加了对电和燃油的税收、1999年为保护农业林业等对农业生产中的燃油不再增收能源税和资源税、2002年进一步提高了燃油税。能源和资源税对于德国经济进一步的转型和能源的绿色发展起到了重要的支撑作用。

在支出方面，德国公共财政体系的一大特点是转移支付以人为本、按需分配。这其中可以分成纵向和横向的转移支付。纵向的财政转移支付是由联邦政府拿出一部分财政税收，在各州之间进行分配。按照这个机制，整个德国75%的增值税是按各个州的人口数量进行分配的，此外联邦政府对特定的贫困州也有一些补充性的转移支付。所谓横向的转移支付是各个州之间直接进行调拨，德国增值税的

25% 作为横向转移支付的基金，按照各州的公共支出需要进行分配。

德国相对稳健的公共财政体系对中国的启示是显而易见的。一是必须明确中国财政税收改革的基本方向，不可一味地追求直接税比重的上升。德国的经验告诉我们，间接税应该成为税收的主体。过去几年，德国公共财政税收不断改善，一个大方向就是增加间接税的比重。而在增加间接税比重的过程中，中国各级政府也必须改变对土地出让收入的高度依赖，因为土地出让收入的波动性太强，与房地产的发展紧密相关，而土地出让收入本身不具备持续性，从长远来看必定会逐步下降。

德国财政税收体制对中国的第二点启示是资源税和能源税可以发挥大作用，中国经济的资源税占税收的比重偏低，而且大量的是从量定价。德国的经验告诉我们，完全可以通过改革的方式，提高资源税、能源税在总税收中的比重。

德国财政税收体制对中国的第三点启示是各级政府间的转移支付要以人为本，从各地区的社会发展的需要出发，按照社会发展的需要来分配。

（二）扶持实体经济的政策主张

一是打造稳定有序的劳动市场。

首先，德国稳定有序的劳动市场的根基是双轨制教育体系。一半以上的德国青少年在小学毕业之时就会进行选择，一部分学生进入白领型的职业发展方向，而大多数学生则选择蓝领型的职业发展道路。德国的职业教育是与企业紧密相关的，选择走蓝领道路的德国学生在职业高中毕业后，会进入企业而企业又会对职工进行不断的培训，这种教育与就业紧密结合的职业教育体系，有力地保证了德国具有一大批既善于学习训练有素又具有高度纪律性的专业劳动力大军，保证了德国制造业乃至整个实体经济经久不衰，从而在全球范围内拥有较强的竞争力。

其次，稳定有序的劳动市场的另一个保证是其具有鲜明特点的德国工会制度。德国的全国性工会——德国工业联合会引领八大行业工会，另外德国还有地区性工会。特别重要的是这些全国性和地区性工会在企业监事会中具有一定的席位，参与企业关键决策。德国工会的核心工作是与雇主谈判，签订劳资协议，为实体经济保驾护航。德国的工会对罢工有十分严格的限制性要求，因此与其他发达国家相比，德国罢工的数量是较少的，这对整个劳动市场的有序发展发挥了重要作用。由于工会直接进入企业的监事会，因而德国的工会与企业的管理方和资方可以达成相对一致，德国的工会在工资要求方面也能够与资方形成合作关系，所以德国的工资水平并没有因为组织有序的工会而不断失控。共同决策制是德国企业为保证雇员权利而实施的一项政策，主要体现在监督和经营两个方面。监督权的实现主要通过监事会，经营权的实现主要通过企业委员会。监事会是德国职工参与企业决策的重要平台，监事会的职责包括选任董事解任、董事批准重大业务、重大公司资产变动、公司财务盈余状况的变动等。

二是政府为企业雇工提供保险。

其中最具代表性的就是短时工作制，德国出台法律规定，当企业遇到不可抗力的经营性风险时，如金融危机时可以向政府申请短时工作制补贴，即工人缩短工作时间，企业仅支付按实际工作时间的工资，以降低企业的开支，而工人由于工作时间缩短损失的收入60%由政府提供。

（三）住房政策

德国房地产市场长期稳健、房价持续稳定，供需基本面平衡，从未出现过房地产泡沫及泡沫破裂的大起大落现象。德国的房价与收入比，从1970年开始逐年下降，这意味着德国百姓购买房产是越来越容易了。德国房地产市场的长期稳定，不仅避免了房地产波动所带来的对整个宏观经济的冲击，更重要的是稳定的房地产供给为德国实体经济的发展提供了稳定的基础，也为德国社会的稳定营造了有利的环境。德国在房地产方面的政府干预是较多的，在一定程度上讲是一个严格受到政府管制和大量政府干预的市场，远非自由的市场。具体来看，德国房地产管理有三方面的做法。

一是补贴供给，尤其是租房供给。即通过对房地产供给面的补贴增加供给。德国联邦政府直接补贴出租房的建设，为开发商提供低息贷款建造出租房，也允许出租。开发商对出租房采用比普通房子更高的折旧率从而鼓励开发商建设出租房。法律还规定：住房合作社所建立的出租房必须用于出租。

二是鼓励租房。德国政府每年补贴中低收入阶层，鼓励他们租房，租房补贴约为 GDP 的 1.2%，住房补贴的 90% 流向租房者。德国有明确的法律来规范租房市场，保证承租人和房东的合法权益。德国政府会编制详尽的房租合理价格表，如果房东的房租超过合理价的 20% 就属于非法；超过合理价的 50% 就属于犯罪。

三是抑制投机。德国政府针对房地产市场可能出现的投机行为有明确的抑制措施。德国政府规定必须要有比较高的首付比例，房屋贷款不能高于住房价值的 60%，对于低收入家庭，德国政府的政策与美国相反，不仅不鼓励他们购买住房，相反要求更高的首付比例。因此德国从未发生过次级债危机，德国政府明确禁止房地产涨价以后，业主用涨价部分作抵押去银行借款，即不容许资产增值抵押，抵押贷款利息不得从税基扣除。房屋持有 10 年后，免征资本利得税，以此鼓励长期持有住房。

（四）审慎的金融政策

德国金融体系总体上讲是非常稳健的，一个重要原因是德国银行监管部门长期以来抑制银行业追逐风险的行为。由于德国对银行业种种的约束和监管，德国银行相对欧洲其他主要经济体银行，长期以来平均的回报率是比较低的，即便是调整了风险的因素，德国银行的风险回报率也低于欧洲的平均水平。相对较低的银行回报率，使得资金人才能够更多地直接投向实体经济，而不是过分涌向金融业。

德国审慎的金融体系的另一个重要表现是马克国际化战略。第二次世界大战以后，德国的经济逐步地恢复，到了 20 世纪七八十年代，德国已经成为全球最具有竞争力的市场经济体之一。在这种情况下，德国马克得到了国际金融业的青睐，很可能上升为与英镑等其他货币相竞争的国际货币。而德国政府采取了极其谨慎的措施，消极对待马克的国际化。德国以银行为主导的金融体系，资本市场相对落后，资本市场上供国际投资者购买的以德国马克计价的金融产品相对较少，这阻碍了马克的国际化。同时德国政府想方设法避免让德国马克成为其他国际金融机构及央行的投资货币，这使得德国马克最终没有成为具有影响力的国际货币。德国政府这一消极的马克国际化战略是深思熟虑的，因为德国的制造业是其核心产业，马克的国际化容易带来本币的升值，对出口制造业是不利的。消极的马克国际化战略，在很大程度上帮助了德国的制造业，维系了其在国际市场上的竞争力。

（五）鼓励家族企业基业长青的政策

德国经济的一大特色是其连绵传承的家族企业。在德国企业中有一大批活跃在国内外市场上的家族企业，这些家族企业与传统的家族企业不同，它们在家族控制的同时，引入职业经理管理。德国家族控制覆盖了一大批世界顶级企业，包括汉高集团、博世集团以及家族控制的宝马集团。不少大型企业常年坚持家族控制，不愿上市，其中著名的例子就是博世集团和汉高集团。德国家族企业之所以能连绵传承，主要有三方面的原因：

第一，德国家族企业主强调对子女的系统教育。很多家族企业主将自己的子女送到远离喧闹城区的贵族私立学校进行封闭式教育，保证后代得以传承家族纯正的基本素质。

第二，德国家族企业能够把家族控制与职业经理参与很好地结合起来。家族控制者负责确定战略方向，职业经理负责具体执行，二者合作相得益彰。这一点与韩国、日本完全不同，韩国的家族企业中家族成员依然是亲力亲为，职业经理的作用往往发挥得并不是很充分，这样的风险比较大，企业的成败太依赖家族成员的能力和投入。而日本家族企业则相反，家族介入较为有限，以至于家族控制很难延续。

第三，德国的法律体系对于家族企业的传承也起到了积极的促进作用，其中比较突出的是其遗产税制度。德国遗产税对家族企业历来是网开一面。2008 年德国实施遗产继承税改革，对多数家族企业免征遗产税规定，家族企业的继承者若继续经营自己的企业达十年时间且保留一定职位，则将免征此税；若企业继续由家族成员经营 7 年时间，则适用的遗产税率降到 15%。

德国家族企业发展对中国亦有重要的启示意义。教育是家族企业传承的关键，但是家族企业的传承不一定意味着家族成员完全控制企业。家族的长期控制可以和职业经理的管理有机结合起来，同时中国相关的税制体制设计，尤其是如果中国将来引入遗产税的话，可考虑家族企业的传承因素，只有这样才能够保持中国企业的长期竞争力，才能促使家族企业基业长青。

（六）完善的社会保障政策

德国是世界上最早建立社会保障制度的国家，在经历了一百多年的经济政治军事变迁后，德国社会保障体系不断调整完善和成熟，已建立起包括养老、医疗、住房、教育等在内的社会保障体系，成为世界上最为完善的社会保障制度之一。

德国的社会保障制度具有自身的特点，值得中国借鉴。它既不同于以瑞典为代表的普遍主义社会保障模式，也不同于以美国为代表的市场主义保障模式，而是以兼顾经济效率为原则、以促进社会公平、维护社会稳定安全为基本目标的选择性保障制度。社会保障体系作为二次收入分配的一种方式，目的并不在于调节高收入者与低收入者的收入比例，而在于为失业者和社会弱势群体提供基本生活保障，这是德国社会福利体系的基本原则。

德国社会保障体系主要由社会保险、社会补贴和社会救助三部分构成。其中社会保险是核心，包括养老保险、医疗保险、生育保障、就业促进、工伤事故保险、护理保险等；社会补贴包括家庭负担补贴和住房补贴等；社会救助主要包括特殊生活阶段救济和生活费救济等。这种"选择性保障制度"对不同类型的人群提供差异化的社会保障，社会保险制度用来保障工薪阶层和其他有收入的人群，社会补贴制度用来保障低收入者，社会救助制度基于救济原则，用来保障残疾人等社会不幸者的基本生活。

德国社会保障制度最显著的特点之一是特别重视经济效率这一大前提，社会保障制度的本质是以促进社会公平和维护社会稳定为目的的收入再分配，而德国在设计社会保障政策措施的过程中特别注意其对经济效率的影响，将再分配控制在一定的范围内，避免其削弱人们的劳动意愿和进取精神，防止其影响市场机制发挥作用降低经济效率。

德国社会保障制度的显著特点之二是高效，即根据经济发展水平和财政能力提供适度的社会保障而不是泛福利化，这样既促进了社会公平发挥了保障社会稳定的作用，同时又严格控制成本，避免政府财政背上过重的包袱。在保障资金的筹集上，德国重视社会职能的发挥，主要责任由社会保障的受益者以及企业来承担，政府财政补贴只承担第二位的责任。

然而，20世纪90年代以来，德国的高福利体系的问题逐渐凸显。高福利一方面使人们懒惰，失业者再就业的激励变低，导致了德国失业率居高不下。另一方面，也给国家财政带来了巨大负担，财政赤字不断增加，更重要的是高福利政策让企业背上沉重包袱，竞争力受限，外资不愿到德国投资，甚至出现了资本外流。在这种情况下，继续维持比重高的社会福利体系不再可能，改革势在必行。

施罗德担任总理时期，社会民主党主导的政府推出了名为"哈茨计划"的福利改革，对德国的社会保障体制进行了改革。改革内容主要包括：削减失业救济金、降低养老金标准、推迟退休年龄、缩减医疗保险报销范围、增加自费科目等。按照"哈茨计划"，约27%的失业者将不再享有失业救济，48%的失业者福利被削减。尽管削减社会福利的改革遭到了德国民众的强烈反对，施罗德的支持率大幅下降，社会民主党内部也产生了较为严重的分歧，但这些举措增强了德国企业的竞争力。从长远来看，为德国经济注入了强心剂。可以说，施罗德时期的福利改革措施为2008年全球金融危机后德国在世界发达经济体中"一枝独秀"的表现奠定了重要基础。

第四节　影响和评价

一、影响

从 20 世纪 30 年代起，德国实行高度集中的统制经济，重要的生产部门、原材料和物资，甚至连基本生活用品，都由政府统一掌握，以适应法西斯专政和侵略战争的需要，大战结束后，盟国占领当局基本上沿袭了这种高度集中的经济体制，加重了西德的经济困境。

正是在这种背景下，德国西部地区进行了经济体制的转轨，从统制经济进入社会市场经济，社会市场经济的实践给困难重重的西德经济带来生机，使它在废墟上"起飞"并出现经济奇迹。此后发展至今，经历了半个多世纪的种种考验，德国始终保持了经济稳定增长的局面，并成为欧盟的领头羊，为世界的和平与发展大局作出了卓越贡献。

二、评价

德国社会市场经济体制的总目标是自由、公正、安全、富裕。简而言之，德国社会市场经济理论有三个支柱：一是坚持以自由竞争为基础和私有制不可侵犯的原则；二是坚持政府有限干预以确保经济秩序（自由竞争和私有制）的原则；三是继承社会主义传统、注重社会利益在不同部门和阶层间的调节（具体政策有反垄断、打造社会伙伴关系，强调公平分配等）。

从世界范围内来看，市场经济是当今世界多数国家采取的经济体制，但由于各国的政治、经济、文化等背景的差异，所选择和推行的市场经济体制模式也不尽相同。在众多的市场经济模式中，德国社会市场经济与以英美为代表的盎格鲁－撒克逊模式、以日本为代表的东亚模式并称，是目前世界上最具特色的三种市场经济模式。

社会市场经济是德国的首创。其社会政策目标是个性的自由和价值的自我实现；其经济政策是追求经济增长、充分就业、物价稳定和国际收支平衡。其核心是效率和公平的统一、经济效率和社会平衡的结合。

在德国的实施中，体现了以下的价值：第一，竞争环境平等。竞争机制被认为是社会市场经济体制的基础，保护竞争环境平等是政府的一项重要责任。第二，公平。一是共同利益至上。集体利益通常优先于严格意义上的个人利益，但这并不意味着信奉集体主义，市场经济、私有制和自由竞争仍然是它的金科玉律；二是共同参与决定制的保障和实施。雇员进入最高决策机构与雇主一起参与企业大政方针的决定，即把企业变成了一个真正的利益共同体。三是在工资自治方面，由雇主联合会和工会代表来协调双方的利益，强大的和负责任的工会组织是双方经常协商和共同决定的模式的基础。第三，安全。公平原则不仅体现在正常人的经济利益和经济权利上，还要让人们在丧失劳动能力以后或在遭遇意外困难时，生活上仍有保障。德国是欧洲实施社会福利最早、也是目前西方国家中社会保障事业最发达的国家之一。发达的社会保障事业缓和了劳资矛盾，公民广泛地积极参与公共生活。第四，进步。战后的德国曾被认为是在保持货币价值稳定的基础上实现经济较快增长的范例，这在相当程度上归因于德国独具特色的联邦银行体制和其始终坚持的反通货膨胀的货币政策。

第五节　借鉴和应用

一、借鉴德国社会市场经济模式推进我国经济体制改革

我国学者对德国社会市场经济模式的研究兴起于 20 世纪 90 年代中后期，德国社会市场经济模式的研究主要侧重于其经济模式运行特点以及对我国社会主义市场经济的启示，主要包括：社会市场经济思想研究、保护市场机制、企业制度研究、宏观调控制度研究、社会保

障制度研究、银行独立性研究等。对现阶段的我国社会主义市场经济体制建设都具有可借鉴的作用。

（一）就经济体制改革的目标而言

德国社会市场经济发展模式概念提出的初衷，就在于增强经济体制的灵活性和包容性，这种包容性和灵活性具体到经济运行态势上表现为经济发展充满活力。就当前我国进行的经济体制改革而言，目标定位应该立足于保证经济发展的活力。调整上层建筑中与经济基础不相适应的部分、调整生产关系中阻碍生产力发展的因素，从而释放改革红利，在增强经济发展活力的同时保证国民经济的健康运行。

（二）就经济体制改革的内容而言

尽管德国社会市场经济模式在历次调整中对国家干预和市场自由调节的重视程度不同、采取的措施存在许多差异，但是通过对历次调整措施的比较，总结出一些共性所在，这种共性对当前我们采取经济体制改革措施的借鉴作用表现为：

一是在经济运行机制上，要坚持依法治国，发挥好法律对经济秩序的保护和调节作用，要实现政府干预与市场调节的良性互动。在当前，我国市场经济的建立和完善迫切需要完善的经济立法和政府依法执政理念的建立。在对市场经济干预的目标上，政府着眼于经济发展的长期性和稳定性上而不是简单的短期刺激上。在对市场干预的手段上，政府强调通过经济立法，既保障经济政策有效推行，又做到政策的稳定性，避免政府对经济调节的随意性。在对市场调节的程度上，政府奉行积极的退出政策，尽量降低政府对经济调节的深度和广度，避免对市场自行调节的破坏和经济发展对政府干预的过度依赖。德国社会市场经济发展模式在处理政府和市场关系上的举措可以为我国建立和完善社会主义市场经济体制提供良好的借鉴作用。

二是在社会财富的分配机制上，能否正确处理好效率与公平的关系也是影响经济体制健康运行的关键性因素。在当前我国，随着经济的发展，社会贫富差距也在拉大，但是解决社会公正公平问题的社会机制还没有建立起来。在初次分配上，过度强调效率优先，在再分配中覆盖整个社会的保障体系还没有建立起来，政府在解决社会公平公正问题上力度不够，对整个社会进行改革的信心和勇气不足。借鉴德国经验，我国政府首先应该大力发展中国特色工会制度的建设，切实确保工人利益，其次应该建立完善的城乡一体化的社会保障机制，再次应当加大再分配调节社会财富分配以缩小贫富差距。

三是在经济结构上，要对产业结构进行优化升级，保证经济增长的灵活性和多样性。对我国而言，加快转变经济发展方式，增强自主创新能力，不仅是提高国际竞争力的需要，也是实现经济可持续发展的重要保证。德国在世界贸易中通过产品的质量和技术优势长期保持强有力的竞争优势，并在全球率先提出"工业制造4.0"的概念。值得注意的是，我国政府审时度势，也提出了"中国制造2025"概念，并成立了由副总理马凯任组长的装备制造小组，大力推动我国现代化工业向更高更强阶段迈进。

（三）就经济体制改革的基本原则及其进程而言

在经济全球化的时代背景下，在坚持独立自主的同时，加强同各国的交流，吸收彼此经验。在建立和完善社会主义市场经济体制的同时，要不断增强国际竞争力、提高抵御全球金融风险的能力。德国社会市场经济发展演变史启示我国在经济体制改革的原则上要在立足于国情的基础上，解放思想，善于推进体制改革，解决阻碍经济发展的体制性障碍，在改革的进程上"我国要从实际出发，采取循序渐进的改革，把较大规模的经济体制改革和稳健的政治体制改革相结合"。

二、应用德国社会市场经济模式助力中国经济转型升级

德国社会市场经济发展模式的历次调整和演变表面上看是德国面对经济危机不得不采取的急救措施，但实际上这也是德国社会市场经济发展模式不断发展完善的一种表现。中国正在推行的经济体制改革，无论是在改革的目标、原则及进程等宏观层次上还是在改革的内容等微观层次上，都应运用德国社会市场经济发展模式中符合现阶段世情、国情的内容，不断促进我国经济发展。

（一）政府应加大对实体经济扶持力度

第一，应该合理协调劳资关系鼓励员工有序参与公司治理，避免职工采用无序的、过激的方式对企业提出要求，避免恶性劳资冲突。德国经验表明，把工人有效地组织起来，积极地参与企业决策，不但不会降低企业的竞争力，反而有助于企业的稳定发展，更能避免劳资冲突对企业的冲击。

第二，政府对企业用工要提供保险。可以由政府拿出一部分资金，为短期内在转型升级和出口问题上遇到困难的企业提供一定的帮助，这种帮助主要应该用在劳动用工方面。比如替一部分企业在一定期限内缴纳"五险一金"，这种援助不应该是无限期的，因而不会使企业产生依赖感。但能在很大程度上稳定这些地区的就业，也能够在某些情况下促进企业的转型升级。

第三，应高度重视职业教育，保证劳动力职业素质的不断提高，形成中国实体经济的重要支撑。当今中国社会对高等教育高度重视而忽视了职业教育，中国的民众对职业教育的认识仍然不足，所以出现了大学毕业生找不到工作而大量蓝领岗位招工难的尴尬，所以必须从经济基础上做起，真正加强职业教育、提升职业教育的荣誉感，也保证受过良好职业教育的毕业生能够获得稳定的工作和持续上升的工资收入。

（二）稳定房地产市场价格

一是补贴供给，尤其是租房供给。一方面直接补贴出租房的建设，为开发商提供低息贷款建造出租房，也允许出租。同时，在税收上允许开发商对出租房采用比普通房子更高的折旧率从而鼓励开发商建设出租房。

二是鼓励租房。第一，政府应该每年补贴中低收入阶层，鼓励他们租房。第二，制定法律规范租房市场，保证承租人和房东的合法权益。学习德国政府做法，编制详尽的房租合理价格表，如果房东的房租超过合理价的20%就属于非法，超过合理价的50%就属于犯罪。

三是抑制投机。针对房地产市场可能出现的投机行为，政府应该制定明确的抑制措施。美国放宽住房贷款限制是次贷危机发生的根源，德国政府则规定必须要有比较高的首付比例，房屋贷款不能高于住房价值的 60%。特别是对于低收入家庭，德国政府的政策与美国相反，不仅不鼓励他们购买住房，反而要求更高的首付比例。我国政府应出台政策禁止资产增值抵押（即禁止房地产涨价以后，业主用涨价部分作抵押去银行借款），同时明确抵押贷款利息不得从税基扣除。政府还应出台鼓励长期持有住房政策，明确房屋持有 10 年后，免征资本利得税。

（三）坚持审慎的金融监管政策

金融业的利润率相对较低并不完全是坏事，这能够让金融业规避过多的风险，也能让社会资源包括人才不会过分地集中于金融业，对实体经济的发展起到支撑作用。人民币国际化也应该谨慎务实考虑实体经济的承受力，防止过快的人民币国际化所带来的对实体经济过多的没有必要的打击。

（四）打造完善的社会保障体系

我国同样处在经济体制转轨时期，完善的社会保障体制对于社会和谐稳定具有重要的支撑作用，应加快我国社会保障制度的改革步伐，尽快建立起覆盖全社会的、种类齐全的社会保障体系，以适应经济发展与构建社会主义和谐社会的需要。尽快建立起涵盖社会各阶层的、公平合理和完善的社会保障体系。

第十七章　演化经济学

演化经济学（Evolutionary Economics），又称演进经济学，是20世纪80年代后在西方经济学界逐步兴起的一种思潮。不同于当前西方主流经济学的最优和机械思维，演化经济学的精髓是多样性和创新。它以历史的不可逆视角观察经济现象，研究开放的系统，关注变革、学习和创造。

自纳尔逊和温特1982年出版《经济变迁的演化理论》一书以来，"演化"一词在西方经济学界越来越流行，虽然由于西方主流经济学均衡理论的统治，加之演化经济学的倡导者们未能形成一种成体系的理论框架，演化理论的发展受到了很大阻碍，从而无法实现对目前经济学的替代。但是即便如此，在过去的二十多年中，演化经济学仍取得了相当大的进步。不可否认，现代演化经济学的兴起已成为21世纪国际学术界主要的事件之一，以动态演化的眼光理解社会经济过程的思想已经得到了越来越多的经济学家的认同，并对现代经济学的发展产生了深远的影响。

目前关于演化经济学的研究主要集中于经济哲学、经济思想史、经济史、技术和制度变迁的研究、经验调查和经济发展、产业和环境政策等领域。演化经济学对于探讨从微观到中观到宏观层面的技术演进和技术升级均具有重要的指导价值，尤其是在当前，对中国如何确立在第三次工业革命中的主导地位，以及如何发展主导产业等方面具有重要价值。

"诺基亚"时代的终结

2015 年 7 月 8 日，微软决定对诺基亚芬兰总部裁员，在诺基亚大本营的芬兰，有超过一半的微软员工将会被裁掉，也就是说最多会有 2300 名员工要打包走人了。微软将会关闭位于芬兰萨洛的工厂。① 这意味着曾经的世界手机领域的"霸主"诺基亚在其起源地芬兰正式进入关闭倒计时。诺基亚品牌的衰落，不在于其缺乏研发新技术的能力，而在于其在传统商业模型取得巨大成功的基础上，因不适应经济形势变化而衰落。归根结底还是企业自身的问题，因为自身的抵抗能力与适应能力是应对日趋复杂经济环境的关键。

第一节　演化经济学的形成

一、演化经济学的兴起

演化经济学的发展历经坎坷。早在 1898 年，凡勃伦（Veblen）就向经济学家们提出了"经济学为什么不是一门演化的科学"这个问题，赞同建立一种"后达尔文主义"的经济学，把生物学的思想引进到建设经济学的工作中，他倡导对经济学进行彻底的重构，用达尔文主义的进化方法和隐喻替代机械论的思维方式。虽然凡勃伦缔造了一个新的经济思想流派，但他的追随者如康芒斯（Commons）等却对其建立的演化经济学的理论研究计划发展有限，这主要是因为演化生物学在当时的发展还很有限，此外，在第二次世界大战时期经济学和其他社会科学对生物学思想的清除使得人们普遍否认生物现象对社会的影响，凯恩斯主义的兴起和机械论意义上的模型化和函数关系在经

---

① 张金梁：《诺基亚芬兰工厂关闭》，中关村在线，http://news.zol.com.cn/530/5300794.html。

济学中的普遍应用也进一步扼制了演化经济学的发展。

第二次世界大战后，生物学中新达尔文主义的综合的出现推动了演化经济学的学展，演化之类的词开始扩散并逐渐增加，直到 20 世纪 80 年代，演化经济学开始被越来越多的经济学家所注意，演化一词才在经济学中得到普遍使用。威尔逊（Wilson）1975 年出版的《社会生物学：新的综合》一书激发了对所谓建立人类行为的生物基础的持久的兴趣。这本书虽然遭到了来自社会科学家和生物学家的大量批评，但它却把生物学带回了社会科学的研究中。新出现的社会生物学迅速对经济学产生了巨大的影响。1981 年，博尔丁（Boulding）出版了一本名为《演化经济学》小册子，这本书虽然没有构建起标准的演化模型，却是现代演化经济学的开端之作。1982 年，纳尔逊和温特（Nelson 和 Winter）发表了《经济变迁的演化理论》一书，在书中，纳尔逊和温特概括了新的经济演化理论的基础，并将生物学重新引入社会科学之中，自此，演化经济学思想及其正规模型真正形成。

在此后的二十多年中，演化经济学得到了长足的发展，产生了相当数量的研究文献，取得了令世人瞩目的成果，并在技术政策、公司战略和国家创新系统领域，发挥了重要的作用。但同时我们也要看到，演化经济学不发达的状况仍未改观，它尚未像主流经济学那样建立起一个包含基本概念及方法的完整的理论体系，有关这一研究方法的基本特征，也并没有达成共识，虽然近两年这种状况已经得到了很大的改善，演化经济学家们不仅对演化经济学的多样化发展相统一问题进行了探讨，而且也开始探索演化经济学的课程体系建设问题。

二、主要代表人物和著作

肯尼思·艾瓦特·博尔丁（Kenneth Ewart Boulding），师从英国著名经济学家莱昂内尔·罗宾斯（Lionel Robbins），1937 年起在美国多所高校任教，1949 年获得"约翰·贝茨·克拉克奖"，1968 年曾当选美国经济学会会长，1979 年当选为美国文理研究院院长。其 1941 年写的《经济分析》是萨缪尔森《经济学》出版之前最畅销的教科书，曾 4 次重印，被 150 多所大学采用。代表性著作：《和平经济学》（1945）、《经济学的重建》（1950）、《组织革命》（1953）、《经济政策原理》（1958）、《20 世纪的意义》（1964）、《超越经济学》（1968）等。

爱德华·威尔逊（Edward O.Wilson），美国生物学家、博物学家、演化经济学家，"社会生物学"奠基人，是最早宣传"生物多样性"概念的人之一。威尔逊于 1969 年当选为美国国家科学院院士，获过全世界最高的环境生物学奖项，包括美国的国家科学奖、瑞典皇家科学院颁发的克拉福德奖。1975 年，威尔逊出版《社会生物学：新的综合》，开拓"社会生物学"这一争议巨大的学说。他给社会生物学所下的定义是"有关动物社会行为与复杂社会组成这两者的生物学基础的系统研究"。他也是美国自然历史博物馆和美国自然保护等组织董事会的成员。1996 年，威尔逊被《时代》杂志评为对当代美国影响最大的 25 位美国人之一。代表性著作：《昆虫的社会》（1971）、《社会生物学》（1993）、《论人的本性》（2014）等。

理查德·R. 纳尔逊（Richard R. Nelson），哥伦比亚大学经济学教授（乔治·布卢门撒尔国际和公共事务教授），曾任教于奥伯林学院、卡内基—梅隆大学、耶鲁大学等多所高校。他还是一位不断经受实践的经济学家，曾在兰德公司担任经济学家和分析师，并入选约翰肯尼迪总统经济顾问委员会。1982 年，纳尔逊和温特的《经济变迁的演化理论》问世，标志着企业进化论的基本理论框架的形成。代表性著作：《经济变迁的演化理论》（1982）等。

悉尼·G. 温特（Sideny G. Winter）是华盛顿特区美国审计总署首席经济学家。代表性著作：《经济变迁的演化理论》（1982）、《演化经济模型中的专利和福利》（1993）等。

第二节　演化经济学的主要理论

演化经济学的主要理论涉及企业演化理论、技术和制度的演化理论、演化经济增长理论。

一、企业的演化理论

演化微观经济学中的行为主体的演化一般可以分为"新奇的创生""新奇的采用""新奇的适应"三个阶段，演化宏观经济学中行为主体的演化则一般可以分为"多样性的再创生""多样性的减少""减少了的多样性"这三个阶段。

（一）惯例

在企业的演化理论中，企业行为的稳定性是通过假定企业具有惯例来解释的。惯例是推动演化的关键因素。

惯例是纳尔逊和温特最早提出的。他们认为企业行为并不完全是理性的，企业的目标是追逐利润而非利润最大化，因此在拒绝新古典理论中理性人假设和利润最大化假设的同时，提出了他们所定义的企业的决策规则，即惯例。惯例被用来解释企业行为的稳定性，正如基因在生物的自然选择中所起作用一样。企业惯例是在有限理性下学习的结果，它使企业具有路径依赖的特征并决定了企业的多样化。

纳尔逊和温特认为，惯例是有规律的、可预测的企业行为模式，是一种协调一致的行为能力，是企业持久不变的特点，并决定企业可能的行为；惯例是程序化的，在很大程度上是一种说不出来的知识，并且往往是可以自动进行的选择；它控制、复制和模仿着企业演化的路径和范围，企业的演化过程其实就是一个惯例的学习过程。

由上可见，惯例具有"记忆"、可遗传和"技巧"的特征。（1）惯例的"记忆"特征，是指惯例可以作为企业的存储器来使用，即作为企业的生产性和技术性知识的储藏库。（2）惯例的可遗传特征，是指惯例会被环境选择，接受选择后的惯例会被遗传或者复制，类似于生物学中的基因。（3）惯例的技巧特征，是指企业的惯例性行为可与个人的技巧性行为相比较。首先，技巧需要练习，而练习的结果最终表现为技巧型行为过程是自动完成的，因此惯例，就像个人技巧一样，可以被看成是无意识的行为程序；其次，潜藏在一个技巧性过程背后的知识通常是潜移默化的知识，因而惯例也具有潜移默化的成分和特征；最后，一个技巧的行使需要作出无数的选择，但这些选择行为在相当程度上是被自动进行和完成的，惯例也是如此。

（二）企业演化的过程

企业的演化，主要受变异机制、选择机制和遗传机制这三个演化机制支配。企业的演化过程就是变异（新奇的创生）——选择（新奇的采用）——遗传（新奇的适应）的过程。开始时企业由于受到惯例的支配，处于一个相对稳定的状态，当其内部或外部的环境发生变化的时候，由于企业的一些因素不能适应新的环境，从而使企业发生突变以适应这种环境的变化，适应这种环境变化的企业会生存下来并保留遗传其变异进入下一轮演化，不适应者则被淘汰。

1. 变异

由于惯例的稳定性和惰性，企业一般是稳定的，但是惯例并不是一成不变的，就像生物的变异一样，惯例也可能发生突变。当企业外部或内部的环境发生变化时，使得企业的一些因素不能适应新的环境，这时企业就产生了变异的需要。环境的改变有可能是被企业预知的，也有可能是未被预知的，这也就导致了企业在面临环境变化时既有可能发生主动变异，也有可能发生随机变异。若环境的改变使企业的收益仍能达到一定的期望水平，那么它一般会继续保持复制和强化原有的惯例。而当企业对其现状不满意时，它才会放弃原有的惯例并去搜寻新的和更为有效的惯例，以适应变化。新惯例的形成一般有模仿和创新两种方式。所谓模仿是指企业搜寻外界已经存在的惯例来修正自身的惯例。所谓创新是指企业研究、开发新的技术和惯例来代替现有惯例的不足，既包括技术上的创新，也包括组织上和管理上的创新，使企业适应环境。

2. 选择

任何企业都处于一定的环境之中，受到环境的选择。选择解决的是变异扩散和稳定性的问题。目前关于环境选择的争论主要是集中在选择环境外生性和选择环境内生性之间。

持选择环境外生性观点的学者设想出一个以市场结构形式存在的既定的选择环境外生于企业，企业自身必须在其中定位，这主要基于达尔文主义的研究视角。达尔文进化论最重要的原理是"物竞天择，适者生存"。他认为每一物种在发展中越来越适应环境。物种每个个体的基本特征由后代所继承，但后代又会产生一些异于父代的新变化。在环境变化时，只有那些能适应环境的个体特征才能保留下来。由于企业无法事先预知环境选择的方向，因此只能被动地根据环境的变化作出相应变化，然后接受环境的检验。

坚持选择环境内生性的学者则认为选择环境是内生的，它可以受到企业家创新行为的影响，或者由企业家的创新行为所改变。这些学者从拉马克主义视角① 出发，认为在组织学习和动态能力的支持下，企业可以实现有目的的变异并影响自然选择的进程，因此企业演化的动力来自于企业内部。

企业选择的结果是最适者生存。这里的最适者生存并不是指优胜劣汰，事实上，根据企业演化理论，优胜劣汰和劣胜优汰往往同时存在，企业演化并不能产生最优效率，对环境和路径的依赖都可能导致次优选择及次优效率。

3. 遗传

遗传是企业演化的最后一个阶段，即把在实践中被证明是有效的变异保留并传衍，成为企业新的惯例。

遗传是通过假定企业具有惯例来解释的，按照纳尔逊和温特的说法，惯例经由特殊性的经验而形成，它们把组织知识进行编码，并被历史地、社会性地生产、复制并使之刚化，它们在收益方面引入了专业化优势和内聚性，而在成本方面则产生了路径依赖和非灵活性。企业惯例充当着企业的组织记忆载体，执行着传递技能和信息的功能，企业的惯例可以通过复制、学习等方式进行"遗传"。但惯例并不具

---

① 拉马克强调生物对环境的主观适应性作用，提出"生物对环境的……适应现象，都是器官使用程度的结果，例如长颈鹿的长脖子就是由于它经常伸颈取食树叶的结果"。

备严格意义上的基因特征，它更多是通过学习效应进行获得性遗传，因而体现了拉马克式遗传规律① 的特点。

二、技术与制度的演化理论

(一) 技术创新的演化理论

新古典经济学对技术创新理论的研究是在静态的、理性人假设和利润最大化的假设前提下进行的，这些假设使得对技术创新理论的研究脱离了现实，而演化经济学的发展则为技术创新理论提供了一个新的思路。演化经济学把技术创新看作是一个以企业为主体的动态演化过程，技术创新来源于企业在利益驱动下根据市场激励信号所进行的研究与开发活动，从历史上看，不论是出于组织、个体还是偶然因素的作用，任何两家企业都不会以完全相同的方式进行技术创新，这就导致了技术创新的多样性与分散性。企业为了在竞争中求得生存，必须不断地进行技术创新，这使得技术创新成为经济实践中一种经常的、系统的行为，并推动了经济持续、快速的增长。

1. 技术的含义

所谓技术，是指人类利用自然规律与自然界进行物质、能量、信息交换的手段或工具，是人的本质力量的外化形式。一般说来，可以从赝象、知识和惯例三个层面上来理解技术的含义。技术的第一个层面是赝象，它作为生产过程中的技能存在，表现为使用技术的个体和组织的技巧与决策规则及其变化。技术的第二个层面是知识，它是指与生产过程的操作及与设计有关的概念和理论，作为知识的技术是无形的；技术的第三个层面是惯例，纳尔逊和温特把组织掌握的技术抽象为惯例。一方面，惯例的形成是掌握技术、技能和战略的根本所在；另一方面，惯例是指在技术选择过程中，技术会保持一定时期的相对稳定。

---

① 拉马克认为生物会对环境产生适应性变化，使用频繁的器官越来越发达，不用的器官会退化甚至消失，而这些器官性状的改变会遗传给下一代，这就是拉马克的"用进废退"及"获得性遗传"理论。

2.技术创新演化的过程

技术创新强调的则是技术自身的进步及其应用，一般而言，自然科学和技术知识的进步导致技术创新。技术创新的演化过程也可以分为变异、选择和遗传三个阶段。初始时，企业按照一些已存的惯例进行运作，当企业的内部或外部环境发生变化使得企业的收益达不到其满意程度时，企业会试图搜寻新的技术以增强其市场竞争力，这就是变异阶段。企业的新技术通过市场的选择获得认可后，将大大提高企业的竞争力，使企业获得的利润达到令其满意的状态，这就是技术创新演化的选择阶段。企业的技术创新和市场选择行为在演化过程中是同时发生、相互作用的，这是因为市场选择提供的反馈因素会随时影响到企业技术创新的方向。最后，由于企业技术创新的成功，其他企业纷纷效仿，使得新技术不断在市场上得到推广和扩散，最终形成企业技术创新的新惯例，这是遗传阶段。企业技术创新的惯例是指依靠企业现有人员的个人技巧组织积累的创新经验和知识等这些内存变量形成的一系列企业如何开展技术创新的行为规则和方式。企业技术创新行为就是由这些创新惯例来决定的。企业的每一次技术创新都会受到原有创新惯例的影响，这些影响也会在不同程度上体现在每一次技术创新的成果当中。企业技术创新的三个阶段循环往复，推动企业技术的不断升级。

（二）制度变迁的演化理论

制度经济学（详见第十三章）最早始于19世纪末20世纪初，盛行于美国，被称为旧制度经济学派，其代表人物为凡勃伦、康芒斯等。20世纪30年代到第二次世界大战后，是过渡时期，这一时期的制度经济学家主要是进一步发展了凡勃伦的制度经济学。第二次世界大战以后，一个继承旧制度学派传统的新制度学派开始形成并发展起来，到20世纪60年代后，该学派有了更为广泛的影响。新制度经济学可以分为两派，一派是以加尔布雷思等为代表，另一派是以科斯、诺斯为代表，国内经济学者分别将他们称为新制度主义经济学（Neo-institutional Economics）和新制度经济学（New-institutional

Economics)。新制度经济学不仅强调制度对社会经济生活的决定作用，还强调了技术变化在制度进化过程中的作用，通过修正新古典理论的一些假设前提，将制度因素纳入到了新古典分析框架，拓宽了新古典理论的分析范围，增强了其解释现实经济问题的能力。

1. 制度的含义

纳尔逊和温特认为，制度是相关社会群体认同的规范或者标准。

凡勃伦则认为，制度实质上就是个人或社会对有关的某些关系或某些作用的一般思想习惯；而由生活方式所构成的是，在某一时期或社会发展的某一阶段通行的制度的综合，因此，从心理学方面来说，可以概括地把它说成是一种流行的精神状态或一种流行的生活理论。如果就某一般特征来说，则这种精神状态或生活理论，说到底，可以归纳为性格上的一种流行类型。他认为，制度是一个自然的演化过程，是思想和习惯长期积累的产物。

康芒斯则把制度定义为控制、解放和扩展个体行动的集体行动，他认为，集体行动的种类和范围甚广，从无组织的习俗到许多有组织的机构及国家。大家所共有的原则或多或少是个体行动受集体行动的控制。他认为法律制度先于经济制度而存在，并对经济制度的演变起着决定性的作用。

新制度经济学家科斯则侧重于从产权交易规则或产权结构和经济组织形式上解释制度，但他没有对制度进行明确的界定。诺斯认为，制度是一系列被制定出来的规则、守法程序和行为的道德伦理规范，它旨在约束追求主体福利或效用最大化的个人行为。

2. 制度变迁的演化过程

所谓制度变迁是指制度创立、变更及随着时间变化而被打破的方式。演化经济学把制度看作是经济系统演化的基因，它决定了经济系统的表面特征。制度的发展一般是缓慢的、连续的，但也不排除偶尔发生变异的可能。当制度所处的内部或外部环境发生变化的时候，制度的演化进程就有可能被打乱，发生突变。制度变迁也是一个适应环境而改变的过程，但制度的演化没有最终和最后阶段，其演化是复杂的、不确定的，变迁过程中充满不确定性因素，而且这一变迁的结果不一定就是好的。

目前关于制度变迁的演化理论中，比较具有代表性的是诺斯、哈耶克的理论。

诺斯认为，制度变迁是因为在现有制度上出现了潜在的获利机会，由于规模经济的要求，将外部性内在化的困难、厌恶风险、市场失败与政治压力等原因，使这些潜在的利益无法在现有的制度安排内实现，这样，在原有的制度下总会有某些人为了获取潜在的利润来克服这些障碍，若潜在的利润大于克服这些障碍所造成的成本时，一项新的制度安排就会出现；反之，若潜在的利润小于或等于克服这些障碍所造成的成本，那么推动制度变迁的活动就不会发生。

哈耶克认为，社会秩序是自然演化的结果，是人类社会制度向前演化的关键。他在古典"人为"和"自然"二分法的基础上，提出了一种三分法。他认为一些社会现象不能按照"人类设计的"和"自然的"这两类范畴来理解，而应该按照第三类"自发秩序"的范畴来理解。他指出自发秩序有如下属性：首先，自发秩序是复杂的，它不能为人类的大脑所掌握；其次，自发秩序具有抽象性，它是构成因素之间抽象的关系体系的反映；最后，自发秩序不是深思熟虑的结果，因而具有无目的性。哈耶克认为自发秩序是自然形成的，作为一种抽象的行为规则，它是内生于社会经济体系之中的。规则可以分为天生的和后天习得的两类，天生的行为规则一般是稳定的，隶属于文化规则，文化规则是社会演化的核心。文化规则变迁的速度远远快于天生的规则，同时它们主要通过模仿而得到传播。在文化规则中，既包括那些经过深思熟虑而形成的行为规则，如传统、习俗等，又包括那些经过深思熟虑而制定的规则，如法律、组织等。他认为，并非所有的秩序都是有益的，有益的秩序必须建立在适宜的行为规则基础之上。

（三）技术与制度的协同演化

1.技术与制度的关系

关于技术与制度的关系，理论界比较有代表性的有两种观点：一种是技术决定论,既把技术看成是经济增长的决定性因素,认为技术进步是经济增长的主要驱动力,而制度是非决定性的因素,技术创新决定着制度创新以及如何创新。另一种是制度决定论,以科斯和诺斯为代表的新制度经济学派认为技术进步不是经济增长的原因,而是经济增长的本身,经济增长的原因只能从引起这些现象的制度因素中去寻找。

近来,理论界逐渐倾向于这样一种观点,即技术与制度的协同演化共同推动了经济增长,片面地强调技术创新的作用或制度创新的作用都是不对的。技术创新与制度创新是辩证的关系,一方面,技术创新在经济增长中起着主导作用,技术创新会引发制度创新;另一方面,技术创新也离不开一套支持性的制度,制度创新在技术创新中起着基础性的作用,如果没有合适的制度或者制度不到位,就会影响到技术创新作用的发挥。技术创新和制度创新二者相互作用,共同推动着经济的增长。

2. 技术与制度协同演化的过程

协同进化是"自然生态物种间的一种重要关系。指一个物种的性状作为对另一物种性状的反应而进化,而后一个物种的这一性状本身又是对前一物种的反应而进化"。技术与制度协同演化的过程同样可以分为变异、选择和遗传三个阶段,其整个演化过程是一个相互作用的复杂的体系,在协同演化的过程中,技术进步对经济增长推动的同时,制度也同时进行着演化并对经济增长起着推动作用,二者不是对抗的,而是相互协同的。

第三节 演化经济学的政策含义

一、注重经济体系的系统性和协同性

系统协同效应以及作为其核心机制的循环累积因果原理是演化经

济学的一项基本的本体论假设。所谓系统协同效应是指存在着整个社会经济系统的公共福利，从整体上加以考虑的制度和政策措施有利于改善每个国民的福利。经济体系内部行为主体之间以及同外界信息交流机制的顺畅性对整个社会具有重要的意义。整个体系的协同性决定了整个社会的创新基础。通过系统内部和外部的网络效应和学习效应可以推动整个社会的生产效率的高低交换和升级，推动整个社会的产业结构的升级和技术水平的提高，增强高效率技术与制度体系的融合性和协调性，形成各个行为主体的一致性行动，是推动全社会生产效率提升的关键。

二、推动政府和公益性协会在新经济体系构建中的引导作用

社会经济体系的升级和完善。不仅仅是经济系统内部的自发的协调和完善，而且需要政府和公益性协会的统一协调，通过政府和公益性协会的政策措施的积极激励和引导，形成新经济系统内部和外部的统一行动，再利用产业内部的网络效应和学习效应，进一步完成高效率路径对低效率路径的替代。在新旧技术体系升级转换的初期，政府和公益性协会联合扶植几个核心的大型企业或企业集团率先采用高效率的制度和技术，利用这些核心企业集团的地位带动新经济体系内部相关上下游企业采用高效率的制度和技术。随着新经济体系内部采用高效率的制度和技术的企业增加，从而越来越多的企业就会选择高效率的制度和技术，最终实现高效率生产路径替代。在新经济出现的初期，政府需要加大干预力度，协调好各个方面的利益，主动承担一些主体为采用高效率的制度和技术而带来的转移成本和学习成本，推动新经济核心企业的快速发展。当新经济体系逐步建立，政府应该主动减少相关的干预行动，充分发挥核心企业的示范效应，实现新经济的自然替代。

第四节　影响和评价

一、影响

演化经济学对西方主流经济学的挑战不仅是理论上的，而且是本体论的、认识论的和方法论的，它在一定程度上打破了西方主流经济学对经济研究者的思想桎梏，提供了许多可以借鉴的思想和方法。在对既往的现象进行解释时，演化理论可以较好地描述其发展的动态过程。

演化经济学主张用具有历史时间概念的"共同演化"模式替代新古典经济学的均衡模式，将主流经济学忽略的诸如制度、文化、习惯等因素纳入经济学分析，为现代经济学的发展提供了一种新的研究范式。演化经济学对主流经济学的挑战在于主张以动态演化的视角理解社会经济过程，研究揭示经济发展的动力。演化经济学对现代经济学发展的影响主要在于它意味着经济学研究范式出现了新的转向，意味着经济学研究范式多元化时代的到来。事实上，经济学研究应该提倡多元化的研究方法，多样性是进化的动力源泉，失去了多样化研究范式的竞争，经济理论的进化就会停滞。

西方新古典经济学在方法论上奉行一种简化论的研究范式，它以理性——个人主义（经济人）——均衡这种简化论的分析框架为基础。这一研究范式认为个体是独立于其他实体的，作为个体的"经济人"是同质的。这是典型的人类行为的简化论假定的研究范式，它完全排除了对人类经济行为复杂性进行研究的可能。演化经济学提出现实经济是一个复杂的经济系统，强调分析影响系统演化的基本因素（包括系统内部成员之间的差异性、易变形和系统的选择机制），探讨系统的选择机制受内部压力和外部压力的影响过程。

演化经济学在如何认识经济过程的非线性本质、经济过程的非演绎特性和时间观上，对主流经济学研究范式提出挑战。演化经济学家提出，经济世界是一个复杂的系统，时间是不可逆的，内部的关系是非线性的，看不出明显的因果联系，因而也就难以预测。

新古典经济学理论强调均衡是经济科学的基本出发点，演化理论则强调非均衡过程才是科学的基础。从演化思想看，经济系统呈现出不规则的特征，不存在简单的规律。这一特点在金融市场如股票的走势中表现得最为明显。经济问题的解是多重的，一个微小的变化就会导致其中某一个解的实现。

演化经济学主张以动态演化的视角理解社会经济过程，以历史动态的观点研究、揭示经济发展过程和动力，从而对主流经济学形成挑战。他们强调制度的演化和选择是典型的非线性、非平衡和非稳态的机制，认为在某一时间和地点所能观察到的经济现象必须被解释为是一种持续不断演化过程中转变的产物，演化还意味着在时间进程中新质会突现，强调新技术是经济演化的根本动力，认为共同演化的分析范式有助于更好地理解经济变化的动力，揭示经济变迁复杂现实的真实面目。因此，他们主张经济学研究必须抛弃主流经济学机械还原论的简化法，抛弃新古典以牛顿力学为理论基础的静态均衡分析，运用系统的、演化的、整体的观点建立动态的经济演化模型。演化经济学由于对时间、历史、制度之于经济发展的影响和对微观个体差异性、技术创新中技术的多样性及创新过程的路径依赖性的重视，从而为经济学研究开辟了新的视野和方向。演化经济学所倡导的研究范式，说明经济学在突破了新古典的研究范式之后仍有极为广阔的发展空间，并且是向着更加真实世界的方向发展。

二、评价

演化经济学从一个演化的视角对新古典经济学所讨论的问题，进行了重新的阐述和说明。演化经济学从制度演化的视角对微观经济结构理论的融合和经济增长、发展等宏观现象的内生演变过程给予了很好的刻画和解释。

当前演化经济学正处于自身发展的关键性阶段，理论综合与框架整合的问题亟待解决，必须面对再生和倒退的双重可能，同时，这一经济学流派本身也将充满变化和多样性。但是，我们也必须注意到，在面对未来的经济问题时，演化思维框架就缺乏明确的预测性。

在理论上，自 20 世纪 80 年代以来，演化经济学已有了很大的发展，系统地整理演化经济学的各种研究成果的时机已经成熟。演化经济学的崛起，为马克思主义经济学的创造性转化，以及中国经济学的创新与发展提供了一个难得的机遇。我们应抓住机遇，在西方演化经济学的基础上进行创造性的综合，建立起中国自己的演化经济学。

第五节　借鉴和应用

一、借鉴演化经济学推动全面改革体系构建

党的十八届三中全会以来，我国开启了新一轮的全面深化改革。当前的改革必须从经济、政治、文化、社会、生态等多个领域全面推进，改革进程的推进需要采取从中央到地方通盘考虑、统筹兼顾，顶层设计和基层推进相结合的方式。我国当前的改革已经到了只有注重整体性、系统性、全面性才能出效益的时期。社会就是一个有机的统一体，牵一发而动全身，一个方面的失误可能会拖累全局。改革的全面性特征非常明显。

演化经济学的基本分析逻辑也表明，经济运行的决策运行体系是一个有机的整体，系统性地推进制度改革是推动整个社会生产效率提升的关键。只有从市场经济体制机制、政府权力、财税体制、金融体制、国企发展、文教卫生、对外开放等一系列全面地推进系统性的改革，才能够保证整个经济体系运行方式的全面升级和转型。

十八届三中全会最主要的亮点就是寻求改革的全面突破，呈现整体全面推进的特点，从经济体制、政治体制、文化体制、社会体制、生态文明体制和党的建设制度改革六个方面全面推进。各项改革之间

相互呼应，包括经济体制改革和政治体制改革之间的相互呼应，也包括各项改革的内部呼应。比如，在经济体制改革当中，有市场体系的完善和政府职能转变之间的呼应，也包括了社会管理体制改革和收入分配，包括整个和谐社会建设这些方面，包括生态文明建设和整个发展的可持续之间的呼应等等。改革的整体性、系统性、协同性非常突出。

二、应用演化经济学创新国有资本管理体制

长期以来，国有企业决策体系的行政化，使得整个社会的经济运行体系难以有效地推动新时期全社会的产业结构升级和转型。

演化经济学的基本企业演化理论认为，一个企业的决策行为不仅仅取决于企业的技术层面状况，即企业在短期内的技术水平和产业水平，而且取决于企业本身的决策机制，企业的决策惯性往往同一个企业的决策文化和决策机制具有很强的相关性。因此，当前国有企业通过引入民营资本，构建混合所有制的产权体系，引入外部的产权约束机制，打破传统国有企业的决策惯性，推动国有企业的决策体系更加符合现代技术和制度体系的决策原则，更加符合整个社会技术发展的决策需求。

第十八章　激进政治经济学

激进政治经济学（Rodical Political Economics）是 20 世纪 60 年代后期主要在美国形成的一个经济学流派。该学派继承了马克思主义政治经济学的基本观点，并在此基础上借鉴西方主流经济学的部分思想构建了自己的理论体系和框架，用以分析当代资本主义的社会问题。尽管其理论体系并不完善，但是对于政策实施，尤其是对部分左翼政党的施政纲领的制定，具有很好的启发和指导。

从激进政治经济学跨学科的角度看，把经济民主和政治民主、个人自由与集体意识等作为可行的社会主义研究的重点，仍然是必要的。从经济学、政治学、社会学、法学等学科出发进行交叉研究仍然是未来社会主义研究的出发点。这种带有系统和整体特征的研究思路，是由社会制度的内在要求决定的。无论如何，社会发展的过程是不可逆的，对于所有有志于从事社会主义研究的人来说，他们只能继续前进，并且是在已有的社会事实和理论积累的背景下继续前进。

一样的阅兵，不一样的待遇

作为一年一度的庆祝活动，莫斯科红场纪念活动历来备受瞩目。2015 年 5 月 9 日，俄罗斯在莫斯科红场举行盛大阅兵，庆祝卫国战争胜利 70 周年。中国国家主席习近平作为俄方邀请的最尊贵的客人，和普京总统并肩检阅，凸显了中俄两国关系的这样一种重要性和特殊性，以及习近平和普京的个人友谊。5 月 9 日，为纪念卫国战争胜利 70 周年，俄罗斯莫斯科红场举行盛大阅兵仪式，中国国家主席习近平应邀出席。此外，作为人数最多的外国军人方阵，中国军人飒爽的英姿给人们留下了深刻印象。①

20 年前的 1995 年 5 月 9 日，江泽民应邀参加俄罗斯反法西斯战争胜利 50 周年庆典活动。在当晚的庆祝宴会上，欧美国家领导人纷纷上台致辞，作为唯一在场的亚洲国家领导人，江泽民却没有被安排上台讲话。最终，在他的抗争下，叶利钦当即答应他的请求。事后，江泽民告诉中方人员，我是中国人民的代表。在这样的场合，决不能没有中国人民的声音！在发达国家主导的全球化的背景下，发展中国家必须构建具有自主话语权的理论体系，在国际话语体系中发出自己的声音，在全球化的大浪潮中主导自己的经济发展。

第一节 激进政治经济学的形成

一、激进政治经济学的兴起

激进政治经济学是 20 世纪 60 年代以来，以批判主流经济理论和当代垄断资本主义制度为基础，具有激进色彩的经济思潮形成了这个经济学派，自称是当代美国的"新"马克思主义学派。

激进政治经济学派以 1969 年成立的"激进政治经济学联盟"为形成标志。它的形成既和美国国内 60 年代中期出现的种种危机有关，又和当时西方主要发达资本主义国家兴起的"复兴"马克思的理论思潮有密切联系。

激进政治经济学派的演变大体经历了 20 世纪 60 年代末—70 年

---

① 范伟国、胡晓光、陈贽：《习近平出席红场阅兵仪式》，新华社，http://news.xinhuanet.com。

代初、70 年代中期—80 年代中期以及 90 年代以后的三个阶段。

新世纪以来的十多年，在全球化背景下，越来越多的国家被卷入了资本主义自由化浪潮。激进政治经济学对因为资本主义自由化而出现的各种社会问题和主流经济理论的分析方法展开激烈的批判，诸如：劳动市场分割、劳动市场歧视、全球化等问题展开分析。该学派独树一帜，成为一支具有一定影响力的经济学分支。

二、主要代表人物和著作

激进政治经济学派的主要代表人物包括：斯威齐、巴兰、马克·林德、谢尔曼、斯蒂芬·雷斯尼克、斯蒂芬·马格林、罗伯特·波林、海蒂·哈特曼等人。

保罗·斯威齐（Paul Marlor Sweezy），20 世纪美国最为著名的马克思主义经济学家，美国激进政治经济学派和马克思主义经济学派的领袖人物，代表作：《资本主义发展理论》，本书为战后激进政治经济学的崛起坚定了基础。他于 1949 年创办左翼杂志《每月评论》（*Monthly Review*），并任主编直至去世。几十年来，他同其他"新"马克思主义经济学家一起发表了大量揭露和批判现代资本主义的文章和专著，其中最为著名的有《作为历史的现在》（1953）、《垄断资本》（与保罗·巴兰合著，1966）、《繁荣的终结》（与哈里·麦格道夫合著，1981）、《革命后社会》（1982）、《马克思主义四讲》（1982），产生了极为广泛的影响，日本现代经济研究会把他列为自魁奈以来 30 位世界伟大的经济学家之一。

保罗·巴兰（Paul Alexander Baran），美国激进政治经济学代表人物，先后就职于美国商业部、纽约联邦储备银行、斯坦福大学等机构。他是第一个从发展中国家的角度研究经济增长理论的激进政治经济学家，代表作包括：《增长的政治经济学》、《垄断资本》等。发表于 1957 年的《增长的政治经济学》一书被称作战后西方最有影响的马克思主义经济学著作，该书以"经济剩余"为中心概念，展开了对当代发达和不发达资本主义国家经济关系的研究，开辟了马克思主

义关于不发达政治经济学理论研究的新领域。在他逝世后的第二年
（1966 年），由斯威齐整理出版了他们合著的《垄断资本：论美国的经
济和社会秩序》一书，该书以"经济剩余"为中心概念，以对美国经
济运行中经济剩余的生产和吸收的矛盾关系的分析为主要线索，揭示
了当代垄断资本主义经济发展停滞趋势的必然性，以及垄断资本主义
生产方式的内在矛盾。1969 年，J. 奥尼尔编辑出版了《更长远的观
点：政治经济学批判论文集》，该论文集收集了巴兰生前撰写的主要
论文和评论。

霍华德·谢尔曼（Howard J. Sherman），美国著名激进政治经济
学家，激进政治经济学联盟的创始人之一。代表性著作是《激进政
治经济学基础》，被视为美国激进学派的主要教科书之一。2004 年
获得凡勃伦—康芒斯经济学奖。谢尔曼是加利福尼亚大学教授，在
研究商业周期方面取得了卓越的成就，主要著作：《宏观经济动态
学》（1964）、《经济增长、失业和通货膨胀导论》（1964）、《苏联经
济》（1969）、《激进政治经济学基础》（1972）、《停滞膨胀：激进派的
失业和通货膨胀理论》（1976）、《经济周期：资本主义的增长和危机》
（1991）等。

斯蒂芬·雷斯尼克（Stephen Resnick），美国经济学家，他的主
要贡献是对马克思主义经济学、经济学方法论和阶级分析的探讨，代
表性著作：《知识和阶层：一个政治经济学的马克思批判》（1987）等。

斯蒂芬·马格林（Stephen Marglin），美国犹太人，哈佛大学经
济系沃尔特·巴克讲座教授，长期致力于经济学研究的基础性假设。
其代表作为：《劳动供给过剩的经济中的价值和价格》（1976）等。

阿吉里·伊曼纽尔（Arghiri Emmanuel），法国马克思主义经济学
家，于 20 世纪 60 年代提出了"不等价交换"理论，代表性论文：《不
平等交换：贸易帝国主义的研究》（1981）、《跨国公司和不平等发展》
（1976）等。

罗伯特·波林（Robert Pollin），美国经济学家。马萨诸塞州阿姆
赫斯特大学经济学教授，政治经济研究所（PERI）的创始联合主任。

他曾是杰里·布朗竞选 1992 年美国总统的经济政策发言人。代表性著作：《全球化和激进经济政策》(1998)。

海蒂·哈特曼（Heidi Hartmann），女权主义者经济学家，乔治华盛顿大学教授，《妇女、政治与政策》杂志的主编。她是女性、经济学和公共政策的交叉领域的专家。代表性著作：《资本主义：男权和劳动市场的性别分割》(1976)、《女性、工作、工资：同工同酬》(1981)等。

第二节　激进政治经济学的主要理论

激进政治经济学的研究领域涉及劳动市场、性别歧视、全球化、新帝国主义、环境问题、阶级分析、经济危机、发展理论、贫困理论、国际贸易等领域的研究和分析。

一、劳动与劳动异化

资本主义体制下的劳动异化是资本主义制度下，工人不能控制自己的产物。从社会环境而言，资本主义社会制度是造成资本主义体制下工人无法控制自己产物的根本原因，在工业革命之前，工厂式的生产结构和生产制度已经建立。显然，资本主义大工业式的生产体制和制度并不是造成劳动异化的原因。但是在资本主义式的工业大生产的大背景下，单个工人是无法改变这种制度安排的。无论如何，工人组织起来的工会的集体议价行为是不能够解决这种工人在生产活动中的社会需求、心理需求的，其主要只能够解决工人们在经济上的显性需求。激进政治经济学家马格林①认为这是造成工人的利益缺乏文化上的支持。马格林认为世界的知识分为两类：一类是以基本知识出发逻

---

① 美国年轻一代的激进政治经济学家，他的《反萨缪尔森论》是 20 世纪 70 年代美国激进政治经济学对资产阶级主流经济学体系的有力挑战。

辑演绎出来的在社会占支配地位的知识体系；一类是随着人们的生产实践活动积累起来的社会实践知识。对于工人而言，其获得知识主要是社会生产经验，因此，工人缺乏必要的社会逻辑知识是导致工人们很难联合起来反对资本主义工作性质的组织模式。

激进政治经济学家爱德华兹则认为资本主义的劳动市场是导致异化的根本原因。在19世纪，美国的资本主义将各种各样的劳动力逐渐变为一个同质的整体，但是，20世纪的劳动力表现出来的则是差异性，而且工人之间的差别已经越来越习俗化；这个过程还得到了种族歧视的强化，结果是美国的劳动市场不再是单一的，而是分成为三种类型：次级劳动市场，从属于一级劳动市场，以及独立于一级的劳动市场。

次级劳动市场主要由非熟练工人组成，这些工人基本不可能对雇主产生任何的约束力，而且工人们拿着较低的工资，生活缺乏基本的保障。一级市场的工人主要是由具有较高的技能和机械劳动的工人构成，例如：汽车行业和钢铁行业的工人。这类工人收入水平较高，工作环境较好，具有较好的技术水平、良好的生活保障。但是这类工人的技术水平在短期内可以依靠培训获得。由于劳动力专业性的限制，这类市场上的劳动力和雇主之间存在一定的谈判力。第三类是独立于一级市场的劳动市场。这类市场的劳动力主要是由拥有更高技能，且可以相对容易地在不同企业之间流动的劳动力。激进政治经济学家认为造成上述市场分割的原因：第一是种族和性别歧视；第二是企业内部的控制体系；第三是企业的规模、资本运营能力以及稳定性。这些因素共同构成了劳动市场分割的基础。这是这些分割因素导致资本主义制度下，劳动力被限定在各自的层级结构内。这种层级之间流动性的限制和不平等是造成劳动力工资差异的根本原因。

二、贫困理论

霍华德·瓦赫特尔借鉴马克思主义的基本分析方法，围绕社会阶级结构、劳动市场和政府等三个因素构建了分析贫困问题的一般的理论分析框架。其认为"贫困"是资本主义社会制度性下，上述三种因素相互正常作用的结果①。

第一，社会阶级的因素：资本家拥有生产资料的所有权，因此与贫困无缘。这主要是因为资本家依靠资本所有权就可以拥有大量的资本获利，而不必考虑自身的工作能力和技能水平，其强大的资本保证生病和年老并不对其构成影响。然而，工人阶级需要劳动市场提供稳定技能和工作水平，才能够获得收入，因此其必须依赖劳动者持久的健康和技能，任何一个突发的因素均可能使得劳动者陷入贫困。

第二，劳动市场因素：由老年人、城市穷人、失业者、病残患者、农村穷人、单亲家庭等低工资和灵活就业为基础构建了非正式就业市场的基本特征，这些人又不可能向具有高工资、高效率特征的第一市场转移。

第三，政府因素：政府应对贫困问题负责。政府资助有钱的企业家，且对有产者和养家糊口征收很少的税收。政府税收调节的失败是造成上述问题的根源。

上述因素造成当前社会贫困问题根深蒂固。这些正是资本主义制度、政府机构和私人财产所有权体系不断地产生和复制贫困的根源。

三、阶级分析

激进政治经济学家强调，主流经济学缺乏阶级分析的一个有效的分析框架。主流经济学家过于强调个体的行为。激进政治经济学家将生产过程中与其他群体发生关系的行为定义为阶级。阶级分析是分析资本家和工人之间关系的基本出发点。

沃尔夫和雷斯尼科则强调社会中的各种制度安排构成了阶级过程的基础。特定社会条件下的制度性因素构成了阶级社会的基础。例如：当企业的人事部门，雇佣工人或者企业租赁房屋时，支付工资和房租就是使根本性的阶级过程能够运转所必需的条件，而付出的工资

① 何玉长：《论激进经济学的现实批判主义》，《财经研究》2004年第8期。

和房租这种蕴含的阶级过程则来自剩余劳动的再分配。上述过程中的企业作为剩余占有者进行剩余劳动的分配，保证劳动力的再生产，保证资本主义的生产过程可以持续地进行。此外，其他的一些社会行为，诸如宗教和文化，同样在阶级分析中是重要的一环。

四、经济波动

激进政治经济学在借鉴非正统学派的宏观经济分析方法的基础上提出了自己对宏观经济运行的独特主张。

波林特别赞同马克思主义和后凯恩斯主义对货币经济的分析。他强调了马克思主义经济学和后凯恩斯经济学在货币方面的四个贡献：（1）这两个学派都认为货币和信用的供给是内生决定的，从而在很大程度上独立于储蓄的供给和中央银行的行为；（2）金融因素在决定实际投资的速度和方向上发挥着重要作用；（3）金融的脆弱——相对于企业的偿债能力，企业的债务在增加——不断在资本主义体制内反复出现，这是即将发生金融危机的条件；（4）金融市场是阶级内部和阶级之间发生冲突的重要场所。

激进政治经济学家认为，积累性的社会结构是导致资本主义经济长波出现的基础。首先，资本主义社会的这种社会结构使得资本和劳动之间的关系得到最好的协调。资本家通过提高工人的工资水平实现了资本家和工人收益的提升。同时在美国政治经济的强大支撑下，资本和劳动实现了充分的竞争，整个世界经济实现了繁荣。但是20世纪60年代以来，随着欧洲和日本等经济体的崛起，资本和劳动冲突的不断升级、环境保护主义、消费者运动、政府对企业管制的加强等均提高了生产成本，最终降低了美国的国际竞争力，投资和创新受到限制，增加了资本主义社会生产的波动性。美国进入资本主义经济长波的下降阶段。20世纪80年代之后，随着整个社会新的投资和创新力量的再次崛起，整个社会的利润率均开始上升，新的社会累计上升阶段再次来临。

激进政治经济学很好地概括了可能导致不稳定和危机产生的原

因：巨大的全球信用结构、普遍的投机、风险承担方式的创新、政府权力和角色的收缩与私有化、全球范围内的相互依赖、全球最后贷款人的缺位使整个体系比以前更为脆弱。

五、环境问题

激进政治经济学者从人类发展的角度，剖析了环境问题的成因。为了适应世界状况的现实变化而发生的转变，人类在不断地调整自身适应能力的过程中不断地发展。从人类的原始时期开始，世界就被视为一个无限广阔的视野。如今的开放经济为人类的发展开创了：资源取之不尽、用之不竭的可能性。随着社会的发展，人类社会逐渐认识到可利用资源的局限性。无论如何，整个社会的经济利用的思想仍然围绕利润最大化展开，并没有作出充分的调整。

在一个封闭的经济世界中，人类社会的发展目标是以最小的产量获得最大的满足，这种满足主要是与现存资本存量能够带来的快乐相联系，而不是与产量的增长相联系。我们正在朝这种状态靠近，在这个过程中，经济思想必须作出相应的调整。资本主义 21 世纪所增加的产出将形成这个体制主要的矛盾，从而从根本上威胁到人类的生存。

威斯科夫通过马克思主义的危机理论考察了环境危机的动态含义。他与博尔丁在很多方面持相同的观点，但他的出发点不同。威斯科夫首先提出了这样的问题，20 世纪末，资本主义的主要矛盾是什么，这些矛盾是否可以理解为资本主义体制的正常功能的结果。他认为资本主义体制所碰到的环境问题和社会退化问题严重威胁着资本主义的生存能力。这里的关键机制是退化中的社会环境和自然环境对资本主义赢利能力施加了很大的约束，从而抑制了作为成功的资本主义核心的积累和投资过程。

那么，中央计划经济能否克服资本主义的这种矛盾，威斯科夫给出了否定的答案，中央计划经济不仅不能解决这个问题，甚至还会使问题更严重。因为中央计划经济的领导人比资本主义国家更加迫切地追求经济增长（产出最大化）。同样重要的是，在计划体制下，对管理者绩效的评价主要看的是他们完成计划产出目标的能力，这也鼓励了企业管理者忽视环境外部性的问题。

但是 20 世纪末，中央计划经济的崩溃以及资本主义优势的重新确立，并不意味着问题就解决了。相反，这使得对资本主义体制的外部矛盾分析更为重要。在这种体制下，利润最大化动机鼓励着产出毫无约束地增长，环境最终无法容纳这种增长。资本主义在以后的时代可能会继续保持优势，但环境也会继续恶化。最终，人类为了生存，必然会出现一种替代资本主义的体制[①]。

在这种体制下，利润最大化动机鼓励着产出毫无约束地增长，环境最终无法容纳。在当代资本主义国家中，环境遭到破坏的重要原因是整个社会将责任分散到各个个人的责任。整个资本主义体系下，整个社会过分地强调社会收益和成本之间的权衡，而忽略了技术是改进环境问题的关键，只有对生产技术进行强有力的管制和约束才能够有效地保证技术水平推动社会结构的改进。环境破坏问题很严重的原因是责任分散到个人责任，这有时候恰恰是为了在面对公共利益时推卸责任。

六、全球化

激进政治经济学家关注了经济全球化过程中的不对称问题，并对资本积累的不同模式进行了分析。大多数发达国家主导了经济全球化，在全球化的过程中，发展中国家面临的前景不容乐观。全球化给劳资关系带来了新的影响，并导致双方之间力量的对比发生变化。

对于全球化问题，激进政治经济学家提出了自己见解：全球化被看作是世界范围内资本主义扩张和资本积累的历史进程的一部分，这种进程破坏了民族国家和地方空间并重塑社会。在全球化的大趋势

---

① 杨雁斌：《资本主义的现实与未来——评〈资本主义的终结——一种经济制度的胜利还是失败?〉》，《国外社会科学》2003 年第 3 期。

中，金融资本成为世界金融市场和电子金融中一种残暴且独特的资本形式。全球化大大加剧了资本积累过程中的两极分化趋势，全球化使得资本在全球范围内在少数公司和少数人之间积聚和集中。

激进政治经济学的研究不满足于仅仅从短期资本流动的角度去分析问题，而是从制度背景给予分析。西方发达国家的金融资本在全球经济中的优势不断增强，保护金融资本和跨国公司的利益成为新自由主义的经济逻辑。但这也是一个牺牲工人阶级利益的过程，从而产生积累过剩和消费不足。对于整个市场经济而言，资本剩余的利用和市场调节机制之间的相互作用机制并不是简单的逆向调节。当整个经济进入萧条之后，上述调节机制将会变得更加复杂。

在互联网技术的广泛应用下，全球化成为这样一种秩序：资本可以延伸到世界的每一个角落。处于全球秩序领导地位和中心地位的发达国家强调资本流动的重要性，但结果却是发达国家和发展中国家的贫富差距日趋拉大。全球化使得全球同时存在着产能过剩和债务膨胀。换言之，全球化使得资本主义下的经济危机成为全球性经济危机。

七、新帝国主义

帝国主义作为世界政治现象一直存在，仅仅是形式发生变化，而其中的原因就在于资本扩张的结果必然要走出国界，到世界范围内掠夺更多的剩余价值。在开始阶段，资本统治世界的形式是以血腥殖民与公开掠夺为基本特征。新帝国主义的统治主要以自由贸易与投资为幌子，通过不平等的国际经贸秩序，对外围国家与地区进行经济上的剥削。

流行的全球化理论是一种意识形态，是为阶级不平等合理化服务的。与全球化概念相比较，帝国主义概念具有更大的科学性和现实意义，它能够就资本、货物、技术在全球运动的社会动力和不同国家与阶级之间的对立关系提供准确的理解。新帝国主义实际上是以美国霸权主义为主的帝国主义。福斯特说："资本集中化与中心化，中心地区的停滞趋势，帝国主义对周边国家的剥削，金融资本的全球化，发达国家资本主义国家之间的帝国主义冲突，这些加在一起，就组成了当今世界总体画面，对于这个画面可以垄断资本主义理论进行描述。"① 资本主义的发展必然导致帝国主义，这是西方左翼垄断资本主义所作的描述。

激进政治学派学者认为帝国主义的形式和内容在当代发生了许多变化：在全球化的背景下，帝国主义具有新的扩张方式，帝国主义通过全球化的浪潮进一步加深了对发展中国家和落后国家的经济剥削。全球化的推进进一步加剧了各个国家和地区之间的不平等。

一方面是：西方发达国家利用跨国公司和西方主导的国际金融组织对国际资本的流动、货物的生产和流通方面进行全球范围内的垄断；另一方面是西方发达国家通过建立合资企业控制发展中国家的进出口贸易，强制发展中国家的进出口，利用发展中国家的廉价劳动力对殖民地进行剥削，同时通过国际贷款和国际债务进一步干涉发展中国家的财政金融政策。此外，西方发达国家通过文化产品的输入，逐步加大对发展中国家价值的塑造，向发展中国家推行西方的价值观，通过文化的入侵达到西方发达国家掠夺和扩张的目的。

发展对所有国家来说并非是一成不变的过程，发展中国家与发达国家的政治经济背景可能完全不同。来自于发达国家的援助事实上阻碍了欠发达国家的经济成长，使得核心国家拥有不平等的贸易关系，从而有利于剥削欠发达国家的廉价劳动力，最后导致欠发达国家的发展不充分。全球化的贸易和投资形态是：核心国家或都市社会从事资本密集和高附加值的生产，边缘国家则从事劳动力密集与低附加值的生产。这种分工产生了支配与依附的关系，因此造成了全球化世界被普遍认为存在贫穷与富裕、传统与现代、发达与欠发达等二元对立。

激进政治经济学对帝国主义的工具——跨国公司和跨国金融组织的性质进行了具体分析，并把这些分析和当代资本主义的实际联系在

---

① 约翰·B.福斯特：《重新发现帝国主义》，《国外理论动态》2004年第1期。

一起，正确揭示了当前国际经济一体化形势下，发达国家的新帝国主义特征、新殖民主义政策对发展中国家的经济、政治危害。

八、国际贸易

激进政治经济学者反对国际贸易，以及当前在资本要素自由流动背景下的全球化主张。阿吉里·伊曼纽尔构建了国际价值的不平等交换理论，成功解释了国际贸易条件恶化和劳动价值论之间的矛盾。他借鉴马克思主义的劳动价值和生产价格理论，详细论述了国际贸易之间存在的不平等交换。他认为国际贸易不是比较优势交换的过程，而是价值从落后国家向发达国家转移的过程。他认为工资差异和剩余价值率的国别差异导致了国际贸易带来的剥削。

主流的、基于比较优势的国际贸易理论有其严格的前提假设：各国具有相同的资本和技术水平，各国的工资水平均是以维持最低生活水平为标准，全社会不存在失业，存在均衡的国际贸易收支水平等。但是这些假设和真正的国际生产的实际情况并不符合。例如：国际资本和劳动并不是不流动的，且资本在国际市场具有强的竞争性。并且进一步指出：劳动力的非竞争性带来了不同的剩余价值率，因此，劳动力和资本的竞争共同决定了利润的平衡性[1]。一方面是资本的流动性带来利润的平均化，另一方面是劳动力的非流动性带来剩余价值率、利润非均衡化。发达国家拥有充足的资本，而发展中国家则拥有相对较少的资本，因此，发展中国家比发达国家具有更高的剩余价值率，而商品价格独立于二者，最终带来了国际贸易的不平等交换。最终工资的差异带来了发达国家对发展中国家的剥削，以及发展中国家的依附性。

---

① 久保新一、中川信义、张开玫、匡凤姿：《国际贸易的理论问题》，《经济资料译丛》2009年第1期。

第三节　激进政治经济学的政策含义

激进政治经济学以资本主义社会批判者的姿态出现，较为客观地研究了西方社会的种种经济问题。激进政治经济学更加注重国际范围内的新帝国主义问题和经济全球化问题。激进政治经济学家对于近年来日益突出的全球化、发展问题、国际化问题提出了自己的见解。

一、国际组织体系的改革

在全球化的过程中，国际货币基金组织、世界银行和世界贸易组织总是成为激进学者们讨论的对象。因为不存在国际性的中央银行，所以国际货币基金组织通常执行某些类似中央银行的职能。但是国际货币基金组织用来发放的贷款资金是由成员国缴纳或者捐赠的，后者比例一般较小。国际货币基金组织变成了金融资产所有者的金融警察。贷款只发放给那些接受国际货币基金组织强加的结构性改革计划的国家；在关贸总协定与世界贸易组织框架下的自由贸易意味着强国侵占弱国经济的自由；强国针对弱国的竞争性产品所实施的保护主义。这些国际机构的投票机制基本是由资本决定的，这从根本上保证了他们是为发达资本主义国家而不是发展中国家或者第三世界国家服务的。

全球化的负面影响包括：首先，是关于资本市场、跨国公司与国际机构世界银行，限制政府制定政策的能力。强迫政府进行全球化、技术创新、市场自由化、私有化等。其次，各类政客正急于指出经济正逐渐国际化，来为那些残酷的、不受欢迎的政策辩护，如此一来，全球化变为缺乏政治形象、懦弱、社会厌食症与反社会政策的托词。最后，世界经济的相互渗透，被用来赋予世界性的组织、机构越来越多的权力、影响力与权威。全球化趋势正在被用来借口，来赋予不负责任、官僚的国际组织更多权威，透过国际性规则与机构，来定夺、惩罚并逐渐限制国家与地区层次的经济社会选择。

总之，对现存的国际机构进行改革，从而让他们在全球治理中发挥积极的作用，是激进政治经济学所关心的。但是他们在具体如何改革或者新建国际治理机构上并没有什么具备可操作性的建议。

激进政治经济学对于全球化的分析可以概括为以下几个方面：

第一，全球化使得资本积累的空间得以扩张，资本主义取得了暂时的新发展。激进政治经济学家们认为随着商品资本、货币和金融资本、生产资本的国际化，社会资本的三种流通形式就全部国际化了，这是劳动真正从属于资本的起点，它奠定了跨国资本主义社会关系的基础。在资本主义高度全球化的时代，国家的作用比资本主义更为复杂，在这一阶段，国家的任务就是要在日益具有跨国性的环境中执行民族政策，资本主义国家和政府是跨越国界的资本主义社会关系的矛盾发展过程的一个必要组成部分。国际货币基金组织和世界银行这类组织国际金融结构执行的是进行全球资本主义的积累和实现全球稳定的政策，针对发展中国家，国际货币基金组织所强制执行的国民经济政策和众所周知的紧缩措施，目的都只要通过民族国家的经济增长来促进全球资本主义经济增长，因此，国际货币基金组织常常使得发展中国家陷入更加严重的经济问题中。

第二，生产力的全球化与资本主义的私有制、民族国家体系之间的矛盾是100多年来世界资本主义的基本矛盾。在全球化时代，西方资本主义国家的内部矛盾和社会危机不仅没有消失，而且在全球范围内有加剧的趋势。全球化促进了资本主义的发展和巩固，也积累和加剧了资本主义的各种矛盾，不断扩大的发达国家和发展中国家的贫富差距，地区发展的不平等都进一步激化了。全球化时代的金融不稳定、财富和资本的集中、虚拟资本泛滥使得全球化时代世界经济产生混乱和危机的可能大大增加，为资本主义在未来发生变化奠定了基础。

二、建立强有力的工人政党

激进政治经济学家认为应对经济金融危机的根本办法是建立工人

阶级为基础的政党，只有在工人阶级为基础的政党的领导下，整个资本主义社会才能够推行诸如国有化、降低收入不平等、实行民主化等一系列措施保证资本主义社会走出经济危机，促进整个宏观经济稳定。

激进政治经济学家认为，只要资本主义制度存在，就会内生地引起周期性收缩。当然政府的税收、支出和货币政策可以影响并缓和资本主义商业周期。

激进政治经济学认为，不稳定是资本主义不可避免的状态。政府干预是经济滞胀的根源之一。在资本主义国家，经济被政治化，资源配置不再是自然和必然的过程，收入分配取决于利益集团之间激烈的斗争。资本主义将成为一种权力体系而不再是一种适应个人偏好的自然机制。国家的债务危机是现代资本主义社会更深层的结构问题的反映。激进政治经济学家认为，政府采取的逆向型的货币政策和财政政策周期性地冷却经济。最终要解决不稳定的问题，需要通过部分国有化、经济计划、民主化和扩大平等来实现。激进主义者承认，受资产阶级控制的政府决不会采取上述措施，所以，用以对付通货膨胀和失业的策略是组织一个具有广泛的基础、能够代表全体工人的政党。

三、坚持独立自主的发展政策

激进政治经济学家反对单纯依赖于西方发达国家的经济发展政策，一个国家应该根据自身发展需要，结合自身的发展特点，制定适合自己的发展策略，避免对发达国家过度依赖。

20 世纪 60 年代，根据许多发展中国家依靠发达国家的发展经验和增长模式发现，一个国家通过简单的西方化是不可能实现现代化的，而且这种发展经济的方式使得整个国民经济体系变得更加脆弱，沦为西方发达国家经济附庸的过程。因此，激进政治经济学认为这种完全依赖于发达国家的、简单的对外开放的方式不能够解决一国长期发展的根本问题。一个国家要想实现自身的长期发展必须制定自己的发展战略，通过开放积极利用国外市场才能够建立自己独立的国民经济体系，才能保证自身在经济发展中的自主权和独立性，进而避免出现拉丁美洲、亚洲和非洲等国家在对外贸易中严重依赖于单一产品出口的现象。

第四节　影响和评价

一、影响

尽管激进政治经济学的理论并未成为西方主流社会执政者的政策主张，但是其在经济理论界和西方社会同样产生较为广泛的影响。

激进政治经济学在西方社会的青年经济学家中产生了深远的影响，这些青年学者成为西方社会较为活跃的社会群体。激进政治经济学派的出现打破了主流经济学一统天下的局面，推动了经济学界的争辩和发展。

激进政治经济学围绕全球化背景下的社会问题进行了详细的阐述，诸如对资本主义剥削问题、危机问题、环境污染问题、社会分配不均和贫乏差距等问题进行广泛的分析和探讨，尤其是激进政治经济学对当前全球化背景下的发达国家与欠发达国家之间的国际贸易问题进行了深入的分析和探讨。尤其是强调盲目的对外开放和全球化对欠发达国家带来各种问题。这一思想对于否定主流的国际贸易理论，以及警示欠发达国家的国际贸易政策产生重要的影响。

激进政治经济学，围绕社会贫富差距和收入分配不平等等问题，在西方的媒体中展开相当篇幅的讨论，有力地传播了马克思主义的思想，形成西方资本主义社会呼吁社会平等的主要舆论。其对于改善主流社会对资本主义现实问题的关注，关注低收入群体的社会福利水平的改善均起到了积极的作用。

二、评价

激进政治经济学派的体系既具有科学性和理论性的一面，同时也具有庸俗和局限性的一面。其一方面是继承了马克思主义的重要思想，但是又受到主流经济学的干扰，从而导致这一学派的理论具有一定的空想成分。

第一，激进政治经济学在主流经济学一统天下的背景下，继承了马克思主义的部分思想，重新开始关注社会不平等、交换的不平等等西方资本主义社会必然需要面临的社会问题，促进了经济学界对这类问题的重新思考。

第二，激进政治经济学派的部分主张开阔了决策者制定经济政策的视野，使得决策者在制定政策时不仅仅依赖于主流经济学的政策主张，而是广泛地听取来自各方面的政策建议，其能够更好地完善此类政策主张。

第三，激进政治学派所主张的理论体系具有一定缺陷，它提出的理论分析框架并不能解释很多当前全球化背景下出现的许多现实问题。比如：作为"外围"国家的石油输出国由于地缘政治等方面社会动荡能够对发达国家的经济发展产生重大的影响，这些问题和激进政治学派的基本结论有很大的偏差。因此，在很多现实问题上，激进政治经济学派不能够提出令人完全信服的解释，因此，其理论和政策主张并未在西方社会引起巨大的统治力和影响力。

综上所述，激进政治经济学派是具有一定社会主义倾向的马克思主义的继承者和改造者，其批判了具有浓烈资本主义色彩的主流经济学，具有传播马克思主义的积极意义。

第五节　借鉴和应用

尽管激进政治经济学派并未形成完整的理论体系，但为整个社会主义市场经济的实践提供了可借鉴的理论。

一、借鉴激进政治经济学提升我国国际话语权和软实力

国际话语权体现在政治、经济、军事、外交、文化等各个领域，在本质上反映的是一种国际政治权力关系，是国家间的利益关系。国际话语权竞争本质上是国家利益的博弈。国际话语权是一个国家软实力的重要体现，也是一个国家综合国力的重要组成部分。随着全球化的发展，国家之间的竞争不仅围绕经济实力、军事实力等硬实力领域展开，也在社会制度、价值观、意识形态、文化等软实力领域展开。

长期以来，西方发达国家通过各种途径和方式取得了绝对的国际话语权，作为新兴发展中国家，需要逐步地构建自己国家的话语权网络，逐步提升自身主张的影响力和通过多种渠道主张大国的核心权益。从宏观来看，我国通过举办奥运会、APEC 会议和博鳌论坛等方式来提高影响力；从微观看，中央电视台外文频道通过招聘国际一流的外国记者来为自己服务，以及倡导公民文明出游等方式来提升我国国际形象。

从国际上看，第二次世界大战以来，美国长期以来是世界市场和国际体系的主导者，是世界秩序的维护者和制定者。苏联解体的一个重要原因是，苏联共产党对于国内话语权和国际话语权的双重丢失，最终导致了苏联解体的悲剧。中东、东欧等地区接连爆发的颜色革命更是给我们敲响了警钟。我国不仅要建立自身的话语体系而且要建立融合国际价值观可行的国内话语体系，构建同经济发展阶段相适应的和国际发展趋势相协调的话语权体系。

国家软实力是一个国家在国际经济体系中综合实力的重要体现。国际体系中的话语权是国际软实力的重要表达方式①。随着我国国民经济的发展，我国需要逐步提高自身的国际话语权，鼓励政府智库、民间机构、非政府组织和公众等多方面力量，运用多种渠道，积极阐

---

① 李煜：《提升中国国际话语权面临的问题及对策》，《当代世界》2010 年第 8 期。

明对国际重大事件、重大问题的基本立场，主动表达中国观点，彰显中国价值，形成中国的话语体系。

二、应用激进政治经济学提升我国在金融领域的世界影响力

激进政治经济学家高度重视金融话语权问题。他们认为，金融发展成为相对独立的领域，虚拟经济和实体经济的分离日趋明显。在这种情况下，金融不稳定性和经济危机爆发的可能性越来越大，在经济日趋一体化的过程中，民族国家和全球经济之间的矛盾愈加明显。资本为获取利润而在全球范围内追求迅速扩张，治理机构的缺乏和偏重于把利益分配给资本一方的倾向是全球金融不稳定和经济动荡存在的基础。

我国政府高度重视金融话语权的问题。近年来，不断有中国人加入国际性金融机构的领导层，2008 年中国经济学家林毅夫出任世界银行首席经济学家，2011 年朱民出任国际货币基金组织（IMF）副总裁。中国在 IMF 中的投票权从 2.34% 提高到如今的 3.72%①。

除了扩大在由西方国家主导的国际金融机构中的影响力之外，我国积极联合其他国家成立新型国际金融机构。通过成立金砖银行，我国逐步提升发展中国家在国际经济体系下的话语权。2015 年，中国主导筹建亚洲基础设施投资开放银行，打破了西方发达国家对于国际性和洲际性金融机构的垄断，进一步提升中国的国际话语权和人民的国际地位。

---

① 张永兴：《中国在 IMF 中的投票权从 2.98% 升至 3.72%》，《人民日报》2006 年 9 月 19 日。

参 考 文 献

1. 白瑞雪：《生物学类比与演化经济学的发展阶段》，《教学与研究》2011 年第 3 期。

2. 常庆欣：《激进政治经济学的新趋向研究》，中国经济出版社 2012 年版。

3. 车卉淳、周学勤：《芝加哥学派与新自由主义》，经济日报出版社 2007 年版。

4. 陈金元、高峰：《关于德国社会市场经济对我国市场化改革的几点启示》，《北京理工大学学报》（社会科学版）2001 年第 1 期。

5. 陈平：《古典经济学的危机和非线性经济学的发展》，《经济学动态》1988 年第 10 期。

6. 陈彦斌：《中国新凯恩斯菲利普斯曲线研究》，《经济研究》2008 年第 12 期。

7. 陈宗胜：《论发展经济学的现状与趋势》，《经济学家》1996 年第 4 期。

8. [法] 阿兰·库隆：《芝加哥学派》，郑文彬译，商务印书馆 2000 年版。

9. [法] 萨伊：《政治经济学概论》，商务印书馆 1963 年版。

10. 方阳娥：《新新古典综合：基本要素、动态特征与货币政策含义》，《江汉论坛》2005 年第 6 期。

11. 傅沂：《产业变迁中的路径依赖研究》，暨南大学，2006 年。

12. 高帆：《发展经济学及其对中国经济发展的启示》，《社会科学辑刊》2002 年第 3 期。

13. 高鸿业、吴易风：《现代西方经济学（上、下册）》，经济科学出版社 2005 年版。

14. 耿强、张永杰、朱牡丹:《中国的通胀、通胀预期与人民币有效汇率——开放新凯恩斯混合菲利普斯曲线框架下的实证分析》,《世界经济文汇》2009 年第 4 期。

15. 古特尼克、莫皆、筱荃:《社会市场经济:德国的经验》,《国外财经》1998 年第 4 期。

16. 谷书堂:《中国市场经济的萌芽与体制转换》,天津人民出版社 1993 年版。

17. 顾海良:《美国激进政治经济学发展 20 年概述》,《马克思主义与现实》1991 年 2 月。

18. 何国华:《国际金融理论最新发展》,人民出版社 2014 年版。

19. [荷] 杰克·J. 弗罗门:《经济演化——探究新制度经济学的理论基础》(中译本),经济科学出版社 2003 年版。

20. 胡代光:《新剑桥学派述评》,《经济研究》1983 年第 1 期。

21. 黄志贤等编:《当代西方经济学概论》,厦门大学出版社 1990 年版。

22. 贾根良:《演化经济学导论》,中国人民大学出版社 2015 年版。

23. 科斯、诺斯·威廉姆森:《制度、契约与组织——从新制度经济学角度的透视》(中译本),经济科学出版社 2003 年版。

24. 拉尼斯:《发展经济学:下一步迈向何处》,经济科学出版社 1987 年版。

25. 郎友兴:《安东尼·吉登斯:第三条道路》,浙江大学出版社 2000 年版。

26. 李波:《新剑桥学派的经济增长模型》,《北京理工大学学报》(社会科学版) 2001 年第 3 期。

27. 李力、杨柳:《开放经济新凯恩斯菲利普斯曲线研究述评》,《经济评论》2013 年第 2 期。

28. 厉以宁:《中国经济增长与波动》,中国计划出版社 1993 年版。

29. 连玉如:《二战以后德国社会国家发展问题探索》,《德国研究》2009 年第 3 期。

30. 梁小民:《新古典综合派与战后美国经济》,《学习与研究》1987 年第 2 期。

31. 林毅夫、蔡昉、李周:《中国的奇迹:发展战略与经济改革》,上海人民出版社、上海三联书店 1994 年版。

32. 林毅夫：《解读中国经济》，北京大学出版社 2012 年版。

33. 林毅夫：《制度、技术与中国农业发展》，上海三联书店 1992 年版。

34. 刘光耀：《德国社会市场经济：理论、发展与比较》，中共中央党校出版社 2006 年版。

35. 刘绪贻：《罗斯福新政与凯恩斯主义》，《美国研究》1991 年第 1 期。

36. 马颖、杨培雷：《德国社会市场经济与中国经济改革——中德国际经济研讨会综述》，《经济评论》1998 年第 4 期。

37. ［美］阿瑟·奥肯：《平等与效率：重大的抉择》，中国社会科学出版社 2013 年版。

38. ［美］保罗·萨缪尔森：《经济学》（第 18 版），人民邮电出版社 2008 年版。

39. ［美］贝克尔：《家庭经济分析》，彭松建译，华夏出版社 1987 年版。

40. ［美］戴维·罗默：《高级宏观经济学》，苏剑、罗涛译，商务印书馆 2004 年版。

41. ［美］菲利普·阿吉翁、［美］彼得·霍依特：《内生增长理论》，陶然等译，北京大学出版社 2004 年版。

42. ［美］弗里德曼：《价格理论》，鲁晓龙等译，商务印书馆 1994 年版。

43. ［美］弗里德曼、［美］施瓦茨：《美国货币史（1867—1960）》，巴曙松等译，北京大学出版社 2009 年版。

44. ［美］弗里德曼：《最优货币量》，华夏出版社 2012 年版。

45. ［美］加里·S.贝克尔：《人类行为的经济分析》，王业宇、陈琪译，上海三联书店、上海人民出版社 1993 年版。

46. ［美］凯温·D.胡佛：《新古典主义宏观经济学》，中国经济出版社 1991 年版。

47. ［美］科斯：《企业、市场和法律》（中译本），上海三联书店 1990 年版。

48. ［美］理查德·R.纳尔逊、［美］悉尼·G.温特：《经济变迁的演化理论》，胡世凯译，商务印书馆 1997 年版。

49. ［美］卢卡斯：《经济周期理论研究》，商务印书馆 2011 年版。

50. ［美］ 罗伯特·J.巴罗：《宏观经济学：现代观点》，格致出版社2008年版。

51. ［美］ 罗伯特·M.索洛等：《经济增长因素分析》，史清琪等选译，商务印书馆2003年版。

52. ［美］ 罗伯特·皮托夫斯基：《超越芝加哥学派》，经济科学出版社2013年版。

53. ［美］ 马丁·费尔德斯坦主编：《20世纪80年代美国经济政策》，经济科学出版社2000年版。

54. ［美］ 莫迪利安尼：《莫迪利安尼文萃》，首都经济贸易大学出版社2001年版。

55. ［美］ 斯蒂格利茨、卡尔·E.沃尔什：《经济学》（第3版），黄险峰、张帆译，中国人民大学出版社2010年版。

56. ［美］ 斯库森：《朋友还是对手：奥地利学派与芝加哥学派之争》，杨培雷译，上海人民出版社2006年版。

57. ［美］ 西奥多·舒尔茨：《经济增长与农业》，郭熙保、周开年译，经济学院出版社1991年版。

58. ［美］ 谢尔曼：《激进政治经济学基础》，云岭译，商务印书馆1993年版。

59. ［美］ 约翰·N.德勒巴克、约翰·N.C.奈：《新制度经济学前沿》（中译本），经济科学出版社2003年版。

60. ［美］ 约翰·范·奥弗特瓦尔德：《芝加哥学派》，中国社会科学出版社2010年版。

61. ［美］ 詹姆斯·M.布坎南：《民主过程中的财政》，上海三联书店1993年版。

62. ［美］ 詹姆斯·托宾、斯蒂芬·S.戈卢布：《货币、信贷与资本》，中国人民大学出版社2015年版。

63. 缪一德、杨海涛主编：《当代西方经济学流派》，西南财经大学出版社2012年版。

64. 庞清明：《第三条道路批判》，甘肃文化出版社2011年版。

65. 任保平、魏婕等：《西方经济学增长理论名著导读》，中国经济出版社

2013 年版。

66. 阮宗泽:《第三条道路与新英国》,东方出版社 2001 年版。

67. 沈越:《德国社会市场经济评析》,中国劳动社会保障出版社 2002 年版。

68. [苏] 萨雷切夫:《寻求"第三条道路经济学"》,东方出版社 1991 年版。

69. 谭崇台:《发展经济学》,山西经济出版社 2001 年版。

70. 谭崇台:《论发展经济学的发展》,《上海行政学院学报》2000 年第 1 期。

71. 谭崇台:《十年来我国对发展经济学的研究和应用》,《中国社会科学》1990 年第 2 期。

72. 王爱琴:《新古典综合派经济主张及影响》,《合作经济与科技》2006 年第 23 期。

73. 王健:《当代经济学流派概览》,国家行政学院出版社 1998 年版。

74. 王健:《景气政策与中国经济繁荣》,国家行政学院出版社 2007 年版。

75. 王健、吴振球:《新凯恩斯主义开放经济理论新进展》,《财经理论与实践》2004 年第 6 期。

76. 王健:《现代经济学原理》,经济科学出版社 2009 年版。

77. 王健:《新凯恩斯主义经济学》,经济日报出版社 2005 年版。

78. 王健:《政府规制理论与政策》,经济科学出版社 2008 年版。

79. 王健:《政府经济管理概论》,中国人民大学出版社 2007 年版。

80. 王胜:《新开放经济宏观经济学理论研究》,武汉大学出版社 2006 年版。

81. 王宇:《伯南克时代:格林斯潘之后的美联储货币政策展望》,东北财经大学出版社 2006 年版。

82. 王岳:《德国社会市场经济体制对我国构建和谐社会的启示》,《中国集团经济》2008 年第 3 期。

83. 王振华、陈志瑞主编:《挑战与选择——中外学者论"第三条道路"》,中国社会科学出版社 2001 年版。

84. 王振华等主编:《重塑英国:布莱尔主义与"第三条道路"》,中国社会科学出版社 2000 年版。

85. 王志凯:《对凯恩斯货币理论的再认识与我国的通货紧缩》,《金融研究》2000 年第 1 期。

86. 威廉姆森：《资本主义经济制度》（中译本），商务印书馆 2002 年版。

87. 吴易风、王健、方松英：《市场经济和政府干预》，商务印书馆 1998 年版。

88. 谢汪送：《社会市场经济：德国模式的解读与借鉴》，《经济社会体制比较》2007 年第 2 期。

89. 颜鹏飞：《激进政治经济学派》，武汉出版社 1996 年版。

90. 杨春学等：《增长方式转变的理论基础和国际经验》，社会科学文献出版社 2012 年版。

91. 杨春学：《对自由市场的两种理解：芝加哥学派与奥地利学派的比较》，社会科学文献出版社 2013 年版。

92. 杨德明：《新剑桥学派思想的结晶——评〈现代经济学导论〉》，《管理世界》1989 年第 2 期。

93. 杨敬年：《西方发展经济学概论》，天津人民出版社 1988 年版。

94. 杨雪冬、薛晓源主编：《"第三条道路"与新的理论》，社会科学文献出版社 2000 年版。

95. 姚开建：《经济学说史》（第二版），中国人民大学出版社 2011 年版。

96. 叶世昌：《中国发展经济学的形成》，《复旦大学学报》（社科版）2000 年第 4 期。

97. [意] 尼古拉·阿克塞拉：《经济政策原理：价值技术》中译本，中国人民大学出版社 2001 年版。

98. [英] 阿·马歇尔：《经济学原理》，商务印书馆 1983 年版。

99. [英] 安东尼·吉登斯：《第三条道路及其批评》，孙相东译，中共中央党校出版社 2002 年版。

100. [英] 布莱恩·斯诺登、[英] 霍华德·R. 文：《现代宏观经济学起源、发展和现状》，江苏人民出版社 2009 年版。

101. [英] 人卫·李嘉图：《政治经济学及赋税原理》，译林出版社 2011 年版。

102. [英] 琼·罗宾逊、约翰·伊特韦尔：《现代经济学导论》，商务印书馆 1982 年版。

103. [英] 斯拉法:《用商品生产商品》, 商务印书馆 2012 年版。

104. [英] 亚当·斯密:《国民财富的性质和原因的研究》, 商务印书馆 1983 年版。

105. [英] 约翰·梅纳德·凯恩斯:《就业、利息和货币通论》, 商务印书馆 2011 年版。

106. 曾利飞、徐剑刚、唐国兴:《开放经济下中国新凯恩斯混合菲利普斯曲线》,《数量经济技术经济研究》2006 年第 3 期。

107. 张林:《经济思想史》, 科学出版社 2008 年版。

108. 张培刚:《发展经济学教程》, 经济科学出版社 2001 年版。

109. 郑伟:《全球化与"第三条道路"》, 湖南人民出版社 2003 年版。

110. 左大培等:《经济增长理论的模型的内生化历程》, 中国经济出版社 2007 年版。

111. 左大培:《内生稳态增长模型的生产结构》, 中国社会科学出版社 2005 年版。

112. A. P. Thirlwall, *Growth and Development—with Special Reference to Developing Economies*, Macmillan Press Ltd, 1999.

113. Bernanke, Ben S. (June 1983), "Nonmonetary Effects of the Financial Crisis in the Propagation of the Great Depression", *American Economic Review*, 73 (3), pp.257–276. JSTOR 1808111.

114. Corroado Benassi, Alessandra Chiro and Caterina Colombo, "The New Keynesian Economics", Basil Blackwell Inc., Cambridge, Massachusetts, USA, 1994.

115. Frederick van der Ploeg, "Back to Keynes?", *CESifo Economics Studies*. Vol. 51, 2005, pp.777-822.

116. Gregory Mankiw, "New Keynesian Economics", *The Concise Encyclopedia of Economics*, Library of Economics and Liberty, 14 December 2010.

117. Hodgson, G. M., Knudsen, T., *Darwin's Conjecture: The Search for General Principles of Social and Economic Evolution*, University of Chicago Press,

2010.

118. Hodgson, G. M., "Choice, Habit and Evolution", *Journal of Evolutionary Economics*, 2010, 20.

119. Hodgson, G. M., Dollimore, Denise, "Four Essays on Economic Evolution: An Introduction", *Journal of Evolutionary Economics*, 2013.

120. Howard J. Sherman, E. K. Hunt, Reynold F. Nesiba, Phillip Anthony Ohara, *Economics: An Introduction to Traditional and Progressive Views Economics*. 7th ed., M.E. Sharpe, 2008.

121. Jean-Pierre Danthine. "In Search of A Successor to IS-LM", *Oxford Review of Economic Policy*. Vol. 13, 1997, pp.135-143.

122. Joseph E. Stiglitz, *Principles of Microeconomics*, 4th ed.W.W. Norton & Company, 2006.

123. Krugman, P.R.and Obstfeld, M. (2008), *International Economics: Theory and Policy*, 影印本, 清华大学出版社。

124. Kydland, F., and E. C. Prescott, "Rules Rather than Discretion: The Inconsistency of Optimal Plans", *Journal of Political Economy*, 1997, pp.473-492.

125. Kydland, Finn; E. C. Prescott, "Time to Build and Aggregate Fluctuations", *Econometrica* 50 (6), 1982, pp.1345-1370.

126. Kydland, Finn, E. C. Prescott, "Business Cycles: Real Facts and a Monetary Myth", *Federal Reserve Bank of Minneapolis Quarterly Review*, 1990, pp.3-18.

127. Marvin Goodfriend, "Monetary Policy in the New Neoclassical Synthesis: A Primer", *Federal Reserve Bank of Richmond Economic Quarterly*, Vol.90, 2004, pp.21-45.

128. Marvin Goodfriend, "How the World Achieved Consensus on Monetary Policy", *Journal of Economic Perspectives*, Vol.21, 2007, pp.47-68.

129. Michael P. Todaro, *Economic Development in the Third World*, Longman Inc, New York & London, 1992.

130. Nelson, R. R., Winter, S. G., *An Evolutionary Theory of Economic Change*, Belknap Press, 1982.

131. Ralf Fendel, "New Directions in Stabilisation Policies", *Banca Nazionale del Lavoro Quarterly Review*, Vol.57, 2004, pp.365-394.

132. Robert Lucasand Edward Prescott, "Investment Under Uncertainty", *Econometrica*, 39 (5), 1971, pp.659–681.

133. Spicka, M. Selling, the Economic Miracle: Reconstruction and Politics in West Germany, *German Studies Review*, Vol.32, No.3, October 2009.

134. Witt, U., *Evolutionary Economics*, Edward Elgar Publishing Limited, 1993.

策划编辑:郑海燕
责任编辑:郑海燕
封面设计:林芝玉
责任校对:吕 飞

图书在版编目(CIP)数据

现代西方经济学镜鉴/王健 等 著. -北京:人民出版社,2015.12
ISBN 978－7－01－015364－3

Ⅰ.①现… Ⅱ.①王… Ⅲ.①西方经济学-研究 Ⅳ.①F091.3

中国版本图书馆 CIP 数据核字(2015)第 241609 号

现代西方经济学镜鉴
XIANDAI XIFANG JINGJIXUE JINGJIAN

王健 等 著

人民出版社 出版发行
(100706 北京市东城区隆福寺街 99 号)

北京汇林印务有限公司印刷 新华书店经销

2015 年 12 月第 1 版 2015 年 12 月北京第 1 次印刷
开本:710 毫米×1000 毫米 1/16 印张:29.5
字数:378 千字

ISBN 978－7－01－015364－3 定价:72.00 元

邮购地址 100706 北京市东城区隆福寺街 99 号
人民东方图书销售中心 电话 (010)65250042 65289539